U0684390

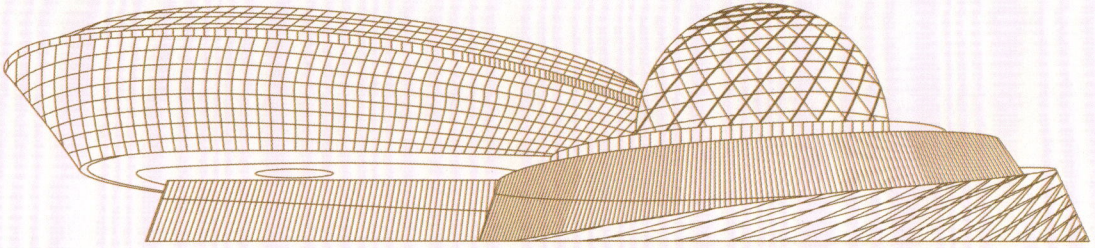

Innovative Winners
创新的赢家

2020–2022 上海市优秀公共关系案例集
Collection of Excellent Public Relations Cases
in Shanghai（2020–2022）

上海市公共关系协会 ◎ 主编

东华大学出版社
· 上海·

图书在版编目（CIP）数据

创新的赢家：2020—2022上海市优秀公共关系案例集 /
上海市公共关系协会主编 . — 上海：东华大学出版社，
2024.3

ISBN 978-7-5669-2342-4

Ⅰ . ①创… Ⅱ . ①上… Ⅲ . ①公共关系学—案例—上
海— 2020—2022 Ⅳ . ① C912.3

中国国家版本馆 CIP 数据核字（2024）第 034096 号

责任编辑 李 晔 周慧慧
封面设计 曾国铭

创新的赢家：2020—2022上海市优秀公共关系案例集
上海市公共关系协会 主编

出版发行 东华大学出版社（上海市延安西路 1882 号 邮政编码：200051）
营销中心 021-62193056 62379558
出版社网址 http://dhupress.dhu.edu.cn/
印 刷 上海颛辉印刷厂有限公司
开 本 188mm×260mm 印张 27.5 字数 610千字
版 次 2024 年 3 月第 1 版 印次 2024 年 3 月第 1 次印刷
ISBN 978-7-5669-2342-4
定 价 78.00 元

在上海市第十一届优秀公共关系案例颁奖典礼上的讲话

（代前言）

上海市公共关系协会会长　沙海林

在新年伊始的今天，我们欢聚在张江科学会堂，隆重举行上海市第十一届优秀公共关系案例颁奖典礼。首先，我代表上海市公共关系协会向出席颁奖活动的德高望重的冯国勤主席、胡炜主任、江勤宏司令员、李文新书记，以及所有参加今天活动的各位领导、各位嘉宾，向参加会议的同志们和朋友们表示热烈欢迎和衷心感谢！并向将要获得表彰的案例特别奖、金奖、银奖、单项奖以及优秀组织贡献奖的党政机关、大专院校、企事业单位以及专业公关公司表示最热烈的祝贺！

大家知道，上海市优秀公共关系案例的评选展示活动，已经走过了整整23个年头，受到国内外公共关系界的高度关注。第十一届的评选活动是在经历三年新冠疫情影响、新一届协会领导班子换届以后首次举行。本届优秀案例评选正值我国改革开放45周年，进入建设中国特色社会主义的新时代，以推进中国式现代化，实现中华民族伟大复兴中国梦的重要时期。作为社会主义现代化国际大都市的上海，已经进入了公共关系理论和实践双丰收的黄金期，这成为我们做好此次优秀案例评选工作的客观基础。

这次评选工作，我们在认真学习、传承、借鉴以往成功经验的基础上，还体现了以下特点：

第一，更加注重深入调研和社会的广泛发动。从评选意见的制定、合作单位的筛选、评审专家的选择，到社会宣传方案的确定，协会工作班子坚持深入基层走访调研、广泛听取各方意见。我们的活动得到了社会各界的支持、认同和响应，形成了积极参与、踊跃参加的良好氛围。

第二，更加注重评选工作的传承和创新。优秀公共关系案例的评选是上海市公共关系协会精心打造，美誉度和知名度很高的工作品牌。这次我们无论是在奖项名称和设置，还是活动的工作环节，都传承了历届工作班子创造的经验和做法，同时紧跟上海发展的新情况，主动挖掘、总结、提炼和推出了一批近几年公共关系在上海"五个中心"建设中的探索和实践的新成果、新经验，用以引导公共关系在服务上海高质量发展中发挥更大的作用。

第三，更加注重活动的过程和实际效果。我们成立工作专班，专题研究，专人负责，明确提出本届的评选活动要在历届工作的基础上做到"发动面更广、参与度更高、案例数更多、影响效果更好"的工作要求。经过近半年时间的共同努力，基本实现了预定目标。本届案例征集办公室共征集到201个案例，涉及全市117个单位，共有177个案例入围，167个案例获奖。其中市级、区级等党政机关占23.5%；国有企事业单位占18.4%；外资企业占12.2%；民营企业占34.7%；公益机构、民非组织、社团占11.2%。

我们深深感到，第十一届优秀公共关系案例评选的成果来之不易，首先得益于市委、市政府的正确领导；得益于市委统战部、市社团局的精心指导；得益于市委宣传部、市政府办公厅、市商务委、市公安局、浦东、黄浦、长宁、金山、崇明、奉贤等党政机关的大力支持；得益于中国商飞、东方航空、上海证券报、张江集团、宣亚国际等单位的鼎力帮助；得益于为本次活动作出努力的社会各界的积极参与；得益于各位评委、专家、学者和同志们的辛勤工作，我向大家表示诚挚的慰问和衷心的感谢！

同志们，朋友们：

新时代新征程，为公共关系事业发展提供更广阔的新平台的同时，也提出了新的任务和新的要求。我们要在习近平新时代中国特色社会主义思想引领下，进一步聚焦中心任务，突出职责使命，提升工作成效，做好优秀公关案例的宣传，扩大案例的影响。我们也坚信，在上海推进"五个中心"建设中，在长三角一体化的进程中，一定会涌现出更多更好的优秀公共关系案例。

最后，预祝今天的颁奖典礼取得圆满成功！谢谢大家！

2024 年 1 月 12 日

目 录 Contents

特别奖	1	让中国自主研制的大型客机翱翔蓝天 ——国产 C919 大型客机圆满完成适航取证并交付运营	3
	2	中共一大纪念馆开馆	10
	3	五五购物节	18
	4	欧莱雅进博会国际传播案例	26
	5	致敬英模微电影——《沧海留声》	31

特别奖（年度）	1	守望相助你我他 ——《上海抗疫期间对外交流故事辑》（中、英文）	41
	2	积极推进苏州河华政段公共空间提质升级　着力办好民生实事	46
	3	打造人与自然和谐共处的世界级生态岛"中国样本"	52
	4	那一夜，烟花如常绽放 ——上海迪士尼度假区突发事件应急处置成功案例	58
	5	上海证券报创刊 30 周年系列品牌传播	63
	6	2022 上海赛艇公开赛	68
	7	金山新名片："上海湾区"科创城品牌建设	74
	8	演艺大世界	83
	9	东方美谷品牌建设	90
	10	率先构建数字体征系统，维护城市运行安全有序	96
	11	沪滇协作助力云南楚雄培育壮大彝绣产业	98
	12	张江科学会堂——从 0 到 1 的张江科创交流主场	103
	13	聚焦可持续发展，挖掘绿色变革年度亮点 ——第一财经"绿点中国"项目"向绿而生"	108
	14	打造健康科普新传奇，助力"健康中国 2030"	113
	15	"八千里路星和月，一江春水向东流"——复星抗疫指挥部纪实	118

金奖	1	上海最后一个成片二级旧里以下房屋改造征收项目 ——建国东路 68 街坊及 67 街坊东块	123
	2	"从心出发，向光前行"，第一财经打造年轻态财经新范式 ——《年终讲》	129
	3	AIGC"数字人"在船员培训中的推广	136
	4	索尼 ZV-1F 上市传播案例	142
	5	国浩原创话剧:《代理人》	148
	6	拜尔斯道夫集团"关爱超乎所见"可持续发展项目	153
	7	求医路上温暖相伴:复旦大学附属儿科医院小布家园的故事	159
	8	强生中国《一生强生》企业品牌传播项目	163
	9	点点星意，点亮自闭症青年就业梦想	168
	10	赛诺菲 2022 微电影《不响》传播案例	172
	11	媒体共创 ID.4 X 去世界之巅过年	178
	12	遇见中华文化 Meet U in Chinese Culture	182
	13	礼来胰岛素百年传播项目	187
	14	企业及品牌智能营销分发传播	193
	15	长三角"田园五镇"乡村振兴（一体化）先行区共建案例	198
	16	世界人工智能大会 ——商业 AI 高峰论坛系列活动	205
	17	勃林格殷格翰国内首个进口马胃溃疡专用药骏卫保上市整合传播	212
	18	芬林集团借"进博"双翅，高效提升品牌公关营销效果	216
	19	百时美施贵宝"手护生命的守护"企业品牌传播项目	222
	20	"静安公安法制夜市"安防主题系列宣传活动	227
	21	志愿者共建首善福地食药安全	231
	22	5 岁重病女孩的"警察梦"	236
	23	医疗传播的想象力:复星医药"我与进博的五年"特别策划	241
	24	安利纽崔莱《健康脱口秀》之夜	246
	25	新华书店 X 中国电信跨界联合公益活动 ——新华路书店	250
	26	粉红绽放:乳腺癌术后乳房重建公益健康宣传项目	253

金奖	27	东航企业文化升级	257
	28	手护地贫红线：地中海贫血患者倡导项目	262
	29	外卖小哥的"红色加油站"	268
	30	中国国际进口博览会溢出效应论坛	273
	31	New GSK 一周年"合力超越"整合传播项目	277
	32	爱婴室母乳库爱心站点	282
	33	"先见·先行 0 伤害"蓝手环公益行动整合传播	287
	34	亲子反诈联盟	293
	35	得物 App 足球嘉年华	298

银奖	1	赛诺菲 40 周年庆典传播项目	304
	2	解码 100 个中国最美乡村瞬间	305
	3	索尼电影摄影机创作者故事传播	306
	4	小荧星"330 课后服务进校园"	307
	5	"爱满人间"——纪念宋庆龄诞辰 130 周年书法邀请展	308
	6	"党的诞生地"志愿者项目	309
	7	"民族之光——百年马利和她的艺术家朋友们"特展品牌公关案例	311
	8	宁波远洋上市传播	312
	9	沪浙毗邻地区乡村振兴"共富经"	313
	10	梦饷科技以数字经济赋能女性"新就业模式"系列宣传活动	314
	11	华为发布数据库 Gauss DB 社媒传播	315
	12	梦饷科技"智能商品分发助力乡村振兴"系列宣传活动	316
	13	"有意思青年"高校公益计划	318
	14	CSF-1R 小分子抑制剂 Pimicotinib（ABSK021）传播项目	320
	15	"一尺花园"品牌建设	321
	16	2022 国家科技计划成果路演——上海专场	322
	17	"星光行动"心脑健康教育公益健康宣传项目	323
	18	2020—2022 礼来"以爱守护记忆"公益志愿行动	324
	19	玉泽·"小红书"里的皮肤教科书	325

20	节能减碳　绿色飞行	326
21	强生中国：发挥社会影响力，践行企业社会责任，共筑健康中国	327
22	打造"学习型峰会"，推动"从1到0"关键转型，第一财经零碳峰会引领绿色低碳发展探索	329
23	关爱从脚丫开始 ——为阿富汗早晨知识学校的孩子过"六一"国际儿童节	331
24	安德玛，听我的，别瞎跑	332
25	变局＆创新：2023品牌高峰论坛暨品牌供应商与达人对接展	334
26	强生中国助力"共同富裕"愿景	335
27	强生中国：加强企业文化建设，推动业务与人才共同发展	337
28	应对危机舆情常态化的长效防治机制 ——上汽大众危机舆情管理跟踪评价方法	338
29	善治豫园，美好社区——果育共筑"同心家园"项目	339
30	国浩助力上海市公共关系协会成立法律事务中心并设立国浩基地	340
31	"烟火气里的你我他"平安指数发布会	341
32	普陀分局反诈系列短片	342
33	极狐阿尔法S全新HI版智驾中国行	343
34	啤酒阿姨、熊猫精酿、嘲鸟平安夜公益活动——"反暴力酒瓶"	345
35	"反了个诈"奉贤公安公益反诈小游戏	346
36	长宁公安打造"愚园路反诈联盟"	347
37	"赋时光予生命"——肿瘤患者关爱公益项目	349
38	上汽大众"零碳之路"整合传播	350
39	《小孔之光》中国腔镜手术发展30周年及《人生新旅程》减重手术公益健康宣传项目	351
40	MG Mulan《电车安全实验室》硬核拆车	352
41	股东来了——中国资本市场投资者权益知识竞赛活动主题展	353
42	勃林格殷格翰公益爱心林揭牌暨"阿拉善低碳之旅"	354
43	"美丽事业，美好人生"公益培训项目	356
44	"中风120潮健康"系列传播	358
45	当我们齐心向前	359

银奖

银奖	46	同方"20·MORE 美好生活　更多可能"品牌升级管理	360
	47	妙可蓝多棒小孩公益计划	361
	48	2022 上海市首届高价值专利运营大赛	362
	49	自然堂种草喜马拉雅公益项目	363
	50	创建公益 IP　搭建公益平台——福寿园公益节项目	364
	51	"潮向 Z 世代　变革新营销"鹏欣商业精准圈层营销推广	365
	52	健康"益"起动——2022 年运动医学健康教育项目	366
	53	老潘的咖啡店	367
	54	上海松江公安"护好钱袋子　全民反诈骗"主题活动	368
	55	"沪科普"上海科普交易专板达成全国首单 ——探索科学普及与科技创新"两翼齐飞"新路径	369
	56	斯凯奇 Friendship Walk 为爱一起走·爱在中国	370
	57	361° 财经公关管理项目	371
	58	守好世博辉煌，成就上海品牌	372

优秀策划创意奖	1	平安信用卡·惊梦：功到，立台之本	376
	2	"听懂肺话大不同"全球肺纤维化关爱月传播项目	377
	3	"非遗"中的交通安全宣传	378
	4	劳模面对面	379
	5	恒基"6+1"企业文化建设，凝聚高质量发展合力	380
	6	一本书的旅行	381
	7	强生全视："用心爱眼，连动视界"世界视觉日吉尼斯世界纪录 挑战项目	382
	8	你好，四季	383
	9	基于互联网医疗的居家智慧医养结合服务场景	384
	10	瑜伽悦时光——瑜伽 + 更多可能的探索与传播	385

优秀品牌传播奖	1	强生全视："因爱守护，为 EYE 前行"全国爱眼日线上公益传播项目	388
	2	东航说二十四节气	389
	3	交警只会贴罚单？	390
	4	斯凯奇中国青少年街舞未来计划	391
	5	"快乐银行"焕新再出发，长沙银行引领行业品牌打造花式"出圈"新范式	392
	6	用品牌化运营思维做 IP——个人 IP 打造培育项目	393
	7	"匠心·匠行"党建品牌建设	394
	8	"智慧引领未来·精益连结价值"2020 年上航工业智慧能源业务集团精益文化日	395
	9	"警察哥哥姐姐听你说"——社区少年服务系列主题实践活动	396
	10	参天公司（中国）《中国职场人士用眼健康洞察报告》传播案例	397
	11	崇明分局长兴派出所：打造"一站式"矛盾化解样板　多元排查调处筑牢"主防"根基	398

优秀社会效果奖	1	东方明珠 ESG 项目管理与信息披露	400
	2	国浩设立拉孜办公室，助力国家基本解决"无律师县问题"	401
	3	同心圆"骄阳"大病救助计划	402
	4	庆祝中国共产党成立 100 周年"红色花博"系列视频	403
	5	华为云"双减"数字化解决方案事件营销	404
	6	"医患携手筑和谐·全程协同抗癌症"医师节最好的礼物——第十人民医院肿瘤科快闪活动	405
	7	"简言语言服务"公益直播	406
	8	上海大学生直播大赛	407
	9	华友钴业——奋进共赴新征程	408
	10	2022 高校本科生毕业设计研究方法升级"最后一公里"助力行动	409
	11	老友记智慧助老服务平台	410

附录：上海市第十一届优秀公关案例评选活动（2020—2022 年度）获奖名册　　412

▲ 第 15 届上海市人大常委会副主任、党组副书记；
上海市公共关系协会会长　沙海林　致辞

▲ 参会领导

上海市第十一届优秀公共关系案例颁奖典礼

特别奖

▲ 特别奖

协会名誉会长冯国勤向中国工程院院士、中国商飞公司首席科学家、C919 大型客机系列总设计师吴光辉；上海市公安局党委副书记、常务副局长罗震川；上海市商务委副主任刘敏；中国共产党第一次全国代表大会纪念馆党委书记、馆长薛峰；欧莱雅北亚及中国公共事务总裁兰珍珍颁发特别奖

创新引领赢家
特别奖

上海市第十一届
优秀公共关系案例评选

上海市第十一届优秀公共关系案例颁奖典礼

特别奖

特别奖

上海市第十一届优秀公共关系案例颁奖典礼

特别奖

▶ **特别奖**

协会名誉会长胡炜、顾问江勤宏、李文新向上海市人民对外友好协会一级巡视员景莹；上海市体育局二级巡视员、办公室主任严勇宁；楚雄州委副秘书长、上海市援滇干部联络组楚雄州小组组长王梁等 15 位获奖代表颁发年度特别奖

▶ 单位奖

组委会授予上海市公安局政治部、东方航空优秀组织奖，授予宣亚国际上海分公司、张江科学会堂特别贡献奖，授予上海证券报、觉群文教基金会最佳合作奖，以表彰和感谢。

沙海林会长向上海市公安局政治部副主任杨烨、中国东方航空集团有限公司宣传部部长刘晓东等6位代表颁奖

▲ 金奖

沙海林会长向金奖获奖单位代表颁奖（一）

▲ 金奖

沙海林会长向金奖获奖单位代表颁奖（二）

▲ 银奖
周平常务副会长向银奖获奖单位代表颁奖

▲ 银奖
杜治中副会长兼秘书长向银奖获奖单位代表颁奖

上海市第十一届优秀公共关系案例颁奖典礼

优秀策划创意奖

◀ **优秀策划创意奖**

顾伟强副会长向优秀策划创意奖获奖单位代表颁奖

上海市第十一届优秀公共关系案例颁奖典礼

优秀社会效果奖

▶ **优秀社会效果奖**

陈庆善副会长兼副秘书长向优秀社会效果奖获奖单位代表颁奖

上海市第十一届优秀公共关系案例颁奖典礼

优秀品牌传播奖

◀ **优秀品牌传播奖**

辛雅琴副会长向优秀品牌传播奖获奖单位代表颁奖

▲ 大会合影（一）

▲ 大会合影（二）

特别奖

让中国自主研制的大型客机翱翔蓝天

——国产 C919 大型客机圆满完成适航取证并交付运营

选送单位 中国商用飞机有限责任公司

创新的赢家

特别奖

上海市第十一届
优秀公共关系案例评选

一、项目背景

研制和发展大型飞机，是《国家中长期科学和技术发展规划纲要（2006—2020年）》确定的重大科技专项，是建设创新型国家，提高我国自主创新能力和增强国家核心竞争力的重大战略举措。2008年5月11日，中国商用飞机有限责任公司（以下简称中国商飞），在上海这片改革开放的热土上组建成立，吹响了我国自主研制大型客机的嘹亮号角，扬起了我国大飞机创新发展的希望之帆。

2014年5月23日，习近平总书记亲临中国商飞设计研发中心视察，亲切看望科研人员，并发表重要讲话，强调指出："我们搞大飞机，和我们提出的'两个一百年'的目标、实现中国梦的目标是一致的。""一定要把大飞机搞上去！"

大飞机梦，是我国几代领导人和全国人民的美好梦想。中国商飞始终牢记习近平总书记的嘱托，牢记使命，把重点任务当成一个个山头去攻占，让大飞机梦一步步坚定地走向现实，把梦想写在蓝天上！

2015年11月2日，国产C919大型客机正式总装下线，标志着我国高端装备制造迎来新的突破。C919大型客机是我国首款按照国际通行适航标准自行研制、具有自主知识产权的喷气式干线客机。座级158-192座，航程4 075-5 555千米。

2017年5月5日，C919大型客机成功首飞，标志着我国成为拥有自主研制大型客机能力的国家。同时也标志着C919大型客机进入了波澜壮阔的试飞取证历程。

2021年以来，大飞机发展进入了试飞取证交付运营的关键时期，中国商飞坚持以习近平新时代中国特色社会主义思想为指引，深入贯彻习近平总书记关于大飞机事业重要指示、批示精神，全面落实"十四五"规划纲要确定的"推动C919大型客机示范运营"任务目标，坚持稳中求进工作总基调，全面把握新发展阶段，贯彻新发展理念，构建新发展格局，克服各种不利因素，坚持聚焦聚力聚心，突出C919取证交付任务。中国商飞先后在陕西阎良、江西南昌、山东东营、上海浦东、甘肃敦煌等地完成了6架试飞飞机的一系列试飞任务，攻克自然结冰试验试飞等"拦路虎"，对动力、电气等各系统进行全面验证，验证了飞机在失速、颤振、高温、高寒、自然结冰、溅水、应急撤离等种种极端情况下的安全性和可靠性。

2022年，大飞机事业取得载入史册的历史性成就，"大飞机制造等取得重大成果"写入党的二十大报告，成为新时代十年伟大变革的重要成就和历史缩影；C919成功取得型号合格证、交付全球首家用户，习近平总书记亲切接见C919项目团队代表并发表重要讲话，多次作出重要指示批示，为新时代新征程上大飞机事业发展指明了前进方向、提供了根本遵循、注入了强大动力。

2023年5月28日C919大型客机圆满完成商业航班首飞。C919大型客机成功实现取证、交付、首航，各方媒体传播引起了各方关注，C919从研制、投产、交付到最终商用，标志着我国在工业制造业领域实现了新的突破。

二、项目调研

中国商飞是实施国家大型飞机重大专项中大型客机项目的主体，也是统筹干线飞机和支线飞机发展、实现我国民用飞机产业化的主要载体，主要从事民用飞机及相关产品的科研、生产、试验试飞，从事民用飞机销售及服务、租赁和运营等相关业务。中国商飞的使命是"让中国的大飞机翱翔蓝天"、愿景是"为客户提供更加安全、经济、舒适、环保的商用飞机"。中国商飞成立于2008年5月11日，总部设在上海。

大型飞机是现代制造业的一颗明珠。研制大型飞机投资大、周期长、不确定因素多，是一项极其复杂的系统工程，面临许多风险和困难，任务十分艰巨。中国商飞作为国家大型客机项目执行主体，建设以客户为中心，围绕产品实现过程，坚持自主创新，整合全球资源，协同高效运行，持续为利益相关方创造价值的COMAC管理体系，为全面推进C919大型客机项目研制、取证与交付提供了组织保证。

党的十八大以来，中国商飞深入贯彻习近平总书记关于大飞机事业重要指示批示精神，抢抓"十三五""十四五"航空产业发展机遇，作为国务院国资委确定的首批（6家）产业链链长企业之一，发挥大飞机产业"链长"作用，搭建形成了"立足上海、延伸长三角、面向全国、辐射全球"的大飞机产业布局，广泛深入构建大飞机事业共同体、生命共同体和梦想共同体。中国商飞联合国内知名高校、科研院所成立大飞机产业研究联盟，定期共同探讨大飞机研制及产业化阶段面临的问题和挑战，研究发展路径、策略和政策。

面对各种风险挑战，中国商飞始终贯彻党的十八大、党的十九大及党的二十大精神，坚持以习近平新时代中国特色社会主义思想凝心铸魂，

党委常委会严格落实"第一议题"制度，及时跟进学习习近平总书记最新重要讲话精神；印发《公司党委关于深入贯彻落实习近平总书记重要指示批示精神工作实施办法》，连续第十年开展"主题学习月"系列活动，加强传达学习、研究部署、贯彻落实、跟踪督办、报告反馈的闭环管理，确保把习近平总书记重要指示批示精神全面落实到大飞机事业。

两年多的时间里，型号研制取得重大突破，C919完成试验试飞任务、获颁型号合格证、交付首家用户、完成验证试飞、实现商业首航，填补了历史空白，踏上了市场化、产业化发展的新征程，标志着中国民航事业进入了新阶段。

三、项目策划

大飞机是大国重器、大国产业，是高质量发展的代表，是建设创新型国家和制造强国的标志性工程。C919大型客机项目取证、交付与运营是实现大飞机产业化的关键核心环节。中国商飞以习近平新时代中国特色社会主义思想为指导，弘扬伟大建党精神，深入贯彻习近平总书记关于大飞机事业重要指示批示精神，坚持稳中求进工作总基调，完整、准确、全面把握新发展阶段，贯彻新发展理念，服务构建新发展格局，聚焦C919取证交付运营，推动大型客机从研制成功走向市场成功、商业成功。

（一）坚持党建引领

中国商飞深刻认识到"支部建在连上"的集中要义，就是始终把飞机研制主战场作为党建工作主阵地，坚持严党建、强支部、大监督、聚群团，培育弘扬大飞机创业精神，一以贯之、善始善终、久久为功，不断增强基层党组织政治功能和组织功能，以党组织建在C919大型客机项目引领、保障大飞机事业安全发展高质量发展。

（二）坚持规划先行

中国商飞坚决贯彻党中央、国务院部署，全面落实"十四五"规划纲要确定的"推动 C919 大型客机示范运营"重点任务目标的同时，依托国家大飞机专项专家咨询委员会，广泛调研、深入论证，积极推动，切实做好大飞机专项中长期规划，引领大飞机项目健康发展。

（三）坚持项目攻关

投入优势资源，落实战时机制，聚焦 C919 取证交付运营，攻克自然结冰等"拦路虎"，配合局方全面适航审查，画句号、关条款、取证交付、着手改进优化、准备示范运营。

（四）坚持开放传播

充分发挥 C919 大型客机首飞全程直播并入选"2017 十大科学传播事件"的成功经验，中国商飞通过官网、微信公众号、微博等平台，及时传播项目进展情况，并与央视、新华社、人民日报、解放日报、东方卫视等主流媒体保持互动，营造良好氛围，扩大品牌影响。

四、项目执行

2021 年以来，中国商飞连续三年制定党委 1 号文，深入推进战地党建先锋、战鼓、建功、护航"四大行动"，两级党委领导班子成员身先士卒、带头冲锋，结合"军令状""揭榜挂帅"等活动创建党员攻关队、党员示范岗和青年突击队，重大任务完成后第一时间发布党委贺信，深入战斗一线开展职工关爱和慰问，广泛开展职工劳动竞赛和"群策群力"活动，突出聚焦聚力聚心，引领保障 C919 大型客机实现取证交付运营这一我国航空工业发展史的里程碑目标。

（一）C919 项目适航取证攻坚

大型民用客机作为现代工业之花，能否投入商业运行，不是制造商说了算，也不是运营商（即航空公司）说了算，而是要经过局方的适航审定。适航证件是民航局用来进行适航管理采用的证件，其用途是对航空器的设计、制造、维修和使用进行批准。航空器的适航管理来自欧美制定的民用航空器安全标准。我国的适航体系是 20 世纪 80 年代在借鉴欧美体系的基础上，结合中国的具体情况下制定，并经过四十多年不断修订与补充，逐渐趋于成熟。

根据适航管理要求，C919 只有取得了中国民航局的适航证，才能作为合格航空器投入国内使用。而对于中国商飞而言，适航证一般指型号合格证（TC）、生产许可证（PC）和单机合格证（AC）这三大证件。

1. 型号合格证（TC），相当于航空器的"准生证"。这张通行证的作用在于对飞机的设计是否满足适航标准进行认可。此次 C919 取得的是型号合格证（TC），也是 C919 首先需要取得的第一个适航证。

2021 年以来，大飞机发展进入了试飞取证交付运营的关键时期，中国商飞克服各种不利影响，坚持聚焦聚力聚心，突出 C919 取证交付任务。

2022 年 9 月 29 日，C919 大型客机型号合格证颁证仪式在北京首都机场隆重举行，仪式上宣读中共中央、国务院对 C919 大型客机取得型号合格证的贺电，充分肯定 C919 大型客机研制任务取得的阶段性成就，深刻阐释发展大飞机事业的重要意义，对项目团队寄予殷切期望，为大飞机事业发展指明了方向、提供了根本遵循。

2. 生产许可证（PC），主要是保证中国商飞作为 C919 大型客机的生产商具备保证该产品符合经批准的型号设计的生产能力，体现航空制造企业的生产组织及控制、质量管理和综合管理水平。从原材料控制、供应商管理到生产环节的划分及控制、生产质量管控、再到飞机出厂测试、售后维修维护等，每个细节都必须有章可循、有据可查，中国商飞严格按照程序组织各个生产环节，确保安全受控。2022年11月29日，中国民航局向中国商飞颁发C919大型客机生产许可证，是C919大型客机从研制阶段到批量生产阶段的重要里程碑，标志着C919大型客机向产业化发展迈出了坚实一步。

3. 单机合格证（AC），是适航审定部门对每架飞机制造符合性的批准，表示这一架飞机可以安全运营，每一架交付客户的C919大型客机均需获得单机合格证。

（二）突出加强质量安全管控

中国商飞与民航系统携手开展"敬畏生命、敬畏规章、敬畏职责"宣传教育，结合大飞机特点制定实施思想引领、责任引领、行动引领、监督引领"四个引领"专项行动，坚守大飞机事业的底线、红线、生命线。中国商飞坚持"讲质量安全就是讲政治、讲生存"，连续五年在新年第一个工作日召开质量安全专题会，每年9月召开质量安全专题民主生活会，教育引导党员干部职工深刻认识质量安全不是好与坏的问题、而是生与死的问题。中国商飞探索形成党员优化创新小组、飞机产品保护女子行动队、"啄木鸟"行动等一批有效做法，涌现出30年零差错的"大国工匠"胡双钱等先进榜样，助力解决机队日利用率、签派可靠度等一批型号难点、堵点、痛点问题。

（三）带动大飞机产业链发展

C919大型客机取证交付运营过程中，研制团队坚持自主创新、开放合作，先后攻克了一批关键技术、形成了一批核心能力、锤炼了一批人才队伍、带动了一批产业发展，形成了支撑中国大飞机自主发展的能力平台。中国商飞作为国务院国资委确定的首批（6家）产业链链长企业之

一，围绕"立足上海、延伸长三角、面向全国、辐射全球"的产业布局，广泛深入构建大飞机事业共同体、生命共同体和梦想共同体；围绕科技自立自强，与上海市共建大飞机创新谷、大飞机产业园，积极发挥产业龙头作用和科技领军企业作用。围绕项目攻坚，与民航上海审定中心联合开展"坚持党建引领 坚守安全底线 提升工作效能"主题实践活动，围绕融入民航，与中国民航局开展"五个融合"专项行动，与国有三大航共建飞机竞争力创新中心，携手建立"国产民机运营青年联盟"。

五、项目评估

让中国的大飞机翱翔蓝天，承载着国家意志、民族梦想、人民期盼。习近平总书记高度关注我国大飞机事业的发展，多次作出重要指示批示。2022年，大飞机事业取得载入史册的历史性成就，"大飞机制造等取得重大成果"写入党的二十大报告，成为新时代十年伟大变革的重要成就和历史缩影。2022年9月30日，习近平总书记在北京人民大会堂会见C919大型客机项目团队代表并参观项目成果展览，充分肯定C919大型客机研制任务取得的阶段性成就。勉励大家要聚焦关键核心技术，继续合力攻关。要把安全可靠性放在第一位，消除一切安全隐患。大飞机事业一定要办好！

（一）大飞机事业取得历史性突破

C919大型客机自2017年在上海成功首飞以来，中国商飞先后攻克一批重大技术难关，完成一批重大高风险试飞科目，2022年9月29日取得中国民航局型号合格证，2022年12月9日向全球首架用户东方航空交付首架飞机，2023年5月28日圆满完成首次商业飞行；深入推进"立足上海、延伸长三角、辐射全国、面

向全球"的产业布局,加快建设"绿色商飞",打造完整而有韧性的大飞机产业链供应链。

(二)大飞机创业精神成为追梦旗帜

在企业使命、愿景和目标的激励下,中国商飞不断开拓、不断奋斗,从干线客机到支线飞机,从交付首架到交付百架,从一家客户到几十家客户,从国内运营到海外运营,从基本型研制到系列化发展,从成立初期的3 000多人到现在的16 000多人,产品与技术在突破、客户与服务在突破、管理与效率在突破。锻造了一支打不垮、打不散、知难而进、迎难而上、忠诚于大飞机事业的铁杆核心队伍,形成了"航空强国、'四个长期'、永不放弃"的大飞机创业精神,不断推动大飞机事业达到新的高度,成为全体商飞人追梦蓝天的精神旗帜。

(三)大飞机品牌影响力不断提升

中国商飞始终把大飞机事业放到实现"两个一百年"奋斗目标、实现中华民族伟大复兴中国梦的大局中去推进。扎实走完了大飞机设计、制造、试验、试飞、取证、交付全过程,广袤的蓝天上有了中国人自主研制的大飞机,实现了中华民族百年大飞机梦想。C919大型客机累计订单1061架,已交付2架。中国共产党成立百年之际,《中国共产党一百年大事记》收录"C919大型客机首飞成功"。持续推进最美商飞人、大飞机奋斗者等品牌创建,《新闻联播》报道大飞机人践行伟大建党精神推进型号攻关事迹,大国工匠胡双钱登上央视《榜样的力量》。与上海市总工会共同策划举办的"一定要把大飞机搞上去——中国C919大型客机研制群英谱影像展"在上海市工人文化宫展出,影像展以职工为主体,讲大飞机"人"的故事;以历史为线索,讲大飞机"史"的故事;以精神为灵魂,讲大飞机"魂"的故事;以发展为导向,讲大飞机"梦"

的故事,社会反响良好。《塑造世界一流品牌视觉形象》获评国务院国资委年度国有企业品牌建设典型案例。

(四)大飞机媒体传播成效显著

中国商飞在抓好大飞机项目研制的同时,适时有度向外界展示大飞机事业进展,联合新闻媒体精心策划,按照"深挖故事、用好渠道、扩大影响"的传播思路,提前谋划做好C919取证、首架交付等重大事件的宣传,汇聚起"让中国的大飞机翱翔蓝天"的社会共识。例如,围绕C919取得型号合格证,邀请媒体记者走进试验试飞现场,从时间维度、实践广度等深挖试飞取证故事,在央视《东方时空》连续5天推出"时空故事"《追梦大飞机》系列报道,人民日报头版、要闻版连续两天刊登5篇消息、评论和深度报道,新华社以图文、视频等全媒体形式进行深度报道,精彩呈现C919飞机特点和取证历程,引导广大社会公众认识商用飞机研制的长期性和复杂性。围绕C919交付,结合公众关注热点,联合央视策划C919首架交付直播报道,邀请媒体记者登机体验调机飞行,实地探访飞机总装基地,推出系列短视频;央视精心制作"最短的旅程 最长的期待"新闻特写报道,讲述了短短23分钟的旅程背后承载的国人长达半个世纪的期盼,引众多网友动容,有效提升了国产大飞机影响力。

展望未来,中国商飞将牢记习近平总书记嘱托,牢牢扛起大飞机作为"国之大者"的使命责任,把学习贯彻习近平新时代中国特色社会主义思想主题教育激发出来的学习、工作热情转化为推进大飞机事业的强大动力,坚定决心信心,充分发挥新型举国体制优势,加快推进关键核心技术攻关,在C919大型客机投入市场运营、加快规模化和系列化发展的进程中不断优化提升,奋力谱写新时代大飞机事业高质量发展的新篇章。

国产 C919 大型客机首次商业航班飞行圆满成功，彰显了中国制造的卓越实力和创新能力，为中国航空制造业树立了新的典范。

承载国家意志，广泛开展调研，坚持规划引领项目发展。C919 大型客机完成商业首飞标志着我国在工业制造业领域和中国民航事业实现了新的突破，以"十四五"规划纲要中"推动 C919 大型客机示范运营"为关键目标，深入研究并切实推动大飞机专项中长期规划，为项目的健康发展提供了坚实的基础。面对疫情等不利因素，中国商飞的 6 架示范机圆满完成一系列试飞任务，攻克一系列重大技术难关。积极加强质量安全管控，守住了大飞机事业的底线、红线和生命线。

抓住机遇，合作共赢，创新传播。在传播方面，可以借用《孙子兵法》中"势"的概念来阐明中国商飞的成功经验。第一，明势，抓住航空产业发展机遇，发挥大飞机产业"链长"作用；第二，借势，在以往成功传播经验的基础上，遵循"深挖故事、善用渠道、扩大影响"的传播理念，灵活运用官方网站和社交媒体平台，适时展示大飞机事业的进展。与主流媒体联手，精心策划并深度挖掘试飞取证的故事，借助央视、人民日报、新华社等媒体的力量，通过全媒体形式宣传重大事件，进一步拓展了国产大飞机的影响力，向世界讲好中国故事；第三，造势，中国商飞示范性找到各方价值共同点，与上海市及中国民航局合作，贯彻开放创新的理念，让各方发挥出自己的专长，形成了支撑中国大飞机自主发展的能力平台，推动构建大飞机事业共同体、生命共同体和梦想共同体。

点评人：陈佳昕
（欧莱雅中国企业事务与公众联动总监）

特别奖

中共一大纪念馆开馆

选送单位 中国共产党第一次全国代表大会纪念馆

一、项目背景

上海是中国共产党的诞生地和初心始发地。1921年7月23日晚，中国共产党第一次全国代表大会在这里召开，一个新的革命火种在沉沉黑夜中点燃起来。

习近平总书记强调："我们党的全部历史都是从中共一大开启的，我们走得再远都不能忘记来时的路。"2017年10月31日，党的十九大闭幕仅一周，习近平总书记就带领中共中央政治局常委集体参观中共一大会址，回顾建党历史，重温入党誓词，诠释新时代中国共产党人的初心使命、担当情怀。宣示新一届党中央领导集体的坚定政治信念，向全党发出"不忘初心、牢记使命、永远奋斗"的伟大号召。

习近平总书记特别叮嘱，一定要把会址保护好、利用好。守护好这里，也正是守护好中国共产党的根脉，守护好中国共产党人的精神家园。

2018年11月，中央批准上海建设中国共产党第一次全国代表大会纪念馆。纪念馆和会址隔街相望，交相辉映，陈展面积扩大了近四倍，凸显了宣誓大厅，新建了报告厅，使得中共一大纪念馆对建党历史的叙述能力，对建党故事的讲述形式，对建党精神的彰显水平又攀上了一个新的高度。

2021年是中国共产党成立100周年，这是一个具有特殊意义的历史节点。在这个特殊时刻，回顾建党历史、总结建党经验、弘扬伟大建党精神，对于激励全党全军全国各族人民为全面建设社会主义现代化国家而奋斗具有重要意义。为了庆祝这个重要的历史时刻，中共一大纪念馆拟全新开馆，精心修缮后的中共一大会址同时对外开放。在中国共产党的诞生地上海，在中国共产党"产房"所在的兴业路上，红色地标焕然一新，"伟大的开端"庄重呈现。

从原先的中共一大会址纪念馆，到如今的中共一大纪念馆，只字之差，意味着展陈空间、规模的显著变化。这是一个更宽敞、更厚重、更丰富也更具现代感的空间，历史现场一方面得到最大程度的保留修缮，更得到充分的延展。当上千件曾因空间限制而未能悉数展出的展品史料得以公之于众，当数字化、智能化的展陈手段带来全新的观展体验，人们有理由相信，在这里，对中共建党的风雨如磐，会有更加直观、更为深切的体悟。

二、项目调研

一个空间的重塑，其意义终究不只在于空间本身。对整部党史来说，中共一大是伟大的开端、是历史的原点；对上海来说，中共一大会址和中共一大纪念馆，更是特殊的地标，标记着这座城市在百年党史上的特殊地位，标记着这座城市特别的信仰和精神，也标记着历史的厚重与分量。

历史充满了偶然，但偶然中又有必然。回望当年，早期共产党人一路摸索、探寻，终于汇聚到上海这片土地，孕育出真正意义上的中国共产党，又从这片土地出发，一路探寻、摸索，终于从小团体变成大政党、登上天安门。上海承载起历史转折点的特殊角色，就是一种历史必然——在这背后，有上海独特的空间特质、文化基因、社会风气，也有历史演进的自身规律。

上海是党的诞生地，是初心始发地、梦想起航地，也是我们党百年历程的亲历之地。这是一个天然承载着特殊使命的地方，也是一个需要持续从历史中寻找启示、汲取动力，从而更好前行的地方。习近平总书记多次说，"一切向前走，都不能忘记走过的路；走得再远、走到再光辉的未来，也不能忘记走过的过去，不能忘记为什么出发"。回到原点，细读历史的每一个足迹，我们会懂得何为向死而生、何为大浪淘沙，懂得伟大征程之艰辛、坚定信仰之可贵，当然也懂得何以"其作始也简，其将毕也必巨"。

历史的演进从来不是来自想象，而是来自一次又一次的探索、实践与奋斗。悟透历史的启示，懂得其间的不易，才能积蓄奋进前行的动力。这也正是中共一大会址、中共一大纪念馆所要告诉我们的——这里不仅是历史的空间，更是当下的空间、未来的空间，是一个承载红色基因、记录初心使命、诠释信仰精神的引领空间。这里时时刻刻在提醒我们思考，身在上海这座光荣的城市，应当以何种特殊的精神状态来续写光荣，应当用怎样的作为来真正诠释"让初心薪火相传，把使命勇担在肩"。

在展馆建设前，项目组进行了详细的调研工作，了解了建党历史和中共一大会址的相关情况，对中共一大纪念馆的原有展览进行了调研和分析，发现原有展览存在展示内容单一、缺乏互动性和吸引力等问题。同时，项目组还征集了大量珍贵的文物和历史资料，为陈列布展提供了有力的支持。在此基础上项目组决定对展览进行全面升级，增加更多的文物展品和互动体验，让参观者更加深入了解建党历史和党的初心使命。

新的中共一大纪念馆将党的诞生置于中华民族伟大复兴的历史大视野下，用多种形式，具象展现中国共产党的建党故事，让人从时间、空间的双重维度读懂这种历史必然，为观众提供一个看历史、看当下、看未来的特殊视角。

三、项目策划

基于调研结果和中国共产党成立100周年

的特殊背景，结合文物资料，项目组制定了详细的陈列布展方案。

（一）布展主题：伟大的开端——中国共产党创建历史陈列

方案以"伟大的开端——中国共产党创建历史陈列"为主题，通过序厅"历史选择 伟大起点"、第一部分"前仆后继 救亡图存"、第二部分"民众觉醒 主义抉择"、第三部分"早期组织 星火初燃"、第四部分"开天辟地 日出东方"、第五部分"砥砺前行 光辉历程"和尾厅"不忘初心 牢记使命 永远奋斗"共七个板块，生动体现中国共产党的诞生历程，聚焦建党初期中国共产党在上海的革命实践。展览运用文物、图片、场景等多种手段，生动形象地展示中国共产党从弱小到强大、从九死一生到蓬勃兴旺的奋斗历程。通过文物展品、图片、艺术展项等多种手段，全方位地展示中国共产党成立前后的历史背景、党的创建过程和党取得的重大成果。方案还增加了许多互动体验环节，如复原一大会议场景、重温入党誓词等，让参观者更加深入地了解建党历史和党的初心使命。

全新亮相的中共一大纪念馆，由中共一大会址、宣誓大厅、新建展馆等部分组成。"宣誓言、刻初心、创未来"之地——这正是中共一大纪念馆项目所要承托起的新空间和新意义。中共一大纪念馆馆长薛峰接受文汇报记者专访时强调项目的现实意义："以初心使命贯穿全篇，这样一个街区式博物馆，将燃起人们心里的信仰之光、理想之火。"

新建项目展陈面积达3 700平方米，是原先的四倍，展陈内容《伟大的开端——中国共产党创建历史陈列》分为五大板块，展示612件馆藏文物和展品，结合多媒体装置等最新技术手段，对建党历史进行了全景式、全维度的充分叙述。

（二）将时间轴拓展为坐标系，增强对建党历史的叙述能力

整个布展将历史的时间轴拓展成为历史的坐标系，从形式、内容、结构和空间等方面，大大增强对建党历史的叙述能力。

例如：馆内有一处名为"主义的抉择"展项，馆方精心选择100件五四前后传播马克思主义、社会主义的报纸杂志，做成一面通透立体的"主义墙"。这面墙前方的展柜中，则单独陈列着《新青年》第六卷第五号"马克思主义研究专号"。正是这本《新青年》刊发了李大钊所著《我的马克思主义观》。

"主义的抉择"展项

这一形式的展陈也将引发大家思考：历史和中国人民，为什么在那么多的主义、理论、社会制度和形态中最终选择了马克思主义，从而孕育出中国共产党？

（三）将新技术"代入"大历史，丰富建党历史的讲述形式

之前中共一大会址的主要历史场景就是还原18平方米的中共一大召开的房间。参观者可以通过场景的直观感受来想象、还原一百年前诸多历史背景和人物生平。现在，利用丰富的讲述形式，观众们的想象力与所有感官都能充分被调动起来。展厅内部，依托多种艺术形式与新媒体技术，文物展陈的讲述形式更为丰富多彩。

步入序厅，13位中共一大代表的立体群像"迎面而来"，这组铜制雕像一改往常艺术作品中代表们坐着开会的形象，而是创造性地让代表们站在石库门前，仿佛大步流星向观众走来。这种更加生动的艺术形象，展现出了那个年代觉醒者的神采与风貌。

此外，一些多媒体装置和互动屏幕则将故事演绎得更为传神。比如，围绕《共产党宣言》首个中文全译本的翻译、出版与守护，馆方精心选择了"真理的味道""信仰的力量""初心的守护"三个篇章。

其中有陈望道粽子蘸墨汁的趣闻，有新印刷所秘密刊印《共产党宣言》的故事，以及张人亚悉心收藏保管党的早期珍贵刊物。

"光荣之城"的红色巨型城市沙盘通过多媒体手段，将1921年至1933年间，上海城市部分区域的时空形态、历史样貌"堆叠"到一起，突破了某一个某一时某一点的历史剖面，多维度反映了这个时段中共中央在上海的活动与发展。

该展项基于对历史和城市学研究的最新学术成果，呈现手段也具有开创意义，让大家能理解上海这座光荣之城对中国共产党成长的承托，612处红色遗址遗迹如何蔓延于大街小巷，其背后更体现出人民群众对中国共产党的拥护和支持。

（四）放大历史中激昂点滴，凸显建党历史的表现力度

百年前，一批觉醒的先进知识分子将切身之痛、彻夜之忧转化成改造社会的伟大行动，推动了中国共产党的成立。这是最值得浓墨重彩书写的篇章。

此次展陈，以"初心和使命"贯穿全篇，将中国共产党的创建放置于中华民族伟大复兴的历史大背景下生动呈现。以编年体叙述方式展开，同时横向地展开重要事件内容，高度呈现那些

"激昂点滴"对历史发展的重要意义。将场景放入历史进程中，从而凸显建党历史的表现力度和展陈效果。

近代以来中华民族的苦难历史，前仆后继救亡图存的历史现实，民众觉醒主义抉择，改造社会实践的探索，马克思主义在中国的广泛传播等，初心和使命贯穿其间。

主体部分的"早期组织、星火初燃""开天辟地、日出东方"两个板块，把中国为什么选择了中国共产党，中国共产党为什么在上海成立，中国共产党成立对中华民族伟大复兴的历史意义又是什么，作了集中叙述和阐释。

而"砥砺前行、光辉历程"板块，将引发参观者的广泛共鸣。参观者可以比照自己的生活、回忆过往的故事，将自身经历"堆叠"于这样一个宏大历史面前，去比较、去思考、去分析。

四、项目执行

（一）展馆建设

在项目执行阶段，项目组进行了大量的工作。首先，对中共一大会址进行全面彻底的维护与修缮。中共一大会址所在石库门建筑建于1920年秋，中共一大召开时，建筑尚处于生机勃发的欣欣之势，此次修缮就重在还原当时的每一个细节，让中共一大会址重新焕发百年前英姿，更加鲜活地讲述党史。其次，对新建展馆进行了设计和建设，打造了一个宏伟、庄严的展示空间。最后，对文物进行了分类、整理和保护，确保其在展示过程中不受损害。

建筑本体的形制特色和展陈内涵的提升丰厚是项目亮点，彰显了上海作为党的诞生地、初心始发地，围绕"建设好、守护好中国共产党人的精神家园"而作出的重要呈现与历史担当。

从建筑形态看，中共一大纪念馆没有围墙，而是有机融入城市中心的繁华街区，打造成理念新颖的街区式博物馆。展厅本身设置于地面以下，合理布局周边生产、生活和生态空间。市民游客有休闲娱乐的去处，也大幅地提高了展陈空间面积，也更凸显了中共一大会址的独特地位，避免了新建筑体量过大，保护了街区整体风貌的和谐一致。

中共一大纪念馆项目按照新馆建设与旧馆保护相结合的原则，秉持百年前的历史意义，时代新的昭示和引领的准绳，历经20个月、600多天的施工建设与陈列布展，顺利竣工，以此庆祝中国共产党成立100周年。

（二）陈列布展

中共一大纪念馆，既凝固历史，又穿越时空，让参观者清晰感知一个政党从弱小到强大、从九死一生到蓬勃兴旺的奋斗历程，真切感悟"不忘初心、牢记使命、永远奋斗"的时代意义。

宽敞的前厅，正前方中间照壁为"日出东方——从石库门到天安门"历史组画，上海、南湖、井冈山、瑞金、遵义、延安、西柏坡、北京……一个个光辉的红色地标，再现了中国共产党苦难辉煌的历史征程。

左右两侧，分别是展现长江三峡及黄河壶口瀑布景观的"中流砥柱"，以及反映长城壮丽景象的"民族脊梁"。

基本陈列可以说是一次史无前例的"集结"，集中地向参观者呈现建党时期的珍贵文物。新文化运动、五四运动、马克思主义早期传播、共产党早期组织的成立、中共一大、中共二大、第一次工人运动高潮等建党前后的珍贵文献、照片、实物等在此悉数亮相。

面积超过3 000平方米的基本陈列展厅，共有612件文物展品，较原先基本陈列展出的文物数量大幅扩容。算上各类图片、艺术展项等，展品总量从原来的278件增至1 168件。

以红色为主基调，展厅内可谓"步步有景，

步步有故事"。驻足在一件件铭刻着历史印记的文物面前，透过文字介绍，循着时间脉络，感慨于苦难深重的旧中国，一代代仁人志士的奋斗与牺牲，由此更清晰地感悟：为什么只有中国共产党才能救中国！

大型立体式视觉置景名为"主义的抉择"，100件五四运动前后传播马克思主义、社会主义的报纸杂志，错落陈列在玻璃墙上。其中，《新青年》第6卷第5号"马克思研究专号"在前端"高光"展示，这期"专号"标志着马克思主义在中国的传播进入了较为系统的阶段。

三折LED屏幕前，纪念馆"镇馆之宝"《共产党宣言》的72种版本全部展出，三组互为呼应的故事场景分别讲述翻译宣言、出版宣言、守护宣言三个篇章。

新馆展厅结束处，以绵延山脉为背景的留言墙上方，是一块显示着江山图景的电子屏幕。参观者在互动装置上留下的个人影像，一张张"飞入"图景之中，汇聚成群像。屏幕左侧，醒目的12个大字为展陈尾声道出无穷余味——"江山就是人民，人民就是江山。"

五、项目评估

（一）总体效果

中国共产党第一次全国代表大会纪念馆正式开馆是一次大型的公共关系活动，项目旨在庆祝中国共产党成立100周年，通过全新开馆的中共一大纪念馆，以实际行动贯彻习近平总书记关于"把一大会址保护好、利用好"的重要指示精神。

中共一大纪念馆开馆，在主流媒体得到了充分报道，并得到了社会各界的高度评价。参观者

们纷纷表示，通过参观展览，更加深刻地认识到了中国共产党的伟大历程和初心使命。同时，该项目的成功实施也为中国共产党成立100周年的庆祝活动增添了浓墨重彩的一笔。

（二）公众声音

全新开放的中共一大纪念馆，不仅常设展作了全面更新升级，整体功能也有跨越式提升。更大的空间、更优美的整体环境，都将为探寻初心之旅带来更丰富的体验。基本陈列展厅外，新落成的一大广场人流如织，迅速成为上海新一处红色地标，目前最多时一天迎来约2万人次的参观者。

中共一大纪念馆已经成为共产党员回望初心的"宣誓之地"、市民游客参观初心始发地的公共空间，成为上海中心城区传播红色文化营造浓厚氛围之地。

宣誓大厅内，中共一大代表群像浮雕一旁，悬挂着巨幅中国共产党党旗。一批批党员在此重温入党誓词，字字铿锵。仪式教育在这一庄严的空间内更加直抵人心。

"一次参观瞻仰，寻到一种力量，看到一份初心。""作为一名中国共产党党员，我自豪，我骄傲，我担当！""百年大党，永远年轻。今年一定要递交入党申请书！"

一张张留言便笺上，写满参观者的感悟与"表白"。

（三）主流媒体报道

中共一大纪念馆结合重要时间节点主动策划相关活动，与各媒体合力形成气势磅礴的宣传声势，线上线下同频共振，多次实现亿级传播量。2021年6月3日，近1.3亿微博网友关注中共一大纪念馆开馆并参与相关话题讨论。

附　开馆报道汇总一览

序号	时间	报刊	版面	标题
1	2021年6月3日	文汇报	头版	本报今发表评论员文章《写在中共一大纪念馆开馆之际》 铸红色地标　树精神丰碑　迎建党百年
2			6、7版	铸红色地标，树精神丰碑 ——写在中共一大纪念馆开馆之际
3		新民晚报	头版、2版	深入贯彻落实习近平总书记重要指示精神，以实际行动庆祝中国共产党成立100周年 中共一大纪念馆上午正式开馆
4		新闻晨报	头版	中共一大纪念馆焕然一新"党的诞生地"有他们在守护
5	2021年6月4日	解放日报	头版、7版	经过600多个日日夜夜精心建设，中共一大会址全面修缮，石库门建筑风格新馆落成 中共一大纪念馆正式开馆
6			2版	重温初心使命，汲取更多前行力量 中共一大纪念馆开馆，党员群众怀着崇敬心情从四面八方赶来
7				在党的诞生地，赓续信仰的力量——写在中共一大纪念馆开馆之际
8			特刊1-7	中国共产党第一次全国代表大会纪念馆开馆特刊
9		文汇报	头版、四版	深入贯彻落实总书记重要指示精神，以实际行动庆祝建党100周年的重大工程——中国共产党人精神家园！中共一大纪念馆开馆
10			7-12版	中共一大纪念馆开馆特别报道
11		劳动报	头版、2版	庆祝中国共产党成立100周年特别报道 中共一大纪念馆开馆 李强龚正与各界人士共同见证
12			3版	72种《共产党宣言》首次全部展出 中共一大纪念馆开馆612件展品讲述"伟大的开端"
13		人民日报	头版	中共一大纪念馆开馆
14		新华每日电讯	头版	中共一大纪念馆在上海开馆 集中展示建党时期珍贵文物
15			5版	在这里，读懂"伟大的开端" 中共一大纪念馆全新开馆
16		新民晚报	头版	中共一大纪念馆前，参观者有序排队一睹新馆风采 很激动 很感动 很震撼
17			3版	从1942年版《共产党宣言》到1949年上海解放工作会议记录—— 他们带着"厚礼"参观中共一大纪念馆
18				中共一大纪念馆实名预约进馆
19	2021年6月5日	解放日报	头版、2版	中共一大纪念馆开放预约参观首日
20		文汇报	头版、5版	中共一大纪念馆迎来一批批来自全国各地的党员群众 参观者们在这里读懂"伟大的开端"

案例点评

中共一大纪念馆正式开馆是一次大型的公共关系活动，是中国共产党成立100周年庆祝活动中浓墨重彩的一笔，亦为上海中心城区传播红色文化营造了浓厚氛围。作为党的诞生地、初心始发地和梦想起航地，上海有责任守护好中国共产党的根脉，守护好中国共产党人的精神家园。正如习近平总书记所说"我们党的全部历史都是从中共一大开启的，我们走得再远都不能忘记来时的路"。

新馆的建设与开馆较好地使用了"时空"贴近与叠加策略。在时间选择层面，中国共产党成立100周年这一特殊历史时刻，新馆与公众见面，在此重要时间节点主动策划相关活动，与各媒体合力形成气势磅礴的宣传声势，线上线下同频共振，实现亿级传播声量。从空间布局看，新馆与一大会址隔街相望，展陈空间、规模、手段显著变化，为参观者带来全新的参观体验，新馆与修缮后的一大会址形成一体化的空间设计，形成叠加联动效应。从馆到城，中国共产党、中共一大与上海故事，交相辉映，没有围墙的街区式博物馆，有机融入上海城市文化。

纪念馆的布展手段与当下媒介技术发展相契合，通过大型立体式视觉置景、三折LED屏幕、互动装置等技术手段的助力，厚重的历史感与现代技术完美融合，让公众沉浸式参与互动，提升观展体验，实现"在历史中—立足当下—指向未来"大设计逻辑。

点评人：于　晶

（华东师范大学传播学院副院长，华东师范大学政治传播与公共关系研究中心主任，复旦大学国际公共关系研究中心副研究员）

五五购物节

选送单位 上海市商务委员会

创新的赢家

特别奖

上海市第十一届
优秀公共关系案例评选

一、项目背景

为深入贯彻落实党中央、国务院关于扩大国内需求、释放消费潜力、扩大居民消费的重要部署和要求，更加积极有效地应对疫情冲击，全力打响上海"四大品牌"，加快建设国际消费城市，2020年4月，上海决定出台《关于提振消费信心强力释放消费需求的若干措施》（以下简称《若干措施》），并举办"五五购物节"，主要基于三方面考虑：一是通过强有力的政策举措促进消费回补和潜力释放，更好满足市民群众不断恢复和高涨的消费热情；二是通过举办"五五购物节"，打造国际消费城市的标志性活动，增强上海"四大品牌"的影响力和标识度，为广大商家和消费者打造一个全新的消费节庆；三是顺应疫情期间在线经济、新型消费等新业态、新模式逆势上扬的发展态势，通过出台政策和举办"五五购物节"将疫情中催生出来的新型消费、升级消费以及新的消费理念、消费方式进行固化和推广，助力商家打造更多消费新场景，新渠道，为消费者提供更加多元和便捷的消费选择。

二、项目调研

消费是经济增长的第一动力，上海历来高度重视稳定和扩大居民消费工作。2018年4月，上海出台了《全力打响"上海购物"品牌加快国际消费城市建设三年行动计划（2018—2020年）》。经过各方面共同努力，各项工作取得明显成效。作为国内首批社会消费品零售总额迈入万亿级的城市之一，2019年上海社会消费品零售总额达1.35万亿元，连续三年稳居全国城市首位，消费作为经济稳定器和压舱石的作用更加凸显。在线经济等新业态、新模式蓬勃发展，2019年电子商务交易额超过3.3万亿元，增长14.7%，约占全国1/10，集聚了一批资源配置能力强、产业带动效应大、行业地位突出的电商企业，主要电商直播平台的用户数量居全国首位。国际化程度不断提高，首店、旗舰店数量全国第一，全球零售商集聚度全球城市排名第二，国际知名高端品牌集聚度超过90%，上海口岸服装、化妆品、汽车进口额分别占全国的69.9%、47.3%和36.3%，成为国际品牌进入中国市场的首选之地，众多国际高端品牌纷纷将其中国区总部、亚太区总部放在上海。

2020年初突如其来的疫情对消费市场造成了较大冲击。为全力支持企业抗击疫情，上海出台了"28条"等政策举措，帮助包括商贸等各类企业降低经营成本、提供融资便利，协调解决防疫物资需求等问题。广大商家也积极行动，创新业态模式，特别是3月份以来陆续开展了"云上时装周""云直播""云逛街""云上快闪店"等一系列营销促销活动，经营情况正在加速恢复。

三、项目策划

（一）坚持系统谋划，统筹推进

"五五购物节"的成功举办，是市委、市政府及时谋划、强力推进的结果，是全市上下积极参与、共同努力的结果。领导高度重视。市委、市政府高度重视"五五购物节"筹办工作，专题研究，进行部署。注重顶层设计。市商务委会同各区、各部门，广泛听取各方面意见建议，着眼于"政策＋活动"双轮驱动和实现本地平台和商家全覆盖、终端产品全覆盖、消费人群全覆盖，及时制定出台包括"一大节庆""五大消费""四个经济""一个环境"等在内的四个方面12条政策举措，同时策划形成16个专项活动方案，并设计注册LOGO、制作主题宣传片，构成了促消费的组合拳。强化协同联动。依托国际消费城市建设领导小组，建立了"五五购物节"工作协调机制。各区、各部门、各单位，以及各大平台、各大商业企业集团和各行业协会等主动对接、积极响应，确保了购物节的顺利举办。

（二）坚持政府引导，市场主导

立足把握好政府和市场的关系，充分发挥市场主体作用，加快形成规模优势和溢出效应。最大限度发挥政府撬动市场的作用。构建公平高效的市场竞争环境，整合各级政府力量和社会资源，着力完善政策举措，创新管理手段，引导大平台大流量、制造商、零售商和服务商等跨界合作，形成整体合力。充分发挥各类市场主体的积极性、创造性。各类平台和企业自主发放各类消费券、购物券，开展丰富多彩、独特新颖的营销促销活动，提供多种多样、周到贴心的商品和服务，实现千企万店日日有活动、周周有亮点。积极发挥行业组织的服务纽带功能。汽车销售行业协会、单用途卡协会、交家电协会、黄金珠宝协会、南京路步行街企业联合会、特色商业街区联盟等机构和组织主动跨前、搭建平台、对接资源、强化服务，广泛动员行业、企业参与。

（三）坚持广泛发动，全民参与

充分运用各种宣传资源，创新宣传方式，系统性、全方位提高"五五购物节"品牌影响力。全媒宣传引发热烈反响。上海市委宣传部大力支持。市政府新闻办举办4场新闻发布会，回应媒体关切。中央新闻单位、本市主要媒体、区级融媒体中心等多层次广覆盖开展宣传报道。氛围

营造实现铺天盖地。上海地标建筑、商圈大屏、地铁站厅等近8万个公益宣传阵地对国际消费城市宣传片、"五五购物节"形象标识等进行全天候宣传展示。上海消费总动员上线"五五购物节"微官网，相关媒体推出各类接地气的购物攻略、嗨购日历等，让消费者及时便捷掌握各类活动和优惠信息。抖音、哔哩哔哩、喜马拉雅、小红书等流量平台，组织网红主播、头部UP主进行宣传造势，发起"五五购物节"专属话题，进一步扩大了"五五购物节"在全国乃至全球的影响力。

（四）坚持创新驱动，引领消费

积极顺应和把握消费升级趋势，以制度创新、模式创新、技术创新满足并创造新的消费需求。制度创新释放消费新潜力。市发展和改革委员会、市财政局等出台《关于促进本市汽车消费若干措施》，明确汽车以旧换新、购买新能源车充电补助实施细则，促进汽车消费提质升级。市商务委会同市市场监管局制定《餐饮服务单位分餐制管理规范》和"分餐行动"实施方案，倡导健康餐饮新理念；会同上海海关、市知识产权局等出台支持出口转内销的11条特殊管理措施，助力外贸优质商品打开国内销售渠道。市商业联合会发布全球首份"首发经济"评价标准，第一财经首推上海夜生活活力指数。

模式创新激发消费新动能。发挥大平台、大流量优势，围绕线上赋能线下、线下拥抱线上，推动实体商业数字化渗透、传统电商社交化转型、内容平台电商化拓展、生活服务平台智能化升级。各大电商平台和实体商业企业强强联合，"线上发券＋线下消费""平台＋商场"等营销新模式成为竞合双赢的有效途径。直播经济催生购物新模式，线上线下深度互动、资源要素高度集聚、买手模式和拼购模式融合统一，以及人场货的全链路优化，形成了新的消费方式和消费体验。技术创新打造消费新场景。充分利用现代信

息技术，打通、融合实体与虚拟空间，体验有声化、互动化、实时化、立体化，激活上海丰富的市场优势、场景优势、资源优势，构建在线新经济深度支撑国际消费城市发展的"上海样本"。

（五）坚持精细治理，优化环境

坚持"一手抓防控，一手抓办节"，依托"一网通办"和城市运行"一网统管"，确保大客流情况下的消费安全。注重优化政府监管。市公安局建立绿色通道，对市、区列入购物节的重点活动，实行快速安全评估和报备管理；市卫生健康委等部门编制《夜市等人员密集夜间经济场所疫情防控工作指引》，让市民更加安全地体验夜上海的烟火气、时尚潮、国际范；市城管局实施"轻微免罚"制度，支持特色小店等有序放开"外摆位"经营。创新开展保障服务。市交通委为购物节重点活动以及商场、夜市延时运营提供精准的交通配套保障；市绿化市容局加强绿化景观布置，延长景观灯光开放时间并扩大开放区域；市气象局提供全程精准气象服务方案。持续改善消费环境。市税务局在恒隆广场启动国内首个购物中心离境退税即买即退集中退付点，市商务委、市消保委等开展"安心消费，畅购无忧"主题活动，发布重点商圈诚信指数，建立"七日无理由退货"服务承诺联盟，逾 5600 个品牌商参与承诺，全市消费投诉量同比明显下降。

四、项目执行

"五五购物节"是本市推出的一项全新的大规模消费节庆活动，主题是"五五购物节，全城打折季"，购物节 LOGO 同步设计推出。"五五购物节"时间上横跨整个第二季度，贯穿劳动节、儿童节、端午节等多个重点节日，全市各大电商平台、商业企业、品牌企业、终端产品等广泛参与，做到"千企万店、全城动员，日日有活

动、周周有亮点"。梳理形成了 130 多项重点活动，以及 700 多项特色活动。

购物节期间，各大消费板块都推出了丰富多彩的促销活动。

新兴消费方面，推出近 30 项重点活动，如阿里巴巴打造"55 聚划算汇聚上海"专属会场，开展打折、发放大额优惠券等让利活动，涉及 1 000 家本地生活品牌、42 万家淘宝天猫上海商家。拼多多组织"嗨购节"，打造"五五折专区"，并派出百余名直播小二，指导线下商场进行线上直播，覆盖 1 000 多个上海知名品牌，涉及 10 万多家上海商户。腾讯开展"花漾徐家汇·云直播"活动，通过线上团购、线下打折等方式开展大范围促销。京东聚焦综合百货、3C 电子等重点品类，开展"618"大促。抖音举办"DOU 申购·云逛街"活动，通过优质短视频、达人直播等方式推荐申城美景、美食、美物。哔哩哔哩联合五角场商圈开展营销促销活动，在 B 站制作主题页面，发放优惠券和粉丝福利。百联推出"焕享一新·千店 i 购季"，银联商务举办"6·2"节，并派发消费券。喜马拉雅打造"有声南京路"，推出朗读亭、有声图书馆、耳机森林千米有声书香长廊。口碑组织"美食生活月"，盒马推出"品质生活节"，叮咚买菜举办"云菜场线上嗨购节"，通过发放平台红包、优惠券等开展打折促销。爱库存等推出"出海优品＋云购申城"活动，开设出口商品网上销售专窗，为市民提供外贸优品。此外，团市委牵头组织"互联网青春生活节"，推出每日爆款单品，挖掘 100 款上海创新品牌产品、100 家特色餐饮服务、100 个新型消费门店。

文旅消费方面，围绕"信心、安心、称心、暖心、欢心"，集中发布一批精品线路、特色活动和惠民措施，适时举办市民文化节等 5 大文旅节庆活动，推出美食旅游季、购物旅游季等 8 大主题畅游季。此外，携程组织长三角特惠酒店专场线上直播，驴妈妈举办上海对口支援地区百

创新的赢家

名县长义卖直播大会。

餐饮消费方面，以"寻味魔都"为主题，推出美食嘉年华、魔都吃货节、上海小吃节、厨艺大比拼、环球美食节、边吃边逛打卡等一系列活动，涵盖优惠促销、互动体验、美食评选、技艺展示、榜单发布、地标打卡等内容，并通过电视美食专栏、新媒体直播等将活动过程分享给更多消费者。其中，美食嘉年华、魔都吃货节发挥美团点评、饿了么等平台优势，发动数万家餐厅参与，提供数万个优惠团购产品，优惠幅度达上亿元。上海小吃节发动老字号小吃企业、早餐工程数千家门店开展优惠促销，让消费者享受身边物美价廉的各类特色小吃。环球美食节组织全城上千家国际餐厅，开展美食厨艺、风情酒饮、调酒技能等展示，评选环球美食榜单，举办环球美食直播达人赛等活动。

汽车消费方面，举办品牌大联展、新品云发布、驾乘新体验、汽车文旅行等汽车嘉年华，覆盖全市 800 多家 4S 门店，集中推出一批新车发布和优惠促销活动。上汽集团举办"'五'与上汽有个约'惠'"和"上汽之夜"专场活动，对旗下荣威、名爵、大通等八大品牌数十款新车进行打折促销。

信息消费方面，上海移动、上海电信、上海联通、分众传媒等围绕举办上海信息消费节，组织 4 场消费带动活动、4 场融合体验活动以及若干项特色专场活动，大力推广在线+、5G+、AI+ 等新产品、新业态。

家装消费方面，齐家网举办"装修正当时，五一家装节"，通过优惠打折、发放优惠券等形式让利消费者；红星美凯龙、苏宁、国美、永乐、好美家等将推出大幅让利促销活动。

新品消费方面，推出为期一个月的"全球新品首发季"，路威酩轩、开云集团、蔻驰、乐高、阿迪达斯、戴森、华为、伽蓝、上海家化等近 40 家企业、60 个品牌将举办 80 余场新品首发活动。开展国际美妆节，集中发布欧莱雅、雅诗兰黛等品牌的美妆新品。以"国潮"为主题，联合各大平台直播发布老字号新品，得物举办首届国潮品牌新品设计大赛。

夜间消费方面，举办首个夜生活节，围绕夜购、夜食、夜娱、夜游、夜秀、夜读等 6 大主题，开放一批夜间文化场馆，鼓励商场、餐厅、书店等推出购物不眠夜、博物馆奇妙夜、酒吧节、集市节、深夜书店周等 10 大特色活动，点亮"夜上海"。

品牌消费方面，光明、东浩兰生、豫园等开展老字号游园会，打造老字号伴手礼专区、快闪专区、欢乐集市等。上海人民广播电台开展 55 位主持人讲述上海品牌故事活动，让上海品牌听得见、看得着、买得到。绿地全球贸易港、虹桥品汇等进博会上海交易团四大采购商联盟相关企业将举办进口商品节、国别商品周等活动，500 余家线下门店和 40 余家线上平台开展时尚生活、钻石、美妆、服饰、高端奢侈品等进口商品促销。小红书、阅文集团等举办"秀出你我光彩，美好生活相伴"消费品特惠大行动，通过直播带货、在线品牌展示等开展美妆护肤、时尚服饰、珠宝配饰、家具家居等名优产品的打折促销。

此外，购物节期间，南京路、淮海路、陆家嘴、徐家汇、五角场、虹桥等全市各大商圈商街，百联、新世界城、大悦城、环球港、万达等购物中心，麦德龙、家乐福、永辉、沃尔玛等超市卖场，金拱门、必胜客等餐饮连锁企业都推出一批让利于民、有吸引力的折扣活动，

五、项目评估

作为全国首创的大规模综合性消费节庆活动，首届"五五购物节"，以"全城打折季"为主题，时间上横跨五、六两个月，参与商家线上超过 52 万家、线下超过 10 万家，举办重点

活动 170 余项、特色活动 1 000 余项，有力汇聚了人气、商气，重启了生产流通消费的良性循环，极大促进了消费回补和潜力释放。

（一）促进了消费

2020 年购物节期间，本市 200 家大型商业企业实现销售额 684 亿元，同比增长 4.5%，环比增长 33.5%；市统计局数据显示，5 月份全市社会消费品零售总额同比增长 0.6%，增速高出全国 3.4 个百分点。

线下实体商家持续回暖。在外来消费仍处低位、商家打折促销力度加大的情况下，支付端大数据监测显示，全市线下实物消费总额 2 846 亿元，环比增长 11.6%，基本恢复至上一年同期水平；重点监测零售企业销售额环比增长 33.9%，如新世界大丸百货、第一八佰伴环比分别增长 2.1 倍和 1.4 倍。

线上网络零售爆发增长。市邮政局数据显示，上海地区快件数达 5 亿件，同比增长 20.6%；第三方大数据显示，全市网络零售额达 2 551 亿元，同比增长 23.5%。如：盒马、叮咚买菜销售额同比增速分别超过 90% 和 120%。

重点领域实现快速复苏。汽车消费增长明显，销售新车 11.6 万辆，销售额同比增长 9.9%。餐饮消费加速回暖，饿了么、口碑销售额同比增长 15% 以上；美团到店餐饮消费额同比增长 34%，夜间外卖消费额同比增长近两成。中高端消费回流明显，27 家高端品牌销售额同比增速超过 50%。

重点商圈消费人气恢复。南京东路、南京西路、小陆家嘴、徐家汇、五角场等商圈平均销售额环比增长 52.8%，客流量环比增长 38.8%。

（二）创新了模式

线上线下深度融合。平台赋能、联动促销加快商业数字化转型步伐。如：新世界城联合拼多多发放消费抵扣券，首发当日商场客流超 10 万人次；南京路步行街携手抖音、喜马拉雅推出"抖申购""有声南京路"等活动，带动客流环比增长 1.8 倍；杨浦区携手哔哩哔哩开展"嗨翻五角场，欢乐打折季"活动，带动商圈销售额环比增长 52.7%。

直播带货引领消费新风尚，直播场次超过 29 万场，累计观看人次达 9.5 亿。如徐汇区携手腾讯等推出"花漾徐家汇"云直播，助力商圈销售额环比增长 57.6%；上海人民广播电台 55 位主持人讲述老字号品牌故事，并推出 520 爱在长宁 10 小时直播；达达集团首创"直播购物 1 小时达"新模式。

商产文旅跨界联动。商业、制造、文化、旅游等行业抱团营销，推出一批跨部门合作、跨行业联动的亮点活动，促进整体复苏。如：市委宣传部等打造"品质生活直播周"，推介老字号、潮流文创、文旅演艺等，带动消费约 50 亿元；SMG 旗下东方卫视首创 4 小时全球直播，参与企业预售金额达 89 亿元；市文旅局推出"五个一百"活动，超过 1 亿人次参与。

内外贸易链路打通。开展"出海优品，云购申城"系列活动，i 百联、小红书、爱库存等平台设立上海外贸产品销售专区，提供快速入驻、流量扶持、佣金减免和快速结款等优惠措施，逾千家外贸企业实现国内销售额超过 50 亿元。

（三）惠及了民生

打折促销让利于民。企业促销力度空前，如阿里巴巴、腾讯、京东、拼多多、苏宁易购和百联集团、光明集团、月星集团等平台和商家累计发放各类消费券 286 亿元；上汽集团推出近 400 辆 55 折新能源汽车引发市场热潮；普陀区汽车品牌大联展推出低至 55 折的大力度折扣，活动期间销售额同比增长 41%。节日打折促销火爆，如：母亲节期间，部分品牌推出黄金饰品打折促销带动黄金珠宝销售额同比增长 22.4%；

上海小吃节期间，推出"五折让利"等97项优惠活动，近40家企业共4 700余个网点销售额环比增长53.6%。

新品潮品更加丰富。首创"全球新品首发季"，300多个国内外知名品牌累计发布新品超过1 500款。如乐高首个中国原创IP新品"悟空小侠"系列全球首发，引发20亿人次关注；豫园等170余个老字号品牌打造"国潮老字号"，推出新品600多款；虹口区"潮生活节"首发本土潮牌新品500款，销售额同比翻倍。首店加速集聚、加快"落沪"，二季度全市新开设各类首店旗舰店超240家，是一季度的4倍，华为全球最大旗舰店在南京路步行街正式开业。

足不出"沪"享遍全球。精心打造进口商品节、环球美食节，让消费者足不出"沪"买遍全球、吃遍全球。"进口商品节"围绕进博会"展品变商品"，推出1.4万款优质进口商品，带动销售成交超过9亿元。如虹桥品汇销售额环比增长近5倍，绿地全球贸易港实现销售额近2亿元，麦德龙、家乐福等推出进口商品大力度优惠促销活动。市烹饪协会等主办的环球美食节，吸引了42个国家370个餐饮品牌2 000余家门店参与。浦东新区推出国际品质生活节，引导消费者直通哈罗德等欧美百货，10天销售额达1.3亿元。

惠及企业促进就业。市场需求的有效恢复带动了企业特别是中小微企业的生产经营，保障了市场主体稳定运行。支付宝数据显示，全市近26万家小店营收同比实现正增长；5月份全市批发零售业新增注册企业12 784家，同比增长28.8%。购物节也催生了一批新职业、新行业。如：团市委互联网青春生活节带火了整理收纳师、密室策划师、宠物摄影师等新职业，催热了自习室、冲浪馆、汉服体验馆等新行业；夜生活节推出的静安区安义夜巷、黄浦区外滩枫径限时步行街和思南公馆夜派对等50多个特色市集

拓展了就业新空间。此外，发布首批55家消费扶贫专店专柜名单，在电商平台上线销售专区，首轮对接销售对口支援地区特色农副产品超过1万吨。

（四）打响了品牌

"五五购物节"品牌效应迅速形成。"五五购物节"活动方案发布后，全网相关新闻报道超过17万条，百度搜索结果累计超过1 400万条。人民日报、新华社、中央电视台等中央媒体，华尔街日报、福克斯商业频道等境外媒体纷纷进行了报道。

"上海购物"品牌内涵更加丰富。"五五购物节"集中呈现了打响"上海购物"品牌三年行动计划的重要成果，展示了"品牌最新最潮、购物环境最优最好、性价比最高最划算"品牌形象。同时，"全球新品首发季""上海国际美妆节""夜生活节""潮生活节"等多个全新活动IP，以及"云购物""云逛街"和直播电商、社交电商等新模式新业态，为"上海购物"品牌注入了新的活力和动力。

"四大品牌"联动效应加快释放。"五五购物节"在提升"上海购物"体验度的同时，强化了"四大品牌"的联动效应，进一步提高了"上海服务"辐射度，彰显了"上海制造"美誉度，展现了"上海文化"标识度。比如：中国银联联合各大银行，依托云闪付APP发放1.3亿消费券，并联手本地商业企业合作推出各类优惠活动；东方航空推出民航首款"周末随心飞"产品，助力重启上海购物、旅游、酒店等消费链。又如："上海制造佳品汇"推出轻工、纺织、智能硬件等"1000+"最新、最炫、最酷的"上海制造"，网联汽车、5G机器人、天眼CT等一大批上海高科技产品通过直播带货等开启热销模式。还如：市新闻出版局发动大隐书局等25家书店联合打造深夜书店节，上海博物馆等46家博物馆推出"博物馆奇妙夜"，为市民提供了夜读、夜

游等全新体验。

（五）提振了信心

作为疫情期间全球范围内适时重启的大规模消费节庆活动，"五五购物节"的成功举办，彰显了上海精准疫情防控的能力，展现了我国内需市场的魅力，向海内外投资者传递了经济复苏、信心提振的强烈信号。

案例点评

惠民生是政府公共关系的永恒主题。

2018年，上海市出台《全力打响"上海购物"品牌加快国际消费城市建设三年行动计划（2018—2020年）》。上海购物与上海服务、上海制造、上海文化一同成为上海市委、市政府倡导的上海"四大品牌"建设项目之一。2019年，上海社会消费品零售总额连续三年居全国首位，首店、旗舰店数量全国第一，全球零售商集聚度全球城市排名第二，上海成为国际品牌进入中国市场的首选之地。

2020年5月4日晚，东方卫视推出"2020五五购物节"全球大直播，一个全新的大规模消费节庆启动。参与本次活动的线上商家超过52万家，线下商家超过10万家，各类平台和企业发放优惠券超过240亿元。截至2020年5月5日14时12分，"五五购物节"上海地区消费支付总额已超100亿元。大力度向市民发放购物优惠券，让普通公众更多地获得，这种惠民生的举措反过来也成为激发市场活力、培育新的消费增长点的机会。2021年，商务部部长宣布，经国务院批准，在上海等5个城市率先开展国际消费中心城市培育建设。

政府形象不是塑造出来的。"形象"概念是一个在不同的学科语境里，有着不同性质含义的符号。政治学、管理学学科的"形象"概念是一个积极的、正直的表达，以实力＋行为为最基本构成要素，多用于组织，与"建设"一词搭配，指需要较长时期才能实现。文学、艺术学科的"形象"概念具有易变的、双面的意义，以外观／标识为第一构成要素，多用于个人，与"塑造"一词搭配，指可以在短时间内做出来。五五购物节历经新冠疫情的洗礼，已举办四届，国内外影响力日益增大。实实在在让市民有更多获得感，也有力地落实国家扩大内需的战略，并拓展了建设全球城市的功能内涵。

点评人：杨　晨
（上海外国语大学公共关系学系主任）

欧莱雅进博会国际传播案例

选送单位　欧莱雅（中国）有限公司

一、项目背景

中国国际进口博览会（以下简称"进博会"）是世界上第一个以进口为主题的国家级展会，是中国主动向世界开放市场的重大举措。响应"越办越好"的号召、秉承"新时代，共享未来"的主题，经过五年发展，进博会已充分展现了其国际采购、投资促进、人文交流、开放合作的四大平台作用，成为了我国最重要的主场外交平台之一；同时，进博会也成为了每年最具影响力、传播力的平台之一。仅第五届进博会，就有来自127个国家和地区的2 800多家企业参展，其中包括284家世界500强企业和行业龙头企业，并有全国各地39个交易团、近600个交易分团，以及约35万专业观众、2 800多名中外媒体记者的参与。

2018年1月，中国商务部代表团到访欧莱雅集团巴黎总部，向欧莱雅发出首届博览会的参展邀请。时任欧莱雅集团董事长兼首席执行官安巩第一时间亲自致信时任商务部部长钟山，对首届中国国际博览会的举办表示大力支持，成为首批确定参加中国国际进口博览会的企业之一，以及化妆品行业首家确认参展的企业。

自此，欧莱雅与进博会结下了情缘。作为全球最大的美妆集团，欧莱雅连续五年参加进博会，连任三届展盟主席，并在2020至2021年期间连任两届进博会日化消费品专业委员会会长单位。五年来，欧莱雅积极借助进博会人文交流与开放合作的平台作用，为加深民间外交、拓宽进博会和企业自身的国际影响力注入了"美丽新势能"。

二、项目调研

为了将欧莱雅进博会国际传播不断升级，欧莱雅对历届进博会传播情况作了四个维度的调研分析，并结合历年宏观大背景和进博热词，不断优化传播策划方案。

维度一：时间长度

进博传播实现"6+365"天持续涌动，写就"永不落幕"的进博佳话。

维度二：国际化程度

境外信息总量明显增加，参与进博会宣传报道的国家数量、境外媒体数量均有增长，为讲好中国故事、传递好中国声音贡献进博力量。

维度三：话题广度

海量传播议题范围广、角度多，实现宣传效果最大化最优化。

维度四：传播立体度

新技术、新形式赋能融媒报道，多维度、多平台展现展会盛况。

	记者数量	境内外传播量	进博热词
首届	4 000	170 万条	开放、经济全球化、营商环境、合作共赢、便利化、共同发展、消费升级、"一带一路"
第二届	4 000	145 万条	高水平对外开放、命运共同体、冲破保护主义、合作交流、中国市场、科技创新、营商环境
第三届	3 000	370 万条	开放、双循环、增强信心、如期举办、进博效应、溢出效应、朋友圈、线上线下
第四届	3 000	254 万条	扩大开放、尖端科技、绿色低碳、合作共赢、消费升级、RCEP、首秀首发、人文交流
第五届	3 000	204 万条	开放、中国大市场、虹桥论坛、进博故事、智能科技、绿色低碳、数字进博、信心、机遇、发展成就

注：以上调研数据来源于首届相关官方报道及第二届至第五届《中国国际进口博览会传播影响力报告》。

三、项目策划

五届进博会，欧莱雅从"头回客"变"回头客"，从"回头客"变"常驻客"，从"参展商"变"投资商"，从"投资商"变"合伙人"。转眼，欧莱雅已经连续五年成为进博会最大的日化行业展商，并连续三年担任参展商联盟轮值主席，不仅亲眼见证了进博会"越办越好"，更抓住了进博"天时地利人和"的巨大机遇，和进博会、和中国共谋发展。欧莱雅进博会国际传播策划可以用《孙子兵法》中五个"势"来总结：

第一，起势，即稳扎稳打，积蓄力量。 进博会诞生伊始，欧莱雅集团高层就将其视作对公司最具战略意义的国际盛会，由欧莱雅中国 CEO 亲自挂帅，更强强联合研发、品牌、采购、运营等多个部门，集结成欧家"进博天团"，全力以赴每一届筹备工作。五年来，欧莱雅在将集团最核心的理念融入展台整体设计的同时，更带来集团全球最前沿的产品、技术和服务。

第二，明势，即洞察局势，因势利导。 欧莱雅积极拥抱开放的春风，并通过进博会的窗口深切参与其中。针对前沿科技创新这一进博大方向，将集团在全球最前沿的美妆科技漂洋过海，在进博首发首秀，助力进博会打好科技"王牌"，比肩世界级科技盛会。

第三，借势，即乘势而上，扩大进博影响力。 每届进博会，欧莱雅集团高层从未缺席，企业自身通过中国官方媒体的采访、专题等积极发声，并在社交媒体用各种形式与全球消费者互动，切实扩大进博会的国际影响力。同时，欧莱雅还全力支持进博会海外路演、在虹桥论坛上建言献策、参与《我的进博故事》等传播专题，向全世界讲好"进博故事"和"中国故事"。

第四，造势，即聚合资源，创造机遇。 欧莱雅是进博会最早开创社交媒体达人打卡先河的展商，并在主办方的指导下发起了"拓扑行动"，助力进博破圈；第五届进博会上，还将欧莱雅中国 25 周年庆带到进博舞台，通过举办首届中日韩美妆产业创新峰会等，充分联动更多行业伙伴和消费者，与世界共享"进博机遇"。

第五，定势，即积蓄势能，以定乾坤。 通过以上一系列策划，五年来，欧莱雅为进博会"越办越好"不断贡献"美丽新势能"，赢得了政府领导、行业专家、媒体、消费者的认同，屡获殊荣，连续两年斩获"展盟拓扑行动之星"称号；并于 2022 年荣获"进博会五周年突出贡献奖"。

四、项目执行

欧莱雅充分把握进博会"6+365"传播态势，并利用重要时间节点向展商、行业、专业观众、大众等进行传播，助力进博会"越办越好"。

（一）撬动集团资源鼎力支持进博会，加强民间外交

欧莱雅中国深知进博会对于中国、于全球的战略性意义，积极说服集团成为首届进博会首批确定参展意向的跨国企业。在首届及第二届进博会上，集团董事长安巩先生连续两年受到习近平总书记接见。五届以来，集团高层在虹桥国际经济论坛上为中国发展建言献策、欧莱雅展台共计接待超5 000余位国内外各级各部门领导。欧莱雅于2019年、2023年两次邀请集团最高领导团队成员，作为"进博溢出效应"的见证人和讲述人，支持商务部法国巴黎进博招展路演，积极推动中国政府领导与外企领导人的高层次交流以提升传播的美誉度。

（二）带动伙伴一同构建进博国际"生态圈"，扩大进博会影响力

欧莱雅积极发挥进博会展商联盟轮值主席（2020年至今）的表率作用。在第四届进博会上，欧莱雅携手进博局发起"进博会参展商联盟拓扑行动"，调动所有展商力量吸引更多专业观众走进进博，截至第五届进博会，累计邀请海内外各界专业观众近70万人。此外，欧莱雅还通过一系列科技协同创新活动凝聚多区域行业伙伴，扩大进博会"朋友圈"。例如，"欧莱雅BIG BANG美妆科技创造营"于2020年借进博平台与上海市奉贤区政府、东方美谷和法国商务投资

署签订合作备忘录，而后连续三年借进博会举办中国和法国赛道的颁奖典礼。继在第五届进博会成功举办官方配套活动——首届中日韩美妆产业创新峰会后，欧莱雅计划在第六届进博会创新孵化专区中引入十余家来自法国、日本、韩国的美妆科技初创企业参展，为扩大进博会"生态圈"和国际影响力贡献力量。

（三）结合进博会及企业自身传播力，提高国际声量

五年来，欧莱雅积极扮演着进博会在国内外信使的角色，鼎力支持中国分享"进博机遇"。比如，作为全球最大的美妆集团高管，欧莱雅集团董事长安巩先生通过"进博云采访"在国际各大媒体前表达了对中国市场的信心；首席执行官叶鸿慕先生在新华社进博全球连线中盛赞进博会对于中国开放和消费的促进作用；北亚总裁及中国首席执行官费博瑞参与的《老外讲故事》专题访谈入选第五届进博会"上海馆"展出内容，向世界介绍上海的魅力。欧莱雅进博相关新闻报道在CGTN、人民日报、中国日报、彭博新闻社等知名国际化媒体平台上传播，进一步扩大了进博会和企业的国际影响力。

五、项目评估

根据2020至2022年进博会发布的《中国国际进博会传播影响力报告》，欧莱雅于2020至2021年蝉联展商媒体传播热度榜第一，2022年摘得"重要传播影响力十强展商"榜首[①]，三年累计媒体报道数量高达63 000篇，媒体广告价值超过15亿人民币；据不完全统计，外媒报道累计超过650篇。2022年，欧莱雅中国的进博故事还入选了上海市委宣传部、市委外宣

---

① "重要传播影响力十强展商"数据来源：仅包括重要媒体的重要传播渠道，即人民日报社《人民日报》、新华社《新华每日电讯》、中央电视台新闻频道。

办公室共同搭建的城市形象资源共享平台——IP SHANGHAI 的"全球传播企业案例最佳实践榜",更在 2022 年荣获了上海城市国际传播领域最高奖项"银鸽奖"2022 最佳活动 / 案例奖。

其中,欧莱雅在第五届进博会上的传播成果再创佳绩。在预热期传播期间,欧莱雅摘得展商媒体传播热度桂冠①,遥遥领先。梳理重要媒体中重要渠道对六大展区展商的报道后,欧莱雅的热度最高②。此外,在进博会官方配套的新品发布活动中,欧莱雅的新品发布以 15.31 的传播热度高居榜首。值得一提的是,欧莱雅在社交媒体平台上的传播亦大获成功。继四届进博会微博话题"进博会排队洗头成奇观"快速出圈,达到510.5 万阅读次数后,第五届欧莱雅在微博、微信、小红书、抖音等平台上共赢得超过 2.45 亿曝光及 34 万互动量。而欧莱雅举办的进博会官方配套活动——首届北亚美妆产业创新峰会,更是吸引了中日韩总计超 2 100 万观众在线观看,以及亚洲各地媒体报道。

五年来,欧莱雅搭乘进博快车,与进博会携手共赢,参与多起进博会官方主题宣传活动,包括《我的进博故事》传播专题、"进博云采访"、新品发布会、虹桥论坛等一系列进博会官方活动等。因其突出贡献,欧莱雅于 2022 年荣获"第五届中国国际进口博览会支持企业""第五届中国国际进口博览会推荐美妆企业"新称号,成为进博会分享与合作成果的重要典范。

案例点评

进博会是一项高水平对外开放的盛会,也是中国主动向世界开放市场的重大举措。从战略角度而言,欧莱雅(中国)有限公司借助进博会的平台,围绕自身业务,从企业形象展示、高水平行业会议、新产品上市等角度进行了策划和传播,充分展示了企业自身雄厚的科技实力、市场实力和产品实力。除此以外,两国政府高层的互动、互访也为中国与世界其他国家之间的沟通创造了良好的民间外交机遇。借此机会,欧莱雅(中国)从战略、策略各个角度发力,良好地完成了国际交流、政府沟通、媒体沟通、同行业沟通、消费者沟通海,等等多个传播目标,获得了醒目的成绩。

点评人:王 迪
(复旦大学新闻学院院长助理、副教授)

---

① 数据来源:苗建舆情《第五届进博会预热期各展商媒体传播热度榜》。
② 数据来源:2022 年进博会发布的《中国国际进口博览会传播影响力报告》。

致敬英模微电影
——《沧海留声》

创新的赢家
特别奖

上海市第十一届
优秀公共关系案例评选

一、项目背景

（一）微电影拍摄背景

伟大时代呼唤伟大精神，崇高事业需要榜样引领。党的二十大报告强调，发挥党和国家功勋荣誉表彰的精神引领、典型示范作用，推动全社会见贤思齐、崇尚英雄、争做先锋。新时代新征程上，我们要以英雄人物、模范为榜样，拼搏进取，积极营造学习、崇尚、争当先进模范的浓厚氛围，把模范的作用、榜样的力量转化为干事创业、建功立业的强大动力和生动实践，为实现中华民族伟大复兴中国梦凝聚起强大精神力量。

为在全社会进一步形成向英雄模范致敬、向先进楷模学习的良好氛围，在上海市公安局政治部的主导下，市公安局杨浦分局拍摄了一部以革命烈士严德海事迹为主题的微电影《沧海留声》，讲述了严德海从警生涯中处置的挟持人质、纵火等警情以及对青年民警的培养和关怀。用英雄的感人瞬间让先进模范的事迹可学可做，让英雄烈士的精神可追可及，让杨浦公安英模精神、英雄事迹走进社区、学校、企业，引导全社会以先进模范为榜样，培养青年厚植家国情怀，树立正确的人生观、价值观。

（二）严德海事迹

严德海，男，1962年2月17日生，汉族，大专文化，河北省乐亭县人，中共党员，1988年12月参加公安工作，生前系上海市公安局杨浦分局治安支队巡特警大队大队长，二级警督警衔，荣立个人三等功2次、荣获个人嘉奖1次。2005年7月牺牲后，上海市公安局为其追记个人一等功，并被上海市人民政府评为革命烈士。

2005年6月21日晚，是一个异常闷热的仲夏之夜。22时15分，杨浦公安分局延吉新村派出所值班室内，突然冲进来一位气喘吁吁、神色慌张的老年妇女。原来老妇人家住延吉一村，当天下午她38岁的儿子徐某买了两大桶共40升汽油；而就在刚才，他突然赶走了家人，把自己反锁家中，扬言要在屋内放火。分局指挥中心随即启动了处置突发事件的预案，"110""120""119"处警抢险救灾电话连续拨出，分局总值班、治安、消防、交通、社区民警迅速赶赴现场。22时45分，分局巡特警大队长严德海接到指令后直奔延吉一村，十多分钟后便出现在现场。

延吉一村是个人口集中、房屋密集的小区，有人要放火，后果将不堪设想！对此，延吉新村派出所立刻采取了行动：疏散全部居民，架设消防云梯，切断煤气和电源，开辟了应急道路，进行疏导劝说……但是这一切都没有取得效果。失去理智的徐某不但拒不打开上了保险的房门，而且还在房内不断狂叫："我要放火了！我要放火了！"

如果40升汽油被泼洒，与空气混合形成爆炸性气体，那么只要溅入一丁点儿火星，一场楼毁人亡的爆炸事故在所难免！就在这灾难将至之际！就在这居民群众的生命安全与财产危在旦夕之际！每个人的心都悬在了嗓子眼上！现场指挥和参战人员正在紧张分析现场条件——北墙面横悬着四根高压电线，云梯无法靠上；南窗底楼的天井围墙远离墙面，同样无法架设云梯。唯一的突破路线只有从301室房间正门实施强攻。现场临时指挥部决定：由严德海带领特警队员组成突击队，悄悄靠近徐某家门伺机实施强攻。

现场民警拿着徐母提供的钥匙，避开徐某的视线，设法打开了301室的防盗铁门。2005年6月22日0时15分，所有突击队员都听到了房内传出铁桶与地板的碰撞声，并闻到一股浓烈的汽油味。突然又看见，301室门缝里闪出火光。特警队员陈勇正准备踢门而入，被严德海一把拦住："你有伤，让我来！"他奋力蹬门，只身冲了进去……就在严德海破门而入的那一刻，蹿高的火焰和强大的气流突然使房门一下子被关住，把严德海和他的战友隔了开来。此时，民警和消防战士再度飞脚破门，手中的水枪、灭火器向屋内燃烧的火焰猛烈喷射，火焰熄灭了。屋内的放火者已被制服，而房间里那两桶汽油，一桶已经打开了桶盖，另一桶还剩下2/5。这时，在场的民警和消防战士突然看见，从房内艰难地一步一步走出来的严德海，他半抬着的双手手臂上，垂着十多公分的表皮，而他那熟悉的脸庞，已经被火烧得变了模样……

一场巨大的灾难就在这瞬间被排除了，居民的生命财产就在这瞬间被保全了，但严德海同志也正是在这瞬间倒下了。据医院诊断：严德海同志全身烧伤面积达75%，其中30%为Ⅲ度烧伤，并伴有呼吸道、肺部极为严重的吸入性烧伤。从伤势的情况可以清晰地看出，严德海冲进火场后的这短短瞬间，究竟发生了什么——他猛地扑向肇事者，在炽热的火焰中死死压住了徐某！他大声地制止徐某，"住手！不许动！住手！不许动！"

所有这一切，被后来进行抢救的医生们一一证实：在炽热燃烧、令人窒息的火焰中，他曾经大声地、连续地呼喊！他曾经用力地、紧张地搏斗！他来不及做，哪怕是一点点下意识地自我保护……医院的抢救室里，医生开始剪开粘在皮肤上的衣服，还保留着一点清醒意识的严德海，对身边的队员断断续续地说出了他在这个世界上最后的一句话："我的警官证……帮我保管好……"

烈士献身，八方追忆，万民痛悼，也牵动着各级领导的情怀。2005年7月5日，上海市公安局为严德海荣记个人一等功。2005年7月7日，上海市人民政府批准严德海为革命烈士。

二、项目调研

2021年，在上海市公安局政治部的主导下，杨浦公安分局会同市局特警总队、松江公安分局等单位成立项目专班，开展课题探讨。对严德海生前的同事战友和亲属进行上门采访，翻阅了大量的台账资料包括严德海同志的日记本，深挖生动细节，回顾革命烈士严德海的一生，充分展现英模事迹。

为让观众身临其境、如闻其声，让英模鲜活、传神、生动、丰满的形象跃然大屏幕，决定先采用专业演员加烈士生前战友民警代表联合参演，并聘请专业电影团队拍摄微电影。主要演员韩秀一作为上海话剧艺术中心男演员，先后主演话剧《双面胶》《商鞅》《于无声处》《呼吁》《死神与少女》以及阿加莎·克里斯蒂经典悬疑剧《空幻之屋》等，并获得第十二届佐临话剧艺术奖最具潜质新人奖、第十三届佐临话剧艺术奖最佳男主角奖。主演王一楠是国家一级演员，曾因主演《其实不想走》《男人不难嫁》《知否知否》等被观众熟知，并荣获第17届上海白玉兰戏剧表演艺术奖配角奖、第24届上海白玉兰戏剧表演艺术奖主角提名奖、第18届佐临话剧艺术奖最佳女主角奖等。除主要演员外，市局从市公安局杨浦分局严德海生前战友、特警总队、松江分局等单位1000余名民警、辅警中精心挑选了最终参演同志，确保微电影以最佳状态呈现给观众。

三、项目策划

（一）微电影整体思路

微电影围绕严德海生前经历的纵火案、超市劫持人质案和武疯子持械伤人案而展开。以一起现代发生的超市劫持人质案开头，穿越到2005年那起类似案件，以此展开特警们回忆严德海的思绪。以儿子从警和年轻特警们在墓前祭奠严德海结尾，使严德海的理想和精神得以传承。

微电影以大量细节描述了严德海严以带兵、宽以待人的爱警情怀，刻画了他面对危险，勇于争先，始终把人民利益放在首位的大无畏英雄主义精神。全剧贯穿了他生前常说的两句口头禅"咬咬牙，都是自己的""我先上，你们跟着"，适时配以老歌《驼铃》，渲染怀念哀伤气氛的同时，更彰显了忠诚于人民这一理想信念代代相传的寓意。

沧海已逝，英名永留。

（二）微电影人物介绍

严德海：特警大队大队长。既是严厉的师长，又是凡事一马当先守护同事和群众的战士，机智果敢，为了警队工作和人民的安危奉献终身。

王晓军：特警大队副大队长，严德海的知心老友，平易近人。是严德海和新一代特警之间沟通、交流的桥梁。

张若勇/杨飞：特警队新警，年轻气盛，处事勇敢，但也有新警的稚嫩和对老一代特警的不理解，最后被严德海的伟大人格所折服，并将之传承。

严慈：严德海的儿子，年少时对一心扑在工作上、疏于照顾家庭的父亲并不理解，成年后才体会到父亲的伟大，这激励着他沿着严德海的脚步，也成为了一名光荣的人民警察。

四、项目执行

微电影主要围绕严德海生前经历的纵火案、超市劫持人质案和武疯子持械伤人案而展开。影片以一起现代发生的超市劫持人质案开头，主角

穿越到2005年那起类似案件，以此展开特警们回忆严德海的思绪。

（一）场景布置

微电影于2021年5月24日至30日进行拍摄，此次拍摄对严德海的多个工作场景进行了重现，包括分局辖区部分超市和居民楼。同时，协调联系定海、大桥等街道地区待动迁旧房、旧厂房、便利店以及本市多处影视基地、青浦福寿园等作为拍摄场景使用。

1. 第一幕：超市劫持人质案

从严德海烈士当年同事的视角回忆其在超市内救助人质事件。

取景点：定海路超市、杨树浦路超市

2. 第二幕：日常特警训练

从新入队民警的视角体现严德海日常训练时严格要求，强化队伍管理和作风建设，切实树立良好特警尖兵形象。

取景点：训练场

3. 第三幕：武疯子持械伤人案

取景点：杨浦分局练功房、特警总队训练场

4. 第四幕：新警宣读入警誓词

取景点：市局特警总队

5. 第五幕：纵火案

重现了严德海在家中接到扬言爆炸警情，紧急出警赶赴爆炸现场，严重烧伤。

取景点：模拟家中、延吉一村小区

6. 第六幕：救治无效　英勇牺牲

取景点：影视基地模拟医院

7. 第七幕：缅怀严德海

取景点：青浦福寿园

（二）后勤保障

1. 根据拍摄需要，协调联系消防车、救护车等配合拍摄，并组织地区群众作为群演参加拍摄。

2. 由杨浦分局交警支队做好拍摄期间相关

路段交通保障工作，并协调联系应急发电车、工程升降车（均需配驾驶员）供拍摄期间使用。

3. 聘请专业化妆师团队为演员设计职业妆、中年妆、烧伤妆等妆容，每一处都尽量保证高度还原。

（三）主要公安参演人员

1. 副队长王晓军，扮演者邹康

邹康，参演时为普陀公安分局长风新村派出所执法办案队民警，视觉艺术学院毕业的他有着丰富的表演经验，曾参加《大城无小事 派出所故事 2019》《大城无小事 城市真英雄 2021》主题曲录制，上海市公安局五四快闪活动，上海市公安局庆祝建党百年特别活动声乐节目等。

2. 新警张若勇，扮演者：江剑锋

江剑锋，参演时为虹口公安分局刑侦支队二队队长，曾参演东方卫视首个警察节快闪、2021 上海各界人士新春团拜会、《大城无小事．城市猎人 2021》MV 拍摄等。微电影中他出色演绎了张警官帅气、勇敢、智慧的新警形象。

3. 新警杨飞，扮演者：黄舒凌

黄舒凌，参演时为杨浦公安分局特警支队突击中队民警，曾参加上海公安纪念五四运动 100 周年特别活动、上海教育电视台《阳光新少年》及分局各项演出。身为严德海的战友，英雄的精神始终感召着他。此次能够出演严德海的战友兼徒弟，他感到很激动，表示将和战友们赓续英雄的血脉，忠诚履职。

4. 严德海之子小严慈，扮演者：江思逸

江思逸，13 岁，六年级，他是张若勇扮演者江剑锋之子。他从小受爸爸影响，爱好表演，曾获第十二届香港国际青少年艺术节童声演唱银奖、上海青少年魔力营养小主持人风采展示"最佳小主持人"称号、第一届上海青少年儿童舞台艺术表演大赛三等奖等，是个十足的"小戏骨"。在微电影拍摄中，他多次被导演表扬"比爸爸演得好"。能够演绎英雄的儿子，小江同学感到十分荣幸。

五、项目评估

（一）社会面反响

《沧海留声》微电影在哔哩哔哩、今日头条以及微博、微信、抖音等平台播出后浏览、点赞、转发、评论数超百万，受到社会良好反响。结合"百万警进千万家"走访活动，该《微电影》也作为弘扬公安英模精神宣传资料，全局民警、辅警进社区、进企业、进校园广泛开展宣传弘扬、宣讲报告活动，不断扩大先进典型的感召力。

观影后，不少市民为之感动，敬佩之情由心而生，杨浦区委组织部组织科副科长彭国立说道："这样的优秀事迹鼓舞人心、感人肺腑、催人奋进，这样的党员干部关键时刻冲得上去、危难关头豁得出来，是人民身边真正的好干部！"杨浦区大桥街道党建办主任、团工委书记王若男说道："党员的先锋模范作用在他身上充分展现，严德海是我们党员、团员同志学习的榜样！"杨浦区延吉一村居民区党总支部书记王姜敏说道："这样的英雄，我们信服！我们感动！我们热爱！"

（二）警营文化

作为党的诞生地——上海，上海的公安机关，传承好红色基因是抓队伍、促业务的重要法宝。杨浦分局党委把理想信念教育作为育警铸魂的重要内容常抓不懈，把典型选树弘扬为忠诚铸魂、凝心聚力的重要载体，结合队伍教育整顿、"七一"主题党日活动等，组织全体民辅警观看《沧海留声》，积极营造崇尚英模、学习英模、争当英模的良好氛围。同时，将该微电影作为科级干部初任培训、新警"入警第一课"、政治轮训等必修课程，作为各级党组织"三会一课"必学科目，教育引导全体民警、辅警学习英模精神，汲取奋进力量，坚定责任担当。

（三）曾获荣誉

1. 2021年5月至10月，由中央政法委、最高人民法院、最高人民检察院、公安部、司法部、国家安全部共同主办第六届"平安中国"三微比赛，旨在以习近平新时代中国特色社会主义思想为指导，深入学习宣传贯彻习近平法治思想，聚焦政法中心工作，讲好平安中国故事、传播平安中国声音、展示平安中国形象。其中，《沧海留声》微电影在全国各地上万部参赛作品中脱颖而出，荣获微电影、优秀剧本及最佳导演奖。

2. 2021年4月至7月，中共上海市委宣传部、市委网信办、市文明办、市文旅局、上海广播电视台、文汇报社组织开展"生命中的红色"第八届上海市民微电影（微视频）主题活动，共征集作品1 175部，经由专家学者、媒体观众代表等组成的评委会经过两轮严格评审，《沧海留声》微电影荣获微电影优秀专题作品奖。

3. 2022年下半年，中共市委组织部组织开展上海市第十五届党员教育电视片观摩交流活动，共收到317部党员教育电视片，其中《沧海留声》微电影荣获一等奖。

4. 2023年4月，中央新闻纪录电影制片厂（集团）、中国台港电影研究会、中国电影评论学会、中国电视艺术家协会微视频（微电影）专业委员会、中共潍坊市委宣传部、北京微电影产业协会等单位共同主办、承办第五届金风筝国际微视频（微电影）征集展播活动荣誉盛典，共征集了2 700余部作品。最终，《沧海留声》微电影荣获十佳编剧奖、最佳女主角奖。

《沧海留声》海报

案例点评

　　榜样是一种组织形象力量，社会需要榜样。

　　当今，卓著的组织形象传播效果需要具备两大要素：一个好内容＋微媒体形式。

　　《沧海留声》主人公原型严德海烈士是上海市公安局杨浦区分局巡特警大队原大队长。生前经历过超市劫持人质案、武疯子持械伤人案、纵火案，在危险面前的口头禅是"我先上，你们跟着"。他于2005年不幸牺牲。

　　这部微电影由上海市公安局政治部主导、杨浦区分局拍摄，著名专业演员和烈士生前战友民警代表联合出演，2021年拍摄完成。经新媒体平台播出后，浏览、点赞、转发、评论数超百万。内容上，展现出有真情、有观点、有故事、有温度的特点；形式上，体现了微电影制作与传播的专业性和互动性，成为弘扬社会正能量和主流价值观的一部优秀宣教作品。曾荣获上海市微电影一等奖、优秀专题作品奖；全国公安政法系统微电影优秀剧本及最佳导演奖；全国微电影十佳编剧奖、最佳女主角奖。

点评人：杨　晨
（上海外国语大学公共关系学系主任）

特别奖（年度）

创新的赢家

特别奖

上海市第十一届
优秀公共关系案例评选

守望相助你我他

——《上海抗疫期间对外交流故事辑》（中、英文）

选送单位　上海市人民对外友好协会

创新的赢家
特别奖

上海市第十一届
优秀公共关系案例评选

一、项目背景

上海市友协作为从事全市性对外民间交往的重要人民团体，致力于发展上海人民同世界各国人民之间的相互了解和友谊，推动国际合作，维护世界和平，促进共同发展；致力于开拓创新，多领域、多渠道、多层次开展民间对外友好交流，广交朋友、广结善缘；致力于通过推动跨国界、跨时空、跨文明的交流互鉴活动，促进各国人民相互了解、相互理解、相互支持、相互帮助。

2020年，新型冠状病毒在国内外相继暴发蔓延。除了来自海内外友好组织、企业、社会组织的民间援助外，上海在力所能及的范围内积极开展对外援助与合作，不仅已经或正在向很多国家友好城市、友好组织和友好人士等提供急需的口罩等防护用品，还在国家总体外交战略部署下，通过连线等跨国视频，同很多国家城市分享抗疫经验，谱写了中国人民与世界人民在抗击疫情中共同守望相助、精诚合作，共建人类命运共同体和平之歌。

为此，上海市友协在时任上海市人大常委会副主任、市友协会长沙海林的支持下，积极推进民间对外交往工作，编辑出版《上海抗疫期间对外交往故事辑》，目的是对全体人民应对新冠病毒主要历程作记录，为早日赢得这场战疫鼓劲；是对世界各国民众参与病毒防控的礼赞；是对今后应对重大公共卫生事件，对民间交往模式和逻辑的梳理、提炼及思考。

二、项目调研

2020年4月以来，上海市友协与上海人民出版社召开多次编前会，拟就疫情下的民间外交这一专题，将新冠肺炎疫情发生以来，在国内新闻媒体包括自媒体上已经刊发的逾1 000篇新闻报道的基础上，对相关故事进行分类。工作组明确，故事辑内容主要来源于抗"疫"期间涉及外办、友协等所有公开的新闻报道。入选原则是在注重新闻报道故事性的基础上，关注区域国别，关注疫情外交涉及面的广泛性，讲好"国之交在于民相亲，民相亲在于心相通"，共建人类命运共同体故事。

三、项目策划

1. 收集改写

工作组根据策划编写的要求，既关注对原有新闻报道的组合甚至改写，同时对正在组织筹划中的对外交流活动新闻报道的口径和风格都作了提示，尽可能为故事辑中的故事保持叙述风格一致。

2. 与企业合作

合作方之一的东方网为此专门组建团队、组织记者对个别主题进行二次采访和再创作。

四、项目执行

1. 出版书籍

在短短4个月时间里，上海市友协对案例集中盘点、分类整理、汇编成书。书中所有故事的发生、写作到书籍选题的立项、编辑直至付梓只用了半年多的时间。

书籍内容所涉及的国家地区涵盖五大洲，共计18万字，采用图片160幅，涉及作者40余位，所收录故事较为真实地再现上海在疫情期间对外交流交往的速度、广度和深度。书中57个故事均已见诸媒体报道。这本书也是疫情期间，上海市外办、港澳办以及上海市友协等从事地方对外交流部门、机构、企业，包括民间非官方组织等组织策划相关活动的主要案例汇总，记录了在新冠肺炎疫情蔓延、平息及常规化防控期间，上海与海内外友好城市、组织及个人互通实时疫情、互致暖心问候、互助救援物资、互商救助方案实时互动事例。

2. 新书分享会

为了宣传和推广新书，2020年11月6日，第三届中国国际进口博览会举办期间，"相聚进博 守望相助——《上海抗疫期间对外交流故事辑》新书分享会"在上海市闵行区举行。本次活动由中国人民对外友好协会指导，上海市人民政府外事办公室和上海市人民对外友好协会共同主办。分享会邀请了相关嘉宾和故事的主人公参加，与会嘉宾分享了他们在疫情期间的经历和对国际合作的期望。

时任上海市人大常委会副主任、上海市人民对外友好协会会长沙海林在书的序言中以及现场都分享了在新冠肺炎疫情面前，人类需要患难与

主办方、出版社嘉宾向民间外交团体与组织、国际友人赠送《上海抗疫期间对外交流故事辑》

《上海抗疫期间对外交流故事辑》一书作为上海对外交往丛书，在丛书编委会的领导下，由上海市人民对外友好协会编写，上海人民出版社出版

沙海林会长现场致辞

共，唯有不分国籍、不分民族，相互支持、紧密团结、携手合作、共同应对，才能最终战胜疫情。从大爱无疆是全人类的共同语言；民间友好能够发挥巨大的力量；讲好国际合作抗"疫"故事极其重要三个主要方面进行了交流。

上海市新冠肺炎病毒临床救治专家组组长张文宏特别从进博会现场赶来，与中外嘉宾分享抗疫中的经历和对未来加强国际合作、携起手来共同战胜疫情的期待。张文宏医生作为自疫情以来一直奔波一线的领军人，做到了站到民众身边进行科普与呼吁，在分享会上依旧把眼光放在民众身上。"大家从担心到放心，这正是我们现在追求的最高境界""所有的经济活动以比以往更快的速度、更大的规模开展，但防疫工作又让老百姓感觉不到。"

张文宏在新书分享会上发言

五、项目评估

在第三届中国国际进口博览会期间，市友协在华漕国际社区举办"相聚进博　守望相助——《上海抗疫期间对外交流故事辑》新书分享会"，来自20多个国家的百余位中外友好人士与会，

以进博会为舞台，通过读书分享、中外联谊等形式开展国际社区中外民众间的交流，从而进一步助力在沪外国友人了解上海、认同上海、融入上海。全国对外友协会长林松添出席活动并致辞，他表示，"一是感动。书中所有故事的发生、写作到图书选项的立项、编辑直至付梓只在半年多的时间内完成，体现了上海速度。二是振奋。书籍和活动都让人感受到人间真情。新冠肺炎疫情发生后，各方面的爱心人士，无论国籍、种族或肤色信仰，纷纷对中国、武汉及上海给予慰问和支持，并施以援手。海外新冠肺炎疫情发生后，包括上海人民在内的全体中国人民迅速行动，向有需要的国家和人民提供了"硬支持"和"软助力"，以实际行动彰显了天下一家人、休戚与共、大爱无疆的精神。三是期待。全国友协和上海等各地友协愿继续秉持增进人民友谊、推动国际合作、维护世界和平、促进共同发展的宗旨，同世界各国人民一道，团结合作，共克时艰，为世界各国人民早日战胜新冠肺炎病毒、复工复产作出新贡献，续写大爱无疆、人类友好的新篇章。"

沙海林会长表示，"民间的交流交往是连接国家之间友好合作的社会基础和民意基础，更是在人类社会面临巨大灾难时求得共生共存的重要前提。面对病毒肆虐，没有人可以隔岸观火、独善其身，唯有不分国籍、不分民族，相互支持、紧密团结、携手合作、共同应对，才能最终战胜病毒疫情。在新冠肺炎病毒面前，人类是患难与共的命运共同体。新冠病毒让中国的朋友更铁，朋友圈更大。只要本着亲诚友善理念，互谅互让，互信互利，友善相向，国与国交往的民意基础就一定能得到巩固和发展，新时代民间对外交往的事业就一定能迎来更加美好的前景。"

案例点评

席卷全球的新冠肺炎疫情是全球各国人民需要共同面对的问题。在抗击疫情期间，各国政府、民间团体、普通民众从经济、物资上互相支持，互相鼓励。本书聚焦疫情期间生活在上海的外国友人、在海外关注关心中国的外国友人，从个体故事的角度出发，生动地记述了他们的日常生活经历、交流沟通过程和心路感悟，从普通人的微小视角折射出高远宏大的外交意义，是讲好中国故事的一个优秀范例。国有边界，大爱无疆。正如沙海林会长总结的："本着亲诚友善理念，互谅互让，互信互利，友善相向，国与国交往的民意基础就一定能得到巩固和发展，新时代民间对外交往的事业就一定能迎来更加美好的前景。"

点评人：王　迪
（复旦大学新闻学院院长助理、副教授）

积极推进苏州河华政段公共空间提质升级 着力办好民生实事

选送单位

上海市长宁区委区政府

一、项目背景

水是城市之脉，承载着城市的历史和今天。黄浦江、苏州河（以下简称"一江一河"），并称为上海的母亲河，见证着上海这座全球城市的不断变迁，也映射着城市生活的日新月异。"一江一河"两岸是上海的重要滨水岸线和公共空间，是体现城市发展能级和美好生活愿景的重要载体。2018年8月，上海市规划和国土资源管理局发布了《苏州河沿岸地区建设规划（2018—2035年）》（征求意见稿），提出将苏州河建设为"特大城市宜居生活典型示范区"的愿景，强调"功能复合、空间开放、生态优质、文化传承、景观宜人"五大目标，其中确保滨水空间开放、融入城市公共空间网络是其所有建设的基础，尤其强调公共空间的贯通。

2019年习近平总书记考察上海期间，提出了"人民城市人民建，人民城市为人民"重要理念，深刻揭示了中国特色社会主义城市的人民性，赋予了上海建设新时代人民城市的新使命。2020年6月3日，中国共产党上海市第十一届委员会第九次全体会议审议通过了《中共上海市委关于深入贯彻落实"人民城市人民建，人民城市为人民"重要理念，谱写新时代人民城市新篇章的意见》。长宁区委区政府认真践行人民城市重要理念，紧紧围绕市委、市政府关于苏州河中心城区42千米岸线公共空间到2020年基本实现贯通开放的要求，积极推进具有长宁人文景观特色的苏州河健身步道建设，全力实现还河于民、还岸线于民、还景于民。截至2020年底，苏州河长宁段全长11.2千米已实现贯通。

2021年，按照"一江一河"重点区域深度开发的要求，在苏州河公共空间贯通的基础上，将华政校园整体风貌作为苏州河沿线景观的一部分，推进华政段沿河岸线改造提升。

二、项目调研

针对沿线居民区、华东政法大学（以下简称"华政"）等堵点断点精准施策，积极争取沿线利益主体支持主动"腾地"。在沿线居民区贯通段，结合苏州河健身步道设计方案，按照公众参与原则，挨家挨户核发意见征询单2000余份，多次召开征询会听取居民意见，根据居民对贯通后的步道位置、景观提升、安全联网等要求实施改造，结合专业设计意见，增加市民的需求，通过增设高压电子围栏、110电子监控实时联网等技防措施，打消了居民对步道开放后安全隐患的担忧。最终获得沿线居民小区释放小区沿河2米左右用地作为公共开放空间的巨大支持。

许多居民提出，中心城区受到苏州河防汛墙5.2米绝对高程限制，很多区段临河不见河，滨水景观资源没有得到充分利用。结合居民意见，我区将华政校园原有的步道整体移位至防汛墙边，在多个节点美化防汛墙等各种方式，优化亲水体验，实现临河可见河，给市民更好的观景感受。

有序开放这段难得的滨河空间，展现上海独特的历史风貌，是长宁区和华政校方共同的目标，更是老百姓的殷切期盼。面对种种客观条件的限制，长宁区政府与华政方面进行多次协商，将沿线的10处搭建房和围栏拆除，积极腾挪空间；通过绿植"挪位"梳理、绿篱后退等手段，增加沿河空间的绿化面积，用开阔的草坪代替围墙"打开"校园，通透的视觉效果令滨河历史建筑与人文风貌尽收眼底。改造后的步道拓宽至3米，公共空间面积达2.1万平方米，较原先增加1.86万平方米。市民能轻松自在地奔跑、漫步，一边饱览苏州河滨风光，一边欣赏百年校园整体风貌，感受自然生态与人文内涵的完美结合，这是独一无二的体验。

华东政法大学思孟园、格致园鸟瞰图

三、项目策划

2021 年 4 月，接到需要在 6 月底前初步完成苏州河华政段景观提升的任务时间表后，不到 24 小时，长宁区建管委就同设计方、施工企业组建了一支"攻坚队"，第二天就进场驻点，并设立指挥部。

按照"彰显国宝建筑风貌，提升滨河景观品质；挖掘校园历史文脉，激活滨河人文空间"的理念，打造别具一格的"园中院，院中园"的景观形式，打造过程中极为重视对历史文脉的保护和传承，通过悉心设计，精心打造，让历史与现代相得益彰，让滨水空间与文保建筑交相辉映。通过保留保护空间格局、历史建筑、景观环境的方式，将华政校园整体风貌作为苏州河沿线景观的一部分，将景色开放给人民，使华东政法大学

这所"政法名校，苏河明珠"成为苏州河沿岸最开放的公共空间，最高雅的历史风貌，最美丽的校园景观。沿线设计充分挖掘现有资源，通过空间梳理，让 27 栋历史建筑展露风貌，将原本相互独立的华政校园与滨河步道结合贯通。

结合学校历史建筑清水砖墙、飞檐翘角的风格和气质，岸线铺设的材质都选择灰色基调，当中嵌有一些褐色的暖色调。地面的"弹格路"，采用的是厚度达 10 厘米的大理石拼贴砖，每一片扇形的纹路均由工人一块块打磨、手工拼贴。

华东政法大学倚竹苑

此外，零星的发光材质也被运用于沿岸景观，夜间伴随着苏州河景观灯光的"提亮"，透出上海"一江一河"沿岸特有的精致典雅与勃勃生机。

华政校园 27 栋历史建筑组成的"圣约翰大学历史建筑群"，是第八批全国重点文物保护单位。为呈现最具代表性的上海人文风貌，这里900 多米的防汛墙采用的是历史保护建筑修缮时才会使用的水磨石工艺。这一工艺已不常见，精通的工匠在全国更是屈指可数。为此，施工方专门从浙江请来"老法师"驻场，由普通工匠完成前期打磨，最后一道关键工序则完全由"老法师"一人亲手完成，确保前后弧度完全一致。

由于步道紧邻校园且是软隔离分界，安保很关键。在区、街两级警力合力支持下，步道与校园内的安防、技防系统基本合二为一，从进入步道到步入校园都有相关的安防设施、人脸识别系统进行跟踪识别。其中，"一网统管"平台智能视觉算法，起到了相当重要的作用，实现了"三个实时"：沿线的 32 路监控摄像头和视频监控画面的同步传输，通过巡查"慧眼"，实时监控客流；绿、黄、橙、红四个等级数据预警阈值的设定，叠加 AI 图像解析算法，可动态统计每日进出人流量，实时预警客流异常现象，及时调整优化；主动发现、自动派单、分级处置、全程追溯的闭环管理模式，可实时识别预警信息，协同联动消除安全隐患。

四、项目执行

沿着华航小区旁的健身步道进入，穿过"华东政法大学"字样的铁艺拱门，一片开阔敞亮、自然清新。由东向西，10 个人文景观移步易景。思孟园内搭建了一座拱形花架，成为迎接人们进入苏州河华政段的一扇绚丽大门。格致园以古朴典雅、中西合璧风格的格致楼为依托，设置铜质铭牌，提示着来往行人这里保存着上海城市的

"活化石"与建筑"家底"，不妨停下来欣赏这来自百年前"凝固的乐章"。倚竹苑铺设了由西洋鹃等花卉组成的精致花境，结合校内松、竹、枫等植物，打造了曲水流觞、一亭一榭的"长宁·苏河驿站"。獬豸园内，一座典雅中式园林仿佛一幅动态的山水画，其中用太湖石堆叠形成"獬豸"模样，象征"公平正义"，是对华政"司法正义"的传承。桃李园位于苏州河的 U 形弯处，视野开阔，周边有 8 栋历史建筑围绕，是"一带十点"中名副其实的"C 位"。法剧场将下沉广场与观景平台结合，4 张圆弧形大理石凳供市民小坐片刻，是市民与师生交流、政法科普宣传的公共舞台。银杏院有一棵 135 岁以上的古银杏，为了让这棵古银杏有"儿孙"，在原有 3 株小银杏的基础上，又移植了 8 棵规格胸径 12 至 18 厘米之间，高度 9 至 11 米的小银杏树。使其老来得子，子孙满堂。步道上的每一个节点处处彰显匠人的精益求精和历史敬畏。

华东政法大学獬豸园

华东政法大学桃李园

49

在推进华政段沿河岸线改造提升过程中，时间紧、任务重、地理位置特殊，长宁区深深扎根一线，日夜打磨方案细节、协调现场施工，克服了工期紧张、汛期影响、古树保护、文脉传承等难题，同时充分体恤居民、学生对噪声干扰的意见建议，在苏州河华政段所有的施工都没有动用大型机械设备，一砖一瓦的建设、一树一木的栽植都是手工完成。

经过4个月的精心打造，2021年9月23日，长约900米的苏州河华政段"一带十点"逐一揭开面纱，打造出既遵循苏州河重点区域公共空间深化开发要求、又兼顾华政校区整体开放提升部署的景观面貌，让市民能够近距离感受到华政校园百年建筑和苏州河滨水空间的魅力。

苏州河滨水空间建成后，通过听取市民对步道开放、管理的意见，开创长宁区"苏州河滨河区域一体化养护机制"的管理模式，统筹市政、河道、绿化、景观、环卫等各部门养护标准，打破传统养护模式和部门分工管理形式，将慢行步道、市容绿化环境、河道堤防设施统一整合，对苏州河长宁段全线11.2千米堤防及附属设施开展"一体化"巡查、保洁与养护；同时集约化利用滨水公共空间的设施，集中统筹党群服务、便民服务、宣传、卫生、救援、设施管理等功能，形成"管理有序、监督有效、常态优良"的长效机制，打造更加宜居、宜业、宜游、宜乐的现代生活示范水岸。

五、项目评估

苏州河滨水公共空间的打造过程，是党建引领下的广大人民共建共治共享的生动实践。为使建成后的健身步道保持良好的综合治理水平，长宁区综合考虑市政、河道、绿化、景观、环卫等方面，打破传统养护模式和部门分工管理格局，最大限度发挥共建共治共享功能，填补市民

有需求、现有管理体制有短板的薄弱环节。在此基础上，进一步梳理形成了党建引领下的长宁苏河公共空间综合利用、市容市貌建设治理的应急机制，服务群众的响应机制和打通抓落实"最后一公里"的工作机制，有效确保了党建引领有抓手、有保障。

苏州河华政段滨河步道自开放以来，已接待近100万人次。在苏州河华政段滨水景观提升工程建设工作中，长宁区认真践行人民城市理念，推动公共空间从"独门独院"向"人民共享"转变，实现了三方面成效。

一是打造人人都能有序参与治理的公共空间。充分发挥人民群众的主人翁精神，引导人民群众通过各种途径和方式参与城市治理，优化生活新空间，精心规划建设苏州河沿岸公共空间和设施，把更多公共空间还给市民，把更多"工业锈带"变成"生活秀带"和创新空间，建设提升"人与城相融、园与城一体"的城市公园与游憩绿地系统。把蕴藏在人民群众中的聪明才智和公共责任充分激发出来，汇聚起共同建设苏州河健身步道的磅礴力量。

二是打造人人都能享有品质生活的公共空间。顺应人民群众的期待和向往，创造更加高品质的生活，努力实现住有宜居、幼有玩乐、老有休憩的美好景象。持续优化宜业宜居的城市格局，统筹苏州河滨水公共空间规划、建设、管理三大环节，创造多元包容、富有亲和力的城市公共空间，提升城市生态环境质量，让城市更加优美舒适、生机盎然，真正让城市、让公共空间成为老百姓的幸福乐园。

三是打造人人都能切实感受温度的公共空间。围绕城市的核心是人坚持"一枝一叶总关情"，让城市在发展中处处见"人"，把更多公共空间留给人民，让更多公共服务惠及人民，把更多善意与温暖体现到在建设和管理的每个界面、每个细节、每个角落。

作为苏州河最具特色的河段之一，华政段滨水景观的落成和开通，曾是当年引起社会公众广为瞩目的一大新闻事件。

这一案例，当然可以归属为城市形象建设一类，毕竟，这一环境优美而又充分展现上海历史文化风貌的河段滨水景观的建成，极大地提升了上海城市的整体形象，俨然已成为近年来上海乃至广大中外游客的一大打卡之处。但细细品味之下，它其实更是一个非常成功的政府形象案例。这是因为这一河段滨水景观的落成和开通，虽是周边居民多年的愿望，但要真正实现，其实难度相当大。如果没有长宁区委区政府坚决秉持近平总书记"人民城市人民建，人民城市为人民"的重要理念，认真落实市委领导的指示精神，充分听取社会公众意见，努力协调各方面的关系，始终从大处着眼，从小处入手，牢牢卡住设计和施工的每一个细节，乃至连防汛墙采用什么样的传统工艺都予以精心考虑，苏州河华政段滨水景观绝无可能如此快速而又高质量地建成。内中所显现的，正是长宁区委区政府"一心为民"的初心和使命感，以及卓越的公共管理和城市治理能力，所以赢得社会公众交口称赞也就是顺理成章之事。

衷心希望能有更多这样的案例，在把我们的城市变得更加美好更加宜居的同时，也让各级党委和政府的良好形象进一步得以体现，更加深入人心。

点评人：叶茂康
（资深公共关系学者）

打造人与自然和谐共处的世界级生态岛

『中国样本』

选送单位　上海市崇明区委区政府

一、项目背景

2007年，时任上海市委书记习近平同志视察崇明时指出，"要坚持高起点、高标准，扎扎实实推进崇明生态岛建设"，为崇明坚定生态发展道路进一步增强了信心、指明了方向。

2010年，市政府发布《崇明生态岛建设纲要（2010—2020）》，明确建设现代化生态岛。

2016年，习近平总书记在推动长江经济带发展座谈会上提出，走生态优先、绿色发展之路，把修复长江生态环境摆在压倒性位置，共抓大保护、不搞大开发。市委、市政府为更高水平建设生态岛，2016年7月实施崇明"撤县设区"，并组织制定《崇明世界级生态岛发展"十三五"规划》、崇明2035年总体规划，明确崇明世界级生态岛发展目标。

崇明始终践行"绿水青山就是金山银山"生态理念，坚定生态立岛不动摇，形成系统性生态制度保障，不断充实生态文明建设内涵，先后创建成为国家级生态示范区、国家可持续发展实验区、国家生态县，深入推进国家生态文明先行示范区、长江经济带绿色发展示范地区创建。

崇明坚持以"人"为核心，深入践行人民城市重要理念，持续提升社会主义现代化国际大都市的生态文明软实力，统筹好高水平保护和高质量发展，打造人与自然和谐共生的"中国样板"，让崇明世界级生态岛成为彰显中国作为全球生态文明建设重要参与者、贡献者、引领者的重要窗口。

二、项目调研

2000年，上海正式启动《把崇明建设成为上海生态绿岛的研究》课题，开始滚动实施环保三年行动计划，提升环境要素品质。2010年，《崇明生态岛建设纲要（2010—2020年）》明确提出崇明生态岛建设包括自然资源保护、循环经济、节能减排、环境治理、生态产业、公共服务六大行动领域；2016年12月，上海市委、市政府立足国际国内生态发展大势，立足长江生态环境大保护，立足上海建设卓越的全球城市，立足崇明发展实际，作出了建设崇明世界级生态岛的重大决定，发布了《崇明世界级生态岛发展"十三五"规划》，明确了举全市之力推进世界级生态岛建设，并首次在正式文件中提出"世界级生态岛"建设目标；2022年，《崇明世界级生态岛发展规划纲要（2021—2035年）》作为市政府1号文件发布，明确到2035年，将崇明世界级生态岛打造成绿色生态"桥头堡"、绿色生产"先行区"、绿色生活"示范地"，成为引领全国、影响全球的国家生态文明名片、长江绿色发展标杆、人民幸福生活典范，向世界展示"人与自然和谐共生"的建设范例。

随着世界级生态岛建设指引规划的更替，世界级生态岛发展目标愈发明确，世界级生态岛建设内涵不断优化完善，生态建设的重点从生态修复向生态优化延伸，从生态建设向关注民生延伸，从生态保护向产业发展延伸，实现了项目建设向整体统筹和系统推进转变、从基础性的生态建设向提升生态能级转变、从侧重项目建设为主向建管并举转变、从生态理念侧重于单一领域向所有领域渗透转变，世界级生态岛框架初步建成。

三、项目策划

一是强化顶层设计。崇明世界级生态岛建设必须始终坚持着眼大局，不断拓宽视野、提高

53

站位。崇明在世界级生态岛建设过程中，始终坚持以习近平生态文明思想为指导，以"跳出崇明看崇明"的广阔视角，主动从全市、长三角、长江经济带、全国乃至全球的更高站位，围绕《崇明世界级生态岛发展规划纲要（2021—2035年）》，牢牢把握世界级生态岛建设的战略定位和目标要求，全力保护好、建设好世界级的生态岛。

二是突出规划引领。严守生态底线，以最高标准、最高水平推进生态建设。坚持"一张蓝图绘到底"，持续加大规划管控力度，严格把控常住人口总量、土地开发强度、产业准入门槛，强化风貌管控，明确新建建筑高度不得超过18米，严格筑牢河口地区生态安全屏障。

三是发挥项目效益。滚动实施崇明世界级生态岛建设三年行动计划，围绕自然资源保护与利用、循环经济和废弃物综合利用、环境污染治理和生态环境建设、基础设施和公共服务等领域全面推进项目建设，切实发挥项目引领作用，为世界级生态岛高质量发展提供有力支撑。

四、项目执行

（一）持续巩固绿色基底，打造崇明世界级生态岛建设的重要基础。自明确生态立岛定位以来，崇明加大生态环境建设和保护力度，生态环境质量不断改善。全面消除黑臭和劣Ⅴ类水体，地表水环境功能区达标率达到100%，空气优良率达到91.9%，水土林气等生态要素品质全面提升。2003年，崇明森林覆盖率不足10%；截至2022年末，崇明的森林覆盖率已经大于30.05%，几乎是全市平均水平的近两倍，成为上海最绿的地方。实施全市最高产业准入门槛，近五年共关停并转传统污染型、耗能型企业200余家，完成100余家工业企业挥发性有机物污染治理、60余家汽修企业污染专项整治。2020

年以来，崇明环境空气质量优良总天数超过330天，是全市空气质量最好的地区之一。

（二）大力推动新旧动能转换、产业迭代和高质量发展，完成崇明世界级生态岛建设的重要任务。1992年，崇明的工农业总产值达到46.68亿元，位列全国百强县中的第50位。城桥镇的万里牌电吹风、远东阿里斯顿冰箱，崇明电器四厂的葵花牌电扇，崇明农业机械厂的方方洗衣机、浪花洗衣机，堡镇电器厂生产的调温电熨斗，号称"崇明制造"的"五大金刚"。随着生态岛定位的明确，崇明义无反顾地向绿色生态转型，并取得了显著成就。坚持绿色发展、生态优先的理念，建立以"优农三兄弟"为标志的区域公共品牌体系，组建河蟹、米业、蔬菜、白山羊产业集团，不断做强崇明绿色农产品品牌，农业绿色发展指数多年位列全国第一。截至2022年末，全区获得绿色食品认证企业数约200家，绿色食品认证率达到91.8%，种植业绿色食品认证面积占上市面积的60%以上，6种农产品被列为国家农产品地理标志登记品种。持续推动各产业园区向科技研发、生态文创、智能制造等方向转型，智慧岛孵化器项目建成投运，富盛创智园二期竣工验收。建成一大批A级景区、高品质酒店、精品民宿等文旅设施，积极推进数字化转型，产业数字化步伐不断加快。

（三）成功举办第十届中国花博会，铸就崇明世界级生态岛建设的精彩蝶变。2021年5月21日至7月2日，以"花开中国梦"为主题，首次在岛屿上、乡村里、森林中举办国家级花事盛会，成为花博史上园区规模最大、展园数量最多、会展时间最长、国际参展最广、办展水平最高的盛会，而花博会筹办过程则成了发动崇明人民群众加强生态治理、建设美好家园的过程。"一轴六馆"艺术建筑群精美呈现，港澳台地区首次全部参展，一系列国际生态文化交流活动成功举办。花博会期间，"百万职工、学生、居民看花博"活动如火如荼，入园人数达到200多万人次，网上观博人数达到 2 400 多万人次。为了花博会的完美呈现，广大群众和志愿者积极奉献，淬炼形成了"开放创新、追求极致、拼搏奉献"的花博精神。

（四）不断放大生态惠民效应，实现崇明世界级生态岛建设的不变初心。"人民城市人民建，人民城市为人民"，"以人民为中心"是崇明世界级生态岛建设的根本宗旨。崇明历经二十余年的奋斗，生态惠民效应得到不断放大。2020 年以来，累计建成 5 个市级、15 个区级乡村振兴示范村，超过 1.1 万户农民家庭被纳入相对集中居住。为 60 岁以上和 18 岁以下本区户籍人员购买团体意外险和大病医疗险，覆盖超过 45% 的户籍人口。向领取城乡居保养老金的本区农村户籍人员，每人每月发放 70 元生态养老补贴。开发生态就业岗位近 2 万个，开展职业技能培训超过 2 万人次。全区农村居民人均可支配收入年均增长率超过 9%。建成紧密型区域医联体，17 个乡镇已成功创建国家级卫生镇，养老机构与社区卫生服务中心签约率达 100%。区第三人民医院新院、长兴人民医院建成运营，结束了长横地区无大型综合性医院的历史。

（五）广泛传播围绕世界级生态岛建设的"崇明故事"。2020 年以来，崇明区充分利用岛内岛外媒体资源，传统媒体和新媒体平台共同发力，传播崇明声音，讲好崇明故事，报道世界级生态岛建设最新进展和成就，每年在市级和国家级媒体上发布各类报道超过 3 000 篇，崇明世界级生态岛影响力日益显著。

崇明坚持"绿水青山就是金山银山"的生态理念，积极打造碳中和岛，大力发展渔光互补项目，严格执行长江"十年禁捕"政策，全面实现绿色发展，这些生动的案例，频繁出现在海内外媒体的显著位置。崇明区与上海市委宣传部、上市委外宣办以及《解放日报》、上海电视台等主流媒体共同推出各类系列外宣产品，如《百姓话思想》《大家聊巨变》《老外讲故事》等。截至

2022 年底，系列融媒体产品总浏览量超 21 亿次。其中，海外浏览量超 2 亿次。相关视频作品已成为展示崇明形象的推荐片。

公益广告是展示崇明城市形象的又一扇窗口，崇明区充分运用浦东机场、虹桥机场大屏、海内外城市高楼大屏，以及国内外楼宇广告等，通过整体策划，有节奏投放崇明品牌形象、区域公共农产品、文化旅游产品等内容，以"组合拳"的形式进行有效传播。

外事部门也是国际传播能力建设的重要参与者。崇明区委宣传部联合区外事办，大力开展外宣工作。2022 年 8 月 5 日，由济州特别自治道厅和中国驻济州总领事馆共同主办，"济州—中国省市友好交流周"庆祝中韩建交 30 周年活动开幕，崇明土布系列产品、玉海棠苦草茶、文旅丝巾、益智图礼盒等特色文旅商品精彩亮相韩国，展示了崇明非遗文化之魅，进一步增进两国关系。

五、项目评估

一是生态岛发展共识越走越坚定。经过持续多年的不懈努力，崇明岛"综合生态岛"、长兴岛"海洋装备岛"和横沙岛"世界级生态岛先行示范区"的发展脉络逐渐形成，生态环境体系、生态产业体系、城乡空间体系、基础设施体系、民生保障体系、生态制度体系日趋完善。支持生态岛建设的制度保障不断完善，市委、市政府对崇明实施差别化项目资金扶持政策，持续加大生态补偿和转移支付力度；建立崇明世界级生态岛建设推进工作领导小组，组建高水平专家智囊团，形成生态岛建设总规划师、总建筑师、总工程师、总景观师等"八总师"制度；制定形成以市人大常委会《关于促进和保障崇明世界级生态岛建设的决定》为指引，由《崇明世界级生态岛规划建设导则》《上海市崇明禁猎区管理规定》

等组成的"1+13"法治文件体系，为世界级生态岛建设保驾护航。

二是生态安全格局越走越健全。崇明常住人口总规模保持在 70 万人左右，建设用地总规模控制在 265 平方千米内。统筹划定生态保护红线、永久基本农田、城镇开发边界"三条控制线"，严守崇明 506.72 平方千米生态保护红线（约占崇明行政区划面积的 20%），其中 252 平方千米一类和二类生态空间，实行最严格管控。崇明城镇开发边界规模由 157 平方千米"瘦身"至 133 平方千米，为实施乡村振兴战略、提升发展乡村产业、完善乡村公共服务配套预留了充足空间。积极践行"人与自然是命运共同体"理念，陈家镇按照"生态优先、保护生物多样性"思路，城镇建设空间在上一轮总规基础上"瘦身"约 40%，把更多空间归还自然生态。建立规划战略留白区，为留足世界级生态岛未来发展空间、应对不确定性，将崇明现状低效利用待转型的成片工业区、规划交通区位条件将发生重大改善地区的 17.41 平方千米区域划为战略留白区，严格控制战略留白区建设。

三是生态岛建设道路越走越宽广。坚持一张蓝图绘到底，2005 年起陆续出台《崇明三岛总体规划（2005—2020 年）》《崇明生态岛建设纲要（2010—2020 年）》《崇明世界级生态岛发展"十三五"规划》《上海市崇明区总体规划暨土地利用总体规划（2017—2035 年）》《上海市崇明区国民经济和社会发展第十四个五年规划和二〇三五年远景目标纲要》《崇明世界级生态岛发展规划纲要（2021—2035 年）》。生态项目加快推进，2010 年起滚动实施生态岛建设三年行动计划，前四轮累计实施项目 255 项，2022 年 7 月正式发布的第五轮新增专项工作 19 项，重点项目 42 项；2019 年起实施重大生态项目挂图作战，2020 年以来共督办重大生态项目 268 项，推动生态品质、重大基础设施、民生保障等领域广泛提升。社会各界广泛参与，市城投公司、临港集团、张江集团等企业积极参与地方建设；复旦大学、上海交通大学、同济大学、华东师范大学、华东政法大学、上海市农业科学院等高校院所提供智力支持，市、区二级组织有关干部双向挂职，增强生态岛共建合力。协同发展格局加快形成，贯彻落实好长三角一体化发展战略，共同建设长江口生态保护战略协同区，崇明与江苏南通签署全面战略合作框架协议，在规划协同、一网通办、设施互联、生态共治等方面深化合作，共同推进长江口生态保护。

四是生态环境品质实现历史性转变。崇明以上海近五分之一的陆域面积，承载着上海约四分之一的森林、三分之一的基本农田、两大核心水源地。崇明始终坚持最大的价值在生态、最大的责任在生态、最大的潜力在生态，像保护眼睛一样保护生态环境，像对待生命一样对待生态环境，以生态环境保护修复为抓手，从还债补缺向功能提升转变，从基础性生态环境保育向生态资产保值增值转变，聚焦水土林气滩、生物多样性保护等重点领域，持续厚植生态优势，积极探索人与自然和谐共生新路径，让望得见星空、看得见绿水、闻得到花香、听得到鸟鸣成为崇明的闪亮标志。

五是生态产业体系实现变革性重塑。崇明是长江经济带和沿海大通道交汇的中枢，是上海建设社会主义现代化国际大都市不可或缺的一部分。崇明在世界级生态岛建设中，保持战略定力、抵住"诱惑"，没有选择走传统工业化、城市化的发展道路，没有选择走先污染、后治理的发展旧路，而是探索"生态优先、绿色发展"新路，以大保护造就大生态，大生态引领大未来。积极探索"绿水青山就是金山银山"实践路径，奋力创造世界级生态岛建设新奇迹。

第一，精准的地方品牌战略定位以营造差异化竞争优势。地方品牌如何塑造自己的独特性、稀缺性？立足上海建设卓越的全球城市的全局定位，从地方发展战略角度来说，崇明区提出的生态发展思路、"世界级生态岛"战略定位既吻合世界发展潮流切合本地实际情况，更是形塑了崇明独一无二的差异化竞争优势，从而有力地支撑了上海全球城市定位的落实，立意长远。

第二，品牌设计规划充分利用崇明区的自然禀赋优势，打造平衡发展的和谐社会的同时又满足利益相关者对于高品质生活的价值追求。地方品牌的打造不仅需要准确的定位，更需要可执行、可落地的设计规划。基于崇明特殊的经济、地理条件，世界级生态岛建设所规划的自然资源保护、循环经济、节能减排、环境治理、生态产业、公共服务六大领域规划合理，很好地平衡了生态保护与经济、社会发展的矛盾，平衡了本地利益相关者发展经济与外部利益相关者日益增长的对高品质休闲生活的需求。

第三，价值共创的品牌传播。"崇明故事""国际生态岛故事"的整合传播，媒体传播、广告传播的整合，多主体参与的价值共创式品牌传播，使世界级生态岛得到国内外的广泛传播。

点评人：来　丰
（上海师范大学影视传媒学院副教授）

那一夜，烟花如常绽放

——上海迪士尼度假区突发事件应急处置成功案例

选送单位

上海国际主题乐园和度假区管理有限公司（上海迪士尼度假区）　上海申迪（集团）有限公司

一、项目背景

2021年10月31日为上海迪士尼"万圣狂欢日"特别活动的最后一天。当天傍晚，为配合新冠肺炎病毒流行病学调查，上海迪士尼乐园和迪士尼小镇需要即刻关闭。所有在园游客在离园时，均需要在出口处接受核酸检测。

二、项目调研

上海迪士尼度假区与申迪集团从新冠疫情暴发初期开始，便高度重视此类事件，密切监测疫情发展，不断分析探讨潜在影响，与相关部门保持紧密沟通，充分准备各种预案。

因此，在此次接到相关部门的通知后，上海迪士尼度假区与申迪集团以及各相关部门迅速成立应急小组，根据事件的性质、影响范围等维度对事件进行了评估，同时根据舆情分析及各部门收集而来的信息，梳理了该事件所牵涉的利益相关方以及受影响情况，为制定危机应对以及沟通策略奠定了基础。

三、项目策划

（一）以游客及演职人员安全为首要原则

游客和员工的安全是上海迪士尼度假区工作的重中之重。为了确保园内游客和员工有序接受核酸检测并离园，双方和相关部门通力合作，对现场的人员离场管理及检测以及交通管理、调度作出了重点部署。

此时，距离乐园的"万圣节反派魅影秀"（烟花秀）还有一个小时，上海迪士尼度假区面临着复杂的多重挑战——不仅需要在短时间里与有关部门紧密配合，协助完成数万名游客、演职人员及第三方工作人员的核酸检测及疏散，还需要保障客流高峰日的游客体验及安全。同时也需要面对外界对于上海迪士尼度假区在防疫环境下游园安全的疑问。

（二）体现人文关怀的处理手法

对于始终重视游客体验的上海迪士尼而言，即使是在危机应对的紧张阶段，也绝不能忽视受影响游客的体验，因此在危机处理的手法上，不仅需要严谨、高效，更需要兼顾人文关怀。为此，上海迪士尼在保障游客安全的前提下，在演出安排、游客服务等多方面给予游客关怀和帮助，最大程度减少事件对在园游客的影响。

（三）有针对性的危机沟通

为了最大程度维护企业声誉，上海迪士尼始终采取真诚、透明、有针对性的危机沟通策略，及时回应公众所关切的问题，传递正面信息引导舆论，维护企业的声誉和信任；在事件妥善解决后，上海迪士尼采取了主动的媒体沟通策略，通过权威主流媒体的发声，引导积极正面的舆论，有效地在危机后恢复甚至进一步提升了企业的声誉和公信力。

四、项目执行

（一）兼具速度及温度的危机处置

应急小组各部门紧密配合，通过快、准、稳但又具有温度的危机处置措施，在短短几小时内便有序地完成了所有游客的核酸检测及疏散工作，同时还获得了社会各界的称赞。

井然有序的客流管理：与疾控等相关部门密切合作，在游客出口处迅速安排多个核酸检测点，同时积极快速协调人手，引导、分流人群；对于如餐厅、洗手间等客流密集的场所采取限流措施，避免人流聚集。2021年10月31日当晚11时，共完成了数万名园内游客的核酸检测（含数千名员工）。此外，度假区还临时安排部落丰盛堂餐厅为医务人员专用餐厅，为200多组医护人员提供餐食服务保障。申迪集团下属企业还临时安排了220辆接驳公交车转送迪士尼游客。同时积极妥善做好两个游客服务中心游客行李寄取工作，第一时间关停停车场，并做好到访游客劝离和引导工作及抵访度假区核心区游客停放车辆离场工作，合计免费放行900余辆次，有力配合了交通管控，确保游客快速疏散和离园。

快速有效的危机沟通：上海迪士尼度假区、申迪集团及上海国际旅游度假区管委会通过三方沟通机制，于2021年10月31日至11月2日，在上海市府新闻办的指导下，连续进行了三次公告发布，并和"上海发布"进行内外联动，及时告知乐园小镇关闭、开放和票务退改信息，回应社会关切。10月31日第一时间发布中英文公告，公开透明地与游客分享相关信息及处理方案，包括告知游客门票处理细则，同时启动广播播报及安排演职人员解答游客问询，消除在园游客对于健康安全、离园安排等方面的担忧。

贴心温馨的演出安排：为了保证游客的游园体验，上海迪士尼度假区在保证现场游客安全的情况下，依然保留了户外演出，使在园游客依然可以如常欣赏到原定当晚特别呈现的"万圣节反派魅影秀"。该演出一方面分散了出口区域的瞬时客流，缓解了出口处的核酸检测压力，另一方面也让当日到访乐园的游客仍能体验到当天最大的演出亮点。这也因此有了后续广为流传的"烟花下的核酸检测"一幕。

灵活机动的游客服务：为了最大限度地支持

游客及演职人员的安全，同时尽可能兼顾他们的体验，上海迪士尼度假区保留了一家商店营业，方便游客购买御寒的毯子、斗篷，还安排了演职人员进行各点位充电宝的补给协调，协助游客租借充电宝。

（二）挖掘幕后细节巩固游客信心

经历了两天暂时关闭后，上海迪士尼乐园和迪士尼小镇于2021年11月3日恢复运营。为了进一步消除外界的疑虑，巩固游客对于度假区的信心，上海迪士尼度假区于开园当天发布了《欢迎回来！Welcome back！》一文，除了公布核酸检测结果和乐园的防疫运营举措外，还分享了来自游客服务、乐园商店运营、烟花演出、巡游舞蹈等职能的一线演职人员的亲身经历和感受，从运营细节上反映了上海迪士尼度假区为守护安心、安全的游园环境所作出的努力。

（三）权威媒体背书凸显标杆作用

2021年10月31日晚，上海迪士尼度假区与申迪集团为央媒和本地主流媒体提供新闻素材和现场视频，对网上舆论进行正面引导。乐园恢复运营当天，上海迪士尼度假区还与包括中央电视台、上海电视台、《人民日报》《新民晚报》《新闻晨报》在内的多家主流媒体合作，通过恢复运营当天上午现场报道游客再次回到上海迪士尼度假区，以及采访2021年10月31日当晚多个团队的演职人员的亲身经历的故事，借助权威主流媒体对于度假区防疫措施报道，以及现场游客对于上海迪士尼度假区处置危机的信任和放心，进一步凸显上海迪士尼度假区在危机管理、安全保障及游客体验方面的标杆作用。

五、项目评估

凭借着高效快速的响应，井然有序的安排以

及温暖细致的处理方式，上海迪士尼度假区与申迪集团成功将本次危机转化为一次正面传播的机会，深入展现了其细致、严谨、暖心、高效的安全保障措施。

事发当天，《人民日报》发布相关微博的视频观看量达 1 835 万人次，点赞量达 16.5 万；《人民日报》客户端发布的亲历者自述文章《亲历者眼中的上海迪士尼：万圣节没有鬼神和超人，有序的城市组织才是金钟罩》，浏览量达 215.5 万。

次日凌晨，张文宏医生转发了《人民日报》该条微博，进一步强化了公众的信心，点赞数达 9 万。当天，中央电视台、东方卫视及上海电视台多个新闻节目；《环球时报》《中国日报》《上海日报》及上海发布微信公众号等多家媒体、平台也进行跟进报道。微博话题"上海迪士尼核酸检测现场有爱的一幕"的阅读量达 1.5 亿。"迪士尼烟花绽放时他们逆行防疫"等微博话题阅读量均超亿次。媒体和网民对上海争分夺秒但又从容不迫，精细而又人性化的应对措施给予高度肯定，为此次乐园疫情防控工作营造了良好的外部舆论环境。

恢复运营当天及之后一周，包括中央电视台、上海电视台、《人民日报》《新民晚报》《新闻晨报》在内的媒体对上海迪士尼度假区恢复运营进行跟进报道，挖掘能够成就临时闭园当天烟花如期绽放的幕后故事。关于上海迪士尼度假区恢复运营共有近 10 202 篇媒体报道和转载，曝光量达 5 830 100 000 次。

此次事件本有演变为危机的可能，但通过上海迪士尼度假区、申迪集团与政府的高效联动和快速响应，在极短时间内就完成了交通管理与调度、人员离场与检测、公告酝酿与发布、媒体通气与协调，堪称经典的危机管理事件。

上海迪士尼乐园疫情防控处置有力，"核酸下的烟花"作为当年唯一的抗疫案例，写入了上海市政府工作报告，成为提升上海城市软实力的最佳实践。

案例点评

从严格的意义上说，对上海迪士尼乐园而言，因新冠肺炎病毒控制需要而紧急关闭，还只是一个突发事件，还谈不上真正的危机。因为这一突然闭园的决定，是根据政府有关部门的通知要求作出的，迪士尼方面并没有任何过失，也未必会对迪士尼乐园的声誉带来多大影响。但正因为这是一个突发事件，如果应对不当，处置有误，乃至现场引起不必要的混乱，则一定会对迪士尼的品牌形象造成极大的冲击，从而演化为一场真正的危机事件。这类教训，比比皆是。

令人赞赏的是，迪士尼方面通过井然有序的疏散安排、温暖细致乃至不失浪漫（烟火如常绽放）的处理方式，妥善地应对了这一突发事件，赢得了社会公众的好评。具体过程，案例报告已示，这里不必赘述。但必须强调的是，迪士尼方面之所以能如此快速而有效地应对这一突发事件，一是因为事先有一套完整的预案，对有可能发生的各类突发事件都作了应对准备，所以一旦事件发生，才能立即启动预案，对人员调控、现场处置等方方面面事务第一时间作出妥善安排，不至于手忙脚乱；二是因为平时对员工有着很好的突发事件应对的训练，从而在紧急关头，各部门员工都能临危不乱，各司其职，有效地缓解现场游客的焦虑感。而危机预案和危机训练正是企业危机管理中极其重要的两个环节，而这又恰恰是眼下不少企业所忽视的。

从这一意义上说，上海迪士尼乐园的这一案例，确实值得许多企业界人士学习和借鉴。

点评人：叶茂康
（资深公共关系学者）

上海证券报创刊 30 周年系列品牌传播

创新的赢家
特别奖

上海市第十一届
优秀公共关系案例评选

选送单位 上海证券报社有限公司

一、项目背景

1991年7月1日，上海证券报诞生于黄浦江畔，这是新中国第一张提供权威金融证券专业资讯的全国性财经日报，也是由新华社主办、中国证监会法定披露证券市场信息的主流媒体。

作为中国资本市场健康发展的见证者、记录者和推动者，上海证券报与中国资本市场同呼吸、共成长。30年光辉岁月，留下了一串串坚实的前进足迹，留下了一声声悠远的历史回响，也留下了一个个难忘的珍贵记忆，这些精神财富永远属于关心、爱护、指导、支持、帮助上证报的各界领导、专家和朋友。

从"允许看，但要坚决地试"到"打造一个规范、透明、开放、有活力、有韧性的资本市场"，中国资本市场经过短短30年改革发展，走完了发达国家资本市场百年之路。在中国资本市场波澜壮阔的改革发展征程中，上海证券报是记录者、见证者、参与者，也是为资本市场深化改革开放的进程鼓与呼的主力军、主渠道、主阵地。

30年风雨兼程，半甲子初心如昨。上海证券报在前行路上，将更加坚定自己的信念，为中国资本市场的高质量发展贡献智慧和力量。未来征程上，道阻且长，行则将至，行而不辍。

二、项目调研

上海证券报（也可简称"上证报"）创刊30年，三十而立：立德，厚德载物；立志，志存高远；立新，守正创新；立言，一言九鼎；立名，名满天下；立功，功在当代；立人，人才辈出。

上海证券报既要做好资本市场的"报喜鸟"，传递信心和正能量，弘扬主旋律；也要做好资本市场的"啄木鸟"，激浊扬清，正本清源。加强参考报道，舆论监督报道，力求做到："政治正确、事实准确、批评精确"。

30年间，上海证券报记录了首次提出"积极培育包括债券、股票等有价证券的金融市场"的重大决策，记录了《关于推进资本市场改革开放和稳定发展的若干意见》（简称"国九条"）战略任务的重大发布，记录了《关于进一步促进资本市场健康发展的若干意见》（简称"新国九条"）扩大开放的系统部署，也记录了"打造一个规范、透明、开放、有活力、有韧性的资本市场"战略目标的具体实践。用报道传递政策强音，用专业讲清市场逻辑，用信心凝聚各方共识，我们一直孜孜以求。

每年全国两会都是观察中国经济的重要窗口。我们在这里寻找并发出资本市场的声音。从1995年至今，每年一次的盛会，我们从未缺席。从最初的一名记者单打独斗，到现在一个团队协同作战，我们在全国两会上斩获了一个又一个独家新闻，开启了一个又一个报道先河。

每年上海证券报都以资本市场的主题贯穿两会报道——从"积极的股市政策"到"资本市场高质量发展"；每年都最先拿到金融界、证券界代表委员的提案议案，最快传递资本市场的新变化、新热点。

作为资本市场的见证者，30年来，上海证券报以专业眼光从第一线观察市场变化，以清新文字在第一时间将前沿趋势告知读者。特别是在股市走向临界点的关键时刻，上海证券报多次以头版头条重磅发声，穿透市场情绪的迷雾，帮助投资者看清大势，看到转机。

比如1995年当时发育不久的资本市场处在

徘徊不前的十字路口，当时我们上证报发起一个全国性较为高端和专业的一个大讨论，叫寻求资本市场大智慧的大讨论，1995 年，我们国内顶级的经济学家都参与这方面的讨论，为资本市场注入了信心。

2005 年股权分置改革推出，有很多的争议，很多人谈股权分置改革会不会导致国有资产流失，上证报率先定调发声，推动这个改革往深里去，往实里去。

2007 年 5 月 30 日，一场"股市地震"不期而至，不少股民在市场的骤然调整中陷入恐慌。5 天后，上海证券报头版刊发评论员文章《"策"变"势"不变》，明确提出"单个具体政策往往难以改变股市自身的运行轨迹"。次日，A 股市场终于触底回升。

2015 年年中，A 股经历非理性波动，千股跌停、千股停牌……市场面临着丧失流动性的严峻考验。7 月 9 日，上海证券报头版刊发题为《号准脉搏 务实救市 让市场流动生金》的评论员文章。当天，上证指数大涨 5.76%，市场跳出了剧烈去杠杆造成的螺旋下坠。一叶障目还是一叶知秋，关键看能否认清"恐惧来自于恐惧本身"，能否看到"A 股市场将继续反映中国经济新常态的呼吸和脉动"。

2018 年 10 月 13 日，上海证券报全媒体报道了题为《深圳斥资数百亿驰援上市公司三大标准已筛出逾 20 家本地股》的文章。报道犹如一声"春雷"，在资本市场引发巨大反响，迅速形成刷屏之势，仅本报微信当天的阅读量就超过 28 万，另有近 200 家媒体转载。随后，各地政府、各方机构迅速行动，掀起一场"纾困民企"的全国行动。

铁肩担道义，妙手著文章。30 年来，上海证券报一批又一批记者活跃在资本市场第一线，采访资本市场正在发生的或影响资本市场的重大事件，带回来一篇篇重大报道。

上海证券报作为新中国第一份证券类专业报刊，一直走在资本市场舆论监督的第一方阵，牢牢站在维护资本市场健康稳定发展和保护投资者合法权益的最前列：努力践行"四力"（脚力、眼力、脑力、笔力），对资本市场重大事件报道从未缺席，对上市公司重大财务造假深度挖掘，对企业控制权争斗全力追踪，对公司治理乱象逐层揭露，对异常交易黑幕层层揭秘，对市场疑云抽丝剥茧……

上海证券报既是中国资本市场发展的见证者、记录者，也是助推市场高质量发展的推动者。

30 年来，上海证券报以积极有为的姿态、义不容辞的责任，倾心服务于资本市场建设和广大投资者，连续举办了资产管理高峰论坛、财富管理高峰论坛、上市公司高质量发展论坛、股权投资论坛、资本市场高级研讨会暨上证报所长论坛等多种具有影响力的会议，开展了"金基金""金理财""金质量""金融资""最佳分析师"等活动，金字品牌，赢得金字口碑和金字影响力。与此同时，从开设实体"股民学校"到创办互联网投教基地"上证投资家"，上海证券报守初心、担使命、办实事，为数百万中小投资者送去急需的投资知识，持续推动资本市场投资者保护工作，获得监管部门的高度评价。

经过 30 多年发展，现已形成包括上证报、中国证券网、上证 APP、上证音视频、上证微信微博等平台和端口在内的全媒体矩阵。

站在新的历史起点，中国资本市场已开启新征程。未来，上海证券报将牢记初心使命，与时俱进，继续汇聚行业精英，共商行业发展大计，积极服务资本市场主体，为开创资本市场高质量发展的新局面提供"媒体力量"。

三、项目策划

上海证券报创刊 30 周年系列品牌传播，从

2021 年 4 月份开始启动，延续到 2021 年 12 月底。以"一个专栏、一本特刊、一场座谈会、一部宣传片、一个主题展、一系列传播"展开。并对报社品牌形象、追求、职责、定位、价值观升级打造。逐步实现在监管机构、读者、金融机构、上市公司心智中建立起个性鲜明的、清晰的品牌联想，打造影响力，创建强势大品牌，不断地推进上证品牌资产的增值。

具体包括《再出发——上海证券报创刊 30 周年特刊》、创刊 30 周年座谈会、"我与上证报的故事"专栏、创刊 30 周年宣传片推出，以及与中国证券博物馆联合举办"上海证券报 30 年 30 个瞬间"主题展等，书写上证报讲好中国资本市场故事，助力多层次资本市场健康发展的历史成绩。

四、项目执行

上海证券报以《再出发——上海证券报创刊 30 周年特刊》的形式，记录着一个个具体生动的故事，重温着一幕幕刻骨铭心的记忆，传递着一份份真挚质朴的情感，就是为了向中国资本市场的参与者、建设者表达崇高的敬意，就是为了向上海证券报的呵护者、支持者表达深深的谢意！

2021 年 9 月 29 日，以"三十而立正青春风华正茂启新程"为主题的上海证券报创刊 30 周年座谈会在上海举行。新华社领导，上海市政协领导，上海证券交易所、上海票据交易所、城银清算、上海保险交易所、中国信托登记有限责任公司、交通银行、中国进出口银行上海分行、海通证券、东方证券、中国太平洋保险集团、国泰君安证券、上海农商行、浦发银行、东方财富、爱建集团、重阳投资、摩根大通证券（中国）、汇添富基金、万家基金、农银汇理基金、华泰柏瑞基金、浦银安盛基金、兴业信托、上海

信托等在沪金融机构负责人，沪硅产业、佳都科技、永茂泰、易德龙、安集科技等上市公司代表，以及报社老领导等参加座谈会。

《我与上证报的故事》专栏共 109 期，共 109 个与上证报息息相关的人物，记录着一个个具体生动的故事，就是为了表达他们深深的谢意。创始人尉文渊更是激动地说着上证报的诞生过程。

上海证券报与中国证券博物馆联合举办"上海证券报 30 年 30 个瞬间"主题展包含了"诞生""股权分置改革""沪港通这一刻""建党百年系列特刊"等 30 个瞬间，展现了在资本市场发展改革历史进程中，上海证券报作为见证者、记录者、参与者和助推者做出的重要贡献，展示了上证报讲好中国资本市场故事，助力多层次资本市场健康发展的历史成绩。

一系列品牌传播包括湘江上空无人机表演、海南三亚直升机横幅飘扬、上海市区 8 000 余辆出租车屏全城穿梭、全国高铁站候车厅系列海报亮相、南京新街口商业楼宇品牌推广、上海陆家嘴五角场核心区户外大屏呈现、宣传海报登上纽约时代广场大屏；数千家上市公司、金融机构、各类媒体微博微信视频号祝贺互动。

五、项目评估

上海证券报创刊 30 周年系列品牌传播，增强了报社内部的凝聚力，增强了认同感和归属感、自豪感。增强了报社的吸引力与影响力，吸引了更多优秀的人才汇集到上证报周围。使每位上证人以主人翁的态度积极投入新时代的工作中去。

通过上证报创刊 30 周年系列品牌传播，在资本市场领域如监管机构、金融机构、上市公司、企业界等引起广泛关注。

"快马加鞭未下鞍，征程漫漫再出发。"三十

而立、风华正茂的上证报，将不忘初心、牢记使命，砥砺前行，矢志追求政治品德、新闻品格、专业品位、服务品质、一流品牌，在新时代、新征程、新起点，创新业、开新局、立新功。

案例点评

上海证券报创刊 30 周年系列品牌传播活动展现了卓越的战略规划和品牌塑造能力。该系列活动自 2021 年 4 月启动至 2021 年 12 月底，以"一个专栏、一本特刊、一场座谈会、一部宣传片、一个主题展、一系列传播"的方式全方位展开，全面提升了上海证券报在资本市场领域的影响力。

系列活动目标明确，背景具有广泛的社会意义。上海证券报坚守"市场秩序公正的维护者、投资者权益坚定的守望者、行业声音可靠的传播者"的职责，彰显了作为权威媒体的本色。见证了中国资本市场 30 年发展的主流媒体的发展历程，与时代进行对话共创，以专业眼光从第一线观察市场变化，以专业的文字在第一时间将前沿趋势告知读者，助推市场的高质量发展。清晰阐述了上海证券报对报社品牌形象、追求、职责、定位、价值观升级打造的目标。

系列活动传播规划范围广泛，重点突出。上海证券报在公关行业发展的"生态时代"拥抱"守正格局"和"时代格局"，系列活动讲好中国资本市场故事，媒体传播渠道涉及央媒及自媒体，通过《再出发——上海证券报创刊 30 周年特刊》、"上证报 30 年 30 个瞬间"主题展、30周年座谈会等多种传播方式，全方位推动品牌传播，在资本市场领域引起广泛关注。与监管机构、金融机构、上市公司动态地展开对话，发挥合作效益，助力中国资本市场高质量建设。

点评人：陈佳昕
（欧莱雅中国企业事务与公众联动总监）

2022 上海赛艇公开赛

选送单位

上海市体育局

创新的赢家

特别奖

上海市第十一届
优秀公共关系案例评选

一、项目背景

上海与赛艇运动有着不解之缘。早在 1852 年，上海黄浦江上就举办了中国历史上第一场赛艇会，上海可谓中国赛艇运动的发源地。之后半个多世纪，赛艇活动是上海苏州河一年一度的盛会。苏州河畔的上海划船总会成立于 1859 年，现在仍伫立于外白渡桥西侧的原划船俱乐部旧址是中国赛艇运动发展的历史见证。

作为中国赛艇的起源地，在新的历史发展阶段，在上海积极打造全球著名体育城市的重要节点，上海赛艇公开赛（以下简称"上艇"）紧扣城市特色优势，努力打造高水平专业赛事，未来几年成为上海的专业特色精品赛事，为体育强国建设不断做出更大贡献。上海赛艇公开赛沿着苏州河 4.2 千米黄金水道逶迤向前，不仅折射了一项运动的历久弥新，更触摸着一座城市的发展脉搏，"上艇"不仅是一项众望所归的体育赛事，更是城市发展的一个绝佳展示窗口，生动诠释了"人民城市人民建，人民城市为人民"的重要理念。未来，上艇将逐步引领中国赛艇行业的标准，亦成为世界观察中国赛艇运动蓬勃发展的窗口。

2022 年金秋十月，上海赛艇公开赛再次亮相苏州河，续写与母亲河的约会。上艇赛事以赛艇运动团结、拼搏、向上的精神，重燃城市活力，凝聚城市正能量，彰显了母亲河两岸的城市历史与文化底蕴，成功打造成为一场具有广泛国内外影响力的赛艇盛会。

二、项目调研

（一）项目必要性

上海是中国经济发展最为迅速、文化融合最为丰富的国际化大都市，目前正处于加快建设全球著名体育城市重要节点。作为中国赛艇运动的起源地，上海同样盼望着打造一场可长期持续的高品质赛艇赛事，而苏州河自然是最佳选择。

通过在苏州河上开展赛艇公开赛，将吸引来自世界各地的赛艇运动员及爱好者共享赛事的良好氛围，传承上海百年水岸运动生活文化，为把上海打造为世界一流国际体育赛事之都以及上海"一江一河"沿岸地区建设增光添彩。

（二）项目可行性

第一，利用苏州河得天独厚的城市景观河道优势，让苏州河的水活起来；

第二，为专业选手搭建竞技平台，培育民间赛艇文化；

第三，打造一场或多场具有自主 IP 的本土原创性品牌赛事；

第四，推动苏州河沿线水上运动基地 / 俱乐部的建设；

第五，推广人们对自然、水生态与城市生活享受与尊重的可持续发展理念，依托赛事带动苏州河沿岸的滨水空间经济社会发展。

三、项目策划

（一）深化落实"一江一河"发展，提升城市软实力

近年来，上海母亲河的水质有了质的飞跃，成为一条市民可以亲水、游水、玩水的河流。市

69

民们休憩有了新的空间，贯通后的滨江两岸成为家长孩子乐于休憩玩耍的重要场所；相约看展有了新的去处，滨江文化展陈功能的丰富；娱乐健身有了新的项目。"一江一河"的发展正越来越牵动着所有上海市民的心。

作为在申城母亲河上举办的自主 IP 赛事，上海赛艇公开赛的举办深化落实了"一江一河"发展规划，凸显了高标准全流域治理水环境成果，通过最具历史特色的上海地标性建筑，彰显了母亲河两岸的城市历史与文化底蕴。

上艇以赛事为城市形象发展推广载体，通过苏州河两岸滨河与人文城区的结合，以体育赛事彰显城市软实力，讲好上海城市故事，让上海赛艇公开赛不限于一场体育赛事本身，赋予上艇 IP 更多使命及意义，真正成为上海向全球展现城市形象、城市风貌、城市精神的重要窗口。

（二）全面展现苏州河水治理阶段性成效

现代工业城市化进程中，苏州河被严重污染，河水常年黑臭，行人掩鼻而逃，在外滩苏州河与黄浦江交界处，形成了一道颜色明显的"黑黄分界线"，成为当时上海一道另类"风景线"。

经过三十多年整治，苏州河又水清见鱼，走过这一历程的上海人有着切身感受："多年来苏州河已经成了上海环境治理的一个象征，在苏州河上挥桨竞舟，不仅仅是一场简单的比赛，更重要的是人们能真切地感受到自己身边这条河一点一滴的变化。"

如今苏州河水清岸绿全部贯通，两岸景观似水年华令人流连，而这两岸丰富的历史资源也是塑造上海城市特色和城市魅力的关键载体。上海赛艇公开赛也将成为见证苏州河水治理阶段性成效的最佳载体。

（三）跨越百年重回母亲河，与赛艇来一场约会

上海与赛艇运动有着不解之缘，早在1852年，上海黄浦江上就举办了中国历史上第一场赛艇会，上海可谓中国赛艇运动的发源地。

在时隔百年后，赛艇重回母亲河的怀抱，在中国赛艇的文化摇篮中，萌生出一场对标世界顶尖赛事、代表上海城市名片的自主 IP 赛事。

（四）新增竞赛项目，丰富赛事体系

2022上海赛艇公开赛竞赛项目保留了首届赛事的八人艇4.2千米追逐赛和500米城市冲刺赛。参赛组别也延续了首届赛事的设置，八人艇项目仍分为专业组、高校组、俱乐部组3大组6小项。其中专业组邀请了上海、山东、广东、吉林等地方的专业赛艇队；高校组则邀请北京大学、上海交通大学、西安交通大学、同济大学、华东师范大学等10余所中国顶尖高校的学子参与赛事；俱乐部组方面，拥有直通名额的江西深潜赛艇俱乐部、南京艇友赛艇俱乐部、武汉骁骥体育赛艇队及沈阳清泉盛京赛艇俱乐部均报名参赛，此外，组委会依据去年参赛成绩及历史最佳成绩筛选出17支队伍参与俱乐部组的较量。

为进一步提升赛事对抗性和可看性，上艇在俱乐部组别新增了单人双桨项目，在苏州河500米城市冲刺赛的航道上，两位参赛者一对一较量，直接对话，进一步增加了赛事看点。

（五）聚焦高校对决，放大中国赛艇名校争霸话题

大学生作为新时代的青年主力军，是城市活力的源泉，也是上艇赛事中最被关注的人群。2022上海赛艇公开赛将重点聚焦"话题性强、关注度高、影响力大"的高校组别，放大高校对决话题，以线上线下联动的形式，打造中国名校PK赛。

高校 BATTLE 总成绩将由占比30%的线上赛艇预赛成绩、30%的赛艇文化推广成绩和40%的线下比赛成绩组成。其中，线上部分的

挑战已于 2022 年 10 月 18 日正式开启，北京大学、上海交通大学、西安交通大学、同济大学、中山大学等国内知名高校赛艇队均报名参加。中国名校学子担当赛艇宣传大使，为上海赛艇公开赛赛前训练、宣传助力。

第一阶段线上赛艇预赛通过线上 app 将虚拟场景技术融入赛艇运动中，使赛艇运动更科技。自开赛以来，高校学子们刻苦训练，不断刷新最佳战绩，在 500 米线上赛中，上海海洋大学的队员们以 1 分 25 秒的成绩勇夺榜首，同时凭借 6 分 46 秒的佳绩在 2 000 米线上赛中拔得头筹；黄河科技学院的队员们则以 2 分 58 秒的傲人成绩拿下 1 000 米线上赛的第一。

第二阶段赛艇文化推广活动于 2022 年 10 月 22 日启动。为助力赛艇文化"破圈式传播"，组委会联合高校共同发起线上话题，高校学子可以通过发布本校备战宣言及加油视频的形式，讲述高校赛艇队备赛的故事以及对赛艇运动的热爱，为自己学校的赛艇队伍助力。活动一经推出便在高校圈引起热议，同济大学官方账号以直接发微博的形式力挺学校赛艇队，而中山大学赛艇队发布的微博则得到了 2020 东京奥运会赛艇女子四人双桨冠军崔晓桐的转发支持。

线上阶段的高校 Battle 活动将一直持续至赛前一天，莘莘学子将一展高校风采，体现青年实力，凸显青年活力。有意向对高校 Battle 进行报道的媒体可以与官方媒体群内提供的高校联络人进行联系采访。

四、项目执行

（一）竞赛时间和地点

日期：2022 年 10 月 29 日至 10 月 30 日

地点：中国·上海·苏州河（起点：静安国际中心前水域；终点：原划船俱乐部旧址前水域）

（二）竞赛项目

1. 项目设置：八人单桨有舵手、单人双桨

2. 竞赛距离：4.2 千米追逐赛、500 米城市冲刺赛

八人单桨项目：参赛队须同时参加 4.2 千米追逐赛和 500 米城市冲刺赛；

单人双桨项目：参赛者仅参加 500 米城市冲刺赛。本项目参赛者不得兼项参加八人单桨项目。

3. 组别

序号	组别	项目
1	专业组	男子八人单桨有舵手（M8+）
2		女子八人单桨有舵手（W8+）
3	高校组	男子八人单桨有舵手（M8+）
4		男女混合八人单桨有舵手（Mix8+）
5	俱乐部组	男子八人单桨有舵手（M8+）
6		男女混合八人单桨有舵手（Mix8+）
7		男子单人双桨（M1X）
8		女子单人双桨（W1X）

（三）赛事日程表（略）

（四）主会场规划方案

本次赛事主会场区域分为三大部分：

1. 苏州河南岸

包括原划船俱乐部旧址东、西两侧空地及平台、圆明园路步行街、原新天安堂南侧广场，以上区域均采取封闭管理的形式。主要功能分为参赛队赛前交流、热身、休息及船艇调试；参赛队伍及相关工作人员上下水；船艇存放及船艇维修及调试。

2. 苏州河北岸

包括原外白渡桥海事所小楼、原外白渡桥海事所码头区域、原外白渡桥海事所小楼东侧平台，北苏州路（吴淞路至乍浦路段），除北苏州路作为开放区域，用于赞助商展示区及市民体验区，供参赛者和市民参观和体验，其余区域均采取封闭管理的形式。主要功能分为赛事终点裁判工作区和 VIP 休息及观赛区，赛事裁判艇和救援艇停放区域，颁奖舞台区。

3. 开幕式区 / 预约观赛区

开幕式区域设置于乍浦路桥，在开幕式期间作为主要活动区，开幕式结束后将作为封闭管理区，参赛队及工作人员可持证通行。

五、效果评估

2022 上海赛艇公开赛经济社会效益显著、品牌传播声量放大、赛事服务水平专业，具体如下：

（一）经济、社会效益

赛事社会经济效益显著。上艇赛事展现了苏州河畔历史的变迁，彰显上海城市景观赛事的魅力，通过打造专业赛艇竞技平台，进一步培育赛艇运动项目的专业人才，积极推动赛艇运动项目的推广普及。

（二）媒体价值

作为代表上海城市形象的金名片赛事——上海赛艇公开赛一经推出，就受到上海各界媒体的广泛关注，包括新华社、人民日报、中央电视台在内的中央媒体及解放日报、文汇报、澎湃新闻、东方体育日报、五星体育、上海电视台等上海主流媒体从多角度对赛事进行了报道，报道类

相关媒体报道

型涵盖图文报道、视频报道等。

传统纸媒以新华社、东方体育日报为代表，围绕"申城母亲河上赛艇竞技""中国高校Battle"等话题展开深度报道，通过对参赛运动员、高校校长等特定对象的专题采访，突出上艇赛事对城市风貌的展现。视频媒体以五星体育、上海电视台、澎湃新闻为主，通过对赛事筹备、运动员训练跟拍、市民观赛等角度的视频拍摄，全方位展现上海赛艇公开赛赛事影响力及话题度。

整个赛事期，引发媒体报道 11 343 篇次，媒体传播价值高达 6.1 亿元。

（三）赛事受众

赛事集聚优质受众群体，受众规模达 2.1 万人。2022 上海赛艇公开赛共有 650 名参赛者参赛，吸引 2 万人次现场观赛，高黏性、高推荐度的赛事受众群体提升了赛事品牌的竞争力和吸引力，赛事忠诚度和推荐度均为 93.80%。

（四）赛事服务

赛事项目设置丰富，竞技性强，且质量高的赛事服务、高水平的赛事运营，以及独具特色的赛事奖牌和奖杯设计均受好评；赛事整体服务满意度达 91.54%。

案例点评

上海赛艇公开赛作为上海城市形象的金名片赛事，展现了其在推动全球著名体育城市目标和落实上海"一江一河""十四五"规划方面的突出贡献。该赛事将上海的母亲河文化与赛艇运动相结合，通过赛艇形式展现上海的城市活力和城市魅力，成为与世界顶尖赛事齐名的活动代表。上海赛艇公开赛的成功举办，讲述了城市软实力的故事，有效传播了积极向上、奋力拼搏的上海城市精神。赛事的组织安排和赛艇文化的推广也取得了显著成效，在赛事设置、活动安全性、观赏性等方面均作出了具有独创性的安排，取得了良好的社会效益，赛事满意度、忠诚度、推荐度评价均超过 90%。上海赛艇公开赛为中国赛艇运动的发展树立了典范，为赛艇运动在国内外的推广起到了重要的推动作用，也成为了上海城市形象塑造与传播的重要抓手。

点评人：曹 毅

（上海交通大学中国企业发展研究院高级研究员）

金山新名片："上海湾区"科创城品牌建设*

选送单位

上海市金山区发展和改革委员会　上海市金山区山阳镇人民政府

创新的赢家

特别奖

上海市第十一届
优秀公共关系案例评选

---

* 本案例原名：打造上海建设具有全球影响力的科技创新中心的重要承载地 金山区开展上海湾区科创城建设案例，根据专家评委于晶的意见修改为现名称。

一、项目背景

党的十八大以来，以习近平同志为核心的党中央高度重视科技创新工作，坚持把创新作为引领发展的第一动力，把科技创新摆在国家发展全局的核心位置，全面谋划科技创新工作。党的二十大报告提出，教育、科技、人才是全面建设社会主义现代化国家的基础性、战略性支撑。必须坚持科技是第一生产力、人才是第一资源、创新是第一动力，深入实施科教兴国战略、人才强国战略、创新驱动发展战略。

2014年5月，习近平总书记对上海作出重要指示："上海要努力在推进科技创新、实施创新驱动发展战略方面走在全国前头、走在世界前列，加快向具有全球影响力的科技创新中心进军。"2017年12月，《上海市城市总体规划（2017—2035年）》获得国务院批复原则同意，明确提出上海要建成国际经济、金融、贸易、航运、科技创新"五大中心"。2018年，习近平总书记在上海考察时，明确要求上海"在增强创新策源能力上下功夫"。2019年11月，习近平总书记考察上海时，明确提出上海强化"四大功能"的要求，其中一个就是强化科技创新策源功能，赋予了上海科创中心建设新的时代内涵。

2018年5月，市委提出金山要成为打响"上海制造"品牌的重要承载区。2022年6月，上海市人民政府正式发布《关于加快推进南北转型发展的实施意见》，明确提出滨海地区强化辐射引领功能，全面塑造上海湾区城市品牌。上海湾区科创中心要成为上海建设具有全球影响力的科技创新中心的重要承载地。

金山区牢记总书记的嘱托，按照市委、市政府的要求，坚持创新驱动发展战略，加快建设上海科技创新中心重要承载区，进一步推进落实"南北转型"战略要求，秉承"以产兴城、以城带产、产城共建"的产城融合发展理念，以金山滨海地区开发建设为重要契机，依托现有上海湾区科创中心的基础，提出"一核两区"的功能布局，聚力打造上海湾区科创城。

二、项目调研

金山区2022年三次产业结构比为0.8∶63.5∶35.7，制造业比重最高，产业基础扎实，但创新要素集聚度不高，国家级和市级研究院所、高等学校、国家级企业技术中心、重点实验室等研发机构较少，高新技术企业数量和比例偏低，创新人才较为缺乏，创新拉动作用不强，产业发展和科技创新方面亟待转型升级。为寻找转型发展之路，金山先后考察松江G60科创走廊、深圳湾、清华信息港、天安数码城等科技创新产业园，博采众长、格物致知，积极寻找转型升级发展灵感和思路。

2017年11月，金山区提出打造上海湾区科创中心，先后成立上海湾区科创中心管理委员会，组建由区领导担任组长的上海湾区科创中心推进领导小组，同步设立平台公司——上海湾区科创发展有限公司［于2020年11月更名为上海湾区科创发展（集团）有限公司］负责具体运营。经过一年多的筹备，完成平台公司的组织架构搭建和园区核心区域的地块整理工作；通过国际方案征集完成园区城市设计、与戴德梁行合作编制园区产业规划，初步形成园区开发建设的思路和理念，于2019年4月18日正式对外开园。

2020年3月，区委一号课题专题会提出，要高起点统筹研究城区开发工作，"十四五"期间围绕金城湖（后改名汇龙湖）规划建设高品质社区。2020 年 4 月，开展"金山滨海地区产城融合发展规划与行动计划"项目。根据上海湾区科创中心建设规划，联动汇龙湖国际社区开发，精心设计、统一规划，共同打造生态宜居、配套完善的湾区科创中心产城融合开发区。"金山滨海地区产城融合发展规划与行动计划"项目研究成果经过多轮讨论和汇报，于 2020 年 11 月纳入区委一号课题成果，结合后续深入研究和沟通衔接，于 2021 年 7 月完成最终成果编制并纳入山阳镇国土空间总体规划，对"上海湾区"重点地区发展和空间布局形成了有效指引和支撑。同时，湾区科创产业园（原金山嘴工业区）交通便利、产业完整、园区配套完备，具有很好的发展潜力。

为全面推动转型新发展、全力塑造城市新形象，全面落实《关于加快推进南北转型发展的实施意见》，结合现有上海湾区科创中心、汇龙湖国际社区、湾区科创产业园（原金山嘴工业区）的发展基础，2023 年 7 月，金山发布了《金山区加快重点区域转型升级着力推动高质量发展实施方案（2023—2025 年）》，明确提出滨海地区未来要重点推进滨海国际文化旅游度假区、上海湾区科创城、卫城滨水社区建设。上海湾区科创城作为其中的重要板块，也作为滨海地区转型发展的"动力引擎"，承担着产业发展和科创驱动的重任，对整个区域的发展将起到示范引领作用。

三、项目策划

上海湾区科创城以战略性新兴产业研发、专业服务为主导产业，培育和聚集各类创新创业平台，加快现代服务业集聚，到 2025 年，建设成一座高端人才集聚、高端科研集成、先进成果转化、新兴产业汇聚、金融科技发展、品质生活融合的生态智慧科创城。

强化规划引领，更好统筹区域高质量发展。

把握科创发展规律，立足金山实际，注重发挥市场配置科创资源要素的主体作用，形成"一核两区"（"一核"是指湾区科创中心"核心"；"两区"是指汇龙湖国际社区"生活配套"区和湾区科创产业园（原金山嘴工业区）、"产业转型配套"区。）的功能布局，覆盖 7.4 平方千米，辐射 60 平方千米产城深度融合区域，带动全区转型升级。

上海湾区科创城转型发展示意图

坚持科技创新，塑造发展新动能新优势。强化湾区科创中心"核心"功能，汇聚创新要素、集聚创新平台，打造成为上海湾区科创城的科技服务集中地和科技创新集聚地。重点推进上海市软件和信息服务产业基地、上海湾区大厦、上海湾区中科生态数字港、上海湾区东湖国际创新中心等高品质科技研发、总部办公、商务贸易、文化创意等载体的建设。完善汇龙湖国际社区"生活配套"功能，优化生态和生活环境品质，建设高等级公共服务设施群，打造成为汇聚品质设施、荟萃人才精英的长三角科技人才安居乐业的梦想家园。重点推动华东师范大学第二附属中学金山实验学校等建设，研究规划社会事业、公共服务等项目建设。提升湾区科创产业园（原金山嘴工业区）"产业转型配套"功能，加快园区转型升级，推进现有重点企业的转型升级，积极盘活利用低效用地，提升园区综合实力，着力打造成为上海南翼重要的科技产业集聚区。探索与湾区科创中心的统筹联动，推动产业 2 转 2.5，深化生产性服务业和制造业融合发展。

四、项目执行

（一）上海湾区科创中心

1. 注重院校合作，打造"上海湾区"科创高地

成立至今，先后与清华长三角研究院、清华高端装备研究院、中国科技开发院等院校深入对接积极合作，成立了清华长三角研究院上海湾区产业园、清华高端装备研究院上海湾区联合转化与研究中心等平台，在引进高端人才团队和科创型企业等方面取得了一定成效。同时，引进中科生态数字港和东湖国际创新中心等项目。中科生态数字港投入正常运营后，预计五年内导入至少 30 家年营业收入（销售收入）1 亿元人民币以上的总部企业，220 家科技企业入住，聚集近 5 000 名科技创新人才。东湖国际创新中心预计建成后将聚集超过 150 家科技创新企业、30 家企业总部，吸引 10 000 名高知高智科技人才，打造全球聚焦、创新聚势、产业聚变的科技引擎。

2. 注重主导产业，打造"上海湾区"招商特色

随着上海湾区科创中心不断发展，精准定位数字经济和生命健康定位为产业导向，几年来，在"一体两翼"（一体：上海湾区科创中心大厦；两翼：工商联大厦湾区云谷，金石湾 10、11 号楼中开院科技孵化基地）建设过程中，引进了一大批数字经济、生命健康企业入驻。2022 年 3 月成功创建上海市软件与信息产业服务基地，是金山区唯一一个数字化建设基地；作为金山区唯一一个上海市海聚英才示范基地，协办了上海市第三届"海聚英才"全球创新创业大赛（江苏分赛场）活动，并取得良好的效果。

3. 注重品牌建设，打造"上海湾区"品牌主阵地

2020 年，"上海湾区"由园区品牌上升为金山区城市品牌，上海湾区科创中心作为品牌策源

上海湾区科创中心实景图

上海湾区科创中心规划效果图

地，正全力打造品牌主阵地。以"上海湾区·科创领航"为主题开展各类品牌宣传活动，利用金山区全力打造上海湾区城市品牌的契机，率先打造"上海湾区科创中心"的产业品牌。掌握品牌标识主动权，在成功注册 149 件上海湾区科创中心品牌商标的基础上，进一步抢注以"湾区"为字号的市场主体的"活力湾区""Vitality Bay Area"等英文品牌。坚持 4.18 湾区日、湾贝吉祥物等品牌元素的推广，推进 4.18 系列活动和湾贝延伸产品的开发。

4. 注重营商环境优化，打造"上海湾区"金牌"店小二"

通过几年的努力，上海湾区科创中心在打造营商环境方面形成了一套完整的体系：一是利用区政府职能部门服务前移的契机，打造湾区云窗口服务特别是疫情期间，推行"登记不打烊、保证有人办""服务不断档、实行主动办"的工作

理念，为企业提供云服务。二是利用湾区数字企业优势，打造楼宇可视化管理系统，建立园区信息共享机制，实现园区服务数字化。三是建设湾区"BAY 课堂"系统，集成园区知识库，打造园区企业线上培训平台，开展云上政策解读申报，助企纾困。四是制定有针对性的支持政策，围绕产业招商、成长扶持、人才引育三个方面制定出台政策。

（二）汇龙湖国际社区

汇龙湖国际社区东至亭卫公路，南至龙宇路，西至杭州湾大道，北至龙皓路，总面积约 2.72 平方千米。区域内红星美凯龙商业综合体、工商联大厦、汇龙湖公园、龙泉港公共绿地等已经相继建成，周边地块为滨海地区内稀缺成片新增可开发资源，已具备"十四五"期间整体开发建成高品质社区的基础条件。根据总体规划及开

78

发策划方案，汇龙湖国际社区将联动上海湾区科创中心，打造集工作、学习、生活、休闲于一体的"产城融合的示范地区、水绿融合的生态客厅、滨海地区城市名片、国际品质梦想家园"。

（三）湾区科创产业园（原金山嘴工业区）

湾区科创产业园占地约 1.7 平方千米，正积极推动产业 2 转 2.5，深化生产性服务业和制造业融合发展。与此同时，园区也积极探索与上海湾区科创中心的统筹联动。目前园区正打造线上线下相结合的文创产业集聚平台，与湾区科创中心"牵手"建立上海湾区文创汇，为企业提供更便捷的服务，有效整合各类服务资源，与湾区科创中心相互赋能，让更多优质企业落地生根。

下一步，湾区科创产业园将以土地腾笼换鸟为主方针，以产业升级换代为主旋律，坚定不移立足高质量发展，以高技术含量、高附加值、高产业带动性的战略性新兴产业为目标，加快区域低能效、低用地效率产业的转型升级步伐，实现有限资源的最大化程度转化利用。

五、项目评估

上海湾区科创中心作为崭新的经济体已初具雏形。在"坚持标准、早出形象、守住底线、招商同步、稳步推进"的工作方针的指导下，经过近几年的发展，开园以来，吸引落户企业 3 000 多家，其中科技型企业近百家，园区企业累计创税 6 亿多元。

有效构建了品牌知识产权保护体系。完成上海湾区科创中心 VI 系 s 统设计，形成"世界新湾区·科创新动力"的口号标语，以"上海湾区""湾区（上海）"为字号设立 7 家公司，成功注册 137 件上海湾区科创中心品牌商标，3 件相关商标列入第一批金山区重点商标保护名录。大力推进品牌宣传园区推介。以上海湾区科创中心开园仪式的成功举办为契机，打造"418BAYDAY"湾区品牌日，通过与科技创新项目路演、产业峰会等活动相结合，丰富活动内容，创新展现形式，形成一个集产业招商、科技展示、项目签约、行业论坛等为一体"上海湾区"品牌宣传嘉年华活动，同步推出"相约湾区"系列招商推介活动，全方位营造招商氛围。不断丰富扩大品牌内涵外延。原创上海湾区科创中心吉祥物"湾贝"及其衍生品，将"湾贝"形象元素充分融入各类宣传资料及其周边。完成上海湾区科创中心微信公众号、视频号设立和官网建设并启动运营，形成湾区新媒体宣传推广矩阵。完成上海湾区科创大厦一楼政商大厅建设并不断升级展示内容和展示方式，结合线上展厅，对外展示"上海湾区"风采，成为区域经济对外交流的重要窗口，累计接待政商团体 2 273 批次，33 520 人次。

2020 年，上海市委对上海湾区科创中心的建设给予肯定。同年，在金山区五届区委十二次全会上提出打造"上海湾区"城市品牌，并将"全力打响'上海湾区'城市品牌"同步写入金山区"十四五"规划和 2035 年远景目标纲要。"上海湾区"由此从园区品牌跃升为城市品牌，成为金山的靓丽新名片。

紧扣人才和科技这两个发展必不可少的生产要素，上海湾区科创城整合各方资源，汇聚多方力量，以高端人才、高端科研、先进成果为驱动力，以新兴产业、金融科技、品质生活为发展导向，坚持高点定位、组团发展，形成"众创 + 孵化 + 加速"的全链条孵化载体网络，打造内部功能要素互补互促，对外辐射带动全区的生态智慧科创城。2022 年 2 月至今，与上海湾区科创城相关的新闻被央广网、央视新闻、人民日报、解放日报、经济日报、东方网、上观新闻、澎湃新闻等 20 多家全国知名媒体平台宣传报道 60 余次。

附　上海湾区科创中新媒体报道汇总表

日期	媒体	标题
2022.2.19	东方网	上海湾区加快形成科创人才"蓄水池"首批 43 名哈尔滨大学生获实训机会
2022.2.19	青春上海	大四学生来上海湾区实训，加入科创人才"蓄水池"
2022.2.19	上观新闻	从哈尔滨到上海，这批大四学生踏上全新实训之路，只因这一项计划……
2022.2.19	文汇报	加快形成"湾区"科创人才"蓄水池"，远东理工上海湾区浦昕数字媒体产业学院揭牌
2022.2.19	新民晚报	产教融合赋能"活力湾区"建设，上海湾区加快形成科创人才"蓄水池"
2022.8.31	东方网	上海湾区打造"数字化转型"策源高地 发布 5G+ 工业互联网平台产品
2022.8.31	解放日报	上海湾区打造"数字化转型"策源高地一批工业互联网、核电超算技术等项目进行推广应用签约
2022.8.31	上观新闻	上海湾区打造"数字化转型"策源高地，今天发布 5G+ 工业互联网平台产品
2022.8.31	文汇报	首届"企业智能化改造与数字化转型论坛"举行 上海湾区 5G+ 工业互联网平台产品同时发布
2022.8.31	新华财经	上海湾区 5G+ 工业互联网平台产品发布
2022.8.31	新民晚报	上海湾区 5G+ 工业互联网平台产品发布
2022.8.31	学习强国	上海湾区打造"数字化转型"策源高地
2022.9.9	东方网	可叠加多级奖励 金山区第二届"上海湾区 BAY 客奖"创新创业大赛启动
2022.9.9	上观新闻	参加上海湾区一项创业大赛，有企业获 500 万元开办资助和 2 年房租补贴？
2022.9.9	文汇报	以赛引才，第三届"海聚英才"全球创新创业大赛（江苏分赛区）启动
2022.9.9	新华财经	上海湾区启动创新创业大赛 促进人才引领链、技术创新链、产业发展链、金融支持链"四链"融合
2022.11.11	东方网	承接进博会溢出效应！ 2022 上海湾区创新发展大会暨数智科技成果展举行
2022.11.11	话匣子	促进数字经济和实体经济深度融合，2022 上海湾区创新发展大会暨数智科技成果展举行
2022.11.11	经济日报	2022 上海湾区创新发展大会暨数智科技成果展举行
2022.11.11	澎湃新闻	2022 上海湾区创新发展大会举行，9 个优质产业项目签约
2022.11.11	人民日报	上海湾区举行创新发展大会暨数智科技成果展
2022.11.11	人民网	上海湾区举行创新发展大会，9 个优质产业项目签约
2022.11.11	上观新闻	3 年集聚 3 000 家企业！上海湾区科创中心举行创新成果展
2022.11.11	上海日报	Holographic cabin center is highlight of innovation bay
2022.11.11	上农	智慧工业、智慧城市、元宇宙，多项数智类科技成果集中亮相金山
2022.11.11	文汇报	金山举办上海湾区创新发展大会暨数智科技成果展
2022.11.11	新华财经	上海湾区科创中心初步形成数字经济产业生态
2022.11.11	新民晚报	上海湾区创新发展大会暨数智科技成果展举行 全息舱等 9 个优质产业项目签约
2022.11.11	央广网	上海湾区科创中心已初步形成数字经济产业生态 落户企业近 3 000 家
2022.11.11	央视新闻	2022 上海湾区创新发展大会暨数智科技成果展举行

创新的赢家
2020—2022 上海市优秀公共关系案例集

日期	媒体	标题
2022.11.22	东方网	探索党建引领"楼委会"模式 上海湾区科创中心注入新动能
2022.11.22	新民晚报	上海湾区这个新成立的"楼委会"成为企业温馨的港湾
2022.11.29	东方网	以办赛打造"强磁场"上海湾区吸引长三角创客集聚
2022.11.29	上观新闻	长三角创客汇聚"上海湾区",55个项目掀起一场"头脑风暴"……
2022.11.29	新华财经	长三角数字经济产业发展联盟:吸引区域创客集聚
2022.11.29	新民晚报	以办赛打造"强磁场"上海湾区拥抱长三角创客
2023.4.18	东方网	为高质量发展聚势赋能 上海湾区科创中心开园四年落户企业近3 000家
2023.4.18	第一财经	上海湾区创新发展大会举行,数字经济、生命健康产业项目批量签约
2023.4.18	经济日报	2023上海湾区创新发展大会在沪举办
2023.4.18	劳动报	2023上海湾区创新发展大会举行,一批科技产业项目集中签约
2023.4.18	话匣子	汇聚蓬勃力量,众多优质项目落户上海湾区科创中心
2023.4.18	青春上海	最高可获140万元!上海湾区BAY客奖诚意满满
2023.4.18	人民日报	忙签约、重建设,上海湾区科创中心积蓄新动能
2023.4.18	上观新闻	四年集聚三千家企业……作为"上海湾区"城市品牌策源地,金山这里崛起产业高地
2023.4.18	上海法治报	2023上海湾区创新发展大会举行
2023.4.18	文汇报	"新湾区 新经济 新动力"金山举办上海湾区创新发展大会
2023.4.18	新华财经	"上海湾区"正成为长三角新兴产业研发与推进高地
2023.4.18	新民晚报	罕见病专家咨询委员会今天落户上海湾区科创中心
2023.4.18	央广网	为高质量发展聚势赋能 上海湾区正在成为长三角新兴产业研发中心
2023.4.18	周到上海	为高质量发展聚势赋能!这个创新发展大会影响力不一般!
2023.4.18	新民晚报	30多名清华大学校友齐聚金山 共话企业智能化改造与数字化转型
2023.6.29	东方网	上海湾区中科生态数字港一期揭开面纱 多家优质企业和平台签约落户
2023.6.29	经济日报	上海湾区中科生态数字港启动
2023.6.29	上观新闻	上海湾区中科生态数字港揭开面纱,一批科技项目签约落户
2023.6.29	文汇报	多家优质企业和平台签约落户上海湾区中科生态数字港
2023.6.29	新华财经	多个企业和平台项目落户上海湾区中科生态数字港
2023.6.29	新民晚报	上海湾区中科生态数字港一期园区开放日活动举行
2023.7.28	东方网	打响沪郊金山重点区域转型"第一枪"上海湾区科创城首发项目开工
2023.7.28	阿基米德	打响金山重点区域转型"第一枪","上海湾区科创城"首发项目开工
2023.7.28	上观新闻	金山区"上海湾区科创城"首发项目开工,打响五大重点区域转型"第一枪"
2023.7.28	新华财经	"上海湾区科创城"首发项目开工
2023.7.28	新民晚报	打响金山重点区域转型"第一枪",金山区"上海湾区科创城"首发项目开工

案例点评

这一项目较好实现了金山新名片——"上海湾区"的品牌升级，从园区品牌上升为金山区城市品牌，并与科创中心、科创城建设相关联，较好地完成了区域地理关联新兴产业定位的融合升级，形成金山区城市专属品牌。

上海湾区科创城建设，一方面体现了金山"以产兴城、以城带产、产城共建"的融合发展理念，助力滨海地区转型发展；另一方面又成为上海建设具有全球影响力的科技创新中心的重要承载地，助力上海"五大中心"建设。

城区品牌打造与升级是一个重大工程，一方面需要以实体落地为基础，另一方面则需要品牌形象塑造的策略支持，上海湾区科创城品牌建设将二者融合兼顾，VI系统设计、"世界新湾区·科创新动力"的口号标语、打造"418BAYDAY"湾区品牌日以及原创吉祥物"湾贝"的打造等，系统化地建构了上海湾区科创城品牌，并依靠线上新媒体矩阵的建设，形成立体化的传播渠道，有利于品牌形象的传播。

从案例本身的构成看，上海湾区科创城建设是核心，品牌相关的内容被放在项目评估中，如果能够在方案主体项目设计与实施中置入品牌形象塑造的内容则会更好。

点评人：于 晶

（华东师范大学传播学院副院长、华东师范大学政治传播与公共关系研究中心主任、复旦大学国际公共关系研究中心副研究员）

演艺大世界

选送单位　上海市黄浦区委宣传部

创新的赢家

特别奖

上海市第十一届
优秀公共关系案例评选

一、项目背景

演艺大世界是以上海市黄浦区人民广场为核心区域，辐射整个黄浦区乃至市中心城区，拥有最"高"剧场密度，最"大"集聚效应，最"强"协同合作，最"广"市场空间，最"优"服务环境，最"佳"观剧体验的演艺集聚和产业发展区。

为全力打响"上海文化"品牌，在上海市委宣传部指导下，黄浦区紧紧围绕建设"亚洲演艺之都"核心示范区目标，以塑造和提升演艺大世界品牌为着力点，不断推动演艺内容推陈出新及产业融合创新发展。

2018年11月通过全球征名，"演艺大世界"正式定名。秉持着做强"码头"、激活"源头"、勇立"潮头"这一发展准绳，演艺大世界坚持以高标准持续推进品牌建设，大力集聚名家名团和首演首秀，锻铸了一张亮丽的文化名片。

自2019年起，演艺大世界涌现出越来越多新型的演艺空间和形态，作为专业剧场群的补充，各类"小而灵活"的特色驻场演出蓬勃发展……这也倒逼着演艺产业从内容创作到输出模式等各环节的创新与迭代——有剧团抓紧打磨作品，提高创作质量；有剧场积极转型，研磨年轻受众更喜爱的演出模式；有演艺中心加快拓展，将合作触角延展至长三角区域；针对新业态，相关监管部门也积极跨前一步，推出演出内容"剧本库"审核新模式，助力演艺新业态发展，以更优营商环境锻铸演艺产业的韧劲。

未来，演艺大世界将继续着力提升品牌标识度，围绕打造"亚洲演艺之都"核心示范区，充分发挥全国密度最高剧场群的集群优势，在激励创作、鼓励演出、繁荣市场、做强产业、服务观众上下功夫，实现从"演艺码头"向"演艺源头""演艺潮头"迈进。

二、项目调研

目前，演艺大世界黄浦区域内共有专业剧场26个，市级授牌"演艺新空间"46个，区级备案"演艺新空间"35个，汇聚了戏剧（含歌剧、舞剧）、戏曲、音乐剧、音乐会等各门类的艺术表演形式。其中，人民广场周边1.5平方千米范围内的核心区，是全国规模最大、密度最高的剧场群。

与此同时，演艺大世界正不断突破物理空间的限制，各类展演空间嵌入超大城市街头巷尾，19个演艺大世界服务中心站点也深入景区、商区、社区周边，提供宣传展示、推广发布、互动体验、惠民票务等服务，其中，演艺大世界补贴票凭身份证实名购买，对不熟悉线上抢票的老年人也十分友好。2023年3月，首座演艺大世界尾票亭落地南京东路步行街，面向市民游客提供折扣优惠的尾票销售服务。

演艺资源和要素持续集聚基础上，演艺大世界的品牌标识度和影响力不断提升，文化地标和演艺名片的地位初步显现。从艺术家到普通观众，让每个人都能走上舞台，每个人都与演艺相连，在演艺大世界里，尽享活力艺街区带来的喜悦。

要实现上海市第十二次党代会报告中所提出的：推动海内外优秀文化作品首发、首演、首映、首展，持续打响"演艺大世界"品牌。演艺大世界各方都在思索、探索这样一个问题——如何在巨人的肩膀上跃起一毫米。

——2020—2022 上海市优秀公共关系案例集

创新的赢家

三、项目策划

（一）每个剧场都有"看家好戏"

几乎每个剧场都有驻场演出，几乎每个剧团都有拿得出手的"看家好戏"。通过演艺大世界建设持续推进，持续增强对名家名团、头部机构的吸引力。譬如，邀请了田沁鑫、陈薪伊导演等一批名家入驻；上海音乐剧中心、上海音乐剧文化研究中心、白玉兰剧场舞台艺术排练中心等专业平台、机构落地运行；大世界演艺资源交易平台持续发展，面向整个长三角地区吸引演艺项目和机构资源，实现供需对接。

由此，也推动优质驻场剧目不断涌现。舞剧《永不消逝的电波》与《朱鹮》、国风音乐现场《海上生民乐》、越剧《红楼梦》等经典剧目在上海音乐厅、美琪大戏院、宛平剧院等专业剧场驻演，市场反响热烈。

与此同时，以节展活动为抓手，让丰沛的演艺形式贯穿全年。形成贯穿全年"3+N"的节展模式，其中包括演艺大世界·上海国际音乐剧节、演艺大世界·国际戏剧邀请展、演艺大世界·上海国际喜剧节三大专业性、国际性节展，以及中国小剧场戏曲展演、长三角城市戏剧节、上海城市草坪音乐会、思南赏艺会、艺树计划、昆曲雅音会等一批节展和活动品牌。节展活动持续孵化产出原创、首演优秀剧目，广泛吸引集聚名家、名团优质资源。

（二）让演艺浸润生活，产出强劲影响力

演艺大世界领导小组办公室于"演艺大世界·今朝更好看——2022 新年有戏主题活动"中发布《演艺大世界铭牌使用规范》《演艺大世界品牌名称和标识使用规范》，颁发首批演艺大世界铭牌及证书。截至目前，上海大剧院等 20 家单位完成铭牌张挂；演艺大世界品牌标识已在上海音乐厅、中国大戏院、人民大舞台等的演出票张及演出宣传物料上使用；中国大戏院、黄浦剧场、宛平剧院、思南公馆等演出场所还将演艺大世界标识充分运用于剧场内外环境布置及宣传展示，不断提高品牌显示度。

围绕"全城有戏"等要素的形象表达，制作推出《演艺大世界 活力艺街区》《过一条马路看一场戏》《"演艺大世界"精彩归来！》等主题宣传片。积极开展节展论坛，召开演艺大世界品牌发展专家研讨会，阐发演艺大世界品牌定位和发展愿景，增强品牌社会公众知晓度和美誉度；参与"上海—纽约"双城文化论坛、国际戏剧协会合作组织会议；参与深圳及长三角文博会、第十二届中国艺术节、上海旅游节、上海书展、上海国际艺术节等大型活动。连续三年，每年举办演艺大世界文创品设计大赛、短视频大赛等。积极拓展户外展演空间，开发外滩·中央内庭户外空间，举办演艺大世界广场音乐会，使演艺大世界成为链接优质演艺资源和市民公共文化生活之间的桥梁和纽带，在市中心地标打造具有标识度、参与度的"活力艺街区"。

此外，设立演艺大世界服务中心，建设形成涵盖景区、商区、社区、剧场的演艺大世界三级服务网络，共有服务站点 19 家，提供演艺大世界补贴票、尾票、福袋等特色票务服务；打造"1 公里演艺生活圈"，推出《演艺地图》和中英文双语版《观剧手账》；加强线上平台建设，持续强化线上信息发布、文化展示、票务服务功能，成立演艺大世界联盟、演艺大世界在线演艺联盟，举办演艺大世界在线演艺发展峰会，搭建沟通交流平台，让资源在汇聚基础上实现产出，增强效能，更迸发出源源不断活力。

（三）优化营商环境

创新还体现在制度迭代方面，以此不断优化

营商环境，助力展演机构和市场主体。

一些语言类演出，看着"扎劲"，听着过瘾，唯独审批剧本却"要了命"。不同于话剧、音乐剧，语言类演出每场演出的主题内容及演员阵容不尽相同，脚本更新快，近百页脚本常需要审批人员熬夜审核……针对新业态，2021年，黄浦区文化旅游市场管理所跨前一步，创新监管与政务服务举措，推出审核新模式，实现已审桥段再用免审、增量部分重点审核的方式，助力这一演出新形式。

启用"剧本库"审核新模式后，演员每次演出的段子可从"剧本库"中抽取并任意组合，不必担心临场发挥带来的"超纲"。审批时限缩短，效率高了，市场主体专注于内容持续上新，迈入良性循环。

（四）激活传统产业能级

加快打造"1公里演艺生活圈"，开发演艺消费市场新热点，逐步形成健全的文旅产业体系。特别是结合城市数字化转型，利用好数字技术等积极构造"文旅新基建"，推动优势产业集聚。

近年来，黄浦发布《区文化和旅游产业发展专项资金管理办法》包含支持引进和培育文旅重点企业、产业服务平台和要素市场平台，打造、引进和培育产业领军人才和新锐人才，推动文旅产业与其他产业融合发展、在线文旅产业发展等。由此引导和鼓励社会资源资本向文旅产业集聚，助推黄浦打造"亚洲演艺之都"核心示范区和高品质文旅生活体验区。

四、项目执行

"十四五"期间，黄浦区持续致力于打响区域文化品牌，在上海市委宣传部和黄浦区委的领导下，努力探索演艺大世界深入、持续发展路径，全力推进演艺大世界品牌建设。

一是不断完善工作架构，有效增强品牌发展合力。目前，演艺大世界在黄浦区内形成了由黄浦区委宣传部、区文旅局、区文旅集团协同配合，演艺大世界服务中心共同参与的"3+1"工作架构，形成全方位、立体化、多渠道、广覆盖的工作合力，积极带动演艺大世界内各市场主体有效参与演艺大世界品牌建设。成立演艺大世界艺术指导委员会，聚老中青三代艺术家、文艺工作者于一堂，致力为演艺大世界提供创作以及行业影响力上更专业化的帮助和支持。以演艺大世界区域平台为抓手，发起成立"艺江风华"演艺大世界党建联盟，推进党建引领行业发展，加强行业党建互联，促进行业党群融合。

二是持续开展品牌宣发，深入挖掘品牌内涵承载。举办演艺大世界品牌塑造专家研讨会，汇聚各方智慧共同提升品牌影响力、可见度和美誉度。举办"演艺大世界·今朝更好看——2022新年有戏"主题活动、"四时如歌 我们有戏"演艺大世界焕新再出发新年主题活动，体现演艺大世界品牌对区域内演艺市场引领。围绕"演艺大世界 活力艺街区""有戏可看、有景可赏、有物可购、有友可聚"等要素的形象表达，持续开展演艺大世界品牌综合宣发，制作系列公益宣传片和主题宣传品，通过电视综艺节目、专题广播栏目、移动电视、出租车后屏、地铁宣传长廊等媒介持续进行品牌推送；打造演艺大世界黄金十字路口（南京东路—西藏中路）户外宣传阵地，滚动播出演艺大世界各类演出、节展、活动的宣传海报、视频；在全市重要剧场空间、交通枢纽、大型商场及高星级饭店等场所形成多平台、多渠道、多终端的宣传推广格局，设立200余处取阅点发放演艺大世界地图及手账等宣传资料；通过演艺大世界微信公众号持续发布演艺大世界活动信息及演出市场动态。演艺大世界获评2022年度"上海十大文化品牌"。

三是汇聚优质演艺资源，致力建设演艺源头码头。演艺大世界范围内演艺资源集聚度持续提升。近年来，上海音乐厅、上海天蟾逸夫舞台、仙乐斯木偶展演中心、宛平剧场、兰心大戏院、茉莉花剧场等专业剧场先后完成修缮，重新开放，区域内现有剧场 26 个、市级授牌"演艺新空间" 46 个、区级备案"演艺新空间" 35 个，汇聚了戏剧（含歌剧、舞剧）、戏曲、音乐剧、音乐会等各个门类的艺术表演形式。全国和本市重点舞台剧齐集演艺大世界，优秀原创作品和优质驻场剧目不断涌现，演艺大世界内好戏连台，精彩纷呈。舞剧《永不消逝的电波》与《朱鹮》《只此青绿》、话剧《德龄与慈禧》与《断金》、国风音乐现场《海上生民乐》、越剧《红楼梦》等经典剧目在上海大剧院、上海音乐厅、上海文化广场、美琪大戏院、宛平剧场等专业剧场上演，市场反响热烈。演艺大世界首部庆祝中国共产党成立 100 周年话剧《红色的起点》，在北京和全国各地巡演 41 场；上海文化广场在上演《罗密欧与朱丽叶》《基督山伯爵》等音乐剧大戏的同时，成立实体化音乐剧研究中心，创作孵化《南唐后主》《生死签》等一批音乐剧作品走上大舞台；亚洲大厦"星空间"内推出一批环境式音乐剧，受到市场热捧，成为一批年轻观众的打卡地；黄浦文旅集团先后推出原创音乐剧《夜半歌声》及演艺大世界首个文旅融合重大项目"公园里的莎士比亚"，努力打造演艺表达新场景和演艺消费新亮点。

四是节展活动贯穿全年，有效带动商旅文联动消费。 目前，演艺大世界内已形成贯穿全年"3+N"的节展模式，其中包括演艺大世界·上海国际音乐剧节、演艺大世界·中国大戏院国际戏剧邀请展、演艺大世界·上海国际喜剧节三大专业性、国际性节展，以及中国（上海）小剧场戏曲展演、长三角城市戏剧节、上海城市草坪音乐会、思南赏艺会、昆曲雅音会等一批节展和活动品牌，演艺大世界成为经典音乐剧、最潮喜剧的集聚地，成为国际性戏剧、传统戏曲和红色剧目的展示地。拓展户外公共演出活动，在外滩·中央广场成功举办两场内容分别为爵士乐和流行金曲的演艺大世界广场音乐会，让市民游客在南京路步行街著名商圈中转角遇到音乐，进一步发挥文化活动引流作用，积聚人气、拉动消费，促进文商旅联动发展。通过强化演艺与消费的深度融合，为年轻人喜爱的演出提供了呈现精品原创剧目的最佳实践区域和推广平台。

五是不断拓展票务惠民，吸引更多观众共享演艺生活。 持续完善演艺大世界服务中心三级建设，服务点位拓展至 19 个。进一步丰富演艺大世界惠民票务服务功能，在观众群体中形成一定的知晓度，去售票亭看看成为部分观众的购票习惯。2021 至今，演艺大世界补贴票实际累计开票 772 个项目，惠及观众 3.2 万余人次；2022 年 3 月 1 日，于中华第一街——南京路步行街的龙头位置推出演艺大世界尾票亭，实现演艺大世界优惠票务服务与文旅公共服务的融合。2022 年以来，拖着行李箱的观众回到了演艺大世界，越来越多的外地观众早早预订好演出票和附近的酒店，看戏、逛街、享受活力艺街区带来的乐趣。

五、项目评估

（一）影响和带动了周边及区域经济的整体

演艺大世界内演艺场所、产业链要素集聚，核心区域人民广场周边区域得天独厚的地理位置和便利的交通，既为剧场、空间带来可观的观众人流，集群化的演艺场所对周边商业的带动引流作用也较为明显。例如，中国大戏院改建重新开业后，周边餐饮日益提质升级；人气爆棚的亚洲大厦"星空间"作为一个新兴的产业地标，吸引观众坐着火车、打着"飞的"、拖着行李箱来看戏，带动周边餐饮、酒店的蓬勃发展。

演艺大世界不仅吸引着观众游客流，同时也

是专业院团、制作人、产业链上下游企业专业人士集聚的场域，产业的集聚效应日益体现。

同时，演艺大世界也积极参与五五购物节、六六夜生活节、上海国际旅游节等活动及黄浦区"国家全域旅游示范区"建设，通过演艺带动周边交通、餐饮、购物、住宿等旅游消费，打造"有戏可看、有物可购、有景可赏、有友可聚"的生活方式。

（二）传播声量巨大，市场影响显著

1. 媒体传播声量（次）

演艺大世界的发展情况长期受到主流媒体高度关注。不定期召开新闻通气会和记者会，邀请央媒开展集中报道，在解放日报、文汇报等主流媒体制作专版宣传；2019—2021 年，人民日报、新华社、解放日报等中央和地方主流媒体对演艺大世界报道总量达 500 余篇；制作"演艺大世界 活力艺街区"精品短音频广播节目，贯穿全年在上海广播电台、上海新闻广播 AM990、FM93.4 每天 4 个时段滚动播出；与东方电视台"爱乐之都"音乐剧综艺节目合作，深度参与节目制作和宣传；"上海黄浦"融媒体平台推出"艺见黄浦"专栏，常态化推介演艺大世界咨询信息。

2. 海外传播及影响力

曾参与"上海—纽约"双城文化论坛、国际戏剧协会合作组织会议，发表主题演讲；在深圳及长三角文博会、第十二届中国艺术节、上海旅游节、上海书展、上海国际艺术节等大型活动平台开展宣传。演艺大世界宣传画面曾登上纽约时代广场、进博会期间上海空港大屏。

3. 社交媒体发布、关注度或热度等

平台名称	关注度或播放量
新浪微博	#演艺大世界#话题阅读量 1 207 万人次
抖音	#演艺大世界、#演艺大世界云剧场、#演艺大世界海报展等话题播放量 284.8 万次

4. 社会效益巨大、社会反响强烈

演艺大世界因要素集聚形成了品牌概念，由品牌打造促进着产业发展，再依托文化演艺产业的蓬勃发展，体现出上海作为亚洲演艺之都的魅力，塑造城市名片，切实提升城市软实力。

（三）行业引领力突出

上海市第十二次党代会报告中两次提到"演艺大世界"，特别是在"国际文化大都市建设彰显新成效"章节中肯定了"'演艺大世界'成为国内密度最大、集聚效应最强的剧场群"的建设成效。

经过近五年的不懈努力，区域内已拥有 26 个专业剧场，46 个市级授牌"演艺新空间"及 35 个区级备案"演艺新空间"，汇聚了戏剧（含歌剧、舞剧）、戏曲、音乐剧、音乐会等各个门类的艺术表演形式。其中，人民广场周边 1.5 平方千米范围内的核心区，是全国规模最大、密度最高的剧场群之一。演艺大世界在业内人士及社会面的品牌知晓度、可见度、认可度均不断提升。上海大剧院、上海文化广场等 20 家剧场、"演艺新空间"在入口显眼处悬挂演艺大世界铭牌；上海音乐厅、中国大戏院等演出单位在票张上印有演艺大世界 LOGO；演艺大世界国际音乐剧节、国际戏剧邀请展、国际戏剧节等专业节展吸引名家、名团、名作来此演出交流；演艺大世界短视频大赛、文创品设计大赛吸引着越来越多的年轻人参赛；演艺大世界海报及宣传片在街头巷尾、地铁户外高频露出，文化名片影响力持续扩大，行业引领力日益显现。

作为"上海十大文化品牌",黄浦区"演艺大世界"深入贯彻习近平总书记关于文艺工作的重要论述,积极落实"加快推进环人民广场演艺集聚区建设"的规划部署,持续增强与名家名团、头部机构优质内容生产,推动优质驻场剧目不断涌现,以节展活动为抓手,搭载综艺节目、文化论坛、文博会、戏剧节、艺术节、旅游节等文化艺术平台,创新多元跨界演艺活动,让丰沛的演艺形式贯穿全年,推动演艺规模、密度和质量不断提升,构筑演艺大世界新生态。在活动的传播效果上,实现了传统媒体与社交平台融合、国内媒体与国际传播并举,持续打响"演艺大世界"品牌,受到政府的认可和海内外人士的认同。"演艺大世界"系列公共关系活动的有效策划实施对于建设"可沟通城市"和建构上海市国际文化大都市形象皆具有重要的推进意义。

点评人:苏　状
(东华大学传播系教授、系副主任)

东方美谷品牌建设

选送单位

东方美谷企业集团股份有限公司

创新的赢家

特别奖

上海市第十一届
优秀公共关系案例评选

一、项目背景

早在20世纪90年代，诞生在奉贤区的化妆品品牌"东方美"就与"霞飞"齐名，广告词"上下五千年，唯有东方美"是一代人的集体记忆，之后随着上美、百雀羚、药明生物、上海莱士、和黄药业、自然堂等众多美丽健康品牌陆续从东方美谷走出，"美丽""健康"的基因已经印在奉贤的骨子里。基于此，奉贤区委区政府于2015年正式提出"东方美谷"概念。

2017年，奉贤区成为上海市政府明确的上海美丽大健康产业的重要承载区。同年，中国轻工业联合会、中国香化协会经全国筛选、认定"东方美谷"为全国唯一命名的"中国化妆品产业之都"。

东方美谷企业集团股份有限公司作为区属国有企业，长期以来，不仅是奉贤区招商引资、产业发展的生力军，更是东方美谷美丽健康产业核心承载区的开发主体，负责"东方美谷"商标品牌的管理。

经过多年的品牌建设与品牌运营，东方美谷形成了"以品牌为核心"的战略目标，通过"跨界以至无界"的理念和方式，把总部经济、文化创意、旅游休闲、电子商务、体育运动、金融服务、时尚产业、奢侈品等跨界产业整合形成一个以美丽健康产业为核心，多种产业共生共赢的"美丽健康产业联盟"，这是通过全区域覆盖、全功能整合、全产业配套、全要素服务来实现的都市产业生态圈。

同时，东方美谷是长三角地区规模最大的美丽健康产业集群，这里集聚了包括药明生物、上海生物制品研究所等龙头企业在内的200多家生物医药企业，3 000多个的化妆品品牌，重点布局发力化妆品、生物医药、医疗健康、免疫与疫苗、细胞再生与生物医疗产业细分赛道。

二、项目调研

（一）品牌认知上，东方美谷品牌认知度强

经过几年的品牌建设与发展，东方美谷的品牌认知度高于上海奉贤，东方美谷作为"中国化妆品产业之都"的认知度不断提高，其在客户认知中，东方美谷与中国、产业、美丽健康的标签的绑定越来越紧密，这对于东方美谷品牌打造"国内一流、国际知名"具有行业先行者的认知优势。

（二）品牌资源上，东方美谷品牌已积累一定优质资源

东方美谷品牌发展至今，已经精准举办、参与各类国际、国内行业影响力大、专业度强的主题展会、论坛等活动，与企业洽谈商业化合作模式，以产业链参展为主题，充分展现区域产业资源优势。搭建整合了品牌服务资源库，从品牌授权、重大活动、专家团队、媒体资源、销售平台、直播基地、金融资源等方面，积极打造品牌服务资源体系，通过整合多渠道资源，提供菜单式服务，充分利用企业互补资源，进行 1+1 > 2 的优势叠加。

（三）空间规划上，东方美谷区域品牌产业布局明确

东方美谷产业布局明确，产业协同效果较好。东方美谷产业集聚及溢出效应显著，被列入奉贤新城"十四五"规划，走产城融合发展道路，将东方美谷大道作为产城融合发展轴，加快打造东方美谷科技创新核心功能区，优化科技创新功能布局，建设创新资源融合高地。

三、项目策划

（一）项目目标

聚焦"美丽"和"健康"蓄能发展新动力，不断加强东方美谷品牌建设，通过夯实品牌基础、挖掘和创新品牌价值、打造品牌服务资源"三驾马车"，提升东方美谷品牌能级，以品牌的力量激发品牌增长新动力，以全新的品牌输出模式打通品牌宣推新渠道，以丰富的品牌资源服务供给创造更多的品牌价值，不断升级品牌管理，促进东方美谷品牌可持续高质量发展。

（二）方案要点

1. 不断夯实品牌基础

围绕美丽健康产业发展现状，及时布局"东方美谷"系列商标注册，不断充实"东方美谷"核心商标为支撑的完整美丽健康产业商标体系，为东方美谷品牌发展运用保驾护航。优化完善《"东方美谷"系列商标管理使用办法》，进一步规范化管理东方美谷品牌。持续推进"东方美谷"好商标好品牌评选活动，努力培育一批具有产业特色、市场竞争力强、附加值高的"东方美谷"好商标好品牌。制定符合东方美谷品牌特性的长期发展战略规划，保障东方美谷品牌可持续性高质量发展。

2. 挖掘和创新品牌价值

加大线上线下品牌推广力度，创新品牌宣传模式，精准举办、参与各类国际、国内行业影响力大、专业度强的主题展会、论坛等活动，与芒果合作打造东方美谷美丽健康产业展示、宣发和招商的阵地。

3. 打造品牌服务资源体系

搭建整合品牌服务资源库，从品牌授权、重大活动、媒体资源、专家团队等方面，积极打造品牌服务资源体系，通过整合多渠道资源，提供菜单式服务，充分利用企业互补资源，进行 1+1 > 2 的优势叠加，提升东方美谷品牌势能，打造完整品牌服务资源体系。

四、项目执行

（一）注册品牌商标，优化品牌管理制度

1. 抓培育，布局东方美谷系列商标注册

围绕美丽健康产业，不断布局"东方美谷"系列商标注册，构建以"东方美谷"核心商标为支撑的完整美丽健康产业商标体系。截至目前，拥有商标 557 件，其中马德里商标申请注册涵盖美国、欧盟、日本等 32 个国家和地区，为东方美谷品牌发展运用保驾护航。

2. 强管理，打造运用好东方美谷品牌

建立和优化东方美谷品牌授权对象的遴选标准，健全东方美谷品牌授权内容，改进评分机制，制定《"东方美谷"品牌授权管理标准》，形成《"东方美谷"系列商标管理使用办法》，进一步规范化管理东方美谷品牌。

遴选品牌企业，联合打造联名款产品，推动东方美谷品牌与企业自主品牌共生融合，力求市场化诠释和体现"东方美谷"品牌价值，打造更有影响力、有竞争力、有示范引领性的"东方美谷"区域品牌。

2020 年起，制定《"东方美谷"好商标好品牌评定办法》，携手上海市商标品牌协会和上海日用化学品行业协会，每年组织"东方美谷"好商标好品牌评选，累计评出具有产业特色、市场竞争力强、附加值高的 25 件"东方美谷"好商标，评选活动影响力不断扩大，解放日报、新华社、上观新闻等多家媒体进行报道。

第一届东方美谷好商标颁奖

3. 重发展，科学谋划品牌发展战略规划

全面诊断东方美谷品牌建设现状，梳理、提炼东方美谷品牌核心和精髓，制定符合东方美谷品牌特性的长期发展战略规划。明确东方美谷品牌战略目标、品牌文化打造方向，制定详细实施路径，逐步推动品牌战略实施落地，打破东方美谷品牌发展瓶颈，实现品牌资产提升。

（二）创新品宣模式，通过线上线下等方式，面向公众、市场、政府等群体进行品牌传播

1. 线上推广

通过集团官网、广播电台、报纸、互联网社交媒体平台官方账号等渠道及时对外传播东方美谷最新品牌动态。在微信、微博、小红书、抖音、快手、B站等平台创建了品牌官方账号，面向社会和公众传达东方美谷的品牌信息和最新动态。同时，通过召开媒体见面会借助媒体的力量向社会公众传播品牌理念。部分报道详见下表。

部分媒体报道信息统计表

媒体	新闻标题
上观新闻	【优秀案例】奉贤区积极践行商标品牌发展战略，东方美谷花开南上海
文汇报	东方美谷产业规模接近 700 亿元
中国发展网	上海"东方美谷"成为化妆品产业核心承载区
新民晚报	东方美谷摇篮里茁壮成长 3 000 多个美丽健康品牌塑造千亿级的蓝海市场

续表

媒体	新闻标题
新华社	中医药"邂逅"东方美谷 "美丽经济"再扩容
央视新闻	云上展厅"东方美谷"：汇聚全球化妆品 放大进博会溢出带动效应
中国网	有凤来仪 上海东方美谷成为美丽健康产业聚集地
澎湃新闻	好去处 东方美谷，大美奉贤

2. 线下部分

（1）与芒果智娱合作打造"美谷·芒境"主题快闪空间，作为东方美谷美丽健康产业品牌展示、宣发和招商新阵地，并紧密结合节日节点，高质量开展六期主题快闪店活动，不断向大众传递东方美谷品牌调性与灵魂，加强社会各界对东方美谷品牌的认知度。

（2）开展央视东方美谷直播探厂系列活动，有效推动传统技艺、老字号品牌及国潮美妆的持续破圈，提升东方美谷品牌形象。

（3）携众多优质企业品牌深度参与中国品牌日、海南消博会、重庆"三品"峰会、中华品牌商标博览会、美尚博览会等行业内重要活动，借助专业展会平台高权威、高传播的特性，加强品牌对外交流，持续宣传推广东方美谷品牌。

加强国际合作，不断扩大国际声量。2023年4月初法国商务团队来华期间，在中法两国领导人见证下，与欧莱雅和法国商务投资署在人民大会堂签订共建"法国初创企业和中小企业孵化平台"战略合作协议，共同打造中法创新生态圈，不断扩大品牌国际声量。

（5）2020—2023 年连续四年，与欧莱雅合作，启动 BIG BANG 科技美妆训练营项目，有序开展招募工作，深度激发参赛企业创新潜力，推动开放创新生态圈，为东方美谷及全球美妆产业高质量发展注入创新动能，对于东方美谷品牌国际化、深化中法两国关系，促进两国产业发展繁荣具有重大意义。

（6）常态化与WWD合作，深度参与WWD全年活动，彰显东方美谷品牌在国际美妆行业内的高认可度，树立良好对外品牌形象。

（7）通过"一节"（东方美谷购物节）、"一展"（东方美谷品牌展）和"一会"（东方美谷国际化妆品大会），打造东方美谷时尚中心。东方美谷国际化妆品大会自2018年至今已成功举办五届，品牌宣传推广视角逐渐转移到国际视野，不断彰显"东方美""无界美"的品牌内涵，弘扬东方美谷的品牌理念。

（8）积极组织"东方美谷"化妆品产业链企业先后参加意大利博洛尼亚美容展、香港亚太区美容展、法国360美容展、韩国美容展、中国国际美容博览会、上海大虹桥美博会等具有国际影响力的商业展会，并通过推介会、研讨会、国际论坛、化妆品大会等形式，将品牌的触角延伸至法国、意大利、德国、日本、匈牙利等20余个国家和地区，"东方美谷"的品牌形象得以向全球迅速传播，用国际视野讲述奉贤品牌故事。

（9）与奥运冠军姜冉馨合作，打造东方美谷公益形象大使，树立社会认同的品牌形象，以冠军风采赋值美丽健康产业，进一步提升东方美谷形象。

（三）与专业平台合作搭建品牌服务平台，整合品牌服务资源，提升东方美谷品牌势能，打造完整品牌服务资源体系。

1. 联合成立化妆品产业专业委员会。 联合中华商标协会和上海市商标品牌协会，共同组建成立"中华商标协会化妆品产业专业委员会"并正式揭牌，通过前期的宣传招募，专委会已吸纳宝洁、麦吉丽、伽蓝等优质品牌企业成为会员单位，特聘中国抗衰老促进会、中国香精香料化妆品工业协会、北京上海日化协会等专家为专业指导。将以专委会权威性化妆品产业平台为桥梁，依托双方资源优质，持续凝聚更多优质化妆品类企业在东方美谷集聚，不断增加东方美谷与化妆品类企业间的黏性，推动东方美谷商标品牌高质量发展。

2. 强强合作合资源。 推进与国企邮政集团建立战略合作，深入整合双方资源，在邮政、金融、物流、渠道等领域建立常态化合作。与新一代潮流网购社区得物平台合作建立"数实融合"化妆美品创新平台，共同培育中国新一代消费群体美妆品牌。通过整合流量资源平台，为企业搭建展示销售渠道，服务企业创新发展。

3. 汇聚合力聚平台。 2020年8月，成立上海商标品牌协会东方美谷（美丽健康产业）工作委员、上海商标海外维权保护办公室东方美谷工作站。2021年9月，国家知识产权局专家团队"商标注册便利化改革集中宣讲"走进东方美谷，提升东方美谷美誉度。2021年10月，东方美谷与中华商标协会的合作框架初步形成。2021年12月，"上海市知识产权运营服务集聚区奉贤功能园"在东方美谷启动。2022年7月，中国奉贤（化妆品）知识产权快速维权中心获批建设，落地东方美谷核心区，成为全国唯一一家面向化妆品领域的国家级知识产权快速维权中心。

五、项目评估

（一）产业集聚效应日益凸显

截至目前，东方美谷集聚了全市1/3以上的化妆品生产企业，全国每3片面膜中就有1片产自东方美谷，总产值过百亿元的美丽健康产品从这里打包分装、远销海内外，"东方美谷"如今已成为长三角最大的化妆品产业集聚区。资生堂中国东方美谷研发中心在东方美谷正式揭牌启用，东方美谷与欧莱雅"BIG BANG美妆科技创造营"实现战略合作，优质企业美乐家、如新、伽蓝、百雀羚等在东方美谷聚集，已吸引800

多家实体型企业、3 000 多个美丽健康品牌扎根东方美谷。

（二）品牌价值不断提升

2021 年 11 月，委托中国人民大学中国商标品牌研究院对东方美谷品牌价值进行评估，短短两年时间，东方美谷品牌价值从 2019 年的 108.42 亿元，一下子跃升至 287.31 亿元！

（三）品牌影响力不断扩大

2021 年 5 月 26 日，央视财经《经济半小时》栏目将镜头对准东方美谷，长达半小时的《"国潮美妆"奉贤造》，讲述国货美妆品牌在东方美谷的成长故事。2021 年 6 月，"东方美谷"组合商标被纳入"上海重点商标保护名录"。2021 年 11 月，《深耕"东方美谷"商标品牌一方田》的品牌案例，登上《中国知识产权报》。2021 年 11 月，东方美谷品牌发展故事先后登上美国《华尔街日报》、法国《费加罗报》，引发国际社会的广泛关注和赞誉。2022 年，获评"国际美妆产业促进奖"。2023 年 6 月，"东方美谷"商标连续第三次荣获"中华商标品牌博览会金奖"。2023 年 7 月，荣获"上海市品牌引领示范企业"称号。

案例点评

扎根产业，向上生长，打造美丽健康新高地。

第一，精准的品牌战略定位以营造差异化竞争优势。奉贤区的东方美谷战略定位准确，口号响亮而独特；另外，充分调研基础上构建以美丽健康为特色的差异化显著的产业特征，与全国其他相关产业园区形成明显区隔，并且完全契合当今时代人类共同的追求。

第二，利益相关者协同构建东方美谷的产业生态竞争优势。东方美谷提出的"跨界以至无界"理念实质是一种蓝海战略思维，以美丽健康产业为核心集多种产业于一身的东方美谷构建一个产业融合的产业价值网，地方品牌、产业集群品牌、企业品牌相互加持，背后的利益相关者相互合作，建构了奉贤区独特的超越传统竞争模式的产业生态竞争优势。

第三，价值共创的多层次 360 度品牌塑造与传播，一方面是地方政府、园区、企业等利益相关者共同塑造东方美谷品牌，相互成就，打造更具品牌影响力、竞争力的东方美谷品牌。另一方面是多层次的全方位品牌传播活动。

第四，专业化品牌活动打造品牌影响力。除了通用的传播策略外，东方美谷参与各类高层次的专业活动以扩大业内影响力，尤其是与法国商务署、欧莱雅、WWD 的合作，以及参加意大利博洛尼亚美容展、法国 360 美容展，积极扩大业内品牌影响力。

点评人：来　丰
（上海师范大学影视传媒学院副教授）

率先构建数字体征系统，
维护城市运行安全有序

选送单位

上海市城市运行管理中心

创新的赢家

特别奖

上海市第十一届
优秀公共关系案例评选

项目摘要

基于超大城市的显著特征，上海城市运行"一网统管"推出国内首个"城市运行数字体征系统"，构建实时、鲜活、多维、精准的问题发现机制和城市运行风险防范机制，形成集泛在接入、数据汇聚、预警预报、智能派单、依责处置、评估评价及应用示范为一体的超大城市治理新路子。

上海自2017年开始尝试构建超大城市运行体征体系，如今经过三年多探索，上海已初步形成了"物联成网""数联共享""智联融通"的城市神经元感知体系，从宏观、中观和微观三个层面打通了全域数据。

宏观层面，聚焦城市整体态势和趋势，将各项城市运行体征细分为55类、共计1 000多项指标，形成全域覆盖的城市运行泛感知神经元体系。例如依托"城市之感"，每日采集包括水质、小区出入口安全、养老服务等在内的3 400多条动态数据；依托"城市之眼"，综合研判31万路高清公共视频采集的信息，实时发现消防通道车辆违停、下立交积水、严重交通拥堵等城市"堵点"。

中观层面，聚焦上海各区和部门，助力城市运行数字体征系统多维度、全覆盖管理。以上海各区和各部门管理需求为导向，将55个管理主体的198个系统以及相关数据资源汇聚到一起。这些数据在各级城运平台全面共享、流通，助力各层级、各部门"高效处置一件事"。

微观层面，聚焦不同管理单元，着力打通城市治理的"最后一公里"。有机融通数字新城、数字园区、数字楼宇等不同管理单元，如临港新城的临港之眼系统、上海化工区的数字决策系统、南京大楼城市最小管理单元数字治理系统等多个创新应用场景，驱动共建共治。

案例点评

特大型城市管理，是一个难题，也是一大挑战。作为近2 500万常住人口、1 000万左右暂住与流动人口的上海，如何通过数字科技来赋能城市管理，既是公共管理与社会治理问题，也是公共关系与社会形象问题。因为一旦管理运营失当，必定导致公众满意度下降和社会舆情问题，进而影响民众与政府的关系，影响城市的品牌形象，而这些都是公共关系的核心内容。案例系统阐述了城市管理中的数字技术赋能，实现了让城市更聪明、让数据更精准、让管理更有温度的公共管理目标，也实现了让公众更满意，让政民关系更和谐，让上海卓越的全球城市品牌更闪亮的公共关系目标。

点评人：丁丽君
（上海交通大学中国企业发展研究院
文化与金融发展研究所所长）

沪滇协作助力云南楚雄培育壮大彝绣产业

选送单位　上海市援滇干部联络组楚雄州小组

一、项目背景

云南省楚雄彝族自治州地处乌蒙山片区和滇西边境片区，是全国两个凉山彝族自治州之一，自然风光优美奇绝，历史文化底蕴深厚，拥有"世界恐龙之乡""东方人类故乡""世界野生菌王国""中国绿孔雀之乡"4张世界级名片，素有"中国彝乡·滇中翡翠"美誉。其中，楚雄彝族服饰被列为国家级非物质文化遗产，彝族刺绣被列为省级非物质文化遗产，直苴彝族女式服装获得国家专利，但长期以来由于种种因素，群众"守着金饭碗、却无致富经"，彝绣产业始终在个体式、作坊式的基础循环中徘徊。

按照国家东西部扶贫协作战略部署和上海市、云南省的工作安排，自2017年9月起，楚雄州7个贫困县全部由上海市嘉定区结对帮扶。2018年4月，上海市委领导专门就支持楚雄发展壮大彝绣产业作强调："要深刻领会贯彻好习近平总书记关于民族文化保护和传承的重要指示要求，加强对中华优秀传统文化的挖掘和阐发，深化文化帮扶，帮助云南民族地区讲好民族故事，增强吸引力影响力。"

上海市援滇干部联络组楚雄州小组（以下简称"小组"）认真贯彻上海市委、市政府的部署要求，全面落实嘉定区委、区政府的工作安排，坚决助力楚雄州打赢脱贫攻坚战，持续推动楚雄州巩固拓展脱贫攻坚成果同乡村振兴有效衔接，过程中始终注重整合各方资源、协调多方力量，积极助推楚雄州彝绣产业发展。通过近年来的持续努力，着力解决彝绣产业行业标准、工坊建设、技能培训、销售市场等问题，有力助推了楚雄州彝绣从"指尖技艺"切实转化为"指尖经济"，帮助当地群众打造起"家门口的幸福产业"，在巩固拓展脱贫攻坚成果、帮助脱贫群众实现稳定增收上发挥了积极作用。

二、项目调研

上海市委主要领导作出指示要求后，上海市先后组建了由市委宣传部、市政府合作交流办、嘉定区、复旦发展研究院、上海社科院以及东方国际（集团）组成的一批调研团队，深入楚雄州各县市开展调研，小组积极协调配合，通过拜访彝绣传承人，走访彝绣小作坊、骨干企业，与行业主管部门座谈交流等方式，对全州彝绣产业基本情况和产业发展中存在的堵点难点问题进行排摸调查。

通过调研，发现彝族刺绣已逐步从自绣自用、自制自穿、自产自足的家庭式发展走上商品化、产业化之路，彝族妇女开始从背着娃、绣着花、养好家的"绣娘"，开启居家就业、坐地创收的创业致富之路。但这个过程中，也面临着一些亟需解决的瓶颈问题，主要有：一是彝绣产业发展中存在规模小、市场窄、品牌弱等问题。二是彝绣行业指导单位人员少、无资金、无固定办公场所、投资融资能力弱等问题。三是彝绣产品在创新能力、时尚设计、市场营销等方面有待提升。助力彝绣产业实现健康持续发展，必须帮助楚雄解决好这些堵点痛点难点。

三、项目策划

小组围绕调研中发现的问题和短板，充分发

挥沪滇协作的桥梁纽带作用，对接好专业企业、搭建好帮扶平台，全力推动彝绣这一非遗文化产品成为楚雄州文化产业的重要组成部分和新的增长点，协助楚雄将彝绣产业打造成家门口的"幸福产业""温暖产业"，助力楚雄打造成为全国民族刺绣非遗文化的示范地和彝绣产业聚集发展的新高地。主要从四个方面着手，策划实施多个沪滇协作项目，开展各项帮扶协作工作。

一是着力把绣品转变为产品。邀请服装设计专家到楚雄，帮助当地绣娘在服装裁剪、丝线色彩搭配、图案整体布局设计、刺绣手法等方面开展培训和对接，指导当地绣娘从执着于花、鸟等具体意象的惯性思维转换为既保留彝族文化内涵，又具有时尚表达的彝绣提升路径。通过巧用染色、渐变、拼布等设计手法，把火把、羊角、虎头等典型图腾和纹样进行时尚诠释和表达，给传统彝绣技艺注入新兴时尚力量，粗放和精致、传统和时尚、原生态和国际化的碰撞，具化为一件件极具特色、时尚又实穿的流行商品。

二是着力把标识打造为品牌。借助上海国际文化大都市吸纳集聚和辐射扩散文化资源、文化资本的优势，建立上海市对楚雄州传承弘扬民族文化、打造"中国彝乡"文化品牌帮扶机制，帮助实施打造中国彝乡品牌，实现上海文化改革发展、文化资本、文化人才与楚雄州弘扬民族文化的共振共鸣。依托东方国际（集团）在纺织行业的龙头地位，以及时尚产品打造、品牌推广等领域积累的专业优势，让市场主体进一步提升手工彝绣的品牌价值和收益。

三是着力把绣娘塑造为创客。通过沪滇帮扶项目加力助推彝绣产业化发展，让单打独斗变规模化生产、产业链打造。积极发挥彝绣非遗传承人的作用，持续助力当地实施绣娘技艺提升工程，协助建立彝绣人才资源库。开展培训交流，让更多的绣娘"带头人"走出大山、走进上海，了解最新纺织技术、设计理念和市场导向。

四是着力把资源变现为收益。为彝绣产品建立产供销有效链接，畅通进入上海、长三角乃至全国的销售市场。将非遗文创产品作为上海市消费帮扶重要的品类进行推介销售，帮助产品找市场，上海龙头企业、非遗传承人、致富带头人积极推介宣传，围绕各级市场有效供给，协助建立"公司＋合作社＋绣娘＋订单"模式，让订单推动彝绣生产，实现彝绣销售、流通和市场的有效联动。

四、项目执行

一是楚雄民族服装服饰产业化国际化项目。与全国服装行业的龙头企业——东方国际（集团）公司形成深度务实合作，利用东方国际（集团）公司拥有的服装研发与制造、时尚产业、国际贸易优势平台和营销渠道，帮助彝绣走进上海国际时装周、纽约国际时装周，将楚雄民族服装服饰真正推向全国、全世界服装市场。

2019年9月，楚雄彝绣走出国门，成功亮相纽约时装周

二是制播《彝乡之恋》形象片项目。上海广播电视台从创意、资金、摄制、宣传推介等方面给予楚雄州帮扶，派出专业摄制团队到楚雄，创作摄制一部具有国际视野、国内一流水平的楚雄州形象片，并安排该片在上海广播电视台及上海主流网络媒体免费宣传、播出和推介。同时，尽可能协助在中央电视台以及主流网络媒体播出。通过形象片精美的视觉化呈现，展示彝楚风韵，

强化中国彝乡标识，打造"中国彝乡"品牌。

三是打造《云绣彝裳》民族文化演艺精品项目。立足云南省丰富的民族服饰文化、楚雄州传承千年的彝族赛装文化，在楚雄州民族艺术剧院创作编排的基础上，邀请上海一流的艺术专家，从创意、编导、舞美、资金、市场等方面帮助楚雄州进行提升完善，打造一台融彝族历史、服饰、舞蹈、音乐、民歌为一体，代表云南省面向国内外文化旅游市场的民族文化演艺精品剧目《云绣彝裳》，全力打造云南民族文化新名片。

四是"中国彝乡"建设总体规划系统策划项目。楚雄彝族文化研究院与上海社科院形成深度务实合作，全面整合楚雄民族文化资源，实施"中国彝乡"建设总体规划研究，提升楚雄彝族文化核心竞争力，打造"中国彝乡"品牌政策制定、理论依据、文化支撑和智库保障，提供重要决策依据。

2022年11月16日，"沪滇山海情 文化兴乡村"楚雄彝绣特色文化产业宣介会在昆明举行

2023年，继续助力乡村文化振兴。其中，上海时装周"楚雄彝绣"发布活动已于3月实施完成，发布会集中展示了传统、经典、时尚、盛装四个系列40套精美的彝族服饰和"遇见楚雄——传统纹样系列""绿羽仙踪——绿孔雀图样系列""福来云往——非遗联名系列"三大系列文创产品200余件。发布会现场吸引社会各界300余人参加，30余家主流媒体报道，进一步推动楚雄彝绣走"时尚化""高端化"发展线路，拓展彝绣市场。9月，还将在米兰国际时装周期间，开展"楚雄彝绣"专场发布活动，推动楚雄彝绣走出深山、走向世界。在楚雄永仁县助力建设阳光永仁·彝绣文化创意产业园项目，主要包括打造阳光永仁·彝绣赛装文化研习展销中心，展示非物质文化遗产来源、品牌，不断吸引客商；举办刺绣培训班，增强永仁彝绣产品适应市场的能力，组织团队开发设计具有民族特色刺绣文案，提升产品品质，增强市场抵抗力等。在楚雄牟定县助力建设彝绣产业帮扶车间项目，主要包括改造提升彝绣培训室、展示厅、生产车间、手工作坊硬件设施和墙面文化装饰，带动牟定县彝绣产业发展。

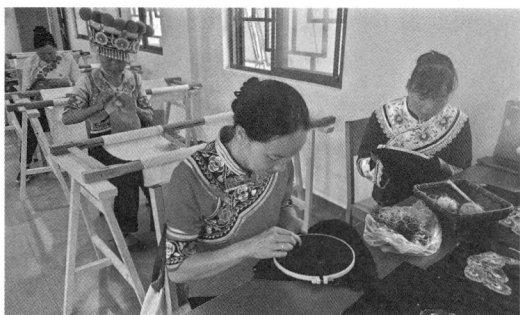

牟定县杰鲁彝绣文化传播有限公司绣娘在嘉定区援建的彝绣产业帮扶车间内刺绣

2023年7月20日至23日，第六届上海市对口地区特色商品展销会在上海展览中心举办，在沪滇协作资金支持下，楚雄州两家彝绣龙头企业在中央展厅展位充分展示产品。

五、项目评估

自2018年以来，在上海帮扶力量的助推下，楚雄州实现了"绣品变产品、秀场变市场、绣片变名片"3大转变，彝绣产业正发展成为支撑富民增收、助力乡村振兴的特色文化产业。主要表现为：

一是产业规模不断扩大，彝绣产值从2012

年的 0.2 亿元增长到 2022 年的 2.45 亿元，增长超 10 倍。二是产业集聚度不断提高，先后建成彝人古镇彝绣聚集区、永仁彝绣一条街、牟定彝和园彝绣一条街等项目。三是市场主体不断壮大，有彝绣经营户 538 户，其中年产值 500 万元以上彝绣企业 12 户，彝绣协会（合作社）56 个，彝族服饰传习所 14 个，购置绣花机 309 台；打响一批彝绣品牌，完成 1 056 个绣娘数据库建设。四是产业基础不断夯实，沪滇两地共同组织实施了各类培训班、交流项目 80 余期，培训绣女 8 000 余人次，通过培训交流，有效促进绣女在刺绣产品图样设计、工艺流程、技能技法等方面推陈出新，还帮助进入电商平台，差异定位让彝绣的市场变得更加广大。五是产品市场不断拓展，依托"丝路云裳·七彩云南民族赛装文化节""中国楚雄·绿孔雀之乡"平台，参加中国国际旅交会、深圳文博会、创意云南文博会等展会，推动彝绣企业"走出去"。六是产品知名度不断提高，彝绣多次被中央媒体、上海市级、云南省级和其他主流媒体宣传报道，惊艳全国，助推楚雄彝绣出彩出圈。

沪滇彝绣文化帮扶的举措和成效，得到云南省、楚雄州各级领导的广泛赞誉，也获得楚雄广大干部群众的充分认可。云南省委表示，沪滇彝绣文化帮扶，既尊重市场规律，又注重发挥"党建+"作用，广泛发动群众、带动群众，在联农带农、帮助脱贫群众稳定增收方面取得显著成效。彝绣文化帮扶也成为近年来嘉定楚雄沪滇协作工作的一大亮点，在各类考核中得到充分肯定。在 2022 年度东西部协作工作的国家考核、上海市考核和云南省考核中，嘉定区、楚雄州均名列前茅。特别是在云南省考核中，楚雄州考核评价结果位列全省第 1 名，其中姚安县在全省 88 个脱贫县考核评价中位列第 1 名、南华县第 2 名。

案例点评

作为国家级非物质文化遗产的云南楚雄彝族刺绣，是国家东西部扶贫协作战略的重要部署。上海市援滇干部联络组楚雄州小组针对彝绣产业发展中规模小、市场窄、品牌弱等问题，发挥"党建+"作用，整合各方资源、协调多方力量，将彝绣产品化、品牌化、产业化乃至国际化，让千年彝绣走出了大山、走向了市场。特别是诉诸公共关系传播制定"中国彝乡"战略定位、打造彝绣绣娘创客形象、制播《彝乡之恋》影视宣传、创新《云绣彝裳》精品剧目，帮助彝绣走进上海国际时装周、纽约国际时装周，将楚雄民族服装服饰真正推向全国、全世界服装市场。在传播效果层面，通过此项政府公共关系对话沟通，彝绣多次被中央媒体、上海市级、云南省级和其他主流媒体宣传报道，不仅提升了"中国彝乡"的品牌知名度，而且彰显了上海国际文化大都市建设的重要成效。

点评人：苏 状

（东华大学传播系教授、系副主任）

张江科学会堂

——从 0 到 1 的张江科创交流主场

选送单位　上海张江（集团）有限公司

一、项目背景

张江科学会堂位于张江科学城，由张江集团开发、建设、运营，总建筑面积 11.5 万平方米，由 3 个大型会展空间、21 个会议空间及 7 个活动暨展示空间组成，于 2022 年 9 月正式启用，是集国际峰会、行业路演、科创交流、文化艺术活动、展览展示等功能于一体的科创交流空间。

张江科学城正在着力打造全球人才高地、科技创新策源地、创新驱动发展地、创新生态样板地和具有现代化气息的品质生活创造地。在此背景下，张江科学会堂应运而生，将成为科创思想和文化、科创人才和成果交流的舞台，也将成为张江人才、机构、资本参与全球对话的平台，推动科技创新大潮潮起张江，助力实现各方合作共赢。

二、项目调研

张江科学会堂项目自筹备以来，顺应科技创新和张江科学城需求，摸索出了鲜明的产品定位，即"从 0 到 1 的张江科创交流主场"。张江科学会堂是张江集团在会展用途大型公共建筑领域的跨越式项目，亦是张江城市副中心首个建成启用的地标建筑，实现了首次官宣即引发社会关注，工程交付即正式运营，在品牌打造与运营效率领域取得了双突破。

运营团队精准聚焦国内外主要会议中心展开调研。通过调研发现，张江日益完善的科创生态呼唤一个主题指向显著、建筑形象突出、受众客群集聚、运营服务专业的交流与活动空间，作为张江科学城的极具显示度、集中度的"主场"，进而补齐科研、科技、科创、科普、科幻所共同需要的"交流"要素，提供思想碰撞的公共平台。

为此，对张江科学会堂这一项目，张江集团集合资产运营、活动策划、品牌传播、物业管理服务优势，主导项目运营。组建由资产运营、产业招商、政府关系、工程管理、品牌传播、搭建服务等专岗骨干组成的运营团队，团队成员平均年龄不到 35 岁，其中品牌策划和传播执行团队成员均具有多年科创生态活动及品牌传播执行经验，并邀请会展产业链的专业力量加入团队，共同打磨张江科学会堂的品牌定位、功能组成和运营特色。

三、项目策划

依照调研结果，结合空间产品建设与运营特性，张江科学会堂项目策划沿三个维度展开，即生态维度、品牌维度和建筑维度。该策划立足契合园区科创生态的需求，聚焦品牌阐释与视觉语言，并大胆应用高难度工艺语汇突出科技赋能与功能指向，逐步形成项目方案，预判需求，提升客户满意度与产品形象。

（一）生态维度

张江科学会堂作为张江城市副中心最先启用的地标建筑，发挥大型公共建筑功能，敞开怀抱，服务科学家、创业者、科技工作者和社会公众，持续提升科创生态中的"张江温度"。项目团队将张江科学会堂功能点细化为：集国际峰会、行业路演、科创交流、文化艺术活动和展览展示于一身的交流空间。建筑内设计有 3 个大型会展空间、21 个会议空间及 7 个活动暨展示空间，还拥有面积近 7 000 平方米的屋顶花园。

而更为显性和直观的自然"生态"，亦在项目考量之中。张江科学会堂周边各级水网密集、景观节点富有特色，项目建设中，通过打造亲水活力空间，融入张江科学城"三横三纵、蓝绿交织"的生态空间格局。

2020—2022 上海市优秀公共关系案例集

创新的赢家

（二）品牌维度

自项目策划之初，"从 0 到 1"便是张江科学会堂之于张江科学城的价值，补齐张江科学城创新生态要素，面向全球科创力量，创造一个开放、融合的科创能量交流平台；"科创活动交流主场"是项目的功能定义，未来将在此汇聚更多的前沿产业、顶尖科技、高端人才和强劲资本。"张江科学会堂"的品牌理念中，从始至终贯彻新的科学技术、新的思考方式与新的可能。

为强化产品视觉传达，直观向公众阐述张江科学会堂品牌调性与定位，张江科学会堂标志（Logo）应运而生，其整体形态以建筑外观核心形态为创意点：三个三角形分别是上方的阳光空气，中间承载的大地，环绕四周的水。同时也指代：未来、科学、人文等多种维度的链接和融合，代表着空间拥有的无限可能。品牌标准色定义为灰蓝配色，传达专业与沉稳。品牌辅助色根据品牌理念：阳光（橙色）、水（蓝绿色）、大地（灰色）和空气（蓝色）进行设计，在视觉传达中感受品牌自然和生态的设计理念。

本项目还设计了品牌 IP 形象：象征科技工作者的"张江科学会堂光仔"和活跃在科普领域的"张江科学会堂光宝"。"光"在张江有特殊涵义：上海同步辐射光源，软、硬 X 射线自由电子激光装置，超强超短激光实验装置等"大国重器"发出的"最强光"、科学家和创业者们的灵感之光、希望之光……用更贴近市场，符合公众审美与习惯的 IP 形象进行品牌文化沟通，勾连科学与科普，呈现"以光育光"理念，使更多人感受科学魅力。

（三）建筑维度

张江科学会堂建造技术亦充满"硬核"实力，幕墙面积 5.2 万平方米，由瓷板和定制钢两部分组成，包含了 13 种复杂的幕墙系统。瓷板共 3 万余片，含 10 种渐变颜色。定制钢部分用钢总量 1.9 万吨，结构最大跨度 68.5 米，"双面绣"施工工艺打造异形不规则钢结构。幕墙、6 000 平方米无柱空间、S 型旋转楼梯等多个特殊构造的落成，极大提升了项目区别于其他产品的识别度，演绎着张江科学会堂用工艺造就创意、用空间成就功能、用科学绘就美学的思路。

四、项目执行

张江科学会堂项目团队致力于细化与丰富场馆体验，挖掘项目定位中蕴含的设计理念与元素，打造多功能活动空间，并注重把握传播节点，加速提高品牌影响力与美誉度。

（一）功能提升

为实现张江科学会堂集国际峰会、行业路演、科创交流、文化艺术活动和展览展示为一身的功能策划，项目组在设计稿基础上完成增加电力总体容量及主要场地电力点位；增加三处不同规格的餐饮用餐区；为会展空间增设配套 VIP 室；为三座屋顶花园中气泡空间加装空调；重新设计动线及视觉导引；引进 EBMS 会展管理系统和 BIM 化的建筑运维管理系统，借助数据中心，为会展项目推进和场馆功能运维提供支撑。

（二）媒体传播

张江科学会堂项目正式运营以来，媒体传播与品牌活动并重。通过官方主流媒体渠道、行业媒体传播、自有媒体矩阵输出宣发内容；通过向场馆内导入科创活动、政府类会议和市场性活动，平衡投资收益与服务科创的功能定位。与消费品相比，空间产品的建设和运营筹备期较长，也需要更多时间争取市场信任，应配合项目进度，设置传播节点，向公众逐步推广、反复夯实品牌形象和功能特色。

2021 年 7 月 28 日，张江建园 29 周年当日，张江科学会堂向"高水平改革开放，打造社会主义现代化建设引领区"大型央媒集中采访团揭开面纱,首次传播了"从0到1的张江科创交流活动主场"的定位。

2022年9月,张江科学会堂启动运营,承接世界人工智能大会举办任务。市委主要领导在张江科学会堂主持召开了张江科学城建设发展30周年座谈会。硬件设施与软性服务博得市场认可,品牌定义成功接受市场检验。

2022年11月,以"光"为主题的张江科学会堂推介会在屋顶花园和"屋顶·星空间"内举行,发布了品牌IP形象"光仔""光宝",并与18家企业及创新中心、会议主办方和商旅合作方进行了集中项目签约。

2023年1月,2023浦东新区会展业高质量发展推进会在此举行,张江科学会堂进入浦东主要四家会展场馆行列,得到主管机构与行业认可。

团队还策划了张江科学会堂品牌传播矩阵,包含品牌形象,策划内容,品牌IP形象,品牌宣传册、宣传片及线上传播,品牌衍生品等,并注重传播品发布与项目整体传播节奏契合。在2023世界人工智能大会期间,"光仔"汲取人工智能的产业灵感,以"数字智慧超体——源码"的衍生形象亮相。同年生命健康周活动,光仔也华丽变身"超级生态管理员"与公众见面。张江的优势产业,多元文化以更生动直观的方式向大众展示。

目前,张江科学会堂已受到中央媒体、地区性官方媒体如新华社、人民网、"学习强国"、东方卫视、中国教育电视台等多次专题报道。还邀请了科技、会展、教育、时尚等行业媒体,提升相关垂直领域的触达能力。以业主方张江集团牵头,组建自有媒体矩阵,含中英文官网、公众号、视频号。注重建设官网、公众号的功能性,向客户展示空间特性、新闻动态、配套服务等内容,提供官方资料下载专区,兼顾品牌露出效率与品牌标准控制。

(三)活动导入

作为"科创交流主场",在张江科学会堂内举办的活动是场馆业务与形象展示的重中之重。科创峰会为基础研究、核心产业集聚科创能量,如世界人工智能大会、上海国际生物医药产业周、张江生命健康国际创新峰会等。政府主导的重要会议、活动展现国资空间的功能性"主场"定位与社会责任,如:张江科学城建设发展30周年大型主题展和座谈会、"张江研发+上海制造"推介会等。作为经营性场馆,张江科学会堂力求面向丰富而严格的市场需求:2023 BMW创想未来之夜、上海西门子医疗器械有限公司成立三十周年庆典等活动相继落位张江科学会堂。

张江集团、张江科学会堂也积极拓展合作渠道,争取品牌露出机会,合作完成2022第六届联合国工业发展组织全球科技创新大会、"上海科创"杯第三届海聚英才全球创新创业大赛总决赛、2023浦江创新论坛"AI for Science专题论坛"、第七届未来医疗100强大会、第五届2023年医药创新生态大会(CPIE)、首届(张江)国际生物工艺与工程大会、第十三届ICMC国际机器人创客大赛总决赛、CDIE2023数字化创新博览会等。为呼应品牌定位中的"科普"元素,探索"以光育光",举办张江科学会堂科普季。邀请张江科创龙头企业骨干,与"光宝"一起带来8项科普课程、40余场创新体验活动。

五、项目评估

张江科学会堂项目自立项以来,经广泛调研、精准策划、高效执行,项目成员致力于开拓媒体渠道,丰富品牌传播形式,链接场内外科创及配套资源,优化空间功能与品质服务,已树立了张江科学会堂"从0到1的张江科创交流主场"的品牌形象。

截至目前,张江科学会堂共获外部媒体报道

百余篇，获浦东新区国际传播能力建设示范点称号；与新国际博览中心、世博展览馆、世博中心签订了《浦东新区重点会展场馆构筑合作平台备忘录》；与业内龙头东浩兰生达成长期合作协议；与上海科学会堂服务中心开展党建、联建；参与百会通上海巡展及 ITB China 线下行业交流等，正逐步获得业内认可。

作为张江城市副中心首个建成启用的地标建筑，张江科学会堂实现优势区位锚定创新地标，空间灵感激发前沿创意，运营服务补齐功能要素，创新工艺赋能科创主场。可以期待，未来张江科学会堂将"从 1 到 N"显示多维场域承载丰富可能，实用设计延展公共对话，科创艺术交织引领风潮，资源拓展协力探索未来。

案例点评

张江，是中国科创园区中具有标杆性的品牌，与北京中关村与深圳粤海相比，张江在产业聚焦与运营方式上也独树一帜。张江科学会堂的建成运营，绝不仅仅是提供会议场所这么简单的事，而是通过共享物理空间，提供会展、路演、前沿论坛、要素集聚的平台，从而为园区企业之间与园区外要素整合、上下游供应链优化、跨界产业融合提供了重要支撑。而建立良好的关系生态，与各方面公众进行良性互动，不正是公关的重要职责吗？

点评人：丁丽君
（上海交通大学中国企业发展研究院文化与
金融发展研究所所长）

聚焦可持续发展，挖掘绿色变革年度亮点

——第一财经『绿点中国』项目『向绿而生』

选送单位

上海第一财经传媒有限公司

创新的赢家

特别奖

上海市第十一届
优秀公共关系案例评选

一、项目背景

（一）政治环境

党的二十大报告中明确提出，未来五年，中国要推动绿色发展，促进人与自然和谐共生。人与自然和谐共生，是一个多元目标的统筹安排，这里面包括了经济增长、产业结构调整、污染治理、生态保护、应对气候变化，需要把降碳、减污、扩绿和增长协同起来思考和安排。面对气候变化、能源危机等全球性挑战，各国迫切需要实现绿色发展。当前，推动绿色发展已经是潮流所向、大势所趋，绿色经济已经成为全球产业竞争制高点，也是新一轮科技革命和产业变革的重要突破方向。

（二）经济环境

如今全球都面临气候变化、能源危机等问题，推动绿色发展是潮流所向，而绿色经济会成为产业竞争的制高点，也是新一轮科技革命和产业变革的重要突破方向。我们需要加快科技创新，强化绿色低碳产品供给，深入推进能源革命、加快规划建设新型能源体系；需要完善支持绿色发展的财税、金融、投资、价格政策和标准体系，发展绿色低碳产业；需要倡导绿色消费，推动形成绿色低碳的生产方式和生活方式。这一切，都需要理念的宣贯、先行者的示范、多方力量的汇聚。直面困难，从小做起。而"绿点中国"项目的初衷，就是寻找绿色经济的尝试和实践，它们也许当下在社会上是微小的，但是有成长性的，有可能在未来成为可持续绿色低碳生活方式的典范。

（三）社会环境

随着社会环境问题日益突出，越来越多的消费者个人开始关注环保和气候变化问题。消费者对产品的环保性能和碳足迹变得更加敏感，越来越倾向于选择低碳、环保的商品和服务。在此背景下，第一财经发起"绿点中国"项目，一方面呼吁更多消费者采取更积极的措施来保护环境和应对气候变化，另一方面也是鼓励更多企业积极参与减排行动，为消费者选择的可持续未来共同努力。

二、项目调研

（一）项目必要性

全球气候变化正在对人类社会构成巨大的威胁。2020年，全球与能源相关的二氧化碳排放量高达315亿吨，并且仍在不断增长。二氧化碳排放过量是全球变暖的主要原因，会带来冰川融化、海平面上升、高温热浪、生态环境破坏等一系列问题，人类的生产与生活都会受到不可逆转的影响。全球迈进碳中和是气候变暖背景下的必经之路，也是地球可持续发展的必然选择。实现"双碳"目标，给自己赖以生存的蓝色星球减负降温势在必行。在此背景下，第一财经发起绿点中国，致力于记录中国净零排放的开端，从20到30，从30到60，不断发掘绿色变革的年度亮点。

（二）项目可行性

"绿点中国"从顶层思路到路径选择，从经济结构到行业实践，从技术创新到产品设计，一直着眼于为消费者提供绿色环保产品和服务，记录和见证优秀商业体为助推绿色消费和绿色生活方式所进行的努力和案例，引领世界共同发展，走向未来的生态文明。政府层面，落实"美丽中国"和生态文明建设战略，引导产业的绿色和数字化转型，推动绿色新经济发展；媒体层面，打造可持续交流平台，联结相关方收集优秀案例，传播绿色发展理念，树立可持续发展标杆；企业层面，创新和研发绿色新技术，提供低碳型产品，分享可持续发展案例和经验；公众层面，培养和建立绿色生活方式，构建绿色消费意识，普及低碳环保知识，以实际行动践行公民责任。

三、项目策划

（一）评选策划

在本次项目评选中我们设置了 6 个评选标准、12 个二级指标和 63 个三级指标，从设计、材料选择、技术研发、生产、循环、物流等不同环节，科学有效、全方位地从参选品牌中选出"绿点中国 2022 年度案例奖"和"绿色先锋奖"。此外，我们在评选标准基础上，邀请了 12 位学界和业界的专家组成顶尖权威评审团，对于保障评选的公正性、可信度和专业性起到重要作用。

（二）传播策划

1. 预热阶段

户外广告：第一财经在上海著名地标花旗大楼、东方明珠以及地铁站内投放主视觉广告，覆盖超 150.5 万都市人群。

评委寄语：第一财经邀请学界和业界共计 12 位专家代表为项目撰写寄语，期待学界和业界共同发力、跨界合作，迎接商业跃迁到社会创新领域的新挑战。

微博连麦：第一财经策划了三期微博直播连麦活动，关注可持续发展领域的热点事件，定制相关连麦话题，邀请嘉宾对话题进行深度剖析。

2. 活动阶段

全程直播：2022 年 10 月 29 日当天，第一财经专业直播团队对活动全程进行直播，一财网、一财 APP、视频号、微博、头条号等平台同步直播。第一财经电视、优酷、抖音、百度等主流平台发布新闻。

3. 回顾阶段

全媒体回顾：第一财经 APP、网站、旗下微信、微博账号等多渠道、全媒体持续发布活动回顾信息，助力活动宣传推广；旺旺、达能、3M 等获奖企业通过官方及外部媒体渠道发布相关微博，引发广泛关注与热议。

（三）项目创新点

1. 设计环保周边产品

第一财经设计了专属环保明信片——《环保小猫的绿色行动》。每套环保明信片共 8 张，以第一财经吉祥物为主角，通过展示"猫猫"的日常环保行动，激发大家参与环保行动的积极性，不断巩固加深"可持续发展"意识。

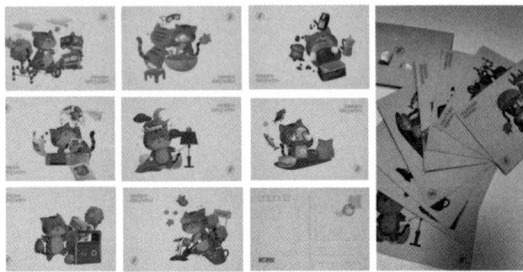

专属环保明信片

2. 刊印可持续实践案例年鉴

《绿点 2022·首届可持续实践案例年鉴》，记录了中国商业社会中最前沿的一批可持续实践案例，这本年鉴内文及封面用纸也全部使用环境友好纸张，经过 FSC 认证。从设计年鉴伊始，我们就坚持使用环保材料，希望从媒体的角度将可持续理念贯彻到底。

3. 全方位传播

围绕项目本身，第一财经按照预热阶段、执行阶段和回顾阶段，分别定制不同的传播方案。充分利用传统媒体与新媒体各自的资源优势，打造不同的传播形态，提升项目传播声量。

4. 可持续 100 俱乐部

第一财经·绿点中国可持续 100 俱乐部于 2022 年 10 月 29 日正式成立，首批 4 家俱乐部成员企业分别为欧莱雅、陶氏公司、德国威能和艺康集团。可持续 100 俱乐部希望成为绿色可持续创新理念及实践的共享平台，在沟通和碰撞中拓展务实合作空间；并为中小企业提供示范、借鉴、引领的平台，推动更多企业主体加大可持续发展力度，助力中国经济社会发展实现可持续、规模化增长。

5. "绿色可持续"创意展区

绿点中国的外场部分设置由上汽大众 ID. 纯电、东丽、宜家、利洁时、十八纸、即刻 App 带来的绿色主题活动区。上汽大众 ID. 纯电带来纯电车辆；东丽的展位呈现企业用尖端材料为解决全球环境问题作贡献的可持续愿景；利洁时旗下滴露品牌带来基于绿色环保理念推出的新型洗衣凝珠；十八纸带来纸质茶几、座椅；即刻 App 联合第一财经发起网络互动，用社交媒体的力量向更多人推广可持续的生活方式；宜家用自己的产品推广健康和可持续的生活方式。

四、项目执行

（一）一场评选（2022 年 6—9 月）

1. 正式启动：2022 年 6 月 10 日，第一财经 APP、第一财经网站以及第一财经微信等多渠道发布第一财经首届可持续实践案例评选活动正式启动信息。

2. 策划新媒体节目：2022 年 6 月—8 月，陆续策划三期微博直播连麦活动进行预热，连麦话题分别为"这年头连设计也绿了吗""我们离食品的可持续未来还有多远"和"引领潮流的可持续服装"，微博预热效果显著，直播观看量达到 59.5 万次。

（二）一场大秀（2022 年 10 月 29 日）

2022 年 10 月 29 日，首届绿点中国项目在金地商置·上海 8 号桥文化创意产业园举办。活动现场共邀请了 29 位学界、业界大咖围绕"向绿而生"的主题组织到场的行业领袖、学者、创业者讨论现代城市的绿色发展、环保设计和可持续企业特质等问题。"绿点中国 2022 年度案例"和"绿色先锋案例"获奖名单也在现场进行揭晓。除了内场的活动外，我们还搭建了创意外场主题展。上汽大众 ID. 纯电、东丽、宜家、利洁时、十八纸、即刻 App 在绿色主题活动区带来各自品牌的可持续产品，进一步展示企业为解决全球环境问题所作的贡献。一财网、一财 APP、视频号、微博、头条号等平台对此次活动同步直播。第一财经电视、优酷、抖音、百度等主流平台发布新闻。

（三）一本年鉴（2022 年 10 月中下旬）

"绿点中国 2022 年度案例"共有 22 个，覆盖了绿色管理、绿色设计、绿色技术、绿色生产、绿色物流、绿色循环 6 大维度。这些案例由第一财经联合高等院校、政府机构、行业咨询伙伴、行业监测机构、专业媒体面向全行业征集的 200 余个可持续产品、项目中，经过多轮筛选选出。10 月中下旬，《绿点 2022 首届可持续实践案例年鉴》随《第一财经》Yimagazine 全国发行。

五、项目评估

（一）效果综述

首届绿点中国项目探讨了现代城市的绿色发展、环保设计和可持续企业特质等问题，受到各界人士和广大公众的高度关注。本次绿点2022可持续实践案例启动征集和评选以来，我们收到了包括星巴克、京东物流、欧莱雅中国、百事公司大中华区等200多份答卷，深入评估了200多个"绿色可持续产品/项目"，经过三轮评分与投票，最终我们从这些不同行业、不同规模企业的实践中评选出了22个"绿点中国2022年度案例奖"和8个"绿色先锋案例"奖。

（二）传播效果

媒体传播的总曝光量为6亿次。其中预热阶段的微博连麦达到59.5万观看量，话题互动量为131.6万；户外广告投放覆盖超150.5万都市人群；活动当天大直播超过296万曝光量；第一财经、腾讯等主流媒体发布超150篇专题报道。

（三）媒体反应

众多主流媒体关注了本次绿点中国项目，纷纷对其进行报道。包括但不限于腾讯、凤凰、今日头条、中国金融网、东方财富网、中国能源报、中国金融智库等主流媒体，报道媒体种类丰富，进一步提升了本次活动行业影响力。

新媒体平台以微博为主，旺旺、达能、3M等获奖企业通过官方及外部媒体渠道都对此次活动进行了报道，使得活动效果辐射了更大范围的人群，引发广泛关注与热议。

案例点评

人与自然和谐共生乃是社会主义核心价值重要内容，实现"双碳"目标乃是我国的长远战略，绿色经济是全球未来产业升级的方向。利用自身的强大媒体资源，记录社会各界推动绿色生活的努力，宣传绿色发展理念，推动企业绿色产业技术创新，倡导大众树立环保意识，践行环保责任。可以说，第一财经"绿点中国"项目切中了一项具有重大意义的社会事业。

整个项目调研工作重点清晰，数据支持有力，策划详尽，展现出超强的传播意识和成熟的传播经验。发挥出作为头部媒体的整合能力，调动学界业界全方位资源，利用自身庞大的媒体矩阵，线上线下联动，有爆点、有持续，线上流量大，线下反响热烈，取得了出色的曝光效果，成功引起社会广泛关注，受到了国内外各行业人士的广泛关注和好评。

经济活动和大众生活是环保事业的落脚点，环保既需要自上而下的科学的指导和带动，也需要自下而上的积极响应与践行，第一财经"绿点中国"项目全方位的活动和宣传，兼顾专业性与大众性，实现了上下游联动，普及环保知识，夯实绿色经济发展方向，构建了统一的环保意识，成就卓著。

点评人：慧　觉
（上海觉群文教基金会秘书长、公益公共关系专家）

打造健康科普新传奇，
助力『健康中国2030』

选送单位 | 复旦大学附属华山医院

创新的赢家
特别奖

上海市第十一届
优秀公共关系案例评选

一、项目背景

健康是促进人全面发展的必然要求，是经济社会发展的基础条件。实现国民健康长寿，是国家富强、民族振兴的重要标志，也是全国各族人民的共同愿望。推进健康中国建设，是全面建成小康社会、基本实现社会主义现代化的重要基础，是全面提升中华民族健康素质、实现人民健康与经济社会协调发展的国家战略，是积极参与全球健康治理、履行2030年可持续发展议程国际承诺的重大举措。

人口老龄化是当今世界共同的话题，共同应对人口老龄化这一全球问题，已成为全球性的共识。为推进健康老龄化的国际科技合作交流，我国科技部和英国科研与创新署（UKRI）合作设置"中英健康与老龄化旗舰挑战计划"专项，并于2019年7月18日正式启动实施。

复旦大学附属华山医院（以下简称"华山医院"）以服务国家健康战略和百姓健康需求为己任，在"健康中国"理念指导下，不断推进医疗科普模式创新，提升医疗科普的普及性和影响力，突出强调健康促进对疾病防治的重大意义，助力"健康中国2030"。

二、项目调研

（一）项目必要性

健康素养是指个人获取和理解健康信息，并运用这些信息维护和促进自身健康的能力。居民健康素养评价指标纳入国家卫生事业发展规划之中，作为综合反映国家卫生事业发展的评价指标。公民健康素养包括了三方面内容：基本知识和理念、健康生活方式与行为、基本技能。

据国家卫生健康委官网消息，2021年我国居民健康素养水平只有25.40%，国民健康素养缺乏成为"健康中国"短板。大众对疾病早期预防及早期发现、慢病长期用药、正确就医等健康知识的了解比较缺乏，普及健康知识、提高全民健康素养，成为提高全民健康水平最根本、最经济、最有效的措施之一。

在数字化时代背景下，健康科普方式发生了重大变化。移动互联网、AI智能、融媒体等新兴技术的迅速普及和发展带动了数字科普的发展。但是当前我国数字化健康科普监管力度不够，传播内容缺乏公信力，容易对人民群众生命健康产生极大危害，产生不良社会影响。

（二）项目可行性

复旦大学附属华山医院是复旦大学附属综合性教学医院和中国红十字会直属医院，在国内外享有较高声誉，华山医院出品的健康科普作品具有较强的公信力。

复旦大学附属华山医院国家老年疾病临床医学研究中心成立于2016年，是由科技部、国家卫健委、军委后勤保障部、国家药品监督管理局联合批准的国家级临床医学研究中心，以应对老龄化社会发展、建设老龄医疗健康科技创新中心为目标，围绕老年神经系统疾病与肢体伤残、老年共病防治与衰弱症、老年人感染及合理应用抗生素等开展临床医学研究、研发中国原创的解决方案，并致力于提高人群维护自身健康水平的能力。《康阿姨和她的老邻居们》受国家重点研发计划"政府间国际科技创新合作"重点专项：2021年度中英健康与老龄化旗舰挑战计划资助。

三、项目策划

（一）公关目标

1. 传递医学科普知识

华山医院是一个特色学科很多的医院，医疗技术力量雄厚，《康阿姨和她的老邻居们》（以下简称《康》剧）由华山医院老年医学科联合营养科、运动医学科、康复医学科、心内科、神经内科等多个科室编写剧情，反复打磨，保证了科普剧的专业性、科学性、艺术性和严谨性。

2. 引发受众关注

《康阿姨和她的老邻居们》把科普融入生活，在不经意间传递医学知识。《康》剧顺着一个普通人的居家生活故事逐渐展开，层层递进。有了生活化的剧情铺垫，对观众，尤其是老年观众来说有一种代入感和写实感，更容易引发受众人群的关注。

3. 助力"健康中国"

《康阿姨和她的老邻居们》的医学科普内容涵盖了跌倒和骨折、营养不良、腰腿痛、肩周炎、骨质疏松、高血压、糖尿病、骨关节炎、心肌梗死、脑卒中、老年综合征及老年期痴呆等10多种老年常见疾病和综合征，助力"健康中国2030"。

（二）公关主题

打造健康科普新传奇，助力"健康中国2030"。

《康》剧以老龄化最为严重的上海老年人日常生活作为故事大背景，10集主剧的每一集都是一个相对独立的医学科普小故事，但是整体又可以串联并整合起来变成一个医学科普大故事。所有故事串起来就变成了一部写实版老年健康生活故事片，自然而然地引入中国老龄化社会中一

系列健康问题和社会问题，更容易获得广大老年观众朋友们的共鸣，引起社会对老龄化问题的关注，为即将进入深度老龄化社会的中国之"主动健康与老龄化"事业和"2030健康中国"战略贡献一份爱心和力量。

（三）传播策略

1. 选择适当传播时机

《健康上海行动》提出，到2030年，居民健康素养水平要达到40%，当生命健康成为全社会关注的重要议题，人们对权威医学知识的需求就愈发明显。作为国内知名三甲医院，此时发布科普作品具有一定的引导性，之后必将涌现出更多高质量、新颖的科普作品。

2. 构建新媒体矩阵，全方位传播

科普短剧制作完成后，在华山医院召开了新片发布会，被多家知名媒体报道，先后在华山医院微信视频号、"学习强国"、健康中国、哔哩哔哩、抖音、快手、小红书等各大视频网站发布，并在上海东方有线电视台、上海电信/移动/联通IPTV频道的《金色学堂》栏目播出，同时该剧还在申通地铁移动视频播放和宣传。

（四）目标受众

到2050年，中国老年人口将突破4.8亿，比重接近37%，将成为全球老龄化最严重的国家之一。通过传播最为迅速的网络媒介发布，让更多人关注老年人群特有的健康问题。

（五）核心信息

《康》剧以老龄化最为严重的上海老年人日常生活作为故事大背景，采用轻喜剧的风格，聚焦老年人如何科学认识、主动预防及自我管理常见慢性病以及急重症。医学科普内容涵盖了对跌倒、营养不良、腰腿痛、肩周炎、骨质疏松、高血压、糖尿病、骨关节炎、心肌梗死、脑卒中、老年综合征及老年性痴呆等10多种老年常见疾

病和综合征的重新认知、早期预防和科学管理等内容，帮助观众科学认识老年常见病的临床表现、诊疗流程等基本健康知识，同时也提醒老年人不要轻信各类虚假保健品推销商，呼吁全社会都来关注健康、关爱老人。

四、项目执行

（一）强强联手，精心策划

上海戏剧学院（以下简称"上戏"）老领导戴平教授在得知要拍摄老年健康科普视频时，极力促成华山医院和上戏的合作。合作之初双方就对这部科普片提了高标准和高要求，有的老师把这次合作戏称为"上华山"：上戏＋华山医院，更有勇攀高峰、不畏艰难之意。

《康》剧由华山医院团队研讨确定需要科普的医学知识内容，提出故事梗概和剧情框架，再经过上海戏剧学院团队资深编剧的妙手创作、老戏骨们的精彩演绎、摄制团队的完美拍摄以及后期团队的耐心剪辑，其艺术品位和创作高度是一般科普剧难以企及的。"医"与"艺"的完美结合就是"珠联璧合"！

该剧还邀请了上海沪剧院副院长洪立勇为主题曲作词、作曲，著名沪剧演员吉燕萍献唱主题曲《老年健康快乐歌》，为短剧平添几分欢乐。

（二）反复打磨，精益求精

剧组中有很多上海戏剧学院的资深老师和知名校友，八位老演员平均年龄超过75岁，他们本身就是老年人，可以说他们既是演职人员，又是科普的第一批对象，第一时间对于一些专业性问题提出反馈。

后期制作阶段，为了保证科普剧的专业性、科学性、艺术性和严谨性，华山团队甚至是"鸡蛋里挑骨头"，医生团队提出了很多被戏称"纳米级"的修改意见，后期制作团队也是积极配合、不厌其烦、耐心细致地进行修改和完善，大家不忘"上华山"初心，共同努力把《康》剧的瑕疵率和失误率降到了最低。

由于故事性比较强，部分观众看了以后不知道原来还有科普知识点在里面，团队反复讨论，添加了让人耳目一新的片名，如第一集《十颗花椒引发的"骨折"》，同时让人更有好奇感和观看欲。片尾还放置精心制作的打油诗，是每一集剧中科普知识的提炼和精华，比普通的医学科普宣教更容易让人印象深刻和发人深省。

（三）全方位传播，影响深远

《康阿姨和她的老邻居们》在华山医院进行了首发，受到了央广新闻、人民日报、新华社、解放日报、"学习强国"、文汇报、新民晚报、澎湃新闻、看看新闻、上观新闻、话匣子等10余家主流媒体报道，同时在华山医院微信视频号、"学习强国"、健康中国、哔哩哔哩、抖音、快手、小红书等各大视频网站滚动推出，传播量迅速突破千万，并在上海东方有线电视台、上海电信／移动／联通IPTV频道的《金色学堂》栏目滚动播出，还将在申通地铁移动视频、上海公交系统移动视频等多个移动视频平台播放和宣传，让更多老年人关注自己的健康问题，更多年轻人关注父母及祖辈的健康问题。

五、项目评估

（一）受众反应

《康》剧一经发布，受到了社会各界尤其是老年朋友们的广泛关注和好评。剧中的"康阿姨"甚至在现实生活中也被当作医务人员，收到了不少有关医学问题的咨询，她不禁感叹：普及老年健康科普知识真的是刚需！已经势在必行、刻不容缓了！

（二）媒体反应

《康阿姨和她的老邻居们》受到了央广新闻、人民日报、新华社、解放日报、"学习强国"、文汇报、新民晚报、澎湃新闻、看看新闻、上观新闻、话匣子等10余家主流媒体报道，在华山医院微信视频号、"学习强国"、健康中国、哔哩哔哩、抖音、快手、小红书等各大视频网站上线，传播量迅速突破千万。

（三）效果综述

华山医院以服务国家健康战略和百姓健康需求为己任，在"健康中国"理念指导下，不断推进医疗科普模式创新，利用自身的公信力，提升医疗科普的普及性和影响力。

《康阿姨和她的老邻居们》以轻喜剧的风格，聚焦老年人如何科学认识、主动预防及自我管理常见慢性病以及急重症。帮助观众科学认识老年常见病的临床表现、诊疗流程等基本健康知识。短剧同时聚焦中国老龄化社会中一系列社会问题，呼吁全社会都来关注健康、关爱老人。

短剧发布后受到了社会各界，尤其是老年朋友们的广泛关注和好评。各大媒体纷纷报道，各媒体平台上线播放，传播量迅速攀升，有助于提高国民健康素养，为即将进入深度老龄化社会的中国之"主动健康与老龄化"事业和"2030健康中国"战略贡献一份力量。

案例点评

复旦大学附属华山医院围绕《健康中国行动（2019—2030年）》计划，立足我国居民当前的整体健康发展情况，以新媒体短视频为核心渠道，创作了《康阿姨和她的老邻居们》系列短剧。作为我国首部老年健康科普系列短视频，该剧融入了华山医院的品牌内涵与文化，结合大众的内容与风格偏好，打破传统"硬科普"的枯燥乏味，以轻喜剧的风格聚焦老年人的健康问题，通过生动有趣的剧情，帮助观众科学认识老年常见病的临床表现、诊疗流程等基本健康知识。系列短剧的创作，结合有规划的新媒体矩阵推广，使之获得了良好的社会传播效用，为推进健康中国建设贡献了积极力量。此外，该案例由华山医院和上海戏剧学院合作完成，该跨界合作模式也为企校合作共建发挥了良好的典范效应，双方发挥强项优势，为提高国民健康素养、实现健康中国2030的目标做出了重要贡献。

点评人：曹　毅

（上海交通大学中国企业发展研究院高级研究员）

"八千里路星和月,一江春水向东流"

——复星抗疫指挥部纪实

选送单位　上海复星高科技(集团)有限公司

创新的赢家
特别奖

上海市第十一届
优秀公共关系案例评选

项目摘要

2020 年初，复星国际召集众多集团全球合伙人组建了复星集团的抗疫指挥部，开始全球紧急物资驰援行动。集团各产业板块迅速行动，抽调精兵强将加入复星抗疫指挥部，大年夜当天开始联动全球各地的分支机构，快速组织到了最紧缺的、同时也是质量最好的防疫物资。

逐渐地这成为了复星抗疫指挥部的常态，在此后的三年多时间里，复星抗疫指挥部时刻保持初心和最佳的战斗状态，急他人之所急，驰援他人之亟需。从第一阶段 2020 年初调配全球防疫物资驰援武汉、到第二阶段 2020 年中期全面保障中国制造的防疫物资驰援全球、再到后来保障国内供应链精准、快速驰援全国各地散发的疫情，复星抗疫指挥部的身影无处不在。三年累计驰援全球物资 6.2 亿件，价值 42.6 亿元。

2023 年 1 月 8 日起，新型冠状病毒感染作为乙类传染病，被重新归为乙类管理。2023 年 5 月 5 日，世界卫生组织也宣布新冠疫情不再构成国际的发公共卫生事件。新冠的阴霾在人类世界逐渐散开。守得云开见月明，复星抗疫指挥部也成功圆满地完成了它的历史使命。2023 年 4 月 3 日，在黄浦区 BFC 外滩金融中心 39 楼，举行复星抗击新冠肺炎疫情全球战时指挥部落幕仪式。在 1 166 个日日夜夜里，复星抗疫指挥部见证了全体复星人在护佑健康、尊重生命的抗疫战场上保家卫国，勇做家园卫士的点点滴滴。

三年来，复星抗疫指挥部全面、深度参与了中国乃至全球的抗疫驰援工作。受到了政府、海外机构、各级组织和广大人民群众的关心、支持和高度肯定。

案例点评

复星高科集团响应了党和政府的指示与号召，积极承担企业的社会责任，充分发挥自身的财力优势和全球化运营的集团战略优势，全时期、全方位深度参与了抗疫工作。具有全国全球视野，一方面能调配全球资源为国内各地抗疫服务，另一方面能驰援世界其他地区抗疫工作，既为抗疫胜利做出了贡献，又彰显了中国的国际声誉和推动构建人类命运共同体的意志。

整个项目紧扣一线迫切需求，调研翔实，能准确把握抗疫工作中的难点，给予及时反应；策划全面，重点突出，充分强化自身优势，运用生态思维，整合社会各界力量共同参与；宣传充分得当，在完成工作的同时兼顾展现企业形象与国家形象。

项目执行贯穿整个疫情期间，始终如一，做到了不拘于一时；调动全球资源，关怀全球疫情，做到了不拘于一地；抗疫期间兼顾其他灾情，援助同样及时有效，做到了不拘于一事。体现了复星集团强烈的社会责任意识，真诚的公共服务态度，卓越的社会工作能力，令人感佩。

点评人：慧　觉
（上海觉群文教基金会秘书长、公益公共关系专家）

上海最后一个成片二级旧里
以下房屋改造征收项目
——建国东路 68 街坊及 67 街坊东块

选送单位 上海市黄浦区建委

创新的赢家
金奖

上海市第十一届
优秀公共关系案例评选

一、项目背景

拎着马桶看东方明珠、电线上晒衣服、许多户人家共用一个卫生间……这些过去上海里弄里的"风景",随着旧改工作的推进逐渐成为了历史。

作为上海市 16 项民心工程的一项,旧区改造是改善人居环境品质、提升城区功能和形象、补齐发展短板的重大举措。

据上海市"两旧一村"工作专班介绍,从 1991 年至 2022 年上半年,上海市共完成改造超过 3 000 万平方米,受益居民约 130 万户。成片旧改推进的同时,上海市也在加快推进零星旧改工作。2022 年,上海市共完成零星二级旧里以下房屋改造约 5 万平方米、涉 2 000 户居民。根据零星旧改三年行动计划,2023 年计划完成零星旧改 12 万平方米、涉 4 000 户居民。随着零星旧改持续推进,旧区改造这项民心工程的"阳光",将实实在在地照到有需要的居民。

二、项目调研

黄浦区建国东路 68 街坊和 67 街坊东块是上海中心城区的最后一块成片二级旧里以下地块。这两处街坊有着百年历史。旧改前,身在其中可以看到远处直插云端的高楼林立,眼前则满是旧里弄的烟火气,头顶是蛛网般铺开的电线。邻里街坊见面彼此都能搭上几句话,居民生活得热闹但是居住环境十分逼仄。

老小区的居民们也都有各自的窘境。在顺昌路 560 弄小区,一层楼里曾住着大约 20 户人家。两间公用厨房供居民使用,可见之处都积着厚重的黄黑色油烟。楼里有居民盼望动迁,已经等了 20 多年。

东至顺昌路、南至徐家汇路、西至黄陂南路、北至建国东路 68 号街坊及 67 街坊东块,房屋基本为砖木混合结构的二级以下旧里,年代久远,生活配套设施较为落后,这里的旧里居民要求改善居住环境的呼声十分强烈。98.5% 的一轮征询比例、98.30% 的二轮签约生效比例,就是旧改居民们强烈期盼的最好佐证。

黄浦区是"二元结构"特征最为明显的中心城区之一:一边是高楼大厦,一边是简屋陋室。高楼大厦越高,简屋陋室就越扎眼。一直以来,黄浦的高楼大厦林立与老旧房屋密集"二元结构"矛盾凸显,完成成片二级以下旧里的改造更是几代黄浦人的夙愿。

"再难也要想办法解决",黄浦历届区委区政府,始终将旧改作为最大的民生,想方设法帮助旧里居民尽快改善。各级党组织和广大党员干部也迎难而上,砥砺前行,为解决困扰黄浦多年的民生难题而竭尽所能。

上海旧改推进到如今,留下的都是最难啃的"硬骨头"。黄浦区迎难而上,过去三年,在上海市委、市政府的领导与支持下,一次次大胆创新,推动旧改"换挡加速",想尽一切办法加快民生改善。

三、项目策划

2020 年,根据市委、市政府关于进一步加快推进成片二级旧里改造的总体要求,黄浦结合工作实际,研究制定了《2020—2022 三年旧改攻坚计划》,通过市区联合储备、区级单独储备、地产集团政企合作平台和毛地处置等多个渠道,

建国东路68街坊和67街坊东块旧里房屋现状

黄浦区的"二元结构"

"斜三基地"旧貌

想方设法加快民生改善。

工作理念上，在统筹推进风貌保护和旧区改造、突出城市功能完善和品质提升的前提下，加快实施旧区改造。

工作要求上，坚持"保基本、讲公平、可持续"原则，完善房屋征收补偿机制。认真执行上海市于2020年印发的《关于加快推进我市旧区改造工作的若干意见》以及市住建委（市旧改办）会同市相关职能部门制定完成的15个配套文件，包括土地支持政策、财政贴息政策、保障性住房和租赁住房配建政策、税费支持政策、直管公房残值补偿减免政策等。

工作方式上，创新上海市城市更新中心市场化运作机制，坚持居民自愿，倡导共建共治共享，更加突出居民自治和群众参与。2020年底，金陵东路（宝兴里）旧改项目圆满收官，以354天内居民100%自主签约、100%自主搬迁、"零执行"的成绩，创造了上海市大体量旧改项目当年启动、当年收尾、当年交地的新纪录。这片旧式里弄着力探索"党建引领旧区改造全周期"的理念，进一步形成了宝兴里旧改群众工作"十法"。

除此之外，市旧改办构建了协同联动的组织推进机制，2019年组建城市更新和旧区改造工作领导小组及办公室，充分发挥牵头抓总作用，各相关区作为旧区改造的第一责任人。创设城市更新中心作为全市统一的城市更新功能性平台，通过市有关职能部门赋权赋能，加快推进"两旧一村"及其他城市更新重点项目的实施。总体上采取"市区联手，以区为主，政企合作"方式，全力推进相关改造工作。

四、项目执行

按照区委、区政府的总体部署，区相关部门、街道、征收事务所始终坚持"人民至上"的理念，"阳光征收"的政策，把旧里群众当亲人，以"时时放心不下"的责任感，高质高效地推动地块旧改征收工作，构建起群众满意的旧改新格局。

（一）践行"人民至上"，党建引领旧改全周期

坚持党建引领、共建共商，实现资源整合

协同推进。在黄浦区，旧改基地开到哪，党建工作就开展到哪里。黄浦始终强化市、区、街道、居民区党组织四级联动，逐级明确党建工作任务，区委履行第一责任、街道党工委履行直接责任、居民区党组织履行具体责任，以"四级联动"的组织体系为"动力主轴"，并通过构建旧改项目"党建联席会议＋临时党支部"的党建工作组织架构，设立专项小组，统筹整合各方资源力量，建立起"横向到边、纵向到底、全员参与"的齐抓共管新格局，实现指挥有力、功能互补、协同推进。

注重务实创新、打破常规，形成"组合拳"合力攻坚克难。黄浦坚持多策并举，完善资源整合型党建工作模式机制，整合党建责任平台与旧改责任平台，统筹政府、企业、社会等力量，定期协商研究面上的"难、堵、卡"问题，创新破解天下"第一难"。深化市区联动贯通、共同攻坚容积率、资金、风貌保护等重点难点问题。发挥国有企业主力军作用，创新与地区、驻区单位的党建联建模式，形成工作协调机制，全力以赴推动旧改工作。积极运用律师行业党建工作成效，探索建立跨级别、跨地区、跨体制党建联动新机制，推动律师全覆盖全过程全方位参与旧改，发挥专业优势，为旧区改造提供更加精准的法律服务。

践行群众路线、倾听民声，做好精准排摸和群众思想工作。始终把服务群众、造福群众作为工作的出发点和落脚点，坚持"旧改为民、旧改靠民"，充满感情、满怀真情做群众工作，做到心用到、脑用活、力用足，尽一切努力解决人民群众关心关切的问题，真正把实事办实、好事办好。在征收前逐一排查、全面摸底，加强对困难低保、残疾、重大病等信息整合和关联分析。发扬钉钉子精神，耐心化解少数征收户的思想顾虑。

（二）做好群众工作，用心用情彰显黄浦温度

情法相融解心结，以理服人促和谐。旧改征收，说到底，还是做人的工作。旧改征收中，几乎每个地块、每户人家都面临着各种困难和矛盾。有的是家庭内部矛盾，有的是历史遗留矛盾，有的居民一开始会有抵触情绪……针对这些现象，黄浦始终立足于以民为本的工作理念和方式方法，始终用心用情，提升征收温度：征收工作人员会同区相关职能部门，通过上门做工作、宣传政策法规、发放告知书、依法约谈等措施，取得经营商户对区旧改工作的理解和配合。对部分有抵触情绪的经营户，耐心做工作，动之以情、晓之以理，用真情打动居民，用法理说服居民，逐步消除他们的疑虑心理。

解决实际困难，让困难百姓感受到温度。旧区改造，涉及的矛盾千变万化，这就需要征收经办人、居委干部们沉下心、俯下身，倾听他们的心声，对他们提出的难点问题进行"一事一议"、深入剖析，设身处地为他们考虑，想方设法帮助他们寻找妥善的安置途径，手把手帮助其解决实际困难，解决他们的后顾之忧。只有做好有针对性的服务工作，增强对群众的感情，才能出成果、见真知、求实效。

五、项目评估

（一）媒体报道

30年前，从被誉为"海上第一块"的斜三基地，到如今二轮生效的建国东路68号街坊及67街坊东块，上海30年旧改征程在黄浦区完成了一个历史的轮回，一段波澜壮阔的城市更新历程，就此画上了一个圆满的句号。这次的旧改，媒体反响热烈，传统媒体和自媒体包括上观新闻、上海发布、打浦桥、上海黄浦等都进行了详细报道。

建国东路 68 街坊和 67 街坊东块航拍图

（二）居民反响

7 月 24 日，上海依旧酷热难耐，但建国东路旁的老城厢里一大早就沸腾了起来。因为这一天，对于许多居民来说，已经"踮着脚尖"盼了很久。

当天特意穿上红色 T 恤的王伯明，在征收所签完协议后，就开始忙着搬家了。"我查过了，今朝是黄道吉日，特别适合搬新家。"在永年路上，一上午，满脸掩不住笑意的王伯明进进出出弄堂忙个不停，从青丝到白发，他终于等到了这一天。单身一人的他，因前几年得了一场重病，导致腿脚不便。因为 10 平方米左右的小屋烧饭不方便，每天他都是颤颤巍巍一路艰难地走到丽园路的母亲那儿去用餐，非常吃力。"旧改，实现了我的换房心愿。"坐上搬场车，王伯明挥别老城厢奔向了新生活。

开心的还有永年路 120 号王美红一家。"侬看，今朝嘎好的日子，我特地炖了一锅老母鸡汤，一家人中午庆祝庆祝。"一上午，浓郁的幸福味始终萦绕在老弄堂里。一家人蜗居在十几个平方米的底楼后厢房里已有七十多年。"最怕下雨，屋外下大雨，屋内下小雨。"王阿姨说，家里的墙纸因为受潮贴了烂，烂了再贴，都不知道来来回回折腾了多少回。

旧里居民狭窄的厨房

"没办法，这种苦日子只能一天天熬。"屋内，狭小逼仄的房间被阿姨收拾得井井有条，虽然生活很窘迫，但王美红还是想在小小的弹丸之地内尽可能实现着自家的体面。"从小盼到大，现在终于赶上了旧改的'末班车'。"王美红跟记

127

者开玩笑说，现在的心情就像中了彩票一样，开心到飞起。

如今，黄浦成片二级以下旧里改造，已成功画上圆满的"句号"。从1992年上海首个成片旧改项目——斜三基地开始，至建国东路最后2个街坊征收生效，黄浦这片热土见证了上海城市更新30年的生生不息，更谱写了上海这座"人民城市"的崭新篇章。

「从心出发，向光前行」，

第一财经打造年轻态财经新范式

——《年终讲》

选送单位 上海第一财经传媒有限公司

创新的赢家

金奖

上海市第十一届
优秀公共关系案例评选

一、项目背景

《年终讲》属于周播专题节目《来点财经范儿》的年末特别策划，基于前期一年的经验积累，年轻态泛财经垂类探索与创新逐渐被重视，主创团队也渐渐把握住年轻人的财经关注重点。《年终讲》延续了其一贯的与年轻朋友一起读懂当下，看见未来的青春的风格，在打造可触摸、可感知的新时代中国经济青春读本方面进行了升级与创新。同时在特殊时代背景下，在现实与预期产生矛盾、面对不确定性时，大众的内心也会随之摇摆。团队在创作《年终讲》时，初心是用不同的讲话形式，集结新知力量，奉上一封有态度、有厚度、有温度的虚拟"年终奖"，用理智与情感发现万物之中至美的希望，通过友善的表达与交流，寻找内心的锚碇，迎接2023。

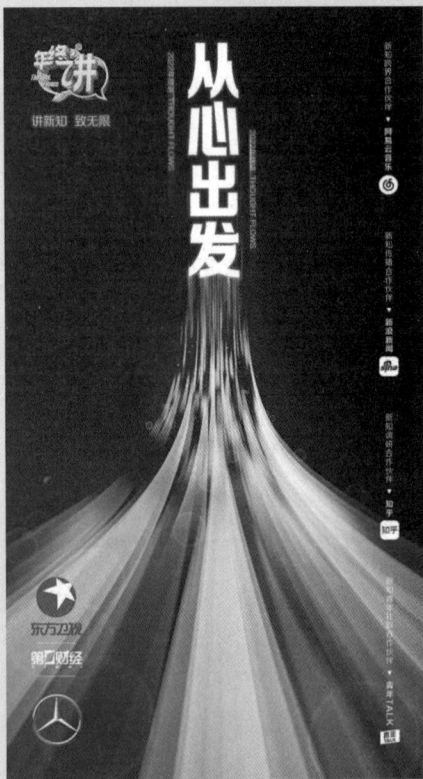

二、项目调研

（一）内生调研

作为专题节目《来点财经范儿》的年末特别策划，《年终讲》将年轻化、青春化的解题思路变得更加清晰明确，即财经内容在当下的创新，应该始终围绕"Z世代"年轻态财经诉求。其有效整合了嘉宾与话题资源，形成年轻态财经节目生态，在掌握更强大表达权的"专家学者"和"年轻人"之间存在着一定观点冲突的社会话语背景下，坚定地将主流媒体的话筒递给了后者，尝试营造一种平等、尊重、互补的跨时代交流场。观点多元共存、教学相长互通有无的同时，使得年轻态财经节目生态圈展现出无限的想象空间。

（二）外部调研

在外部调研方面，主创团队完成了多平台资源整合和精细化嘉宾筛选。

1. 跨平台调研合作

为紧跟年轻态财经关注热点，主创团队与多平台合作，包括在知乎的年度关注问题中寻找主流大众的关注点，在新浪微博平台关注年度热议话题，历时半年收集年度热点，探寻深度话题，促使三场主题演讲和青年路演叩动观众心弦，拓展思考深度。

2. 多视角内容甄选

三场主题演讲和一场青年路演邀请到了多位极具代表性的时代面孔。主题演讲嘉宾为活跃在三个领域的引路人——秦朔、葛健、邓亚萍。他们用非凡的思维洞见，回答来自时代的真问题，输出新知，凝聚重构的力量。秦朔通过知名观察家的视角速览2022大事件；观摩科学家葛健对于科技新生与伦理认知的深度感悟；邓亚萍从奥运冠军的视角讲述平凡而又不平凡的真实生活，探寻韧性与追求的底层逻辑。

一场青年路演集合五位最具代表性的时代青年，四位过往皆是勋章的行业精英，以及一位我思故我在的青年导师。项目团队打破了"刻板印象"的差异化思路，在 30 个候选人名单中最终锁定这四位年轻嘉宾。年轻态不只体现在青年路演嘉宾的年龄上，更展现在对待这个世界的多元化、包容化的眼光与态度上。他们站在舞台上真诚交流，他们通过各自的实践找到与众不同的生活方案，代表了"Z 世代"的新态度，和充斥着不确定的世界里的包容性和可能性。

3. 差异化可行性分析

《年终讲》与市面上大部分跨年知识分享秀进行了差异化设定。《年终讲》不同于市面上常见的单人跨年知识分享秀模式，如罗振宇、香帅等跨年演讲品类，《年终讲》延续节目一贯的专业、理性、青春的气息，同时另辟蹊径进行策划。节目以四个登顶行业珠峰的专业嘉宾和四个与众不同的青年素人的八篇演讲构成了多视角，以开放式财经人文跨年分享秀为主体形式，同时还引入了四位资深评论员与年轻嘉宾们展开思辨讨论，进一步拓展主题。节目以启发观众思考代替常见的集纳灌输式分享，形成了独树一帜的跨年演讲模式和风格。其次，《年终讲》在演讲的呈现方式上突破了个人演说与知识单向输出的常规操作，通过邀请处于不同人生阶段和行业的嘉宾同台共创，鼓励思想的碰撞，构成了一场多视角、开放式的分享秀。最后，以"讲自己的故事"作为节目内容的基础，从而达到更多元化、更有包容性、更具代入感和说服力的效果，并启发观众也从自身出发、以新的视角来和嘉宾们一同思考对于时代的独特回答，因为内心的"锚碇"兼具普遍性与特殊性，形成了独树一帜的跨年演讲模式和风格。

三、项目策划

（一）内容策划

2022 年《年终讲》以"在不确定中寻找确定性"为逻辑主线，提出"从心出发，向光而行"的主题。主创团队在制作全流程中注重成本控制，舞美、包装、串联方式等简约而富于创意和美感，在演讲内容上注重专业性、思想性和细节刻画，秦朔、葛健、邓亚萍的演讲是从经济、科学、体育等社会生活的重要分支领域出发，去揭示某个领域之内的普遍性意义；与此同时，"Z 世代"的年轻声音被重视，史门杰、林西、施嘉俊、龙雨蓓四位青年素人是从个体经验出发，为个体提供应对不确定性的参照系；最后演讲的复旦大学哲学学院教授孙向晨无疑起到了"总结性"功能。从笛卡尔到王阳明，孙教授尝试告诉我们，在追寻"意义世界""价值框架"的过程中，每个个体该如何寻找心中的阻尼器与锚碇。在内容表达的设计上，《年终讲》兼具财经和人文两个维度，既有对时代走向的预判，商业路径的探讨，创业经验的分享这些财经的干货，也有对人生的拷问，价值观的剖析，在感性切口下探求理性力量，呈现多维度价值的思想跨年。与市面上大部分跨年知识分享秀的纯输出模式不同，《年终讲》发掘共鸣点，挖掘深度思考，在畅谈和分享中给予观众寻找确定性。

（二）形式创新

1. 原创一站式跨年演讲

《年终讲》在财经节目的表达方式上进行了创新，它没有简单地用年内大事展开叙事，而是从人、时代、社会发展趋势这三个层面铺排，逐层进行剖析；内容聚焦在分享者的深层思考、青年榜样及几位"00 后"的代表人物奋斗经历；

表现方式以群体方式呈现。

同时，区别于市面上大部分跨年知识分享秀，《年终讲》在演讲的呈现方式上突破了个人演说与知识单向输出的常规操作，通过第一篇章的三场主题演讲和第二篇章的青年路演，打造了一站式跨年演讲，实现两大篇章的受众互补。《年终讲》通过邀请处于不同人生阶段和行业的嘉宾同台共创，鼓励思想的碰撞，构成了一场多视角、开放式的分享秀；以"讲自己的故事"作为节目内容的基础，启发观众也从自身出发、以新的视角来和嘉宾们一同思考对于时代的独特回答，因为内心的"锚碇"兼具普遍性与特殊性，形成独树一帜的跨年演讲模式和风格。

2. 年轻态财经新范式

《年终讲》对《来点财经范儿》进行了升级与创新，有效整合嘉宾与话题资源，形成年轻态财经节目生态，在掌握更强大表达权的"专家学者"和"年轻人"之间存在着一定观点冲突的社会话语背景下，坚定地将主流媒体的话筒递给了后者，尝试营造一种平等、尊重、互补的跨时代交流场。观点多元共存、教学相长互通有无的同时，使得年轻态财经节目生态圈展现出无限的想象空间。因此实现了从调研中得到的财经刚需，到与嘉宾沟通后产生的连接功能，即连接行业引路人的经验和思考，再到节目与观众通过直播等活动的形成的价值双向奔赴，三位一体功能链接。

（三）精神立意

1. 逆境下的关怀理解与找寻方法

《年终讲》不仅准确把握受众情绪，并且提供新知解决方案。以"从心出发，向光而行"为主题，通过讲新知、致无限两个篇章，从世相到个体，展示流变时代中，那些向往光、寻着光、成为光、散发光的人们，不断地求索与超越的故事。

2. 舞台上的新知价值与精准传递

《年终讲》精准传递不同嘉宾的新知价值，第

一篇章中的三场主题演讲邀请活跃在三个领域的引路人，分别是调研者、科研者、创业者，用非凡的思维洞见，回答来自时代的真问题，输出新知，凝聚重构的力量，发现与时代同频的内心光亮。

第二篇章的新生代理想家们路演自己的重构故事和独立思考，提出青春的迷茫点，展现流变时代下"Z世代"的无限可能、别样态度以及当下的个体困惑。

（四）宣传计划

《年终讲》首先通过来点财经范儿的两期联动预热吸纳基础受众，同时创新宣发理念构成跨界焦点，《年终讲》在节目宣发上熟练运用了多维度跨界创新。联动新浪新闻、网易云音乐、知乎以及青年TALK等多领域合作伙伴，以主题曲、话题以及长尾讨论等多种方式，多点开花，实现项目影响力的阶段性爆发及持续发酵。近2个月的宣发覆盖前、中、后三期，除预热直播、概念片、短视频、导演手记、预热文稿、概念海报、群像/单人海报等常规资源外，由第一财经总编辑作词、网易云音乐联合打造的主题曲《执光》打开了财经与人文的受众边界。新浪新闻及知乎上《2022年终讲》话题专区持续升温，多个议题冲上热搜/热榜，全网话题流量超6600万。节目正式播出时全网同步直播平台有超过20个，节目全文、视频及拆条短视频，获得大量转发、留言、点赞，多家主流媒体约访主创讲述幕后故事，媒体资源链接能力及创意得到充分发挥。多元跨界的融合宣发创新让该项目总曝光达到3.1亿。

四、项目执行

作为《来点财经范儿》的年末特别策划，《年终讲》基于其一年的经验积累，进行了长达半年的长周期策划准备和跨部门协作。《年终

讲》项目组集结了第一财经视频团队的多个力量。"70后""80后""90后"的媒体人们通过日常节目制作的配合磨炼，形成分工协作的合作默契。

（一）主创团队

在策划方面，《年终讲》从策划到播出历时大半年，历经了各种不确定性，包括嘉宾的邀请、行程时间安排，舞美包装设计等几经修改，到2022年11月底正式录制期间，多位导演又出现身体不适及其他意外情况，统筹协调方面历经艰难。12月后期制作及节目审片，宣发期间，约八成以上的主创人员都病倒了，节目核心成员带病坚持，前赴后继，以高度责任心和敬业精神完成最后成片，顺利播出。第一财经与网易云音乐联合打造的节目主题曲《执光》上线7日点播数据及外站引流突破500万，破圈同时彰显财经与人文相结合的创新精神。在此期间，主创团队还协助经营团队完成了节目招商。

（二）嘉宾团队

主创团队与嘉宾积极沟通，精准选取八个主要的时代面孔，作为业界代表和青年代表，分享各自的新知与干货，思维交锋知识碰撞。在不同契机下打磨年度话题，通过不同组合传达想法和精神，三位业界代表中，身为调研者的秦朔在今年踏遍了16个省市自治区30多个城市，探访了90家企业，他试图告诉大众这些身处逆境里的企业如何寻找阳光、寻找希望；拥有科研者身份的中国科学院上海天文台讲席教授葛健讲述了他仰望星空所获得的感悟；邓亚萍则分享了她从乒乓球运动员到博士再到创业者的身份转变；而四位青年理想家，新农人史门杰、拆卸装裱师林西、斜杠青年施嘉俊、外卖小妹龙雨蓓同样有着极具故事性的人生选择。

（三）宣发团队

品牌团队制订详细宣发计划，并通过合作洽谈联合广泛外部资源，与各合作方沟通。除此之外，品牌团队积极整合户外媒体资源，在东方明珠，地铁站内进行投放和宣传，大力扩大宣传维度。

（四）新媒体团队

在全媒体矩阵的传播路径上，新媒体团队经过不断摸索总结，搭建起"电视节目＋网络直播＋短视频"的组合产品群，达成了一套"在大屏端凝聚资源，在小屏端释放价值"的共识性方法论，着力于新媒体推广多点开花。在内容上，团队依托东方卫视以及第一财经频道的大屏资源，对专业领域进行深刻洞察，掌握节目制作的核心竞争力；在传播上，团队在策划阶段就考虑到新媒体的需求，提前植入话题点；在运营上，新媒体团队会在前期介入，根据不同的平台特征定制传播方案。经过《来点财经范儿》一年的历练，团队已形成了网络传播的全套方案：首先，在节目录制过程就开放直播，增强与网友的互动黏性；其次，从录制内容中截取适合传播的话题点，由运营团队在第一财经 APP 以及外部合作平台有针对性地分发。在演讲内容之外，《年终讲》还跨界联动网易云音乐，在播出时同步上线了温暖而不失力量的主题曲《执光》。音乐传递的气质与演讲主题交相呼应，给予听者执光前行的勇气。

五、项目评估

（一）传播效果

节目收视位列总局"中国视听大数据"当晚全国卫视同时段收视第二名，作为时长接近两小时的严肃演讲类节目，这一收视表现难能可贵。

节目同步在网络渠道直播，分发平台涵盖东方卫视旗下官方抖音、快手、视频号、微博；第一财经旗下网站及 APP、官方微博、百度、抖音、视频号、知乎、快手；以及腾讯视频号、网易、咪咕、东方财富、百视通 BesTV、新浪新闻、学说、优酷视频、阿基米德、新浪财经等全网渠道。项目总曝光量达 3.1 亿，全网话题阅读

量 6 600 万，2022 年 12 月 26 日当晚直播流量数据超过 85 万，完整视频播放量超过 100 万，短视频总流量 950 万。

在网络宣发方面，节目联动合作伙伴知乎在知乎站内创建 #2022 年终讲 # 话题，共发布 11 条提问，话题浏览量 368 万，讨论量 1 473。其中两条登上知乎热榜，分列第二与第七位。

第一财经在新浪新闻 APP 站内创建 2022 年终讲专题，页面浏览量超过 60 万，登上新浪新闻 APP 站内热榜第六位。除此之外，新浪新闻官方微博联合第一财经官方微博共同发起多个年度微博话题，其中，# 给 2023 的自己捎句话 # 话题登上微博热搜第 27 位，阅读量 4 500 万，讨论 1.5 万，媒体大 v 参与人数超过 80 人。

此外，节目首次尝试音乐人文跨界，与网易云音乐联合打造《年终讲》主题曲《执光》，由新生代人气音乐剧歌手郑棋元倾情献唱。主题曲与节目串联制作的 MV 线上于全网投放，线下于京港地铁投放，辐射人群 14 亿。主题曲《执光》网易云音乐 7 日播放次数超过百万，目前已升至近 600 万，其中主动搜索（站外回流）占总播放率 80% 以上。全端完播率 79%。红心率（一般用来衡量歌曲质量等级）高峰值 5.88%，与同时期歌曲相比属高位。辐射 16—30 岁年龄层段，引发跨界大讨论。

《年终讲》完整视频同步于 YouTube 海外视频网站投放，在长视频领域收获了较多的关注及热议；《年终讲》拆条短视频还与"秦朔朋友圈"等微信公众号达成合作，进行二次分发，辐射更多目标人群。

《年终讲》在集团审片时，诸多专业评委给予较好评价，认为"达到了是用自己力量，锻炼自有队伍，用可控成本，为卫视储备一个新的节目类型"的创作目的。节目播出后，台领导肯定这是"一次新尝试，相信会越来越好。"节目被总局旗下《传媒 1 号》《新声 Pro》等行业媒体号关注并报道，并获得市委宣传部《新闻阅评》

肯定、市文广局《上海声屏监测》、台集团《监听监视周报》表扬。

（二）社会与商业价值

在变局年代坚定内心信念，锚定前行的方向。不断探索能力边界，《年终讲》以"从心出发，向光而行"为主题，探寻不确定性年代的确定性答案。《年终讲》分为讲新知和致无限两个篇章去讲述、沟通和传递，超越了单一的财经领域，尝试从社会生活的不同方面为观众提供了一个观察人生、洞察心灵的万花筒。

在商业方面，《年终讲》与多家商业合作伙伴达成合作，通过 IP、平台和粉丝三位一体的相互作用，包括专业品质带来 S 级节目效应以带来财经人文深度思考热议，同时通过第一财经全媒体平台赋能，实现台网联动，精准"软植"，联动多平台合作的粉丝效应扩大产品辐射，从而再通过三大效应叠加共建商业生态场，跨界齐赋能见证高光时刻。

AIGC「数字人」在船员培训中的推广

选送单位　上海鼎衡航运科技有限公司

创新的赢家

金奖

上海市第十一届
优秀公共关系案例评选

一、项目背景

虚拟数字人是指具有数字化外形的虚拟人物，背后集成了多模态建模、语音识别、知识图谱、视觉技术等综合 AI 能力。随着人工智能、虚拟现实等技术的发展，虚拟数字人走进了人们的日常生活，像"洛天依""花西子"和"柳叶熙"等这些歌手、品牌代言人和网红角色的出现，我们看到了虚拟数字人带来的变化，也看到了其在社交、传播、营销等领域所展现的价值。如今，虚拟数字人所渗透的领域变得更加广泛，其中也包括教育培训行业。作为一种先进的数字形象技术，数字人为教育培训行业带来了全新的发展机遇和教学体验。

在航运行业中，船员培训是至关重要的一环。船舶在复杂的海况中运行，可能会遇到恶劣天气、故障、海盗袭击等紧急情况，船员需要具备丰富的专业知识和技能，通过系统的培训，学习应急逃生、事故处理、设备操作等知识，提高工作效率，减少事故风险，以确保船舶的顺利运行及其乘客的安全。

当前船员培训方式存在高成本、时空和资源限制、缺乏体验感和反馈等局限性，数字人技术可以打破这些局限，为船员培训带来更大的灵活性、便利性和个性化学习的机会。数字人培训具备一个可持续发展的趋势，具有广阔的应用前景。

首先，数字人技术可以批量生成教学视频。如果是人为录制教学视频，则需要经过前期课件制作、教师备课、现场协同拍摄、后期剪辑等复杂的流程，整个制作过程要投入很多时间、人力和财力，此外，对于视频录制的水平、教师的表达能力也有很高的要求。应用数字人技术后，原本需要一个团队协同逐个产出的教学视频内容，现在只需在后台上传教学文本和课件，调整数字人的位置、形象，即可快速生成具有丰富表情和动作的数字老师，再配合不同的教学主题来更换不同的背景内容，实现多元化教学场景设计，为船员营造全新的学习体验。数字人培训大大缩短了教学视频的生成周期，避免了不必要的经济开支和资源浪费，能有效满足教培对大量课程的需求，船员只需拥有网络连接和适当的设备即可接受高质量的培训，教师可以用来利用节省出来的时间打磨课程质量，提升教学效果。

其次，数字人培训方式打破了时空限制和资源限制。当前的船员培训往往需要在特定时间和地点进行，而教室容量、教师数量和培训设备等资源通常是有限的。数字人通过在线平台提供培训，船员可以根据自己的时间安排自主学习，无论是在船上、在家中还是任何地方都可以获得培训资源，这种灵活性使得船员培训更加便捷。

最后，数字人培训还能根据每个学员不同的需求进行个性化教育。通过智能算法和机器学习技术，数字人可以为船员提供有针对性的错题训练，让船员更清晰地了解自己薄弱的知识点，从而有重点、有目标地进行学习和练习，帮助学生更好地巩固所学知识，达到更好的学习效果。数字人也可以进行实时互动答疑，为船员打造24小时不间断的交互答疑课堂，其回答的内容都是基于训练库以及视频内容生成的，有效保证了答案的精准性，这种互动式教学方式可以增加学生的参与感和投入度，有效提升教学质量。

总之，数字人应用与教育行业高度契合，助力教学内容生产降本增效，打破时空限制，提供丰富的学习资源和多样化的学习方式，支持个性化的学习路径和学习指导，为船员的学习和发展提供了很大的便利。近年来上船任职的船员多以"90后""00后"为主，他们思想活跃，乐于接受新事物，随着科技的快速发展，数字人培训成为了现代学习和教育的热门话题，它在船员中也得到了广泛的支持。

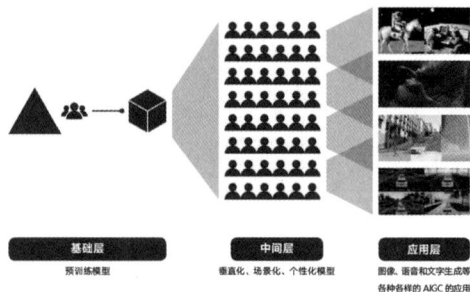

二、项目调研

（一）AIGC 技术

发展数字人培训素材的生成部分基于 AIGC 技术。从 1950 年艾伦图灵提出著名的"图灵测试"以来，AIGC 的发展走过了七十多年的历程。

近年来，从引爆 AI 作画领域的 AI 模型，到以 ChatGPT 为代表的对话机器人，AIGC 强大的内容生成能力给人们带来了巨大的震撼。AIGC 代表着 AI 技术从感知、理解世界到生成、创造世界的跃迁，正推动人工智能迎来下一个时代。在技术创新方面，不断突破创新的基础生成算法模型、引发 AIGC 技术能力发生质变的预训练模型、推动 AIGC 内容多样化的多模态技术，都将为将来文生图、文生视频类的 AIGC 应用提供肥沃的技术土壤。在产业生态方面，AIGC 领域正在加速形成三层产业生态并持续创新发展，第一层是以预训练模型为基础搭建的 AIGC 技术基础设施层，第二层是在预训练模型基础上通过专门的调试和训练后快速抽取形成垂直化、场景化、定制化的小模型和应用工具层，第三层是各厂商依托底层模型和中间层垂直模型进一步向 C 端和 B 端用户开放各类 AIGC 产品和服务用以满足海量用户的内容创建和消费需求。目前，从基础设施层公司到专注打造垂直领域的中间层公司、再到面对消费者和终端的应用层公司，AIGC 生态繁荣，从技术创新到应用创新浪潮迭起，中国也有望凭借领先的 AIGC 技术赋能千行百业。

（二）培训素材

数字人对船员的培训素材包括：

（1）船舶安全管理

航运安全知识：包括海上事故案例分析、事故原因和预防措施等。

船舶火灾的防治：包括火灾原因、火灾扑救器材和方法、逃生设备和逃生程序等。

船舶溢油防治：包括油污污染防治法律法规、污染物的种类和特性、应急处置措施等。

（2）航行与导航

海图与导航：包括电子海图的使用、测量定位方法、航线规划和安全航行等。

天气与气象：包括天气报告和天气预报的解读、风浪的影响和防范等。

港口操作与锚泊：包括港口进出的程序、锚泊程序和技巧等。

（3）救生与急救

水上求生与救助：包括紧急撤离、救生艇的使用和救生设备的检查等。

急救知识与技能：包括基本的急救处理、心肺复苏术和止血包扎等。

（4）船舶操作与维护

船舶机械操作：包括船舶动力装置、发电机和辅助设备的操作和维护等。

船舶通信与雷达：包括无线电通信设备的操作、通信协议和雷达的使用等。

船舶维护与修理：包括日常维护、油液管理、机舱巡视和故障排除等。

（5）法律法规与国际公约：

海事法律法规：包括海上作业安全法律法规、海商法和海洋环境保护法等。

国际公约：包括海洋污染防治公约、船员培训和认证公约等。

这些素材可以通过教材、视频教程等形式进行培训，帮助船员掌握必要的知识和技能，提高航行安全和工作效率。此外，培训还应包括相应的实操训练和考核，确保船员能够灵活应对各种情况和问题。

三、项目策划

（一）宣讲

宣讲活动旨在向船务公司、航运行业从业人员以及相关机构介绍数字人在船员培训中的潜力和优势。我们将组织面对面的会议、研讨会或网络直播等形式的宣讲活动，确保信息传递的有效性和互动性，重点强调数字人在提高培训效率、减少成本和风险方面的作用。

（二）收集素材

在宣讲活动之后，我们将开始收集与数字人培训相关的素材。这包括数字人培训中的成功案例、培训课程、学习资源、行业报告等。我们将采用多种方法，如调查问卷、深入访谈、文献研究等，以获取全面且准确的素材。

（三）生成素材

基于收集到的素材，通过整理、分析和编辑等方式，生成有关数字人对船员培训的内容。这些内容可以是宣传资料、培训课程大纲、学习指南、案例讲解等形式，以便向相关人员提供详细和有用的信息。

（四）推广

此后，我们将对项目进行推广，以扩大其影响力和知名度。推广活动可以包括发布文章、举办讲座、参加行业展会、利用社交媒体等方式。我们还将与船务公司、航运行业从业人员以及相关机构合作，共同推动数字人在船员培训中的普及和应用。

（五）反馈

在推广活动过程中，我们会通过问卷调查、参与者访谈、课程评估等方式，积极收集各方反馈意见，以便了解各方对数字人培训的看法和建议，并根据反馈意见进行持续改进和优化。

四、项目执行

数据化部门成功上线了多个功能，我们也确保了船员能够充分利用这些功能，该项目取得了一定的成果，也获得了船员与合作伙伴的积极反馈。未来，我们将继续加大推广力度，不断优化这些功能，为船员提供更多高质量的数字化培训，促进航运行业的数字化转型和人才培养。

（一）功能上线

在过去一段时间内，数据化部门根据公司的需求和船员反馈，进行了功能规划和设计，开展了一系列功能开发工作。通过与其他部门密切合作和努力，不断迭代和优化，功能成功上线，通过数据分析和决策，实现教培流程的自动化，为船员培训提供了更高效和便捷的支持，也得到了船员的积极反馈。

为了确保船员能够充分利用新功能，数据化部门提供了全面的培训和支持。我们组织了一系列培训活动，包括线上和线下培训课程，帮助船员了解和掌握新功能的使用方法。同时，我们建立了专门的技术支持团队，及时解答船员遇到的问题，并提供技术指导和建议。

（二）推广方面

在执行阶段，我们采取了多种推广策略和措施，以提高项目的知名度和吸引力。

线上推广：

我们通过航运行业相关的社交媒体平台（如航运论坛、航运企业官网、船员平台等）和航运资讯网站等媒体渠道进行线上推广。我们发布了数字人船员培训项目的相关信息、培训内容和优势，还利用网络、合作推广等方式增加了项目的曝光度。

线下推广：

我们举办了线下宣讲会、推广活动和培训展览等活动。我们与航运培训机构、船公司和航运学院等合作伙伴共同举办活动，通过现场演讲、案例分享和互动交流等形式介绍数字人培训项目的内容和优势。

合作推广：

我们与航运行业相关的机构、企业和协会等建立了合作伙伴关系，共同推广数字人培训项目。通过与合作伙伴的资源共享和互惠互利的合作，我们扩大了项目的影响力和覆盖面。

（三）实施反馈

在项目执行过程中，我们得到来自船员和合作伙伴的积极反馈，验证了数字人培训项目的有效性和受欢迎程度。

船员反馈：

参与数字人培训项目的船员对培训内容和教学质量给予了高度评价。他们认为培训项目的课程涵盖了航运行业的基础知识、技能和最新发展趋势，培训形式多样化。船员们表示通过参与培训项目，他们获得了更多专业知识和技能的提升，能够应对复杂的航运工作环境，提高自己的职业竞争力。

合作伙伴反馈：

航运行业的培训机构、船公司和协会等合作伙伴对数字人培训项目给予了积极的支持和评价。他们认为该项目满足了航运行业对船员的需求，培养了一批具备现代化航运知识和技能的人才。合作伙伴们对我们的培训内容、教学方法和学员管理等方面给予了高度评价，并表示愿意进一步加强合作，推动数字人培训项目在航运行业的发展。

五、项目评估

初步评估显示，数字人培训项目取得了一定的成果，能够有效提高船员培训的效率和质量。然而，还存在一些需要解决的问题。未来还将对项目进一步跟踪，并评估项目的长期效果和可持续性。

（一）目标评估

数字人培训项目的目标是提高船员培训的效率和质量，并减少培训成本和风险。通过数字化技术和人工智能的应用，数字人能够提供个性化的学习支持、实时反馈和互动交流，从而帮助船员更好地掌握知识和技能。根据项目的目标和前期策划，评估显示该项目目标明确、可行性高，并与船员培训的需求相契合。

（二）实施评估

宣讲效果：宣讲活动得到了良好的响应，吸引了船务公司、航运行业从业人员以及相关机构的关注，有效提高了公众对数字人对船员培训的了解和认知度。

素材收集和生成效果：素材的收集和生成工作进行顺利，通过深入访谈、调查问卷和文献研究等方式，获得了丰富准确的素材。素材的生成采用了多种数字化工具和技术，提高了可视化和互动性。

推广效果：推广活动在行业内产生了良好的反响，通过发布文章、举办讲座和利用社交媒体等方式，扩大了项目的影响力。合作机构也积极参与了推广活动。

反馈意见：通过问卷调查和参与者访谈等方式，收集了各方的反馈意见。大部分反馈意见是积极的，反映了数字人对船员培训项目的可行性和应用优势。

（三）效果评估

培训效率提高：数字人培训大大提高了培训效率，减少了传统培训中因个别船员学习进度跟不上而导致的重复性教学。

培训质量提升：数字人能够提供个性化的学习支持和实时反馈，帮助船员更好地掌握知识和技能，提升了培训质量。

成本和风险减少：数字人培训降低了培训成本，减少了因人为引起的培训风险。

（四）存在的问题

技术限制：数字人在船员培训中的应用仍存在一些技术限制，例如语音识别和自然语言处理等方面的不足，还需不断改进和完善。

部分人员接受度：部分船员可能对数字人给船员培训持怀疑态度，需要进行更多的宣传和教育工作，提高其接受度和认可度。

隐私和安全问题：数字人培训涉及个人信息的收集和处理，需要加强隐私保护和信息安全防护，确保数据的安全性和合规性。

（五）改进建议

技术改进：进一步研发和改进数字人的技术，提高语音识别和自然语言处理等方面的准确性和精细度。

培训教育：加强对船员的宣传和教育工作，提高其对数字人对船员培训的接受度和认可度。

隐私保护：加强隐私保护和信息安全防护，确保数字人对船员培训项目符合相关法律法规和隐私保护标准。

索尼 ZV-1F 上市传播案例

选送单位

索尼（中国）有限公司上海分公司　宣亚国际营销科技（北京）股份有限公司上海分公司

一、项目背景

（一）索尼品牌市场地位

索尼在微单相机领域深耕多年，已成为微单相机领域的龙头品牌。据市场报告，目前索尼微单相机市场占有率达到36.8%（数据源于鲸参谋——行业趋势分析），引领整个微单市场。

（二）相机市场洞察

1. 市场人群洞察

索尼在持续投入研发高配置的专业相机的同时，开始密切关注"Z世代"①的需求。索尼中国针对国内市场展开大量问卷和传播反馈调研，了解到目前中国市场，除了专业摄影需求用户外，有一个群体对于摄影的需求正不断增长并占据非常大的用户基数，那就是学生群体。他们大多认为摄影是一种生活方式的表达，它们用摄影记录生活、记录成长。这个群体对相机的需求主要体现在操作简单易上手、小巧轻便易携带以及价格合适。因此，索尼计划推出一款新相机来满足这一消费群体的需求。

2. 产品市场洞察

近年来，各短视频平台的爆火，自媒体人群开始不断壮大，在相机产品领域出现了一条新的产品线——vlog相机。索尼通过对历史vlog相机市场数据展开分析后预测：vlog相机在未来很长一段时间都将是相机市场的一大增长点。

顺应这一潮流，索尼于2022年发布了新款vlog相机：ZV-1F，其标签为——年轻人的第一台vlog相机。vlog是时下年轻人记录、分享生活的一种潮流趋势，ZV-1F在保留了专业视频拍摄性能的同时，增加了许多创意性设计，不仅可让用户拍摄的作品更具美感，同时简易的操作还可以让用户更自由地展现个性，随心创作。小巧便携的ZV-1F采用了索尼先进的技术，为vlog视频拍摄悉数优化，让用户创作的作品更容易脱颖而出。此外，新品还加入环保设计，致力于创造可持续发展的未来。

3. 项目意义

宣亚国际通过对"Z世代"兴趣爱好和消费方式展开深入调研，发现"Z世代"群体逐渐成为消费市场的生力军，因此企业应该追随这一趋势，密切关注"Z世代"的成长需求，积极探索年轻人的精神世界。

摄影作为"Z世代"群体的爱好之一，不但能培养年轻人观察事物的能力、激发他们的创作能力，更能培养健康的审美情趣和人生观。作为一种记录生活、表达自我的方式，拍vlog已经成为新一代年轻人潮流与个性的体现。为了更能满足中国年轻群体的消费需求，拉近与中国年轻消费者的距离，索尼中国结合中国新一代的成长需求，发布了新一代vlog相机——ZV-1F。受索尼中国公关项目组的委托，宣亚国际为该产品上市和推广策划了线上直播会、线下教学会、明星合作、教育优惠等内容，旨在使索尼新品更接近目标市场群体，使更多中国年轻人对索尼品牌和产品有更深的了解并与品牌产生更多的连接。

---

① "Z世代"是一个网络流行语，也指新时代人群，也称为"网生代""互联网世代""二次元世代""数媒土著"，通常是指1995年至2009年出生的一代人，他们一出生就与网络信息时代无缝对接，受数字信息技术、即时通信设备、智能手机产品等影响比较大。

二、项目调研

（一）市场调研

在相机市场中，专业市场和影像市场向来是各家相机品牌的必争之地，伴随着新媒体平台的发展，个人创作者市场也成了重点营销市场，各相机厂商都有自己的个人创作者拍摄解决方案，但同时也能发现，目前各相机品牌仍把摄影需求的关注点放在垂直用户中，而垂直用户市场已经有了非常多元化的选择和细分产品，专业相机产品过剩，存量市场的态势已凸显。

如果用户按专业度圈层划分，"金字塔最底层的非专业用户——影像爱好者的需求，还处于未饱和状态，站在摄影门槛之外的"新手"用户，还在观望一台量身而生的"小白机"。针对目前对存量市场和增量市场的调研和洞察，索尼中国将新产品的定位放到影像爱好者市场之中，同时针对该市场中现有索尼产品和竞品进行对比研究。

（二）人群调研

"Z世代"侧写：在项目早期，宣亚国际进行了大量针对"Z世代"群体的调研以摸索出"Z世代"群体的兴趣爱好与购买需求。调研结果显示，"Z世代"不仅消费群体庞大（用户规模3.8亿并处于高速增长），且消费能力也非常强大（2022年占据整体消费力的40%）。同时，优越的生活条件造就了"Z世代"群体更强的消费意识和消费意愿，在这种环境下，他们更容易成为"品牌追随者"。此外，调研同样对"Z世代"的兴趣圈层和消费场景进行了分析。结果显示，"Z世代"的兴趣圈层中存在很多可以与摄影相结合的地方，比如各种街拍、vlog、漫展拍摄，等等。

因此，基于这些情况，索尼推出一款适合这一群体的vlog相机是顺势而为，不仅能与"Z世代"建立更多连接，而且能帮助促进他们成为索尼的"品牌追随者"。

（三）产品调研

1. 产品细分及产品策略

索尼微单相机产品线主要可以分为α系列和vlog系列，其中α系列按级别和产品功能主打的不同有α1（全能旗舰），α5（入门微单），α6（入门微单），α7（专业微单）和α9（速度旗舰）。vlog系列目前除了第一款ZV-1之外，还有一款可更换镜头的半画幅vlog相机ZV-E10。

在此基础上，索尼根据市场细分确定了新的目标消费者群体后，在新的产品策略下，将配合推出新款vlog相机ZV-1F，尝试让新款产品受到年轻群体的认同，在顺应年轻人的潮流的同时，让年轻人更了解索尼品牌，拉近与"Z世代"消费者的距离。

（四）SWOT模型分析（略）

三、项目策划

1. 目标受众

以16—25岁年轻消费群体为主要受众，尝试拓展更年轻的用户，深度触达"Z世代"人群。以vlog相机为切入点，让更多充满创造力、追求新潮的年轻消费者成为新的"品牌追随者"，储备下一代"索粉"力量。

2. 传播目标

a. 让公众尤其是"Z世代"人群了解vlog相机，建立新产品的形象认知。

b. 清晰传递针对更基础受众人群的新的产品定位，拓展和触达更年轻化客群。

c. 通过场景营销和明星营销，激发年轻用户的产品需求。

d. 在 SNS（社交网络服务）平台形成较高的传播热度，从而提升新品转化能力。

3. Key Message

专属于年轻人的第一台 vlog 相机，小巧轻便，随走随拍，精彩生活，怎么拍都行，怎么拍都好看。

突出强调新品相机 ZV-1F 简单易上手、vlog 功能强大、创意滤镜、外形时尚且价格亲民等特点。

4. 传播策略

（1）粉圈营销

ZV-1F 上市传播中，充分结合了"粉圈"营销方式，通过与多位年轻的"Z世代"明星的多样合作，来触达其核心粉丝群体，利用明星的曝光影响力，通过"粉圈"多样玩法营销来提升新品曝光，从而影响外围泛"粉圈"群体。

（2）场景营销

ZV-1F 上市爆发期和延热期的传播中，广泛应用了场景营销手段，针对"Z世代"圈层偏好，制定 SNS 场景化传播，将产品与使用场景和兴趣场景相结合，既体现产品的功能应用又能通过兴趣场景激发需求。

（3）圈层营销

宣亚通过"涟漪式"传播策略抓住粉圈及粉圈辐射出更大的"Z世代"群体。具体方法为在新品营销上采用"以饭圈为切入点，撬动更广大'Z世代'群体"的策略。其方式为通过明星代言，首先带动核心粉丝群体购买；再通过KOL（关键意见领袖）的进一步推广，带动泛粉圈购买；最后通过兴趣和场景营销打动更广大的"Z世代"群体。其中每一步都遵循"5A"法则（Aware，Appeal，Ask，Act，Advocate），由点到面，层层辐射，最终实现目标群体的全方位触达。

四、项目执行

（一）预热期

新品发布前期，官方平台发布倒计时海报，同时为参与发布会嘉宾制作嘉宾海报，并在微博平台发布邀请，与嘉宾互动。同时创建新品话题，为新品话题预热引流，并以此充分调动嘉宾粉丝群体对发布会的关注。

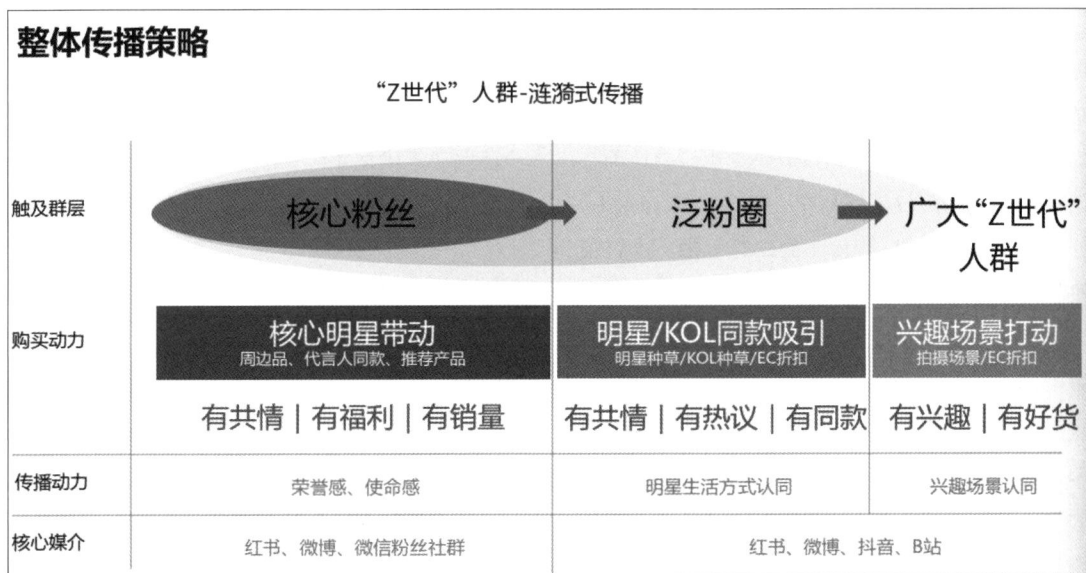

整体传播策略

"Z世代"人群-涟漪式传播

触及群层	核心粉丝 →	泛粉圈 →	广大"Z世代"人群
购买动力	**核心明星带动** 周边品、代言人同款、推荐产品	**明星/KOL同款吸引** 明星种草/KOL种草/EC折扣	**兴趣场景打动** 拍摄场景/EC折扣
	有共情 | 有福利 | 有销量	有共情 | 有热议 | 有同款	有兴趣 | 有好货
传播动力	荣誉感、使命感	明星生活方式认同	兴趣场景认同
核心媒介	红书、微博、微信粉丝社群	红书、微博、抖音、B站	

创新的赢家

同时在媒体与KOL侧进行前期的传播策划，为科技类媒体准备产品新闻稿件，与KOL共同定制相关产品视频，结合各"Z世代"KOL特点及产品应用场景，打造具有青春记录风格的vlog内容。所有策划内容均在产品发布会后快速上线，以抢占新品首发热度，提高SNS平台对新品的关注。

同时前期做好舆情应对准备，分别制定品牌舆情公关方案、产品口碑舆情方案，以便能及时做好应对措施，响应突发状况。

（二）BigDay

索尼新品vlog相机ZV-1F发布会正式上线于索尼中国官方直播平台及天猫京东旗舰店，同步进行直播推流工作，直播期间推进新品声量监测和舆情监测，并产出24小时速报。

发布会结束后，同步上线合作媒体新闻稿及合作KOL的SNS平台定制视频，并针对SNS平台自来水内容及首发合作KOL评论区内容进行实施监测，及时了解产品舆情，分析新品Key Message传播有效性，以及时调整下一步传播规划。

（三）爆发期

SNS平台二轮传播：通过首轮媒体与KOL传播，新品传播已在SNS平台有了基础的声量，结合新品上市的全网监测情况，发现对于该产品的讨论还是较多集中在科技数码类用户中，而在年轻群体尤其是校园群体中，影响还不够深入，据此展开针对校园vlogger的二轮传播。通过征集与资源筛选，招募有潜力的校园创作者，并在线下举办校园vlogger培养沙龙活动。活动中，索尼派出专业讲师现场教学，并进行创作分享，与校园创作者进行面对面沟通，了解最真实的产品反馈和使用需求；活动中还安排了外拍环节，创作者可根据提供的外拍vlog手册打卡周围拍摄点，并随手拍摄vlog内容发布于SNS平台。

该活动环节的设计，目的在于体现新品"随走随拍，轻便小巧"的特点，传递"怎么拍都行"的传播主题。同时也能够提升新品在年轻"Z世代"学生群体中的曝光，优化产品口碑，也能够将线下的沟通优势与线上传播优势相结合。

明星营销：在新品传播爆发期，宣亚国际根据产品定位，结合整合营销规划，为索尼打造一套明星营销策略——1+N，即一位代言人搭配多位艺人，将粉丝画像与产品画像相配对，进行流量评估和平台传播营销分析，推举合适明星进行新品内容传播，以提升"粉圈"对新品的关注。同时针对1+N布局外围传播资源，将产品优势与明星特点相结合，打造"粉圈"营销内容，推举明星同款话题，扩大泛"粉圈"曝光和新品种草力度。本次新品上市共合作六位明星，一位代言人搭配高声量明星和高契合度艺人，形成明星营销涟漪，传播期间，外围传播话题登上一次微博热搜，形成新品上市高峰。

（四）延热期

通过爆发期的传播，ZV-1F已经在SNS平台上拥有了大量的关注和讨论，宣亚国际在传播期间持续进行产品舆情监测和分析，洞察到SNS平台数码类垂直领域用户，对于该产品应用性的一些讨论和疑惑，针对此，延热期特别策划了B站和知乎平台产品测评类内容的传播，清晰地传播新品的设计目的及产品定位，厘清该产品线对于索尼整个产品线的意义，以减少垂直领域用户对新品的不正确讨论。

五、项目评估

（一）发布期

本次发布会由于形式新颖、内容丰富，嘉宾阵容符合目标受众期待，取得了很好的传播效果。据宣亚国际统计，截至 2022 年 10 月 24 日 18：00，新品发布会的观看次数达到了 2 341 414，总互动量为 109 068。对比发布内容条数，总浏览量以及总互动量结合的 KPI 指标来看，本次活动的 KPI 总达标率达到了 165%，成功达到了预期传播目标。

（二）爆发期

在新机推广的爆发期，宣亚国际与多位明星以及达人合作，将 ZV-1F 的声量推向了顶峰。

明星合作方面，ZV-1F 传播爆发期间共有七位艺人参与合作发布内容，共获得 4 171 513 条互动量，合作 KPI 达成率为 261%，所有艺人传播均达成 KPI。

KOL 合作方面，该项目共有 39 名 KOL 发布合作视频，以小红书、微博、抖音和 B 站为主要传播平台，总粉丝量级接近 600 万。据宣亚国际统计，传播期间共发布 58 条推广内容，涵盖日常 vlog、相机开箱、写真摄影等。收获总计 81 459 条互动（点赞、评论和收藏）。互动 KPI 达成率为 162%。其中日常 vlog 和相机开箱类的内容热度更加突出。

总体来说，索尼 ZV-1F 的上市传播推广完成得很成功，各渠道、各合作方都交出了令人满意的答卷，让"属于年轻人的第一台 vlog 相机"真正走进了年轻群体中。

国浩原创话剧：《代理人》

选送单位 国浩律师事务所

一、项目背景

《代理人》改编自二十多年前发生在我国某市野生动物园一起真实的老虎吃人案。剧本创作和舞台演绎均为国浩律师事务所律师，例如饰演男一号郭律师的是国浩律师（上海）事务所合伙人、争议解决法律研究中心副主任申黎律师，他曾担任过法官、企业总法律顾问，还连续多年获海外权威媒体钱伯斯评出的"最受欢迎仲裁员"。

《代理人》这部话剧是国浩律师事务所25周年庆典及参与我国第三个"民法典宣传月"的系列活动之一。如今我国的民事法律已形成具有7编、1260条的《中华人民共和国民法典》（以下简称《民法典》），动物园老虎吃人的侵权责任被正式纳入法典之中。

中华全国律师协会监事长，国浩律师（上海）事务所合伙人吕红兵说，律师演律师既是对法治精神的崇仰，也是对律师职业的致敬，一个二十多年前的旧案，一段民法完善进步的发展史，是《代理人》话剧的中心脉络，透过剧情的演绎，旨在将法治精神根植观众心里，让法治文化直抵民众灵魂深处。

二、项目调研

《代理人》话剧在筹备阶段对二十多年前的原型案例进行了回顾和资料梳理，筹备人员通过采访、走访当时原型中的经办律师，调阅卷宗等，为《代理人》的剧本创作奠定了事实基础。

在对剧本有一定的构思之后，国浩成立了话剧筹备小组，确定了以国浩律师事务所律师等作为主创的核心思想，遂由国浩律师（上海）事务所律师参与撰写剧本、音乐创作，并根据角色设定进行演员的招募。

创团队在首演版本的基础上继续进行剧本、表演的打磨，并面向各办公室招募巡演城市及话剧演员，诚邀各办公室参与话剧共创，体验灯光下的舞台，并以不一样的身份和视角体验百味人生。

在经过一系列组织筹措后，确定了2023年6月17日在上海上剧场的首演、2023年6月27日在海口湾演艺中心、2023年7月5日在大连大剧院的3场演出——其中后2场演出在时间上也与国浩律师事务所6月26日于海口举行的第五届"国浩法治论坛"及国浩成立25周年庆典晚宴、国浩大连承办的第十六届大连市"全民普法周"启动相契合，扩大了活动的传播效应及影响力。

三、项目策划

《代理人》话剧首排于2021年，并于2022年1月于国浩上海年会上通过线上播出的方式献演，反响热烈。

2023年，适逢国浩成立25周年之际，国浩原创律政话剧《代理人》演出也被列为周年庆活动之一，并计划于2023年开启全国巡演；主

四、项目执行

（一）上海首部律所原创律政话剧《代理人》倾情首演

由国浩律师事务所自创、自编、自演、自作主题曲的话剧《代理人》，于2023年6月17日在上海徐家汇上剧场倾情首演。这是上海首部由

律师事务所自主出品的律政话剧，在全国律师行业也并不多见。

本剧根据二十多年前某市野生动物园"老虎吃人案"改编而成。剧中郭律师和郝律师临危受命，挺身而出，为受害人家属提供法律援助。在人民法院主持下，双方律师从针锋相对到握手言和，妥善化解矛盾，圆满解决纠纷，展现了代理人为人民群众提供法律服务、切实维护当事人合法权益的精彩历程。

"老虎吃人啦！老虎吃人啦！"1999年6月17日10点30分，东海市野生动物园，一声声惨叫响彻夜空。一起虎案，满城风雨。媒体跟踪报道，百姓街谈巷议。"动物园的老虎难道不是老虎？大凡是老虎，怎么会不吃人呢？"

受害人冤屈如何解，人情法衡平费心思。郭律师郝律师扶危济困，拍案而起，免费担任受害人家属律师。而动物园一方则聘请东海"第一大状"廖胜梅律师出庭，沉着应对，见招拆招，慷慨陈词。

天理人情国法，代理人越辩越明，在法庭主持下，双方最终探寻到完美的结合点、一致处。从刀光剑影、唇枪舌剑，到化干戈为玉帛，代理人维护百姓权益，维护法律尊严，维护公平正义，表现了中国律师应有的职业道德和执业形象。

本剧主创团队均来自国浩律师事务所的青年才俊，不仅对真实故事改编使剧情百转千回，更有律师本色出演让话剧动人心弦。剧中，受害人家属沈女士真情实感的泪水，郝律师剑指要害的发问，廖律师激情洋溢的庭辩……无不给观众留下了深刻印象。

男一号郭律师由国浩律师（上海）事务所合伙人、争议解决法律研究中心副主任申黎律师出演。律师们在业务上是一把好手，演起戏来也不甘示弱，在繁忙的本职工作之余，利用晚上和周末时间辛勤排练，在特邀的著名青年导演王魏的指导下，演技突飞猛进，塑造了一个个鲜活的形

象，演出圆满成功。

（二）海南上演首部律所原创律政话剧《代理人》

由国浩律师事务所自创、自编、自演、自作主题曲的话剧《代理人》于2023年6月27日在海口湾演艺中心倾情上演。这是海南上演的首部由律师事务所自主出品的律政话剧，在全国律师行业也并不多见。

游客与园方双方权利义务的边界在哪里？园方作为管理者有没有管理失职？争议焦点层层分析，激烈辩论你来我往。天理人情国法，代理人越辩越明，在法庭主持下，双方最终达成庭外和解。动物园向原告家属公开致歉，做了经济补偿，并提高了动物园管理水平，此时郭律师向实习生道出庭外和解的真谛"听讼，吾犹人也，必也使无讼乎。"

《代理人》剧本创作和舞台演绎均为国浩律师。其中，饰演男一号郭律师的便是国浩上海合伙人、争议解决法律研究中心副主任申黎律师，他曾担任过法官、企业法总。他在该剧中是一位律所党支部书记，常常挂在嘴边的是法学家耶林的"为权利而斗争"，在民法尚不完善的20世纪90年代，要说服合伙人接下一桩和本职金融专业相冲突，且依照当时诉讼胜算不大的民事案件，阻力不小。但或许从他接受媒体采访时仗义执言的那一刻，就打算接下这起棘手的案件，而后便是一步步组建团队、收集证据、制定庭审策略。

以公平公正为尺、以法律法规为规、以唇枪舌剑为刃，舞台上的每一个人，既是表演，也是律师专业素养的自然流露。

《代理人》话剧的总策划和总制片人之一，国浩上海合伙人承婧芃律师还分享了该剧的一个有趣的"巧思"，该剧的两大男主角郭律师、郝律师，他们的姓对应的谐音正是"国浩"律师，因为该剧灵感正来源国浩律师曾代理的某"老虎吃人案"。

台上原被告代理人唇枪舌剑，见招拆招，台下数次掌声雷动。海南省司法厅厅长王磊、副厅长王雪林、王廷忠、臧爱存，海南省律师工作局局长童晟，海南省律师协会会长符琼芬、秘书长陈华、监事长刘宁刚以及名誉会长王晶等出席观剧。中国（海南）改革发展研究院院长迟福林及中国（海南）改革发展研究院全体员工、国浩律师，以及来自中共海口市委党校、海南国际仲裁院、海南省旅游协会、海南师范大学法学院等社会各界人士1 300余人共同观剧。

（三）大连上演首部律所原创律政话剧《代理人》

2023年7月5日，正值国浩律师（大连）事务所承办的第十六届大连市"全民普法周"启动，由国浩律师事务所自创、自编、自演、自作主题曲的话剧《代理人》在大连大剧院倾情上演。上下三层的千人剧场座无虚席，这场大型公益普法演出盛况空前、精彩绝伦，吸引了来自社会各界的嘉宾，引发了强烈反响。

这是大连上演的首部由律师事务所自主出品的律政话剧。来自辽宁省律师协会、大连市律师协会、大连市法治宣传协会、大连市警察协会、公检法机关、司法行政机关及各行政机关、驻军部队、商协会、各高校法学院、企事业单位等单位领导和嘉宾1 500余人共同观剧。这也是这部律政话剧在上海成功首演、海口精彩演出后的第三场演出，为该剧今年在全国巡演的最后一场演出画上了圆满的句号。

话剧演出时间为两个小时，而舞台上庭审辩论竟长达半小时之久，台上原被告代理人唇枪舌剑、见招拆招，台下数次掌声雷动。一桩二十多年前的旧案，一段民法发展史，成为《代理人》话剧的中心脉络。代理人在只有156条法律条款的《中华人民共和国民法通则》中找到最有利于当事人的法条，还要设想对方可能采取的辩论策略，看似胜券在握却又悬念迭起，其中不仅包含代理人严谨的逻辑推理和分析，还时而夹杂生动俏皮的日常斗嘴，让观众在紧张与轻松之间切换，情节丝丝入扣、演绎引人入胜。

《代理人》话剧的推出，是国浩律师事务所25周年庆典及参与我国第三个"民法典宣传月"的系列活动之一，更是国浩创新性地以律政话剧为载体、用喜闻乐见的形式进行法治宣传的有益探索，"让民法典走到群众身边、走进群众心里"。

五、项目评估

原创律政话剧《代理人》倾力打造了一部由律师事务所自主出品、自编自演，并自创主题曲的律政话剧。

法庭，庄严而复杂。律政题材相关的作品都是我们看见世界的窗口，教会我们坚信公平与正义，法律自有公道所在。作品中的每一个经典案件，在抽丝剥茧般还原真相的同时，都伴随着来自灵魂深处的人性拷问。

近三年来，为了让民法典这部"社会生活百科全书"走进群众生活、走进百姓心里，国浩律师牢记习近平总书记"民法典实施得好，人民群众权益就会得到法律保障，人与人之间的交往活动就会更加有序，社会就会更加和谐"的论述，践行总书记"民法典专业性较强，实施中要充分发挥律师事务所和律师等法律专业机构、专业人员的作用，帮助群众实现和维护自身合法权益"的要求，在全国律师界率先成立"民法典百人宣讲团"，并撰写文章及著作专业解析、主持读书群精讲细读、录制普法视频广泛传播、举办系列讲座现场说法，形式创新、内容多元，突出民法典的生活化与实用性、易读性和普适化，真正让民法典走进千家万户，让法治精神浸润百姓心间，为推进法治社会建设贡献国浩力量。

话剧剧照

话剧演员及相关人员合影

拜尔斯道夫集团『关爱超乎所见』可持续发展项目

选送单位　拜耳斯道夫集团　罗德（上海）传播有限公司

创新的赢家

金奖

上海市第十一届
优秀公共关系案例评选

一、项目背景

自然生态环境支撑着经济发展，在经济发展的同时，人类只有保护自然环境，修复生态平衡，才能实现可持续发展。德国在 ESG 方面是一直走在世界前列的先进国家之一。来自德国汉堡的拜尔斯道夫作为一家百年企业长期致力于可持续发展道路，也有着十分前沿的环保理念和方式方法，不仅将低碳行动带到公司价值链上的活动中，乐于基于自己的行动与行业领先的影响力，与行业同仁分享已取得的成果。

拜尔斯道夫集团于 2020 年提出全方位关爱肌肤、人类和环境的"关爱超乎所见（CARE BEYOND SKIN）"可持续发展计划，涵盖了 17 项联合国可持续发展目标中的 13 项，为全球性可持续发展贡献力量。

"关爱超乎所见"可持续发展计划

在中国，拜尔斯道夫集团将可持续发展行动付诸包含研发、生产供应链、消费者互动和包容性社会的全链路经营活动中，积极践行企业社会责任，以展现一个全球领先的美妆集团对中国可持续发展的支持与行动。

建设周期：2020—2030 年。

二、项目调研

回看过去十年，我国生态文明建设取得显著成效，美丽中国建设大步向前，绿色低碳成为全民健康生活的新风尚。随着"双碳"目标提出，我国将持续加大力度，推进减污降碳发展。以"3060""双碳"目标为参考线，政策将长期引导可持续消费产业向前进化。当前，一系列政策和行动已密集落地，正为我国经济社会发展带来新局面。

近年来，可持续消费理念逐渐深入人心。可持续消费是指消费者在产品或服务的购买和使用的整个生命周期中，减轻对环境的不利影响，并减少对自然资源利用的行动。《2022 年"双碳"目标下的中国青年可持续消费研究报告》显示，从意识到行动，中国青年的领悟与践行将为可持续消费注入源源活力，随着为自己、为社会、为生态负责的可持续消费观念在青年群体中逐渐延伸，新的消费生态中，意见领袖影响力将显著提升。据《2022 低碳社会洞察报告》，年轻一代更加重视环境与生态问题，在环保支付方面表现出突出意愿。

在政策和消费者趋势的双重驱动下，拜尔斯道夫凭借其在 ESG[①] 方面的先进经验，致力于将可持续发展行动付诸包含研发、生产、供应链、消费者互动的全链路经营活动中，并积极践行企业社会责任，以展现一个全球领先的美妆集团对中国可持续发展的支持与行动。

---

① ESG，环境 Environmental，社会 Social，治理 Governance。

三、项目策划

（一）传播目标

1. 展示集团在可持续发展领域的贡献，树立企业品牌形象

通过展示集团在可持续发展战略下的实际行动和成果，提升利益相关方对品牌的认知度和好感度，提升企业的社会责任形象，传递品牌的环保与可持续理念。

通过传递集团在可持续发展方面的努力，进一步提升消费者对环境友好产品的好感度，进而增强其对品牌的认可度和忠诚度。

3. 践行企业使命

展示拜尔斯道夫"关爱超乎所见"的可持续发展战略，阐述在中国市场的未来发展战略以及创新、高质量、环保的护肤产品，致力于为消费者与社会创造更多价值，展现对中国市场持续投入以及在中国市场发展的长期承诺。

（二）目标受众

核心利益相关者：包括政策决策者、包含研发、生产、供应链的合作伙伴、消费者、媒体、大众。

（三）关键信息

拜尔斯道夫秉承"关爱超乎所见（CARE BEYOND SKIN）"的企业使命与"关爱有加（C.A.R.E.+）"的企业战略，全方位关爱肌肤、人类和环境。在中国，拜尔斯道夫将可持续发展行动付诸包含研发、生产供应链、消费者互动和包容性社会的全链路经营活动中，以展现一个全球领先的美妆集团对中国可持续发展的支持与行动。

拜尔斯道夫深耕中国市场百年，为响应中国提出的"双碳"目标，为让更多包含拜尔斯道夫

集团员工、消费者在内的公众了解当前的环境现状并加入环境保护中来，拜尔斯道夫中国发起一系列公众联合行动，尽到跨国化妆品巨头企业的企业社会责任，守护地球生态环境和生物多样性。

（四）公关/传播策略

1. 紧跟政府政策和行业趋势，把握热点议题

在"双碳"目标的大背景下，通过一系列可持续发展项目的稳步落地，展示拜尔斯道夫集团在可持续发展方面的成就。借力中国消费者对可持续消费与日俱增的关注度，展现拜尔斯道夫集团为中国消费者定制更多环境友好的产品。

2. 运用好党媒央媒的影响力和多渠道媒体矩阵

与新华网、中国新闻周刊等党媒央媒深度合作，借助其强大的影响力和传播力，获取更多的曝光机会，并在政府政策、行业动态等方面得到更广泛的报道，进一步塑造企业形象。

3. 借助权威媒体强大的传播矩阵，实现多渠道的传播，确保信息的传播力和影响力的持续扩大

针对各平台受众特点，打造多元化、视觉化、创新化的传播形式。（1）通过高质量的视频、图文内容，更好地吸引目标利益相关者的关注，并提升信息的传达效果，触达目标利益相关者；（2）结合传播平台的特点和用户习惯，针对不同平台优化内容形式和传播方式，进一步提高传播效果。

四、项目执行

（一）开展可持续发展活动

为助力实现"双碳"目标，拜尔斯道夫集团

携手NGO①组织、消费者以及权威媒体，在长江上、中、下流域开展一系列可持续发展活动，涵盖对冰川、雨林、河流等生态的保护行动，以改善水污染、废物污染并保护生物多样性，这与拜尔斯道夫的"关爱超乎所见"可持续发展理念不谋而合。

1. "绿色江河"青藏高原冰川环境保护项目

2022年，拜尔斯道夫集团旗下的品牌妮维雅男士携手"绿色江河"开展青藏高原冰川环境保护项目。在青藏绿色驿站＆长江1号咖啡室，设立妮维雅男士CARE+关爱站，在绿色江河助力可持续垃圾回收赠送咖啡的机制上，加赠妮维雅男士OC关爱产品，为青藏雪域带去极地控油系列的洁净力量，呵护肌肤，亦呵护冰川环境。与此同时，号召消费者共同加入保护冰川、动物多样性以及减塑的环保队伍当中来。借力中国新闻周刊等权威媒体、行业媒体等，通过多渠道报道，最大化传播效果，传递拜尔斯道夫集团可持续发展理念。

2. 与新华网合作打造《神奇植物在哪里》环保公益宣传片

国际生物多样性日，地标云南大理无量山，拜尔斯道夫集团旗下品牌妮维雅男士（NIVEA MEN）联袂新华网、中国生物多样性保护与绿色发展基金会研究室主任杨晓红、青年艺术家蒋金齐聚无量山国家级自然保护区，在护林员陶政坤的带领下探寻神奇植物——积雪草，循迹妮维雅男士植力赋原修护系列的灵魂成分"积雪草"在中国的生长之地，以"'植愈'地球，'回血'真修护"的理念关爱地球，守护中国生物多样性，并号召消费者共同参与到日常环境保护实践中来，一起创造可持续未来。

3. "净塑地球"减塑降碳系列公益计划

拜尔斯道夫与北京守望者环保基金会（下称

"河流守望者"）联合发起"净塑地球"减塑降碳系列公益计划。2021年7月2日举行的"净滩行动"，作为其中重要环节和序曲，联合拜尔斯道夫企业家庭日活动，集结了160名企业员工与家属志愿者，短短一小时便捡拾了1754件、总重量高达82.56千克的垃圾，其中80%是塑料垃圾。后续集团还会与"河流守望者"展开深度合作，合作编写开发"净塑"课程，走进校园普及环保理念，倡导一系列公众联合行动等，持续关注河流"净塑"，守护江河生态环境。

（二）主办主旨论坛

拜尔斯道夫集团参与由中国新闻社《中国新闻周刊》主办的第十三届"绿色发展 低碳生活"主旨论坛——"双碳"新格局：共生 再生 新生。

论坛上，拜尔斯道夫集团东北亚董事总经理薛薇通过视频的方式传递拜尔斯道夫集团作为一家全球领先的百年护肤集团，承担起远远超出一家护肤企业的责任，并运用前沿的低碳科技和技术为中国消费者定制更多环境友好的产品，持续在环境、社会和消费者层面践行低碳可持续发展观念。

论坛现场，拜尔斯道夫集团荣膺"2022年度低碳榜样"，体现出拜尔斯道夫集团积极践行绿色行动，以榜样力量带动产业新发展。

五、项目评估

项目通过强大的媒体矩阵与多元化传播形式相结合，持续输出，实现强势曝光，最大化拜尔斯道夫集团在可持续发展方面所作贡献的传播效果。项目期间，与新华网、中国新闻周刊深度合作，项目迎来传播声量高峰期，通过一系列针对可持续发展方面的传播活动，多维度传递拜

---

① NGO，Non-Governmental Organizations，非政府组织。

尔斯道夫集团"关爱超乎所见（CARE BEYOND SKIN）"的使命，以及其在助力实现中国可持续发展目标上所作出的突出贡献，进一步提升拜尔斯道夫集团在行业以及可持续发展领域的声誉和形象，同时也加强了公众对拜尔斯道夫的品牌好感度与认同感。

1. 妮维雅男士 × 绿色江河可持续发展项目

项目期间，党政/商业媒体持续关注，新闻报道 25 篇，总曝光量逾 1.15 亿。在社交媒体平台上，以微博为主，共计触达超 23 968 862 人次，新闻报道 101 篇，总曝光量逾 3 亿。

精选报道如下：

网络媒体报道	
中国新闻周刊官网	"世界屋脊"青藏高原：网红打卡地？还是垃圾流浪地？
光明网	冰川持续退却，我们会面临什么？
凤凰网	"以极地力量 还冰川冷净"妮维雅男士携手绿色江河环保组织共赴青藏雪域

新媒体报道	
中国新闻周刊	冰川持续退却，我们会面临什么？
新周刊	# 以极地力量 还冰川冷净 #
界面新闻	# 以极地力量 还冰川冷净 #
中国香料香精化妆品工业协会	冰川持续退却 我们会面临什么？
光明网	冰川持续退却，我们会面临什么？

2. 妮维雅男士 × 新华网:《神奇植物在哪里》环保公益宣传片

项目期间，《神奇植物在哪里》环保公益宣传片取得出色的传播效果，栏目视频播放量超 763.77 万，栏目原创文章阅读量逾 534 万，全网传播曝光量高达 1.276 亿。

新华网发布汇总	
微信公众号	"植愈"真修护 神奇植物积雪草守护地球与人类肌肤

新华网发布汇总	
微博	# 神奇植物在哪里 ## 国际生物多样性日 # 之际，@ 新华网 携手中国绿发会、青年艺术家蒋金与拜尔斯道夫集团旗下品牌 @ 妮维雅男士……
抖音	# 神奇植物在哪里 # 新华网与拜尔斯道夫集团旗下妮维雅男士一起探寻神奇植物积雪草，邀你守护生物多样性！
财经视频号	——
PC	"植愈"真修护 神奇植物积雪草守护地球与人类肌肤
APP	"植愈"真修护 神奇植物积雪草守护地球与人类肌肤

3. "净塑地球"减塑降碳系列公益计划

拜尔斯道夫与"河流守望者"联合发起"净塑地球"减塑降碳系列公益计划，并于 7 月 2 日联合拜尔斯道夫企业家庭日活动举行"净滩活动"，集结了 160 余名企业员工与家属志愿者，新闻报道总曝光量逾 7 000 万。

精选报道	
中国新闻周刊微信	上千万吨塑料垃圾流入海洋，该怎么办？
中国新闻周刊微博	# 全球人均每周吃掉一张信用卡 #
中国新闻周刊分发渠道	上千万吨塑料垃圾流入海洋，该怎么办？（头条号）
	上千万吨塑料垃圾流入海洋，该怎么办？（腾讯新闻号）
	上千万吨塑料垃圾流入海洋，该怎么办？（百家号）

4. "绿色发展 低碳生活"主旨论坛

拜尔斯道夫集团参加了由中国新闻社《中国新闻周刊》主办，国家发展改革委、生态环境部、北京市人民政府指导的第十三届"绿色发展 低碳生活"主旨论坛，并荣膺"2022 年度低碳榜样"，新闻报道总曝光量逾 1.61 亿。精选报道如下：

电视台报道	
北京电视台	第十三届"绿色发展 低碳生活"主旨论坛在京举办
通讯社报道	
中新社	如何推动绿色低碳发展? 第十三届"绿色发展 低碳生活"主旨论坛在京举办
直播报道	
中国新闻周刊视频号	【＃双碳新格局＃】第十三届"绿色发展 低碳生活"主旨论坛精彩现场,快来和周刊君一起观看吧～
中国新闻周刊微博	【＃双碳新格局＃】由中国新闻社《中国新闻周刊》主办的第十三届"绿色发展 低碳生活"主旨论坛精彩来袭
广播电台报道	
中央广播电视总台央广网	第十三届"绿色发展 低碳生活"主旨论坛在京举办
传统媒体报道	
人民日报	第十三届"绿色发展 低碳生活"主旨论坛举办
中国环境报	10 年再植树 700 亿棵! 看森林"碳库"如何开启"双碳"新格局
网络媒体报道	
中国新闻周刊官网	"双碳"新格局: 共生 再生 新生 第十三届"绿色发展 低碳生活"主旨论坛在京举办
环球网	"双碳"新格局: 共生 再生 新生 第十三届"绿色发展 低碳生活"主旨论坛在京举办
新周刊	"双碳"新格局: 共生 再生 新生 第十三届"绿色发展 低碳生活"主旨论坛在京举办
21 世纪经济报道	"双碳"新格局: 共生 再生 新生 第十三届"绿色发展 低碳生活"主旨论坛在京举办
经济观察网	"双碳"新格局: 共生 再生 新生 第十三届"绿色发展 低碳生活"主旨论坛在京举办
新媒体报道	
中国新闻周刊	＃双碳新格局＃我们身处的环境就如同地球的肌肤
中国新闻周刊	不负青山绿水,这件事我们坚持了 13 年

求医路上温暖相伴：复旦大学附属儿科医院小布家园的故事

选送单位　复旦大学附属儿科医院、北京同心圆慈善基金会

创新的赢家

金奖

上海市第十一届
优秀公共关系案例评选

一、项目背景

小布家园项目是一项为异地来沪就医的重病患儿家庭提供短期住宿和日常帮助的公益项目，由复旦大学附属儿科医院社会工作部联合护理部、党委办公室，与第三方社会力量（北京同心圆慈善基金会）共同发起和执行。作为国家儿童医学中心，复旦大学附属儿科医院拥有最前沿的医疗技术和最专业的医疗团队，全国各地乃至海外的重病患儿家庭慕名而来。然而，治疗费用和来回奔波之苦，也使不少家庭负担沉重。很多家庭初来上海，没有合适的落脚和安身之地，有些家长为了给孩子治病，靠吃馒头度日，因病致

贫、因病返贫的现象依然屡见不鲜。

医者仁心，复旦儿科一直致力于解决患儿家庭的急难问题和需求，在为患儿家庭提供优质医疗服务的同时注重患儿家庭的就医体验，专设社会工作部开展社工服务、公益基金和患儿就医体验相关工作，为患儿家庭提供全方位的人文关怀服务。早在2014年儿科医院就开始设立单个病种的患儿家庭住宿资助模式，先后建有"生命源泉——肾病儿童小家""白鳍豚先心患儿小家"等住宿项目。2020年11月通过各方资源整合，医院与北京同心圆慈善基金会通力合作，小布家园——复旦儿科上海同心圆小家正式开始运行并获得良好反响。2022年5月，上海复工复产在即，小布家园公益品牌继续延伸，进一步满足重症监护室患儿家庭的住宿需求。

二、项目调研

小布家园项目基于患儿家庭的实际需求出发，院内由党委领导，社会工作部和护理部主要负责，在项目前期，针对临床的需求制定详细的项目方案、制度流程等，同时考察多个场地、软硬件设施等，最终选定现项目所在的酒店和公寓。项目的规模也是逐渐扩大，小家从2间到5间到10间，到现在渐渐扩大规模至30余间，病区也从重症监护室慢慢扩展至其他病区，在项

目实行的过程中也在院内广泛听取临床的建议和反馈，同时对家长进行线上线下相结合的意见收集，持续优化项目内容和流程，不断修正制度和管理模式，力求更大程度满足患儿家庭的需求。

三、项目策划

与北京同心圆慈善基金会确认开展小布家园项目合作后，医院社工部联合护理部与基金会密集开展项目推进会和小家所在公寓的实地探访，商议小家入住条件、管理办法、申请流程、软硬

小布家园项目住宿外观

小布家园项目住宿房屋内部情况

件筹备等事宜，并确认各方职责，并制定管理办法发放给临床，正式开始项目的启动和执行。我们约定与基金会共同筹款，资源共享，共同合作开展人文关怀活动，宣传倡导活动等。基金会也承担了实地的运营工作，派驻专人驻点小家，负责小家的日常管理，沟通协调小家实地的各项事宜，同时负责房间布置，生活物资配备等小家软硬件设施的管理和更新等工作。医院与北京同心圆基金会深度合作，力争将项目做到可持续、可复制、真正从身心灵层面全方位地帮助重病来沪就医的患儿家庭。

四、项目执行

本项目的受益患儿家庭人群主要有三种类型：

第一种：因病区暂时没有床位需要等待入院的异地来沪患儿家庭。

第二种：异地来沪就医在复旦儿科住院治疗的急危重症患儿家庭。

第三种：出院后需要多次入院或短时间内需要再次来院复查不方便返回家乡的异地患儿家庭，包含院前—中—后医疗流程的全周期。

医院内部也进行了一系列探索，制度经过多次修订，现已形成一套较为完善的流程和管理架构：（1）项目有针对不同入住时间和入住类型的申请材料和佐证资料，保证患儿信息的真实有效。（2）项目有严格的评估和审核机制，由医院社工部和护理部牵头，病区医护人员共同参与组成评估小组，交由社工部和基金会专人审核方可入住。科主任和护士长为评估小组组长，病区指定专人与社工部对接，确保需求的时效性和项目资源惠及患儿家庭的公平性。（3）项目采用病区负责制，每个病区有自己专属的房间额度，每月进行入住率统计，确保房间的最大利用，避免慈善资源的浪费。（4）项目各合作方有清晰度的责任分工，确保各方通力配合，将项目良好

持续地运行下去。（5）小布家园充分与院内医疗相衔接，每个病区都制定了个性化的入住规则和医疗应急预案，确保入住患儿家庭的安全。（6）项目有反馈机制，患儿家庭可以通过线上或线下渠道反馈他们的意见和想法，以帮助项目更好地改进。

项目在顺利运行的近三年中，除关注患儿的实际住宿问题外，还以小布家园为平台聚集更多的社会资源，开展了一系列人文关怀服务，充分展现儿科医院和基金会的人文关怀：（1）为了解决患儿家庭往返不便的问题，小布家园所在地的公寓运营方链接资源为患儿家庭开通了免费的专属班车。（2）为了保证患儿家庭的营养需求，链接医院附近的餐馆设为爱心厨房，为入住的患儿家庭免费代加工菜品，提供就餐优惠、生日祝福和爱心午餐等便利服务；（3）为了缓解患儿家庭的焦虑情绪，基金会也专为家长开设了定期的正念减压课程、朋辈支持活动和心理疏导服务；（4）在端午节、中秋节、儿童节、春节等传统节日时，儿科医院的医护人员协同基金会、志愿者团队、爱心企业等力量定期组织慰问和感恩活动，促进医护人员和患儿家庭的相互了解，让患儿家庭真正有"家"的感觉；（5）医院、基金会和公寓运营方链接多方资源，进行小布家园儿童友好空间的打造，以太阳、光亮为主题元素，对房间内外都进行了美化和装饰，对共享厨房进行了全面的升级，点滴改造让小家更加温馨舒适，让孩子和家庭得到更好的照顾和入住体验。

五、项目评估

1. 项目运行成效

小布家园项目是上海打造儿童友好型城市的缩影，也是复旦大学附属儿科医院作为国家儿童医学中心提升患儿家庭就医体验，致力于打造儿童友好医院的重要举措，小布家园项目运行近三

年来，获得了各方的广泛认可。

在医护人员层面，项目已经成为病区人文关怀的重要抓手，医护人员热情参与，医护人员与社工部的合作也越来越深入。在患儿家庭方面，项目收获了患儿家庭无数的感谢与感激，很多家长都在社交媒体上分享他们入住小家的感受和获得的支持和帮助，借以鼓励自己，鼓励身边的孩子，同时鼓励周围的人，曾经入住过小家的家长也成为家长志愿者一同参与小家的管理和服务。同时项目已经在院内形成了良好的慈善氛围，医院的医生也成为项目的捐款人，曾经获得小布家园项目帮助的孩子将自己的压岁钱和原本用于住宿的费用捐给医院支持复杂先心病小患者等。

在社会影响方面，两年来，小家项目也得到了许多媒体和公众的报道和关注。特别是 2021年11月19日小家周年庆典举行后，小家受到的关注越来越多。"上海为异地大病孩子提供临时小家"话题登上了微博热搜及上海同城榜第1名，人民日报、新华社、解放日报、青年报、青春上海、上观新闻、今日闵行等50余家媒体共同发布。微博话题总阅读人数近 8 000 万，讨论次数 4018 余次，更有 20 余家媒体对小家进行了深度报道。对于小布家园项目的捐赠人来说，这个项目让他们真正地感受到实打实地帮助到了孩子们。此外，小布家园项目将资金最大化利用，尽量减少项目执行费，房间的入住率也一直保持在 95% 以上，尽可能将捐赠人的每一份爱心用到实处。

2. 项目创新优势

小布家园项目作为全链式医学人文的创新品牌，着重推动医务人员、社会大众共同参与公益慈善，共同关注儿童健康，取得了良好的社会反响。对比国内同类住宿项目总结其优势大致如下：

（1）本土化、可复制。小布家园项目与第三方社会力量合作，引导点滴爱心共同汇聚，其经验和模式相比于类似麦当劳叔叔之家的模式较为本土化，可复制性强；（2）比起国内相当一部分病友自助管理的病友小家，小布家园以医院为依托，医院社工部、医护人员共同参与，确保项目的持续性和服务的专业性，同时规模较大，受益的人群和范围比较广泛；（3）小布家园项目不仅提升患儿就医体验，同时对于医学诊疗也大有裨益，在增加病人随访率，加快床位周转率、降低患儿交叉感染的风险，特别是消除门急诊大厅人员滞留现象等方面都发挥了特定的作用；（4）小布家园项目注重宣传，收集小家故事，定期进行捐赠方互动和反馈，组织周年庆等大型活动邀请媒体沟通参与，提高影响力，争取更多的爱心支持，确保项目持续发展；（5）依托小布家园为平台，可以开展社工服务、心理支持、志愿服务等，同时嵌入更多医疗元素，以小家为载体突出体现医疗的前瞻性和延续性作用。

3. 项目意义、未来展望与思考

打造患儿家庭在上海的临时小家，让孩子得到最好的照顾，让家长关注自己的健康，让家人获得支持共同面对疾病，让异地来沪家庭感受儿科医院的人文关怀、感受上海的"温度"是建设"小布家园"的初衷。项目为异地来沪就医的大病患儿家庭提供实际帮助，能够减轻家庭经济负担，降低患儿治疗前后的感染风险，提升患儿就医体验，营造医院慈善公益氛围，打造儿童友好型医院，也让上海这座城市更加温暖。

未来，以小布家园为平台的人文关怀服务将继续全面深化扩展。首先，医院将持续排摸临床需求，扩大规模，应住尽住，受益更多的患儿家庭。其次，小布家园平台未来也将持续深入开展社工服务、心理支持、志愿服务等，医院和第三方力量希望能够引入更多社会力量，同时挖掘家长志愿者等资源，推动社会各界参与重病患儿家庭的人文关怀头脑。最后，医院也会和第三方社会力量一起，承担国家儿童医学中心的使命和责任，将以小家为代表的创新人文关怀模式持续总结推广，与医疗扶贫和"一带一路"相结合，让更多的患儿家庭在困难中找到一丝光亮，体会到家的温暖。

强生中国《一生强生》企业品牌传播项目

选送单位 强生中国

一、项目背景

强生作为具有百年积淀的医疗健康行业巨头，致力于守护人们在每个年龄段和每个人生阶段的健康，提供多元化医疗健康产品与服务。然而提及强生，大众更多抱有"婴儿用品""沐浴露""消费品""关爱呵护"等标签印象，对强生在医疗科技、制药等领域的业务发展和创新突破知之甚少。当下，正立足于新起点的强生需要进一步向大众精准传递品牌信息，并面临着以下三大待解决挑战与问题：

如何打破固有标签：大众对强生有着根深蒂固的"婴儿用品"印象，我们需要通过传播项目不断强化强生的多元化创新医疗健康核心信息，重塑强生在医疗健康行业的创新先锋形象。

如何传递多重信息：作为全球领先的多元化医疗健康企业，强生拥有多元化业务场景、多重信息，我们需要对信息加以分层和解读，确保观众能够充分理解、吸收并产生共鸣。

如何覆盖更多受众：不同人群对于医疗健康的需求也是多层次的，我们需要精准地将信息传递给匹配的人，尽可能触及所要覆盖的受众。

二、项目调研

尽管面对固有品牌认知、多元业务场景、目标受众分散等诸多挑战，我们依然发现如下机遇。

环境政策利好：新时代下，全年龄层的人们更加关注健康，为医疗企业带来了多元化需求和新愿景，也涌现出点对点、分层级应对不同年龄段沟通的诉求。不仅如此，近年来中国医疗政策环境不断革新，国家对医疗健康行业不断加码、支持创新，一片向好。

品牌发展契合：作为全球最具综合性、业务分布范围广泛的医疗健康企业之一，强生正在经历消费品业务拆分的重要节点。通过向大众传递多元化创新医疗健康的品牌形象，为后续一系列品牌传播夯实基础。

社交偏好变化：数字化时代，大众更易接受对线上营销模式，线上媒体与社交媒体成为数字新闻消费的基石。这为我们的传播开拓了新思路。

三、项目策划

基于所面临的挑战和机遇，项目树立了以下三大目标：

（一）焕新强生以患者为中心，以创新为引领的医疗健康领军企业品牌形象；

（二）全景化链接多元业务及重点疾病领域，重塑公众对未来健康的期待与想象；

（三）提升公众对强生中国的品牌认知，收获情绪共鸣与认可。

如何在有限的时间与预算内，选择合适的时间与平台，将精确信息传递给目标受众，是我们的首要考虑。为此，我们制定了一系列传播战略。

1. 明确受众与信息，分层触达受众心智

拆解并重塑品牌信息，在强生多元化业务与不同层级的受众之间建立强关联，层层发力，全方位建立品牌认知。（1）覆盖全年龄层的泛大众人群：对健康有着不同程度的渴望，利用更温情的人文情怀调动情绪；（2）患者、医疗行业人士、政策决定者等专业人群：对健康的需求更深

2020—2022 上海市优秀公共关系案例集 创新的赢家

刻多维，向他们集中输出强生的创新及核心洞见，在业内人士中建立起医疗健康领头人的品牌认知；（3）员工及利益相关者：传递一手信息，增强内部黏性，深化品牌内部自豪感与凝聚力。

2. 创造两场传播节点，锁定舆论声量高点

围绕《一生强生》核心主题，借力外界传播节点，巧妙打造两套响应市场热点的传播信息，塑造丰富而立体的品牌形象。（1）节点1（进博会后）：一年一度的国家级展会落下帷幕后，进博会溢出带动效应仍旧持续放大，大众对企业创新的讨论度维持在较高水平。通过全景式业务场景呈现，展示强生的多元业务和始终如一的承诺，让可信赖、面向未来的创新先锋形象更加深入人心。（2）节点2（农历春节前）：春节对全年龄层群体有着特殊的意义，尤其是2023年全面开放后的第一个春节，大众对春节有着更大的期待。以春节为契机，通过生动情景化温暖家庭场景，与泛人群建立情绪链接。

3. 深度解读品牌内核，多元合作引爆破圈

以文字故事与短视频为重要抓手，通过有深度、有温度的内容和有趣味、有创意的视觉表达，深挖品牌内核。

（1）策略性选择媒体及自媒体进行内容沉淀，多元化创意深度解读内容。①商业财经媒体解析新锐行业趋势，提升创新影响力；②社会类媒体深度讲述人物故事，赢得公众共情；③新中产生活方式媒体，用趣味话题撬动品牌内容出圈；④创意视觉条漫内容，年轻化讲述品牌愿景。

（2）大量铺排新闻稿件，覆盖权威媒体、财经、医疗健康、大众新闻、生活方式、营销传播等多元媒体类型，最大化媒体声量。

4. 构筑多维传播链路，打通内外渠道壁垒

通过多方位线上发酵拓宽传播广度，提高热议程度，斩获品牌曝光量。

（1）整合内部多样宣传资源，结合年终、新春等话题让员工参与其中，激发员工强烈归属感和凝聚力，成为后续品牌传播行动中强有力的

参与者与传播者之一。

（2）不同于传统线下投放形式，针对不同受众定制个性化线上投放策略，选择时下更主流、更有流量的新兴社交媒体平台，最大化投放效益。

四、项目执行

（一）两支短视频＋两场传播叠加，向受众充分展现强生品牌信息

2022年11月18日，借助进博会后公众目光依旧聚焦于行业发展趋势的时机，发布《一生强生：特别篇》短视频，强调强生在医疗科技、制药等领域不断推动创新突破与产业发展。

通过30秒创意快剪短视频，强生将人生寓意填空题，邀请观众为"一生＿＿＿"尽情畅想答案。这支短视频不仅为人生这道没有设定答案的填空题启发了无限可能，更展现了强生对于新时代下人们不同健康诉求的回答，以多元的创新业务为人们健康保驾护航。

2023年1月16日，借助公众于小年前后对于春节更为强烈的期盼，发布《一生强生：新春篇》短视频，延续"一生强生"的概念和愿景，聚焦新年里温暖人心的"阖家团圆"场景。

新春篇视频着墨于看似平常的家庭时光离不开健康身心给予的底气，表明强生守护大家一生中每一份健康期待的信心与承诺。

配合视频迅速铺排大量新闻稿件内容，并覆盖权威媒体、财经、医疗健康、大众新闻、生活方式、营销传播等多元媒体类型，最大化媒体声量的同时，进一步导流。

（二）多元化媒体及自媒体合作，产出深度创意内容，调动受众情绪

为了进一步利用媒体声量、发挥其内容与受

众优势，更精准地触及目标群体，强生与4家不同类型的媒体和自媒体合作（涵盖商业报道类、社会新闻类、生活方式类和创意视觉类），产出系列深度文章，用话题撬动品牌内容出圈，赢得更多公众共情。

1. 36kr（商业报道类媒体）： 配合《一生强生：特别篇》首发传播，与具有影响力的商业报道类媒体36kr合作深度解读内容，分析新时代下医疗行业的变局与数字化转型，解读坚守创新和信条精神的强生如何不断应对市场变化与机遇，集中输出强生核心业务及理念，在行业人士内建立起强生是医疗健康行业的引领者和创新先锋的认知。

2. 凤凰周刊（社会新闻类媒体）： 配合《一生强生：新春篇》传播，选择与凤凰周刊合作，以"你想给生活添点什么"为话题展开合作，以富有趣味、形式多元的话题探讨，探索关于健康话题的社会多元人物洞察，激发公众共鸣与探讨进一步增强传播延展性，亦表达强生在除旧迎新之际为大众带来"一生健康"的美好祝福。

3. 格调生活（生活方式类自媒体）： 以更贴近普通人过年家庭生活视角的日常为媒，展现健康如何成为了新的生活方式，助力品牌传播核心信息。

4. 晚安少年（创意视觉类自媒体）： 利用条漫这种年轻化的形式，结合除夕夜新春许愿的创意将日常生活与品牌信息做紧密连接，并提前锁定除夕夜，掀传播高潮，引广泛热议。

（三）社交媒体及OTV广告点位投放，联动强生内部传播渠道，持续扩大声量

以社交媒体为阵地，充分利用当下大众对于微信和OTV平台偏好，在朋友圈、微信、爱奇艺、腾讯、优酷、芒果TV等平台进行有针对性地进行投放，覆盖人数更广、互动人数更高，

吸引过万人次关注强生官微，最大化品牌传播效果。

充分利用强生内部渠道，向员工及利益相关者传递一手信息，号召员工参与其中，打通传播渠道壁垒的同时，进一步强化员工自豪感与互动率。

五、项目评估

《一生强生：特别篇》及《一生强生：新春篇》两支短视频上线后获得巨大反响，更大程度凸显强生"以患者为中心、以创新为引领"的医疗健康领军企业品牌形象，进一步强化公众对强生中国的品牌认知及认可。通过这次传播项目，强生中国各业务紧密联动，最大化聚合品牌影响力，创下不菲的佳绩。

（一）上亿曝光量+千万级播放，视频获大量关注

通过广告投放和媒体传播，整个项目触达受众覆盖全国，共获得超过1.3亿曝光量和超过192万互动量。《一生强生：特别篇》及《一生强生：新春篇》视频总计获得超6 056万播放量，传播效果均远超预期，受到公众和专业人士的广泛好评。

（二）精准投放+有效导流，完成目标受众留存

通过在朋友圈、微信广告位，爱奇艺、腾讯、优酷、芒果TV等OTV广告点位投放，《一生强生》的CTR（Click-Through-Rate）均高于行业平均值，微信指数上涨6 336；导流至强生官方网站与强生公众号人数分别高达30万人与超过10万人。

（三）媒体曝光＋权威奖项，品牌形象夯实强化

共计触达 3 633 万传播阅读量和 78 万互动量，并覆盖权威头部媒体、财经、医疗健康、大众新闻、生活方式、营销传播、地方媒体、科技等各领域各类媒体类型，媒体包含但不限于中国日报、环球网、北京青年报、广告门、今日头条、凤凰财经、医药健闻等；更通过各大权威媒体背书及项目优异的传播表现，斩获 WISE2022 年度开放式创新企业大奖。

内部传播覆盖超过万名员工，收获热烈反馈。

点点星意，点亮自闭症青年就业梦想

选送单位　上海觉群文教基金会

一、项目背景

中国目前已有超 1000 万自闭症谱系障碍人群，并且以每年十几万的速度增长。按照现行政策，政府层面针对自闭症患者的支持主要覆盖 0—6 岁，在个别城市达到 14 岁或 16 岁。大龄自闭症患者的社会支持出现严重断层：接纳大龄自闭症患者的康复教育机构只有 10% 左右，而职业技能教育更是少之又少，劳动就业近乎空白。

2020 年末，上海觉群文教基金会发起"点点星意——自闭症人群就业实践"公益项目，旨在为成年的自闭症人群提供就业技能培训、就业实训及见习岗位，助力自闭症人群实现就业梦及自身价值，打造自闭症就业实践支持联动网络，建立公众与自闭症人群的沟通桥梁，以生命影响生命，最终实现社会融合。

二、项目调研

（一）必要性：障碍融合，推动社会和谐发展

残疾人是人类大家庭的平等成员，关注和尊重残疾人，推进其融入社会，是我们每个人的责任，也是社会文明程度的体现。项目在赋能自闭症群体就业的基础上，链接多方资源，努力实现自闭症就业实践的支持联动网络。努力提升项目公益价值与品牌价值属性，探索多形态的项目运作模式，进一步促进社会对自闭症群体的了解认知，推动无障碍就业的融合环境。

（二）可行性：传播形式多元化

打破传统的传播模式，除了在公众号、小红书等自媒体矩阵发布项目公益内容外，还可通过线下倡导活动开展、线上数字藏品发售、自媒体平台 KOL 合作等形式，呈现项目开展情况，传递公益理念，最大程度上发挥传播优势。

三、项目策划

（一）公关目标

1. 搭建自闭症青年展示自我的平台

通过线上 + 线下的系列活动，让"点点星意"自闭症学员获得更多实习、与公众交流的机会。

2. 提高公众对自闭症的认知程度

充分运用新媒体，在线上进行各类活动预热与传播，提升热度，同时结合线下活动，开展有趣、创新的倡导活动，让社会公众进一步了解自闭症群体，消除对他们的偏见与刻板印象，从而搭建自闭症群体与公众的沟通桥梁。

3. 拓展项目实习点位

在项目活动开展过程中，充分展示自闭症群体的就业培训成果，联动爱心企业，为自闭症群体提供更多庇护性就业岗位。

（二）公关主题

"点点星意，点亮自闭症青年就业梦想"

（三）活动策略

1.“点点星意”月饼品尝会

2022 年中华慈善日到来之际恰逢中秋之际，上海觉群文教基金会邀请自闭症家庭、志愿者、爱心人士等共同参加，通过破冰游戏、花丝镶嵌体验等活动，进一步拉近自闭症群体与公众的距离。此外，和大家共同品尝由点点星意“明日点心师”参与制作的月饼，沉浸在满是心意的美味中的同时，感受自闭症群体也能够通过自己的能力和劳动，实现自我价值。

2.“点点星意·星球咖啡”流动咖啡车

上海觉群文教基金会发起“点点星意·星球咖啡”流动咖啡车活动，把咖啡车带到写字楼／剧场／美术馆等公共空间，为“明日咖啡师”提供更多的交往空间及就业实践岗位。此外，点点星意受邀参加第七届陆家嘴金融城国际咖啡文化节，呼吁公众用一杯咖啡的时间和他们交个朋友，让价值的认可随咖啡一起流动、传递。

3.“点点星意——自闭症人群就业实践公益项目”两周年庆

以项目开展两周年为节点，邀请政府领导、自闭症家庭、志愿者、爱心人士、公众等，展示项目开展情况与成果。邀请数名著名艺术家带来钢琴演奏与主题墙绘，邀请东方卫视番茄商城等媒体进行现场直播，呼吁更多人能看见自闭症学员们的努力，为他们融入社会、实现自我价值提供机会与空间。

（四）传播策略

结合 4 月 2 日世界自闭症关注日、9 月 5 日中华慈善日、9 月 7 日—9 日腾讯 99 公益日等重要节点，通过线上传播＋线下活动，扩大受众范围，传递公益理念。同时邀请新民晚报、澎湃新闻、新华社等媒体进行活动报道，进一步推广与宣传公益项目与活动的开展。

（五）目标受众

自闭症家庭、企业、广泛社会公众

四、项目执行

（一）“点点星意”就业培训

1. 活动时间：2021 年起至今
2. 活动地点：方坛文化空间、玉佛禅寺素食品厂
3. 活动内容：（1）打破传统一对多授课模式。“明日咖啡师”等课程在有一位培训老师的基础上，为每位学员配备一位带教师傅，培养信任关系，帮助学员更好地稳定情绪、接受培训。（2）掌握就业技能，在见习中了解职业、体验职业环境。帮助自闭症人群体验及适应从学校转变到职场生活的过程；掌握专业就业技能，获取就业技能证书；获得就业见习岗位。

（二）“点点星意”月饼品尝会

1. 活动时间：2022 年 9 月 4 日
2. 活动地点：方坛文化空间
3. 活动内容：（1）破冰游戏：快速拉近自闭症学员与活动嘉宾的距离。（2）花丝镶嵌体验：体验非遗工艺，嘉宾与自闭症学员 1 对 1 陪伴共同完成作品，过程中可以互相进行更深层次的交流与了解。（3）现烤月饼品尝：品尝自闭症点心师参与制作的现烤月饼，感受来自他们的手艺和心意。

（三）“点点星意·星球咖啡”流动咖啡车 @ 陆家嘴咖啡节

1. 活动时间：2023 年 3 月 29 日—4 月 2 日
2. 活动地点：陆家嘴中心绿地
3. 活动内容：（1）来自星星的咖啡：活动期间，前往“点点星意·星球咖啡”流动咖啡车，

品尝由自闭症咖啡师制作的饮品，用一杯咖啡的时间和他们交个朋友。（2）来自星星的好礼：在现场，公众还可以购买杜邦纸袋、T恤、口罩等点点星意文创产品，把满满心意带回家。（3）来自星星的藏品：完成线上任务打卡，获得点点星意数字藏品碎片，合成后即可现场兑换好礼。公众也可以单独购买数字藏品，藏品图案来自自闭症学员的艺术创作，购买即可支持1节自闭症人群就业技能培训课程。

（四）"点点星意——自闭症人群就业实践公益项目"二周年庆

1. 活动时间：2023年3月31日
2. 地点：方坛文化空间
3. 活动内容：（1）主题墙绘：涂鸦艺术家施政为此次两周年庆绘制了主题墙绘，点点星意学员、周围居民、外卖小哥等共同与艺术家完成了最终的墙绘创作，以一场色彩斑斓的艺术共创拉开活动序幕。（2）学员家长分享：点点星意学员家长分享了参与点点星意项目两年来，孩子的进步与转变、自己的欣喜与感动。（3）"明日艺术家"导师结对：二周年庆上发起点点星意"明日艺术家"计划，著名钢琴家孔祥东先生成为该计划首位成功与学员结对的艺术导师，将为学员提供持续、垂直的辅导与支持。（4）创新创业反哺公益：现场发布"点点星意"IP形象，未来将通过表情包、文创等生动有趣的形式，广泛传递公益理念。

五、项目评估

（一）效果综述

"点点星意"系列公益活动在开展过程中，广大公众积极通过线上线下方式参与、捐赠，用自己的方式与力量支持点点星意公益项目；同时，多家媒体主动对点点星意进行相关报道，侧面体现系列活动举办的良好效果。系列活动传播效果显著，对觉群文教基金会与点点星意项目的未来发展起到了巨大的推动作用。

（二）受众反应

从自闭症家庭角度，学员获得了培训机会和见习岗位，走出家门与更多社会公众交流、展示自我，让他们获得了成长与成就感，家长们也欣喜于自己孩子的变化，相信他们未来有可能自力更生。

从社会组织角度，不少同行机构前来主动交流，愿意学习、复制点点星意的项目与活动模式，在得到觉群文教基金会的赋能后，进一步支持更广泛的大龄自闭症在内的心智障碍群体群体。

从公众角度，通过线上＋线下的活动与倡导，对自闭症群体有了更进一步的认知，并愿意持续参加相关公益活动。

从企业角度，有更多企业看到了自闭症群体参与公众的可能性与可行性，愿意承担企业社会责任，为自闭症群体提供持续时间、有价值的就业机会，帮助残疾人在城市社会中得到平等的就业机会，使其充分发挥其独特的劳动力量，实现自我价值，收获幸福感和踏实感同时，奉献社会。

（三）传播效果

"点点星意"系列活动吸引了广泛的社会关注，项目发起至今，已有央视新闻、新民晚报、人民资讯、光明网、新闻晨报、文汇报、东方网、澎湃新闻、上观新闻等20多家媒体进行报道，得到社会认可。2023年2月，以"点点星意"项目故事为原型改编的情景剧登上第二十九届"蓝天下的至爱"慈善晚会，向市民朋友分享了项目背后的暖心故事。

赛诺菲 2022 微电影《不响》传播案例

选送单位 赛诺菲中国

创新的赢家

金奖

上海市第十一届
优秀公共关系案例评选

一、项目背景

近年来，由心血管疾病导致的死亡率居高不下，给众多家庭带来了沉重的疾病负担，其对于公众健康的影响不可忽视。目前心血管疾病患者以中老年人群为主，此类患者获取信息的渠道有限，且公众对于心血管疾病危害的认知也不足，同时，健康科普信息鱼龙混杂，良莠不齐，导致许多人对心血管疾病存在不同程度的忽视，甚至存在陷入误区的风险。因此，通过正确、易懂的方式提高大众对心血管疾病的关注，引发公众对心血管健康的重视从而进一步提高认知是一项关键且紧迫的使命。

为进一步提升社会对心血管疾病的重视，加强对患者群体的关注，赛诺菲紧跟数字化时代特点，别具一格地将目标受众聚焦于获取信息渠道更为丰富的家庭中坚力量，邀请知名社媒流量博主"哔哔道"共同进行微电影《不响》的创作，借助更贴合当下大众信息阅览习惯的视频影像形式，通过多方社媒平台进行视觉化传播，以温情的故事引起观众极具有"人间烟火气"的视听共鸣，携手社媒博主及医学界筹备共创科普新趋势。

二、项目调研

（一）"无声的杀手" 提高心血管疾病的认知度任重道远

据统计，中国心血管患者人数约为 3.3 亿，占全球患者人数的 63%。心血管死亡占城乡居民总死亡原因第一位[①]。北京大学第一医院心血管内科霍勇教授介绍："心血管疾病常被称为'无声的杀手'，导致公众对于疾病的重视度偏低，在规范诊疗和疾病管理上都存在着巨大的需求。提高公众和患者对心血管疾病的认知度从而加强对心血管慢病管理概念的认识，是一项迫切且重要的任务。"

（二）中老年群体"信息滞后" 传播受众的选择不容忽视

在当前社会背景下，心血管疾病在中老年人群中呈高发态势。值得注意的是，这一人群在信息获取与判断方面往往存在一定的滞后性与局限性，而相对而言，年龄介于 30—50 岁之间的人群拥有更丰富的信息渠道，对众多信息的判断与把握也更为准确，同时也是当下社交媒体平台的活跃用户，他们往往是信息传播的关键。另外，这一年龄段的人群在家庭中往往还扮演着坚实的支柱角色，他们肩负着照顾家庭的重要责任，因此对健康问题和家庭关怀表现出高度的敏感性，其行为和决策在家庭层面也具备较大的影响力。

鉴于此，赛诺菲以家庭为单位，将目光聚焦于 30—50 岁的家庭中坚力量，以这个广泛的、信息获取渠道更全面的受众群体为切入点，希望从点至面地提高公众对心血管疾病的重视度，从而有效缓解中老年人患者群体获取信息的局限性，促进大众心血管健康意识的提升。

（三）数字化时代"信息爆炸" 短时间内抓住受众的关注至关重要

数字化时代浪潮推动社交媒体平台愈发成为

---

① 《心血管健康与疾病报告 2020》概述。

现代公众获取信息和交流的主要渠道。上海市第十人民医院心血管内科张毅教授认为："帮助大众和患者建立科学正确的心血管疾病认知，是打造心血管慢病管理体系的重要一环。随着社会传播环境的变化，我们需要用公众更容易接受的沟通方式和渠道，推动心血管疾病认知科普，提升社会整体的健康质量。"社媒平台具有广泛受众性、即时互动性、内容多元化等优势特点，顺势充分利用社交媒体平台，能够为科普平台、科普形式与讲述方法创造更多有利条件。

同时，伴随着"信息爆炸"时代背景下人们愈发碎片化的阅览习惯，包含视频在内的视觉化创意内容，相较于纯文字，更易吸引和占据用户们的注意力。微电影作为社媒平台上一种融合情感与信息传递的创意传播形式，在适应现代公众碎片化阅览习惯的同时，可以在短时间内创造真挚动人的优质故事内容，打动观众心灵，引发情感共鸣，从而更加新颖、深刻地传递心血管健康的重要信息，促使受众自觉关注自身及家人的心血管健康。

三、项目策划

（一）公关目标

此次传播项目，赛诺菲转换传播思路与视野，"瞄准"30—50岁年龄群体作为目标受众。该年龄段人群作为家庭中坚力量通常具有较强的家庭责任感和健康观念，在疾病诊疗决策中扮演了越来越重要的角色，对推动疾病良好预后起着至关重要的作用。据此，规划并制定了以下的公关目标：

1. 创意科普，深化认知

通过差异化的科普形式，焕新观众对疾病科普的认知，提升观众对于心血管健康认知的关注兴趣。以大众乐于接受的形式科普患者在日常生活中需要进行的疾病管理措施，并呼吁家庭中坚力量了解专业的健康科普知识来进一步关爱父母家人，参与身边患者的健康管理，持续关注心血管疾病的预防与治疗。

2. 关怀传递，"不响"留痕

以具有共鸣感的"不响"的父子关系，打造一个温暖的情感场景，适当融入"沪语"这一富有特色的视听元素，与普通话一起，创造更真切细腻的传播语境，以贴近真实生活的患者家庭故事呼吁受众关注心血管疾病这一"不声不响"的"无声杀手"，传递真挚的患者关怀以及对家庭健康的关爱，展现赛诺菲作为全球老牌药企极具"人情味"的独特温暖，拉近赛诺菲与受众紧密相连的情感纽带。

（二）核心传播信息

1. "不响"的中国亲子关系，需要更为"响亮"的健康关怀

微电影《不响》以中国传统父子关系为主线，在台词设定中增添了部分极具当地特色的"沪语"方言进行演绎，展现父子间"接地气"的日常相处故事，引发观众感同身受。在故事的展开中，以"不响"一语双关，彼此疏于表达却依然持续关爱的父子之间的情感历程引人深思，传递出对"不声不响"的心血管疾病的早期预防与关注的重要性，唤醒家庭中坚力量对家人更"响亮"的健康关怀，体现赛诺菲与心血管疾病患者的情感联结及人文关怀。

2. 契合国家政策导向，积极履行企业社会责任

赛诺菲积极响应"健康中国2030"战略目标愿景，秉承对慢性疾病管理的重视，联合社媒博主及医学界，共同传递积极向上的社会价值观，始终以患者为中心，从患者家庭出发，引导公众关注心血管健康，加强受众对心血管疾病的认知和早期预防，提升生活质量，共筑美好健康未来。

3. 传播策略

（1）整合内外部资源，探索创意科普新花样。

赛诺菲紧跟数字化时代步伐，基于自身的慢病管理专业优势，搭配与外界KOL合作共创的科普新玩法，内外部资源进而联动碰撞，打造高质量的故事内容。以一种多元创意科普形式实现目标受众的新颖触达，改变公众对于科普"乏味"和"单一"的传统观念和刻板印象，以趣味性方式传递心血管慢病管理概念，帮助大众和患者建立科学认知。

（2）玩转隐喻巧思，点燃温情"人间烟火"故事。

赛诺菲联手社媒知名博主"哔哔道"进行微电影《不响》的创意视频内容共创，通过影像讲述真实生活中的温情父子故事，借隐喻和一语双关的手法，巧妙地将普通话与"沪语"方言特色相结合，引发广泛受众的情感共鸣，在关联受众情感中传递赛诺菲对心血管疾病患者的真挚关怀。

（3）社媒一键触达，助力广撒科普"火种"。

契合社媒平台盛行趋势及当下公众的阅览习惯，选择以抖音、视频号、微信公众号为主要传播阵地。庞大的用户基数及支持用户轻松分享内容的传播形式，为传递故事信息打造了合适的传播场景，为实现更广泛的受众触达和传播效果提供有利条件。采取紧密的传播节奏，提前以精华预告片进行预热，吸引受众关注。活动当天联合社媒博主"哔哔道"同步发布，多平台传达核心信息，最大化传播效果。

四、项目执行

（一）前期筹备（2022年9月—2022年10月）

（1）邀请KOL合作：向社媒流量博主"哔哔道"发送"赛诺菲ACS解决方案公益合作邀请函"，诚邀其一同进行微电影《不响》的创意内容共创，打造差异化的科普形式，焕新公众对健康科普的认知。

（2）短片制作：创作团队根据《不响》的人物关系设定及故事表达，设置"接地气"的服化道，转场多处贴合日常生活的取景地，拍摄并制作剧情时间跨度长达几十年的关于"不响"的父子温情故事。

（3）成片交付：2022年10月底完成微电影《不响》成片。

（二）短片预热（2022年11月3日）

预告片发布：赛诺菲中国、"哔哔道"、科普视频号"立关爱"三方视频号，以不响、你和父亲的相处模式、中国式亲子关系、赛诺菲人间烟火气、沉默的杀手等多个传播话题，在社媒平台携手发布预告片预热，引出关于"不响"的父子关系与无声疾病的思考。

（三）正式发布（2022年11月7日）

◎赛诺菲中国视频号、"立关爱"视频号、社媒博主"哔哔道"视频号/抖音号共同首发微电影《不响》正片，以"不响"一语双关，展现当"不响"的父亲在患了心血管疾病这样"不声不响"的疾病后，与儿子之间展开的温情关怀故事。

《不响》发布

《不响》宣传物料

◎微电影《不响》中，在主要面向广大受众的同时，亦结合上海这座城市适当融入了部分颇具当地特色的"沪语"台词，兼具视听艺术元素与"接地气"的日常生活感，结合时下 2022 第五届中国国际进口博览会于沪举办的绝佳机遇，聚焦了更多观众视野。

◎在微信公众号上发布微电影《不响》视频首映推文：携社媒博主及医学界共创科普新趋势，"立关爱"科普视频号正式发布，借助用户群体社交关系，触达更多潜在目标受众，引导公众观看和讨论，进一步加深其对健康科普的关注和理解。

◎线上传播的同时兼顾线下传播，赛诺菲于 2022 第五届中国国际进口博览会现场展开"立守心健康"——"立关爱"科普视频号发布会，宣布推出科普视频号"立关爱"，携手上海市第十人民医院心血管内科张毅教授在发布会现场上演专业而有趣的"科普脱口秀"，并放映《不响》微电影。

五、项目评估

（一）亮点梳理

1."视野转换"焕新目标受众

通过共创微电影传播，重点呼吁 30—50 岁的家庭中坚力量了解专业的健康科普知识，提升对 ACS 疾病的认知度，相较于中老年患者，此年龄层段的公众在日常生活中接触信息更多，圈层更广，因而以该群体作为目标受众，能更好、更紧密、也更有效地关爱家庭中的患者本身。

2."创意科普"实现新颖触达

不同于传统疾病与患者科普的形式，微电影《不响》颇具创意地通过与社媒流量博主合作，打造颇为新颖的差异化科普形式，契合社媒传播盛行趋势，通过微信视频号和抖音等社交媒体平台传播的加持，焕新观众对疾病科普的认知。

3."视听融合"丰富传播效果

在微电影《不响》中，别具一格地将当地方言即"沪语"与普通话相结合，通过相得益彰的台词设定进行演绎，同时借助 2022 第五届中国国际进口博览会的绝佳时机，聚焦观众视野。撬动视觉与听觉的双重感受，更为接地气、更有共鸣感、更贴近真实日常地讲述患者家庭的生活故事。

4. "细腻关怀"诉说人间烟火

身为全球老牌药企的赛诺菲，将细腻的人文关怀和对生活的情感洞察融入微电影的情节设定中，包裹扎实稳健的专业经验与优势，从"不响"的家庭父子关系出发，以双关和隐喻的手法，呼吁大家对"不声不响"的心血管疾病这一"无声杀手"的关注与重视，展现真正的"人间烟火"，传递对患者的关爱。

（二）播放数据与观众反馈

与社媒博主"哔哔道"合作的心血管疾病科普微电影《不响》，总体浏览量和互动量超出预期。播放量累计达到 376 361 次，点赞 / 收藏 8 605 次，转发 / 评论 2 646 次（此为正式发布后一周的数据，包含预告片在内），成功以医药行业圈内的创意科普形式实现了较为广泛的传播。

微电影《不响》正式发布后，在社交媒体平台引发诸多年轻人及中年群体的共鸣和讨论，他们自发在评论互动中讲述着身为子女与父亲之间的生活故事，许多网友表达出对父母家人的健康进行及时关心的重要性。

媒体共创 ID.4 X 去世界之巅过年

选送单位　上汽大众汽车有限公司

创新的赢家

金奖

上海市第十一届
优秀公共关系案例评选

一、项目背景

在 ID.4 X 车型上市之初，上汽大众公关与传播就招募了一批优质的媒体成为 ID. 体验官，通过购买 ID.4 X 车型成为了 ID 系列的第一批媒体车主，并持续产出实际用车场景的报道。此次项目的主要参与成员云堆汽车（西南垂直自媒体）就是其中之一。2022 年春节期间，为展示上汽大众 ID. 纯电产品 ID.4 X 的产品实力以及 ID. 车主追求品质人生，敢于挑战的特点，上汽大众与云堆汽车共同策划了此次项目，由云堆旗下内容创作者廖布斯在春节前从成都出发，驾驶 ID.4 X 到珠峰过年，并以"征服珠峰""新年第一缕阳光"为话题点进行传播。

二、项目调研

上汽大众从媒体、出镜达人、自驾路线、车型、路途保障等方面做了基本情况调查。为本项目探寻了可供选择的思路，为设计项目方案提供了可靠的客观依据。

根据项目执行的季节，我们预判往北走、高海拔的路线更能体现电动车的品质和续航能力。媒体认为从成都至珠峰的路线最具有话题性，同时在诸多 ID 体验官中云堆汽车有人气达人廖布斯，因此我们选择云堆汽车作为此次项目的合作方，最后促成了 ID.4 X 去世界之巅过年顺利执行。此外我们也对整条路线沿途，及藏区、珠峰大本营等的充电设施、沿途保障进行了调查，并联合西南营销、西北营销大区为车辆的安全驾驶保驾护航。

三、项目策划

上汽大众携手资深汽车达人、ID.4 X 体验官云堆汽车廖布斯，以"享受世界之巅的新春第一缕阳光"为传播话题，16 天 19 城，全程 3 000 千米旅途，一路征服艰难一路记录美景，最终抵达珠峰成功完成挑战，享受到世界之巅的新春第一缕阳光，并送出新春祝福。成功演绎 ID. 纯电品质以及背后上汽大众人"新时代走遍天下都不怕"的精神。

本次"ID.4 X 征服珠峰"活动，作为主角的 ID.4 X 在没有后勤保障车支持的情况下，要完成艰巨挑战，抵达对环保要求较高的珠峰，证明电动车不仅可以远行，还可以走得更远更环保，更能证明背后上汽大众敢于突破电动车补能与续航难关，用心做产品的匠心精神。

此次项目从前期准备、沿途分享、登顶珠峰等各个环节都计划在各媒体的微信公众号、视频号等全网平台上进行发布，官微、官博等官方平台同时配合媒体的发布节奏进行传播。

四、项目执行

2022 年春节，为展示 ID.4 X 的纯电实力与上汽大众车主们无畏远征的心，上汽大众联合云堆汽车，驾驶 ID.4 X 从成都出发，历时 16 天，跨越 19 城，全程 3 000 千米到达珠峰！迎接世界之巅的新春第一缕阳光，演绎"新时代走遍天下都不怕"的上汽大众人精神！

而本次"ID.4 X 征服珠峰"活动，也做到了能够让普通车主顺利抵达珠峰大本营，同时没有后勤保障车跟随，两位媒体人一路行程将近半个月，在车上放了大量的补给品，甚至是备用轮胎和打气设备等（详见《开纯电车去珠峰过年（一）冬季进藏该怎么玩？》）证明了上汽大众 ID. 家族巨能装的储物空间，突破了补能和续航两大难关，为产品本身背书，赢得了消费者的信赖。

在春节这一特殊时间，其实对于出行的挑战特别大，对物资保障与路途救援的及时性有很高的要求。然而产出内容的优势也显而易见，春节网络上传播的内容相较平时少一点，因此本项目的内容更容易被聚焦，收获更高的关注度。2022 年的 1 月 15 日云堆汽车的资深内容创作者廖布斯从成都出发，历经 16 天，最终在大年初一抵达珠峰大本营，见证了世界之巅的新春第一缕阳光。廖布斯作为车主充分体现了 ID 家族的"年轻化"的特点，在具有冒险精神、充满活力的年轻人群中引起了强烈的共鸣。作为全网第一辆在然乌湖冰面上行驶的电车，虽然冰面很滑，但是它完好无损地完成了任务，这从侧面印证了 ID.4 X 的品质过硬，ID.4 X 的操控还是给了消费者极强的信心。沿途的怒江 72 拐以及珠峰 108 拐，这两个是非常危险并且有驾驶难度的盘山路，地势险峻，海拔高，落差大，ID.4 X 过硬的品质和实力也让媒体有了去挑战的信心。定日县—珠峰大本营—定日县，年三十和初一两天一夜，海拔 5 300 米，零下十几摄氏度的天气，上山以后没有社会车辆充电桩，并且遇上了大风，全县停电，ID.4 X 在极寒条件下，没充电，硬生生扛过了整条路段的来回，并且电池、电机、电控都没有出现过任何的情况，充分展现 ID.4 X 的可靠性！而最难的就是要精准计划电量、电耗、温度、补给等因素，并且在大年夜出发，年初一凌晨抵达车辆的最终目的地——珠峰海拔碑，廖布斯和 ID.4 X 也没有辜负期望，最后在新年第一缕阳光洒下的时候记录下了这一美好时刻。

本次项目在云堆汽车微信公众号、视频号、抖音等多平台展示，覆盖了不同阅读喜好的读者

类型。同时视频也根据各平台的传播特点、优势和要求分别进行了剪辑。"如何让本次'ID.4 X 征服珠峰'话题，能够在微博平台的春节信息爆炸期间，迅速抓住受众们的眼球"则成为了一个传播难题。上汽大众微博采用发布预热海报、九宫格精修照片，以及精美视频的方式，利用平台特点与优势，迅速找到了突破口。

"ID.4 X 征服珠峰"传播活动，让受众从多方面感受到了 ID.4 X 强大的产品特性的同时，也让"上汽大众人走遍天下都不怕"的精神不断扩展外延，树立了企业责任感。

值得一提的是，ID.4 X 征服珠峰的项目在 ID 车主中引起了广泛的影响，在车主群中也有很高的呼声。在这种情况下，2022 年 11 月举办的 ID. DAY 正是对于 ID 车主的一次盛会，在策划 ID. DAY 晚会过程中，就提出了邀请廖布斯到现场，作为开场嘉宾进行旅途分享，并与俞经民先生进行互动。一位年轻车主的真实经历更可以有说服力地将 ID 的勇于探索，不畏艰难的精神诠释出来！由公司的公关部与传播部牵头，迅速与市场部 ID. DAY 的策划团队沟通，在得到相关领导的首肯和支持下，我们又与廖布斯本人沟通，确认了他对出席 ID. DAY 的意愿后，对分享的内容进行打磨，最终在晚会上得以呈现。晚会现场，廖布斯的珠峰旅程分享也惊艳到了到场的所有嘉宾。对于 ID. DAY 的媒体报道几乎也都提及了 ID 上珠峰的信息，形成了话题的二次传播。

五、项目评估

自 2022 年 1 月 31 日至 2 月 1 日，此次项目云堆汽车发布长视频 3 条，视频号和抖音发布短视频 18 条，总阅读量超过 100 万。官方微信以"ID.4 X 征服珠峰"为话题，围绕"享受世界之巅的新春第一缕阳光"这一中心目标，发布相关长图文 2 篇，其中包括 2 条视频。以"图

文＋视频"的表现形式，增加内容趣味度与丰富性，增加用户吸引力。单条推文平均总阅读量超过 3 500，平均阅读完成率约 60%，该话题内容对用户具有较强的吸引力，并将 ID.4 X 的强悍形象和上汽大众人"新时代走遍天下都不怕"的精神有效传达，成功树立企业和产品的形象。官方微博以"ID.4 X 征服珠峰""新时代走遍天下都不怕"为话题发布相关微博 4 篇，包括 1 张海报，2 条视频，1 篇图文微博，共 9 张精修照片。以多种表现形式，推动达成与用户之间的有效沟通，提升用户感知度。同时，该话题平均每条阅读量达到 10.25 万，平均互动量达到 332 次。还吸引了多位"黄 V"参与评论互动，为本话题传播增加了流量与人气，实现了优质的内容输出。其他转发平台还包括大众品牌微信号，大众一家 APP 车主专栏等。

此次项目引起了电车长途自驾的风潮，在此之后，许多媒体也开始策划，其中就包括车动力的 ID 川西自驾游，W 动力的 ID 新疆自驾游等。更多的电动车车主也开始纷纷加入了自驾游的阵营。

ID.4 X 是上汽大众上市的第一款 ID 系列电动车，在传播上需要体现大众在电动车领域转型的决心和实力，内容上要更加触达 C 端，直面消费者，体现传统车企在电动化、年轻化的道路上不断探索和实践，亟待有"征服珠峰"这样一个具有突破性和话题性的传播内容。

在此项目上我们遇到的挑战是如何克服执行的不可预计性，大量的突发状况会随时出现。因此由媒体负责人牵头，企业品牌公关部、大众品牌公关部及市场部、区域等多方联合共同准备和协助，最终促成了这个项目的圆满成功。

此次项目是上汽大众首次策划的媒体内容共创类项目，媒体共创的本身充分深入地挖掘了媒体资源，也很好地成为了媒体关系维护的一个突破点和创新点。云堆汽车作为 ID 体验官，以车

主角度深挖产品亮点，让车型的精神与品质深入人心，带动了 ID 系列的话题热度，并且实现了持续性的传播，和二次传播 Call Back，使优质内容的使用最大化，对于其他车型的创新传播也有一定的借鉴价值。我们也会更多地尝试此类共创选题的策划，发挥媒体的外脑作用，赋能品牌和产品传播。

"ID.4 X 去世界之巅过年"海报

遇见中华文化

Meet U in Chinese Culture

选送单位　中国东方航空集团有限公司

创新的赢家

金奖

上海市第十一届
优秀公共关系案例评选

一、项目背景

中华文化源远流长、博大精深。中国作为世界四大文明古国之一，在数千年的历史发展中传承，形成了今天多元一体、丰富璀璨的中华文明。在国际交往过程中，茶饮、面食、汉字等也逐渐成为中华文化的代表元素。

中国东方航空集团有限公司（以下简称"东航"）作为国家对外名片，联通中外的同时更加肩负着展示国家形象的重任。航空业务的国际交流和文化传播属性突出，资源方面也具有特殊优势，机身、客舱、航食等都是东航与旅客和大众交流的渠道，在润物细无声中实现跨文化传播。由此，东航立足于"世界品位，东方魅力"的企业理念，借助企业海内外新媒体矩阵，调动国际化的员工团队，推动中华文化走出去，向世界展示具有东方韵味、中国风范的优秀文化。

以航空传播中华文化，东航推出"遇见中华文化 Meet U in Chinese Culture"主题海外传播策划。经创意策划和综合研判，以中华文化遗产为创意源泉，挖掘其中蕴含的文化内涵，分析新时代年轻人的审美喜好及潮流的传播方式，结合东航业务元素和特色产品，参考国际传播领域专家的意见与建议，创意开展中华文化的国际传播。

二、项目调研

在开展中华文化传播主题策划初期，东航团队对目标受众和资源优势进行了综合分析研判，选定了"接地气""有底蕴"的策划风格，主打东航元素和旅客视角两大特色，以贴近人们生活日常的选题切入，尝试增加圈层用户的黏度，带动品牌理念和中华文化的国际化表达。

在目标受众方面：东航希望通过开展文化出海策划获得"追求情感认同的海外华人华侨"以及"希望了解中华文化的广大海外网友"两大类别受众的关注和共鸣。基于这两类目标受众，团队在国际传播过程中更侧重选择有温度的、有趣味的中华文化元素，以满足受众对多样内容、流行文化、热点动态的信息需求，与目标受众建立情感共鸣，以达成良好的宣传效果。

在资源优势方面：东航近年持续深耕海外社交媒体账号矩阵建设，目前已建设覆盖六个平台、多个语种的二十余个账号，品牌海外建设成果显著。借助社交媒体的即时性和交互性，广泛触达目标人群，实现跨平台联动传播。不仅如此，东航积极调动员工力量，尝试通过员工视角展示企业品牌，引入已经成功孵化的明星员工参与本次文化主题策划，借助员工的力量，提升策划丰富度，助力讲好东航故事，讲好文化故事。

在实践经验方面：东航围绕中华文化推出航食特色产品，在品牌塑造和配套传播方面积累了宝贵经验。"东航那碗面"以各地风味为亮点，集中展现了中国丰富多彩的面食文化和茶文化，借助航司服务资源，打通了航食与文化的畅联通道，实现了从航食市场到餐饮市场的破圈推广。

三、项目策划

策划秉承文企融合的策划思路，以民航领域的传播需求为出发点，针对海外社交媒体平台的特性与用户定位，借势寻找可与其呼应的中华文化传播选题。东航团队从出圈产品"东航那碗面"中汲取灵感，延伸出"航空 + 中华文化"

的新媒体策划思路，二者融合，展示航空企业与中华文化的别样魅力。

在内容选题方面，东航注重强化航空与中华文化的关联。在航司运行日常中，四季变化影响航班计划，夏暑冬雪都是对民航人的严峻考验。航司业务部门高度关注气候和天气的变化。时令节气与民航运行深度关联，东航从自身业务特点出发，结合中华文化中最为契合时令的文化概念二十四节气推出系列策划，向公众科普民航知识的同时，展现中华文化的智慧结晶。不仅如此，结合航司旅游服务商这一业务类型，东航还聚焦航线所达目的地城市的美景美食和文化遗产，推出"航空＋文旅"系列策划；围绕东航外籍员工在中国工作或生活，推出"十国员工眼中的最美汉字"以及"城市＋"策划，通过将外籍员工引入策划，丰富了策划的视角，拉近了与海外受众的距离。

在视觉呈现方面，东航本次策划主打航空元素与国风元素的融合。从海外目标受众喜好和社交媒体平台特点出发，以登机牌、舷窗、航食等经典航空元素为载体，选用黛蓝、燕颔蓝、茶花红、朱红、缥色、云峰白等中国传统色，着重强调了航空元素的年轻化表达和国风元素的国际化展示。

四、项目执行

基于上述项目策划要求，东航"遇见中华文化 Meet U in Chinese Culture"主题海外传播策划集中在 2021 年和 2022 年推出，通过"飞越中国""二十四节气系列""十国员工眼中的最美汉字""城市＋"四个主要板块落地。相关内容以互动活动、系列海报、系列视频的形式，通过多语种在六大海外社交媒体平台的东航自有账号发布，触达目标受众群体。

1. 飞越中国

"飞越中国"系列从东航旅游服务商业务类型出发，从 2021 年初开启，持续推出，带领海外受众云游遗迹、云品美味、云赏非遗。2021年，策划选取东航"四梁八柱"重点市场及营业部所在的 12 个城市作重点推介，结合时事热点和热议话题展示旅游目的地的特色景点、美食和活动，并邀请省市或城市官方文旅账号参与联

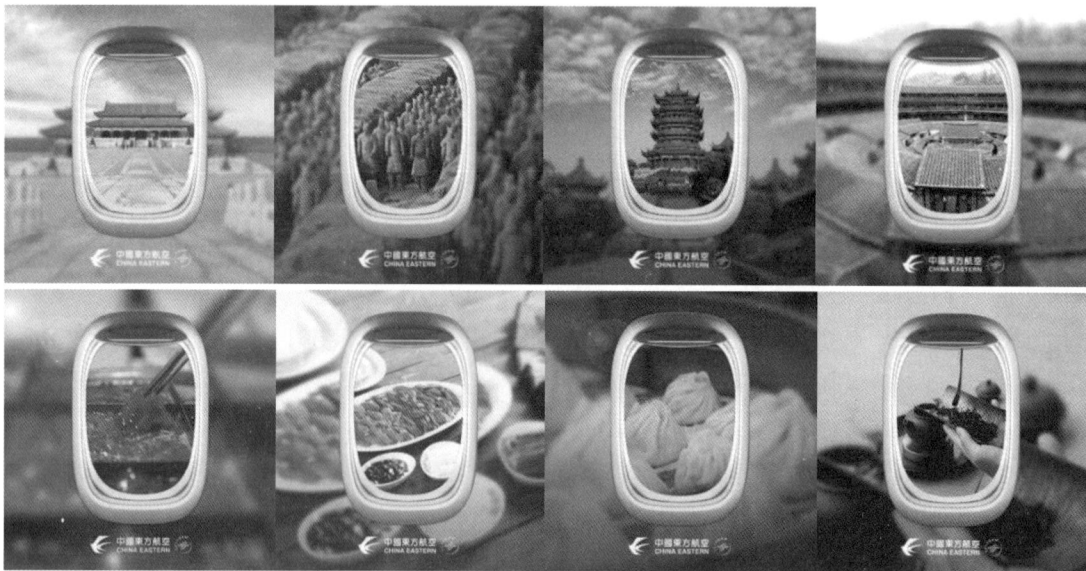

"飞越中国"系列部分舷窗海报

创新的赢家

动。2022 年，策划选题延伸至更广泛的中国城市，选题也转换至更具中国地方特色的非遗和民俗主题。

该策划板块以经典航空元素"舷窗"为核心视觉要素，制作了极具辨识度的舷窗海报，营造出"透过舷窗赏多元中国"的氛围。通过猜谜GIF、创意海报、账号联动等多样化传播形式，有效增强传播效果，累计海外传播覆盖量突破5 000 万次，互动量突破百万次。

值得一提的是，东航在 2022 年元宵节，深度结合闹花灯的节日习俗，特别推出"飞越上元节"专题，在节日当天集中推送，为海外网友展示了上海豫园灯会、广州越秀灯会、四川自贡灯会以及甘肃张掖九曲黄河灯阵等来自中国东南西北的各式花灯和灯会活动。舷窗内外、虚实相映，花灯在舷窗海报的衬托下显得更具节日气氛。

2. 二十四节气系列

围绕二十四节气文化概念，东航在 2021 年推出"节气登机牌"系列策划，登机牌为"骨"，企业理念为"血"，搭配诗词传"神"，巧妙将中国传统历法、古典诗歌文学和民航元素融会贯通。海报主体是登机牌样式，主视觉图选取了反映四时风景或航司运行特点的美图，配合描写时节的优美中英文诗句呈现。该系列 24 张主题海报的主视觉图全部来自东航员工投稿。

不仅视觉设计极具巧思，配套文案也亮点满满。以立春登机牌为例，主视觉图选取了东航空乘员和来自东航定点扶贫云南沧源县的少数民族小朋友的互动场景，东航特意为此搭配了"春天在哪里？春天就在小朋友的眼睛里"的文案，满怀亲切感和对春日的美好憧憬。该系列策划凭借精巧设计累计在海外社交媒体平台获得 500 余万阅读量。

此外，延续二十四节气选题，东航在 2022 年焕新推出"赏味二十四节气"系列，通过"知时知味"的概念串联，制作以中国传统色为海报底色的节气美味海报，将传统节气习俗、中华饮食文化和古典色彩深入融合。该系列策划中的创意航食菜品由东航食品公司的厨师专门定制，反映节气特征且独具东方味道：立春节气吃春卷，全球粉丝同"咬春"；春分节气品春风草头饼，意气风发"一起向未来"。

"赏味节气"系列策划部分海报设计

3. 十国员工眼中的最美汉字

东航国际化航司的企业特色在"十国员工眼中的最美汉字"这一系列视频策划中获得了集中体现。毛笔写汉字展示出满满的国风感；多国员工出镜拍摄体现出浓厚的国际范。来自韩国、日本、意大利、德国等国家的各岗位员工，写下了进、复、康、信、悦、乐、暖、行、丰等汉字。多国员工通过汉字，表达对疫情阴霾消散的信心、对自己及家人朋友的祝福、对期待与旅客重逢的盼望，也借此表达对汉字及中华文化的喜爱以及对东航企业文化的认同。

4. 城市 +

"城市 +"策划结合成都天府机场正式投运、英雄城市等关键时间节点和事件，推出"东航外籍机长邀你来武汉做客""天府机场首航幕后"重点策划，紧跟热门潮流话题，邀请国际友人分享故事，引爆中国城市的魅力。此外，东航还联动城市文旅局的海外社交媒体账号加入互动，并使用英、意、泰等语言开展本地化传播，多媒体渠道发布，多维度覆盖海外受众，扩大传播覆盖量。

《东航外籍机长邀你来武汉做客》巴西籍机长朱立安通过 vlog 视频的方式，带领海外网友"云"游武汉，以"本地人"的身份向广大海外网友分享了他的武汉生活，带领网友探秘历史故居，俯瞰武汉夜景，诚邀全球网友到武汉做客。通过他的讲述，海外网友直观地感受到了武汉这座城市的包容、活力与烟火气。

除了巴西机长朱立安，另一位东航外籍机长迭戈也和武汉结下了不解之缘。在他的眼中，武汉是一座魅力十足的城市，社会秩序井然，所遇之人都热心友善，传统美食令人垂涎。牛年春节，迭戈执飞了目的地为武汉的春运航班，向武汉深情表白，也送上了祝福。接受采访时他说道："这是我所有家人的家……中国意味着家、现在和未来。"

此外，结合成都新天府机场正式投运热点话题，东航"进博号"彩绘飞机搭乘 310 多名旅客，从成都天府飞往上海虹桥，正式拉开东航在天府机场运营的序幕。意籍机长迭戈带领英国蓉漂主持人高睿，零距离体验机长的飞行日常，用镜头记录下东航执飞新天府机场首航全过程，亲历新天府启航之旅，共同见证"神鸟"展翅。

五、项目评估

自 2021 年 "遇见中华文化 Meet U in Chinese Culture"主题海外传播策划启动以来，东航依托企业自有海外社媒矩阵，从各角度切入，坚持贯彻"航空 + 中华文化"策划思路，将相关主题策划常态化、系列化，逐步深化落实文化出海传播工作。

从传播数据看，相关选题及策划累计发布帖文逾 700 条，目前阅读量总计达近 1 亿，互动量约 500 万。"城市 +"策划外籍机长内容获得全球近千家网站刊登转载，包括世界四大通讯社之一的美联社、雅虎财经、纽约日报等媒体关注报道。从互动效果看，高颜值海报设计和航司文化巧妙融合受到网友好评，纷纷热情转发或留言点赞，表示中华文化"绝美"；不仅如此，多个系列还吸引到行业组织、兄弟央企及政界人士等意见领袖关注互动，包括天合联盟 @Skyteam、法兰克福机场 @Airport_FRA、上海日报 @shanghaidaily、国资委新闻中心官方账号 @Xin、中国驻巴基斯坦文化参赞张和清 @zhang_heqing 等在内的大 V 账号也和东航账号展开频繁互动。

相关策划也引发传播领域关注，舷窗海报和登机牌海报因与航司的巧妙结合，受到国内其他航司问询和点赞；外籍员工书写汉字策划也因转换员工视角呈现和邀请多国员工深度参与收获行业榜单关注，作为经典案例被收录和展示。

礼来胰岛素百年传播项目

选送单位 礼来中国

一、项目背景

（一）疾病概述

糖尿病是一种常见的内分泌代谢疾病，随着生活方式的改变和老龄化进程的加速，我国糖尿病的患病率正在呈快速上升趋势，成为继心脑血管疾病、肿瘤之后的另一个严重危害人民健康的重要慢性非传染性疾病。它的急、慢性并发症，尤其是慢性病并发症累及多个器官，致残、致死率高，严重影响患者的身心健康，并给个人、家庭和社会带来沉重的负担。

国际糖尿病联盟（IDF）估计中国糖尿病患者数量超 1.4 亿，位列全球首位。与此同时，我国成人糖尿病患病知晓率为 36.7%，其中仅有 32.9% 的患者接受过规范治疗，仅 50.1% 的患者血糖得到有效控制。据统计我国每年中国糖尿病管理的支出高达 6 100 多亿元，其中药物治疗（口服药和胰岛素）费用仅 300 多亿，而糖尿病后期并发症与急症处理的医疗支出近 5 800 亿元。因此，提升糖尿病的知晓率，早诊早治、规范用药对于患者、家庭和国家来说均意义深远。《健康中国行动》提出糖尿病防治目标：到 2030 年，18 岁及以上居民糖尿病知晓率提升至 60% 及以上，糖尿病患者规范管理率达到 70% 及

二、项目调研

1. 患者概况

◎中国糖尿病发病率高达 12.8%；人口老龄化将导致 60 岁以上糖尿病患者的比例持续增加。

以上。

（二）药物发展史概述

在 1921 年发现胰岛素之前，患者一旦被确诊得了糖尿病就意味着死亡。胰岛素的发现彻底改变了糖尿病的治疗方法，增加了预期寿命并改变了生活。1921 年，加拿大多伦多大学的班廷教授和助理 Best 从狗的胰脏成功提取了胰岛素，使得糖尿病的治疗迈入了一个新的篇章。

1923 年，班廷以仅仅 1 美元的价格，将胰岛素的专利出售给多伦多大学，后者随即授权美国礼来公司开展胰岛素的大规模生产和销售，并合作推出了世界上第一代动物胰岛素。从 1921 年胰岛素被发现到 1923 年商品化，成为一种面向千千万万患者的救命药品，仅仅不到两年时间，这是医学界与医药工业界破天荒的合作创举和成功典范，也使糖尿病一夜之间从一种致命性的疾病变为一种可控制的慢性疾病。

目前，胰岛素治疗是控制高血糖的重要手段。1 型糖尿病患者需依赖胰岛素维持生命，2 型糖尿病患者虽不需要胰岛素来维持生命，但当口服降糖药效果不佳或存在口服药使用禁忌时，仍需使用胰岛素控制高血糖，并减少糖尿病并发症的发生风险。在某些时候，尤其是病程较长时，胰岛素治疗可能是最主要的，甚至是必需的控制血糖措施。因此，胰岛素也被誉为治疗糖尿病的"终极武器"。

◎ 2018 年中国调查数据显示，我国成人糖尿病患病知晓率为 36.7%。其中有 32.9% 的患者接受过规范治疗，有 50.1% 的患者血糖得到有效控制。

◎《健康中国行动》提出糖尿病防治目标：到 2030 年，18 岁及以上居民糖尿病知晓率提升至 60% 及以上，糖尿病患者规范管理率达到 70% 及以上。

2. 中国患者对胰岛素的应用情况

◎ 胰岛素治疗是控制高血糖的重要手段。1型糖尿病患者需依赖胰岛素维持生命，2型糖尿病患者虽不需要胰岛素来维持生命，但当口服降糖药效果不佳或存在口服药使用禁忌时，仍需使用胰岛素控制高血糖，并减少糖尿病并发症的发生风险。在某些时候，尤其是病程较长时，胰岛素治疗可能是最主要的，甚至是必需的控制血糖措施。

◎ 目前，约40%的糖尿病患者在接受胰岛素治疗。补充外源性胰岛素是降糖治疗的终极武器，也是糖尿病治疗的最后一道防线。

◎ 而调研显示31.9%的患者日均胰岛素注射剂量存在偏低或偏高现象，影响了胰岛素控糖效果。

3. 集采执行对于患者及国家医保负担的影响

◎ 每年中国糖尿病管理的支出高达6 100多亿元人民币，其中药物治疗（口服药和胰岛素）费用仅300多亿，而糖尿病并发症与急症处理的医疗支出近5 800亿元。

◎ 据国家医保局消息，首年胰岛素专项集采已惠及超过1 000万名糖尿病患者。按集采前价格计算，胰岛素专项集采涉及采购金额约170亿元，集采后预计每年可节约费用90亿元。

◎ 总结而言，糖尿病患病率逐年增加，为患者和国家带来的负担巨大。胰岛素集采的实施对减轻患者负担、提升患者治疗的依从性，减缓并发症的发生，提升患者长期的生存质量有重要意义。

三、项目策划

（一）项目目标

◎ 展现礼来作为首个商业化胰岛素的百年药企，以及糖尿病治疗领域的先行者，百年间坚持探索与创新，服务中国乃至全球市场和患者的需求，以及在中国持续耕耘的坚定信心和承诺。

◎ 提升患者对于胰岛素集采的关注度，加深全国医院对于集采政策的理解，以进一步将集采福利下沉至基层和患者层面。

◎ 强化患者对于糖尿病管理和用药的科学认知，消除常见疾病误区与用药恐惧，进而提升治疗依从性，预防并发症，提升患者生存质量的同时降低国家负担。

（二）核心创意：为期3年企业行动与传播活动相辅相成的大型项目

◎ 铭记100年的持续创新：礼来在2021年发起了全球糖尿病领域创新奖"莱昂纳多"（Leonard Award）奖项，以表彰致力于通过创新思维和新颖方法推进糖尿病管理的多元化先锋人士。同时，礼来通过社交媒体将发现胰岛素的历史故事用长图文的形式呈现，并邀请国内知名专家从医学家的角度讲述全球和中国在抗击糖尿病领域的故事，铭记这一段宝贵的创新历史。

◎ 献礼100年的长期承诺：早年间，我国胰岛素甚至都是配给制，需要凭票才能获取。当时的胰岛素可及性仍有不足，无法满足每一位患者的需求。时至今日，集采让胰岛素价格大幅下降，每支低至20元，已经能够惠及每一个患者，丰富了患者的治疗手段。礼来通过对于国家医改政策的积极参与，并通过全国各大电视台、媒体传播让更多患者知晓这一国家福利信息，为健康中国2030的实现作出贡献。

◎ 攻坚100年的未竟之业：从胰岛素的发现到广泛应用已历经百年，但患者对于疾病和用药的认知仍存在缺口。礼来携手新华网发起糖尿病"百问百答"科普行动，邀请全国各地的专家就患者关心的疾病相关问题进行解答；汇集内容建立以患者为中心的糖尿病"知识中心"，提升患者对于疾病与药物使用的认知。在传播方面，建立了全媒介矩阵，由新华网及客户端发布专家科普视频/文章，拥有高患者粉丝黏性的各专家的抖音号同步发布，并在评论区解答患者问题，从高举高打到亲民传播，真正惠及患者。同时，邀请各地权威媒体与专家深入采访，解读集采为行业、患者带来的改变，让患者安心、放心享受国家福利。

四、项目执行

（一）2021 年铭记 100 年的持续创新：全球奖项 & 历史故事 & 专家联动

1. 在公司行动层面

礼来在 2021 年发起了全球糖尿病领域创新奖"莱昂纳多"（Leonard Award）奖项，其灵感来源于 1921 年首位接受胰岛素治疗的糖尿病患者——莱昂纳多·汤普森（Leonard Thompson）。该奖项旨在纪念胰岛素发现 100 周年，表彰致力于通过创新思维和新颖方法推进糖尿病管理的多元化先锋人士。奖项出炉后，礼来公司将向 Life for a Child 非营利组织捐赠 100 000 美元。Life for a Child 是一个向资源匮乏国家的 1 型糖尿病儿童和青少年提供护理、教育和救生药物和用品的非营利组织。

"莱昂纳多"奖项面向全球，内容需围绕通过创新或努力来超越药物或设备治疗解决糖尿病管理中的重要需求或挑战，或旨在支持社区糖尿病管理及创新。参选人可以是全球糖尿病领域的内分泌学家/初级保健医师、糖尿病教育者/护士、研究人员。奖项提名者须提交原创项目，最终由糖尿病护理领域资深领袖组成的外部评委小组选出获奖者。在奖项推出的第二年，四川大学华西医院内分泌代谢科袁丽教授的"Triangle 糖尿病分层分级管理"项目荣获糖尿病教育者/护士类别冠军，也是中国在四个类别奖项中唯一获奖者。

2. 在传播方面

礼来中国收集整理中外百年历史故事，并通过号召医生与患者分享个人与疾病抗争故事、从业经验等，共同致敬百年传奇。

同期，礼来中国制作了 6 期长图文故事连载发布于社交媒体，并与三联生活周刊等媒体合作，采访了数位患者与专家，共同回忆人类抗争这一疾病的征程。

在《三联生活周刊》微信公众号上，3 篇长文（《我才十几岁，我要打一辈子胰岛素》《胰岛素 100 年：我们何时能根治糖尿病？》《胰岛素在中国：从"救命稻草"到"治疗基石"》）分别从 1 型糖尿病患者故事、全球药物研发故事和胰岛素在中国的发展三个角度切入，深入浅出地讲述了百年间治疗手段的演进为患者带来的生活改变。3 篇文章在 24 小时内均突破了单篇 10 万阅读量。

在 2021 年中国国际进口博览会（CIIE）上，礼来中国举办"百年不止 不止百年"礼来进博会胰岛素百年庆典活动，多位业内专家和礼来高层齐聚一堂，共忆糖尿病治疗领域辉煌百年，探讨糖尿病治疗未被满足的临床需求，展望糖尿病领域的智慧医疗，共启糖尿病治疗创新应用的下一个百年。活动全面展现礼来作为首个商业化胰岛素的百年药企，以及糖尿病治疗领域的先行者，如何坚持探索与创新，服务中国乃至全球市场和患者的需求，以及在中国这个全球未来最大医药市场持续耕耘的坚定信心和承诺。

共计 20 家媒体参与了现场环节并第一时间发布了报道：第一财经电视、人民日报健康客户端、人民网、环球网、澎湃、文汇报、21 世纪经济报道、健康时报、医药经济报、新浪医药、医谷、生物谷、新闻晨报、新民晚报等媒体参与了现场环节并第一时间发布了报道。

（二）2022 年，克服疫情挑战保供集采执行 & 媒体联动

1. 在公司行动层面

2021 年底，国家开展第六批国家组织药品集中带量采购（胰岛素专项），礼来成为本次集采中唯一一家在预混胰岛素类似物和餐时胰岛素类似物组别中进入 A 类名单的跨国企业。其中，优泌乐 25® 和优泌乐 50® 在预混胰岛素类似物组获得 A1 身份；优泌乐® 为餐时胰岛素类似物组别唯一进入 A 组的原研产品。2022 年 5 月 1 日起，集采陆续在全国范围内正式开始执行。

在备货期间，礼来苏州胰岛素工厂出货所必经的昆山口岸因疫情封控而运输资源受限。在各级单位的支持下，礼来公司获得昆山口岸的绿色通行证，以保证集采胰岛素药品和注射笔保时、保质、保量抵达全国医院。

2. 在传播方面

2022 年初，礼来开始为集采执行进行预热，在糖尿病社群媒体（糖尿病之友、糖护士等）、民生类媒体、抖音上科普胰岛素相关的知识的同时普及胰岛素集采的执行规则以及将为患者带来的福利。

2022 年全国集采执行遇到疫情暴发的挑战，礼来苏州生产基地为保证全国医院供应，积极备货并疏通运输渠道。2022 年 6 月 1 日 CCTV-2《经济新闻联播》《第一时间》2 分钟时长播出礼来保供胰岛素的集采情况。

2022 年 5 月到 8 月，国家集采在全国各省依次落地执行，40 个城市的电视台、视频媒体报道各大医院为患者开出首张 20 元以下的三代胰岛素处方，60 位专家、医生、患者参加采访。

（三）2023 年，举办百年庆典 & 区域联动

1. 在公司行动层面

2023 年是礼来胰岛素商业化的百年。2023 年 3 月 1 日，礼来宣布公司在美国将把其最常用的胰岛素产品降价 70%，并将胰岛素产品的自付费用上限设为每月 35 美元，以提升美国糖尿病患者的可负担性。同时，礼来也呼吁更多行业伙伴加入这一行动中。早在 2020 年，礼来宣布了其 Lilly Insulin Value Program，申请后可让拥有商业保险或未保险的患者以每月 35 美元的价格处方礼来胰岛素。自 2020 年创立以来，该计划已经帮助了超过 56 000 患者以 35 美元的价格获得处方，为他们节省了超过 7 300 万美元的自费费用。

全国各大卫视 / 电视台报道胰岛素集采执行 / 医院开出首张 20 元以下三代胰岛素处方

2. 在传播层面

礼来举办"胰岛素中国临床应用百年纪念"活动，邀请了行业专家、礼来全球 CEO、媒体、患者，共同回顾了百年历史，并展望了未来糖尿病的治疗理念革新、药物创新方向等。

礼来胰岛素百年 & 中国胰岛素临床应用百年庆典活动

从左至右：礼来制药董事长兼首席执行官戴文睿先生（David A. Ricks）、北京大学人民医院内分泌科主任纪立农教授、北京协和医院内分泌科副主任、主任医师李玉秀教授

与此同时，礼来携手新华网发起糖尿病"百问百答"科普行动，邀请全国各地专家就患者关心的疾病相关问题进行解答；汇集内容建立以患者为中心的糖尿病"知识中心"，提升患者对于疾病与药物使用的认知。在"百问百答"专题中，共计 10 余位专家就糖尿病管理、患者运动方式、胰岛素的起始与注射注意事项、患者旅游出行的注意事项、老年患者的特殊性等话题，以问答的形式进行了解读。

五、项目评估

1. 效果综述

在 2021—2023 这连续 3 年公司行动与传播

活动的紧密联动下，在公众、患者、医生以及政府层面，再次强化了礼来深耕糖尿病领域的决心与承诺；兼具医学与人文建树的百年历史，将礼来糖尿病品牌进行了有效区分，提升了品牌的美誉度。从集采的践行到"百问百答"的内容传播，再次彰显了礼来以患者为中心，不仅通过降价让更多患者"用得上"药，更通过持续的患者教育，让患者"用得好"药。

2. 公众层面

2021 年，500 多家媒体报道了关于胰岛素发现百年，以及胰岛素进入集采以及礼来三代胰岛素降幅最高的新闻，人群触达量达 1 380 万。关于胰岛素研发故事、中国患者故事的文章的 3 篇文章发布在三联生活周刊上，在 24 小时内均突破了单篇超 10 万阅读量。

2022 年，关于价格最低的三代胰岛素处方在各省落地的报道覆盖了 40 个城市的主流媒体，包括天津发布、全椒发布、贵州发布、武汉发布、鄂尔多斯发布等多个官方账号，覆盖了从北上广深到萍乡、临泽、阜阳、阆中、丘北等县域城市。2 000 家媒体报道/转载信息，人群触达量达 1.14 亿。2023 年，礼来胰岛素百年 & 中国临床应用百年庆典活动以及系列专家采访报道，人群触达量近 400 万。

3. 患者层面

2023 年，针对糖尿病患者开展的专家"百问百答"专题项目，7 位专家视频的全网浏览量总计达 350 万。其余 3 位专家的媒体栏目还在制作过程中，待发布后更新。

4. 医生层面

三年中，近百位专家、医生参加媒体采访或视频录制，对于糖尿病早诊早治、疾病科学管理、就诊认知误区等问题，为广大患者进行了详细的疾病科普。

企业及品牌智能营销分发传播

选送单位

宣亚国际营销科技（北京）股份有限公司上海分公司

创新的赢家

金奖

上海市第十一届
优秀公共关系案例评选

一、项目背景

在移动互联网、大数据等技术广泛应用的背景下，出现消费人群圈层化、平台渠道独立化、内容及形式多样化等社会现象，同时以智能算法为代表的各种数字技术，将消费者画像特征、网络社交行为，以及品牌信息、传播效果数据化，从而实现数字化分析。两者共同推动着品牌营销传播智能化、精细化。

随着互联网流量红利逐渐减弱，以及汽车行业由增量变为存量市场，不管是造车新势力品牌，还是传统汽车品牌，企业营销传播逐渐进入数字化转型浪潮之中。上汽通用汽车作为国内主流合资车企，也面临着营销成本持续上升、转化效率不断降低等问题，迫切需要通过数字化的手段和传播渠道来对品牌、产品、服务进行传播与推广。

近年来，人工智能技术快速发展，AIGC已经成为营销传播领域的重要趋势之一。在AI人工智能的辅助下，可以通过算法和大数据分析，在短时间内快速生成高质量的内容，还可针对不同的内容要求，生产出不同形式、主题、风格的传播内容，极大地提高了内容生产效率，同时扩大了内容的广度。

二、项目调研

社会环境方面，伴随数据化、可视化、智能化的背景，传统的"内容广告"从"移动互联网+"时代，进入AI+时代。其中，在新媒体流量平台，消费者的状态需求也由"人找信息"演变为"信息找人"，这要求在新兴平台的内容产出和传播工作更加精准化，在各种渠道中更加合理分配营销资源。

上汽通用汽车作为中国汽车行业的主流合资企业之一，旗下拥有别克、雪佛兰、凯迪拉克三大品牌，三十多个系列的产品阵容，覆盖了从高端豪华车到经济型轿车各梯度市场，以及MPV、SUV、混合动力和电动车等细分市场。2021年9月，上汽通用汽车正式发布全新品牌LOGO，新LOGO采用更加简约化的设计，颜色由此前的灰色变成了蓝色。这也标志着上汽通用汽车迈向"电动化、智能化、网联化"转型升级之路，未来将以科技赋能，为消费者创造更大的价值和更好的体验。这要求2022年需要将上汽通用汽车及旗下品牌的新战略规划、转型发展、新产品技术等内容，广泛传播以触达消费者。

组织内部条件方面，宣亚国际积极拥抱技术变革，联合多家生态合作伙伴共同推进"大数据+AI"技术的发展和运营，实现了长短文稿、视频剪辑、海报图片等智能生成，以及融媒视频平台的搭建，可以为企业提供智能化、个性化的内容传播服务，从技术端保证了企业和品牌智能营销项目的可行性。具体来说，自有AIGC（Artificial Intelligence Generated Content，人工智能生成内容）内容生产平台生产效率及为企业降本层面有着显著优势。相比人工撰写千字文稿，需花费数小时以及更高的成本费用，千字文稿通过AI智能仅需2分钟即可生成；视频类传播，如时长10秒的短视频内容，人工剪辑需要2小时，AI生产剪辑仅需5分钟。而图片类如海报设计，AI智能的优势更加明显，通过AI智能仅需2分钟即可制作完成，采用原始人工设计时长2小时以上。同时，宣亚国际联合新华社进行融媒体视频平台合作，为融媒体机构提供管理平台。该平台不仅广泛链接各类型资讯融媒体，还打通各融媒体在多平台的内容和数据，实现融媒大数据深度洞察。整体上，自有 AIGC 平台在内容生产效率方面大大提升，生产成本也大幅降低，未来还将持续升级和优化 AIGC 相关技术能力。

三、项目策划

1. 目标

2022 年上汽通用汽车品牌年度智能营销传播，将以多渠道、多形式深化传播企业价值观，阶段性、动态化展现上汽通用汽车及旗下品牌转型升级，扩大企业及品牌"电动化、智能化、网联化"转型升级的认知和影响。实现产品场景化、技术形象化、内容故事化等传播效能提升，从而让企业及品牌转型发展触达（潜在）用户心智，提升用户对上汽通用汽车转型发展的新认知和好感度，撬动更多的潜在消费群体。

2. 目标公众

上汽通用汽车旗下产品用户及潜在用户，注重智能科技、舒适安全的中高端消费者。

3. 传播策略

基于 2022 年上汽通用汽车品牌年度营销传播内容和传播节奏，在营销模式和策略上进行创新，通过整合平台端和媒介端，以及"大数据 +AI"赋能内容生产，形成品牌内容、传播渠道、媒体评估筛选为一体的"1+N+X"智能营销传播模式，全年分阶段、动态持续性组合输出。"1"指以品牌内容为一个中心，包含产品生命周期、技术专题、品牌事件、品牌公益等；"N"指多平台多渠道，包含抖音、今日头条、百度、汽车之家、懂车帝、微博等；"X"指多等级多账号组合，融媒体 + 自媒体 +KOL+KOC，实现全方位、全覆盖的品牌营销传播和市场推广。

四、项目执行

（一）项目执行流程

结合上汽通用汽车企业及品牌年度智能营销子项目的核心内容，同时基于文案、图片、视频等传播内容资产的历史积累，以及多元化图文内容框架模板，项目内容标签的个性化组合等条件，通过 AIGC 快速实现组合性内容输出，针对品牌事件、产品生命周期、技术专题、企业公益等不同方向，产出长、短图文以及短视频等。

同步在媒体方面，提供各平台丰富的媒体账号资源，并进行相关项目主题、覆盖目标用户主体匹配链接，保证内容更精准释放，完成多平台的信息落地传播。

通过整合不同渠道、不同平台和不同的传播营销路径，以及利用包含数字化分析在内的多种手段和工具，对内容投放的平台、数量、账号以及传播形式和内容进行实时优化和调整，实现今日头条、百度、抖音、微博、汽车之家、懂车帝等核心平台及垂直媒体平台流量精准覆盖，助推品牌及产品话题声量提升。

（二）各专题方向项目案例

1. 企业 & 年度重要展会论坛：博鳌亚洲论坛

项目时间：2022 年 4 月

执行内容：配合财经媒体账号深度解读上汽通用与博鳌亚洲论坛密切合作 15 年，旗下车型多年来一直作为官方指定贵宾车辆。从而整体强化传播上汽通用汽车用产品魅力和体系实力为"中国智造"烙下高品质印记。

2. 品牌事件：Tech Day 科技展望日

项目时间：2022 年 11 月

执行内容：设置"通用汽车科技展望

日""上汽通用700亿加速电动化智能化转型"双话题信息，采用区域融媒体＋财经融媒体组合，形成高度＋深度的融媒体短视频事件报道，配合财经＋汽车账号信息在头条、百度等资讯网站进行图文内容传播，推动品牌事件重点信息的高热传播。

3. 产品专题：别克世纪新车全生命周期智能营销

项目时间：2022年6月—2022年12月

执行内容：针对别克世纪首发亮相、量产下线、上市预热、新车上市、新车发运以及上市延续期等推广节点，结合多样化的内容形式以及媒体评估筛选的账号，在核心流量平台和垂直媒体平台进行产品全生命周期智能营销。

新车亮相（2022年6月1日—2022年7月14日）：别克世纪上市前，结合2022年别克品牌焕新，采用融媒体＋资讯类账号从企业战略视角，释放别克世纪新车亮相的信息。此外，配合科技类＋汽车类账号贴靠同级别热门车型，实现内容引流，突出世纪智能座舱。

量产车下线（2022年9月21日—2022年10月10日）：回顾别克品牌MPV车型发展历史，采用资讯类＋汽车类组合账号，传递别克世纪量产车下线信息，同时释放新车上市预告，进一步为新车上市预热造势。

新车上市（2022年11月3日—2022年12月9日）：别克世纪上市整体采用多领域＋多层级账号组合的传播策略，一方面采用综合＋重点地方级融媒体释放别克世纪新车上市、发运信息，突出产品标签和定位。另一方面，配合汽车资讯类、科技类、财经类等自媒体进一步深度解读别克世纪的外观内饰、动力配置等优秀产品力。

上市延续期（2023年12月18日—2023年12月19日）：别克世纪上市后，聚焦简短实时信息传播的社交媒体平台微博，绑定2022年《财经》年会，从《财经》年会议题＋年会进展

时况＋车型评价多角度切入，采用财经账号进行短平快的密集信息释放，同时植入别克世纪的产品信息，以此覆盖中高端目标消费人群。

4. 技术专题：武汉奥特能工厂投产

项目时间：2022年12月

执行内容：采用将"车型端＋企业端"信息双向结合策略，针对传播的核心信息设置双话题"别克首款奥特能纯电车别克E5下线"和"武汉奥特能工厂投产"，并在AI内容生产上，保证在传递企业核心技术和平台优势的同时，对别克E5新车下线作阶段性内容输出，实现两个话题的双向曝光和引流，提高整体热度。同时，在抖音采用综合类＋湖北区域民生类融媒体进行短视频新闻性报道，今日头条配合行业头部、腰部汽车类＋科技类＋湖北区域生活资讯类的账号组合，进行核心信息图文内容的双重释放，全面覆盖各圈层人群，助推头条、抖音等主流核心平台多个话题冲榜。

5. 企业公益项目：雪佛兰·红粉笔乡村教师扶持计划

项目时间：2022年6月—2022年11月

执行内容：阶段性释放上汽通用汽车旗下雪佛兰品牌"红粉笔"公益项目活动信息。针对雪佛兰·红粉笔乡村教师扶持计划"线下培训营""十大最美乡村造梦师评选"等不同阶段和内容，采取新闻报道式＋原声讲述＋媒体采访，配合综合类、文化类、教育行业头部融媒体账号，对雪佛兰·红粉笔项目进展整体性回顾以及现阶段项目现状进行传播扩散，实现流量广泛覆盖，传递上汽通用汽车"造车育人，回报社会"的企业价值观，不断扩大影响力，助力品牌树立良好的社会形象。

五、项目评估

2022年上汽通用汽车品牌年度智能营销传

播共完成了 24 个子项目，覆盖 41 家融媒体账号，其中包含 19 个区域的地市融媒体账号，约 15 个品牌和产品话题上榜微博、今日头条、抖音、懂车帝的热搜榜单，整体实现了主流核心平台超 8 亿曝光量，参与互动的用户人数超百万，项目营销费效比低于 0.01。

◆品牌事件：Tech Day 科技展望日项目，总曝光量：1.3 亿 +，总互动量 7.2 万 +，多个话题冲击今日头条、抖音平台的"汽车榜"&"热榜"热门搜索效果

◆技术专题：武汉奥特能工厂投产项目，总曝光量超 1.1 亿，互动量超 11.8 万，多个话题冲击今日头条、抖音平台的"汽车榜"&"热榜"热门搜索效果。

◆产品专题：别克世纪新车全生命周期智能营销项目，总曝光量超 2.1 亿，互动量超 26.4 万，多个话题冲击今日头条、抖音、微博平台的"汽车榜"&"热榜"热门搜索效果。

乡村振兴（一体化）先行区共建案例

长三角『田园五镇』

选送单位 上海市金山区发展和改革委员会 上海市金山区张堰镇人民政府

创新的赢家

金奖

上海市第十一届
优秀公共关系案例评选

一、项目背景

2017 年 10 月，党的十九大报告首次提出乡村振兴战略，并将它列为决胜全面建成小康社会需要坚定实施的七大战略之一。围绕乡村振兴战略，上海制定了《上海市乡村振兴战略规划（2018—2022 年）》，确立了"十百千"目标，并重点以推进美丽家园、绿色田园、幸福乐园"三园工程"为抓手，让乡村成为上海国际大都市的亮点和美丽上海的底色。

2018 年 11 月，习近平总书记在首届中国国际进口博览会上宣布，支持长江三角洲区域一体化发展并上升为国家战略。2019 年 12 月，《长江三角洲区域一体化发展规划纲要》发布。

实施乡村振兴和长三角一体化战略，是党中央作出的重大决策部署。建设"田园五镇"，是贯彻实施国家乡村振兴和长三角一体化战略的创新实践。一系列重要部署和政策支持，指引着"田园五镇"的发展目标，也为五镇发展提供了极大的动力和信心。五镇按照"产业兴旺、生态宜居、乡风文明、治理有效、生活富裕"的总要求，不断发挥比较优势，统筹推进农业农村建设，走具有长三角特色的乡村振兴道路，让农业更强、农村更美、农民更富。

二、项目调研

（一）独特的区位优势

金山、平湖两地位于长三角经济圈的核心位置，具有独特的区位优势，在长三角一体化发展中是具有战略支点作用的关键区。五镇范围内交通便捷，陆路四通八达，有朱平公路、廊平公路等路路相通，大泖河、六里塘、惠高泾、胥浦塘等水水相连；地处上海、杭州、宁波 1 小时经济圈核心区，1 小时左右行程可达长三角重要城市，40 分钟可达国际航运中心——上海大小洋山港，30 分钟可达杭州湾跨海大桥、嘉绍跨海大桥。

（二）丰富的合作资源

金山、平湖两地一衣带水、毗邻而居，自古就人文相亲、地缘相近、经济互补，具有良好的合作基础。改革开放后的四十多年来，特别是党的十八大以来，两地围绕"一体化"发展，在党建、基建、执法、产业等诸多领域开展了良好的合作。特别是在五镇范围内，两地均围绕"生态、绿色"品牌积极发展现代农业、推进美丽乡村建设，形成了共同的区域特色。在五镇范围内，不仅有以精品农业、都市农业、高效农业、品牌农业为代表的现代农业，还有以中央厨房、鲜食加工等为代表的农产品加工基地，也包括廊下郊野公园、"明月山塘"、吕巷水果公园、广陈花海水乡、瓜果小镇、浆果小镇等在内的旅游资源。

（三）稳定的合作基础

早在 2018 年 11 月，"毗邻党建"被首次写进上海市委文件。2022 年 6 月，上海市第十二次党代会报告提出，不断深化楼宇党建、园区党建、互联网党建、滨江党建、毗邻党建等实践探索。

近年来，两地以区域化党建为抓手，在经济发展、民生保障、生态环保、文化建设、人才培育、基础设施等方面不断深入协作，形成了包括党建联心、文化联姻、发展联动、民生联建、平安联创和人才联育等在内的区域化合作平台。

（四）相近的人文背景

五镇地域相接、人缘相亲、习俗相近、文化相通、产业相融，拥有共同的历史和风俗。比如，廊下镇和广陈镇一衣带水、相互依存，两镇边界线 6.27 千米，有 5 个行政村边界相邻。一直以来两地百姓来往密切、走动频繁，一座百年古桥——山塘桥更是将上海最西南角的沪浙交界处的廊下山塘村、广陈山塘村紧紧地联系在一起。许多南山塘的孩子都曾在北山塘的百年山塘小学读书，两地村民自古便多有结亲的美事。

（五）鲜明的产业特色

五镇内田园空间广阔、农业特色明显。金山廊下镇是全国农业旅游示范点，拥有上海市首个开园的郊野公园；"中国蟠桃之乡"吕巷镇，是上海乃至长三角区域内首个国家级生态原产地产品保护示范区；张堰镇是国家级历史文化名镇，林、水、文化资源集聚。平湖市广陈镇于2017年启动建设浙江省全省首个农业经济开发区，是平湖无公害蔬菜、瓜果的主要产地之一；新仓镇是全国印刷名镇和中国三大童车生产基地。五镇一二三产联动潜力巨大，"抱团建群"，有利于实现整体优势和溢出效应的最大化。

三、项目策划

至 2035 年，长三角"田园五镇"乡村振兴先行区全面建成。成为长三角乡村产业新高地、大湾区绿色生态滋养地、新江南田园生活理想地、乡村振兴一体化发展试验田。至 2050 年，成为世界一流品质的田园乡村样板区。走出一条政府（Government）牵头、团队（Group）协作、以绿（Green）生金（Golden），共建都市后花园（Garden）为内涵的田园五镇"G5+"发展之路。"新江南田园图景"向全球呈现。

（一）规划先行，强化机制培育

做好顶层设计，清晰政策和市场定位，多规融合，一张蓝图绘到底，坚持规划引领，聚焦落地落实，确保乡村振兴有规可循、有章可遵、有序推进，实现资源共享、优势互补、人才互动、信息互通、合作共赢。注重机制培育，在区域协同、乡村发展机制、农民持续增收机制、集体经济壮大机制、智慧乡村建设和乡村治理机制等方面不断探索和总结先进经验，为持续推进长三角一体化和乡村振兴战略提供可复制可推广的经验。

（二）产业为本，共建发展平台

促进产业融合，增强发展动能。以农业科技化、智能化为导向，产学研一体，发展高效生态农业。科学规划、统筹农村一二三产融合发展的空间布局、用地规模、生态要求，积极引进乡村新产业新业态。整合五镇资源，推动农业与旅游、文化、体育、科技、教育、养老等产业的融合发展。注重从整体上改善提升农村人居环境，提升整体吸引力，打造乡村休闲旅游目的地。加强"田园五镇"产业招商，建立统一招商平台，打好招商"组合拳"，共同做大蛋糕。同时，以项目为抓手，以市场为主体，提升区域经济发展的持续动力、活力和竞争力。

（三）多元主体，激发社会活力

将企业和社会的力量引入区域协作，主动形成政府、市场、村集体与村民、社会和公众的多元参与机制。强化"政府引导、市场主导、集体主为"的发展思路，梳理好各方参与乡村振兴的动力机制和利益联结机制。培育乡村建设主体，促进农民增收，增加农民获得感；注重绿色发展，提升农民幸福感；培育职业农民，提高职业荣誉感。做好宅基地盘活功课，探索建立宅基地共建共享和综合开发机制。

（四）党建引领，完善制度设计

持续深化"毗邻党建"，不断完善区域联动发展联席会议等议事协调机制，不断细化产业发展、生态治理等领域协商机制，探索研究利益共享机制，构建发展共同体。加强工作队伍建设，完善两地干部轮岗交流渠道，加大人才交流力度。编制工作计划，认真梳理在体制机制、基础建设、项目推进、生态保护、土地整理、文化培育、一二三产融合等领域的项目和问题，按照工作项目化、项目责任化、责任具体化的要求，明确五镇各自工作任务，真正做到工作常态化、长效化。

四、项目执行

高举"三个百里"旗帜，以国家现代农业产业园、金山特色果蔬产业片区等建设为抓手，聚焦产业振兴这一"牛鼻子"和共同富裕这一根本目标，推动农业科技研发、农业产业振兴、乡村休闲旅游等领域深入合作，共建"田园五镇"品牌，充分彰显乡村的经济价值、生态价值和美学价值，合力打造长三角农业产业新高地。

（一）共同深化毗邻党建 创新合作机制

依托地域相邻、水域相连、理念相亲、产业相近等优势，金平两地探索形成了"毗邻党建"引领区域联动发展的新机制，"毗邻党建"合作不断由1.0版本向3.0版本的纵深发展。1.0版本打造南北山塘8平方千米的"毗邻党建"模式。3.0版本打造沪浙"田园五镇"255平方千米的"毗邻党建"模式。

五镇共建协议明确成立长三角"田园五镇"乡镇振兴先行区实行轮值主席和联席会议机制，以镇为前台，市（区）为后台，负责先行区建设过程中统筹基础设施配套、重大事项协调、政策

支持等工作。五镇每年至少召开2次联席会议，五镇主要负责人以一年为期进行轮岗，明确了谁牵头、谁主事，并通过日常联络机构建立了常态化、长效化的对接联席制度，确保先行区建设不是五镇简单叠加，而是文化、资源、产业、空间、政策等多层次、多维度的错位发展、互补发展。做好"田园五镇"经济社会发展各项规划衔接，科学布局五镇生态空间、城镇建设空间、农业发展空间，共同发布《长三角"田园五镇"乡村振兴先行区协同规划》。五镇共同成立"毗邻党建"十村联盟、大云·廊下·广陈乡村振兴联盟、沪浙南北山塘乡贤会、毗邻群团联盟等合作联盟，联合打造100多个不同领域的党建示范点，不断把党的政治优势转化为科学发展优势，共同推进两地在党建、经济、民生等各领域的资源共享、互利互惠、协同发展。

（二）共同推动产业合作 探索共同富裕

为项目化推动长三角"田园五镇"乡村振兴先行区建设，五镇每年由轮值主席单位向各镇征集并发布当年度重点推进项目。2019年至2022年，累计发布长三角"田园五镇"乡村振兴先行区重点建设项目共260项，包含乡村产业振兴项目、乡村人才振兴项目、乡村生态振兴项目、乡村文化振兴项目、乡村组织振兴项目五大类，总投资超过200亿元。

"田园五镇"以浙江省首个农业经济开发区——平湖农业经济开发区（广陈镇）与上海市首批市级现代农业园区之一的上海金山现代农业园区（廊下镇）为核心区域，五镇根据"产业协同对接、错位互补发展"原则，建立新型农业项目共招共享信息库，推动区域内产业发展从竞争走向竞合，共同实施品牌强农战略，共建共享知名农业品牌；五镇统一标准提升绿色含量，成立绿色农产品公用品牌，制定田园五镇《绿色产业指导目录》和《项目准入标准》；联手打造长三

角科技农业示范园区，目前示范区内已集聚科技型、总部型、创新型农业项目23家，逐渐集聚长三角区域内的龙头带动企业。推进都市现代农业产业发展，共培育鑫品美草莓、稻米、蟠桃、葡萄、水蜜桃、双孢蘑菇、番茄等7个农业产业化联合体；定位都市现代农业，加快建设京东方蔬菜智联工厂、叮咚买菜智慧园区等农业数字化应用场景；坚持特色化定位、差异化竞争的发展定位，统筹精准招商，加强全产业链的合作，强调集约、集聚、高效和产城融合。注重人才赋能，共同成功举办了"田园五镇"农业农村创业创新大赛、山塘论坛等系列活动，2022年成立长三角一体化"三个百里"乡村振兴学院，辐射融合蚂蚁学院、蘑菇学院、新仓1955创新学院等众多农业农创培育平台，吸引了国内外一大批优质农业项目、农创客在这里落地落户、创业兴业。

2021年11月23日，廊下镇、广陈镇域内毗邻的10个村共同发布马拉松示范带"十村党建联盟"首批共富项目，并签订共富协议书。2023年3月17日，《长三角田园五镇共同富裕先行示范区发展规划》正式发布，五镇联合组建的全国首个跨省市强村共富公司——浙江鑫平田园合作发展有限公司揭牌成立，将按照市场化机制运作，在"三农"服务、金融服务、招商服务等领域开展合作。

（三）共同挖掘乡村文旅资源　优化民生服务

"田园五镇"联合加快小城镇环境综合整治、美丽乡村建设和全域旅游发展，建成了全国首条跨省马拉松赛道，沿途10个村共同组成"十村联盟"，共同打造马拉松赛道风景线。浙江平湖的广陈南山塘和上海金山的廊下北山塘携手打造"明月山塘"跨省景区，达到了"1+1>2"的效果，2021年廊下郊野公园（含明月山塘景区）成功创建为国家AAAA级景区。2023年五一

假期期间共接待游客4.8万人次，旅游收入达249.6万元，较2019年同期分别增长220%和283%。举办长三角农民丰收节、金山田野百花节、缤纷百果节、平湖西瓜灯文化节等，展示农村美、农民富、农业强的乡村振兴美好图景；结合文旅推介活动，积极开展产销对接，搭建展销平台，广泛带动文旅服务消费。积极开展"金平果"文化走亲合作交流，累计吸引游客近30万人次。

医疗合作关系进一步紧密，在全国率先探索跨省医疗机构"点对点"实时联网结算，并拓展至区内所有公立医疗机构，嘉兴平湖市民到金山医院月均就诊量达9 000余人次。两地30余对中小幼学校签订校际合作协议，有力推动了教育资源共享、优势互补。两地先行先试省际客运班线公交化和毗邻公交运营，目前已开通毗邻公交线路13条，合计日均出行客流达3 000多人次，便利了两地居民出行、交流和商贸往来，实现了公交卡、市民卡公共交通的全面互联互通。长三角"一网通办"在金山先行先试，实现长三角14城市的30项企业事项和21项个人事项异地办理。

（四）共同携手社会治理　擘画绿色图景

在生态环境治理方面，平湖、金山完善交界区域生态环境保护联防联动机制，制定出台相关文件，持续推进环境监测数据实时共享、交界区域联合执法，开展突发环境事件联合应急演练。近年来，两地共处理跨地区信访件62件、民间纠纷103起，妥善处置各类涉沪环保诉求194起，跨地区平安治理工作取得明显成效。积极推动河道整治、水系沟通项目；实施开放休闲林地项目，使更多的市民能够享受森林、亲近大自然；注重从整体上改善提升农村人居环境，建立健全运维和长效管理机制。

聚焦平安建设，摸索建立"组织体系联合、

警力支援联手、道口检查联合、工作制度联建、问题联处、矛盾联调、隐患联排、边界联守、平安联创、信息联通"平安边界"十联"工作机制。健全完善边界地区矛盾纠纷联调机制，一批边界突出矛盾得到化解处置，有效遏制了跨界作案、流窜作案的发生，确保大型活动期间和重要时间节点边界区域的平安稳定。共同破解交界区域违章搭建、垃圾堆场等"肠梗阻"难题，大力推进省际"断头路"等重点难点工程建设，打通跨省公交运营瓶颈，已建成沪浙对接道路17条，拔除两地交界区域限宽墩、限高杆10余处。

五、项目评估

长三角"田园五镇"乡村振兴先行区建设全面启动以来，国务院官网、上海电视台、东方卫视、新华网、人民网、解放日报、澎湃新闻、上观新闻、文汇网、农民日报、东方网、经济日报等全国主流媒体、报刊等专题宣传报道"田园五镇"相关内容百余次。"毗邻党建"工作得到各级领导的充分肯定，全国、上海市和浙江省级媒体均多次报道此项工作，获评"全国城市基层党建创新最佳案例"。

2021年1月10日对外发布的《上海市贯彻〈长江三角洲区域一体化发展规划纲要〉实施方案》中，长三角"田园五镇"等元素频频出现。

2021年11月19日，长三角"田园五镇"乡村振兴先行区案例入围浙江省推进长三角一体化发展第一批"最佳实践"名单。

2021年12月10日，以"田园五镇"为研究对象的《长三角乡村区域一体化振兴发展的理论与对策研究》成果入围第十三届上海市决策咨询研究成果拟予奖励的三等奖名单。

近年来，"田园五镇"围绕"一体化"发展，两地在党建、基建、执法、产业等诸多领域开展了良好的合作。尤其在五镇范围内，两地均围绕"生态、绿色"品牌积极发展现代农业、推进美丽乡村建设，形成了共同的区域特色。同时又依托五镇广阔的发展空间，产业发展各具特点，发挥各镇比较优势，形成了和而不同的发展格局。长三角"田园五镇"先行区成为促进区域联动发展样板区目标逐渐成形。

附：媒体宣传列表

刊发日期	名称/内容	媒体
2019年3月26日	长三角"田园五镇"乡村振兴先行区建设全面启动，首批投56亿推进20个项目	上海电视台、东方卫视、新华网、人民网、解放日报、农民日报、东方网、经济日报
2019年3月30日	从单个"盆景"变身连片"风景"	新民晚报
2019年4月11日	跨省马拉松赛道激活乡村振兴活力，长三角"田园五镇"重点项目有力推进	文汇网
2019年6月29日	沪浙"毗邻党建"十村联盟启动	新民晚报、东方网、上观新闻
2019年7月20日	长三角"田园五镇"联动，上海金山蟠桃节在沪开幕	中国经济网、上观新闻、文汇网、东方网
2019年7月21日	长三角合力打造"微度假"目的地	国务院官网、新华每日电讯
2019年9月23日	长三角田园五镇话丰收 金山廊下三产融合齐发展	新民网、解放日报
2019年9月28日	"十分之一"产业聚新能，长三角田园五镇聚焦新兴食品行业	经济日报
2019年11月18日	沪浙推动毗邻地区"田园五镇"建设乡村振兴先行区	国务院官网

刊发日期	名称／内容	媒体
2019 年 11 月 18 日	长三角"田园五镇"山塘论坛在沪举行	中新网
2020 年 4 月 8 日	"毗邻党建"：长三角共同探索跨界治理新格局	光明日报
2020 年 4 月 8 日	五五购物节 | 两座山塘村一桥相连，这里的夜经济不一样	澎湃新闻
2020 年 7 月 19 日	沪上"蟠桃之乡"建立农民专业合作社联合平台	新华网、文汇网
2020 年 9 月 11 日	金山：走出一条超大城市乡村振兴之路	文汇报
2021 年 3 月 27 日	沪浙毗邻"田园五镇"携手发布 72 个项目，合力打造乡村振兴一体化"试验田"	解放日报、上观新闻
2021 年 4 月 11 日	都市农业的成功实践	经济日报
2021 年 4 月 13 日	习近平"三个百里"重要指示，在这个沪浙毗邻地区引发了怎样的变革？	上观新闻
2021 年 4 月 20 日	建设"三个百里"推进乡村振兴	解放日报、上观新闻
2021 年 4 月 27 日	在沪浙交界，这两个村共享的不仅是同一个名字	新民晚报
2021 年 6 月 2 日	横跨金山平湖，8 条党史学习教育"巴士寻访"专线开通	东方网、人民网、新华网、新民网
2021 年 6 月 22 日	"原创"一粒种 惠及八方田	农民日报
2021 年 7 月 30 日	长三角"田园五镇"共建共享知名农业品牌、共推葡萄产业发展	新华网、上观新闻
2021 年 7 月 31 日	"行走的民俗"长三角非遗龙狮精品展演，首届金山小白龙民俗文化旅游节在吕巷开幕	文汇网、上观新闻、新民网
2021 年 12 月 16 日	沪浙毗邻区师徒多，农业合作社联动发展	解放日报
2022 年 1 月 16 日	上海海洋大学耕读教育实践基地落户长三角"田园五镇"	新民网
2022 年 9 月 26 日	"东西南北"村里的"小确幸"	东方卫视
2022 年 9 月 27 日	区域化党建探索新路子，金山吕巷发布党建引领乡村治理"十大行动"	文汇网、上观新闻
2023 年 2 月 10 日	抱团发展推进乡村振兴，金山区首批农业产业链集群党委揭牌	文汇网、上观新闻
2023 年 2 月 20 日	金山廊下将打造标志性预制菜产业交流平台	新民网
2023 年 3 月 7 日	纪念三八国际妇女节，长三角田园五镇在廊下发布"五色"巾帼专线	文汇网
2023 年 4 月 6 日	田园五镇青年齐相聚，金山廊下举行"我们的节日·清明"踏青骑行暨青年文化节	文汇网
2023 年 4 月 18 日	"田园五镇"齐聚金山张堰，携手共建长三角乡村振兴"新高地"	上农、东方网、文汇网、新民晚报
2023 年 5 月 4 日	用好"田园五镇"调色盘，绘就长三角村振兴多彩画卷	上海智慧党建网
2023 年 6 月 11 日	"田园五镇"赛插秧 劳作体验农耕乐	上海电视台
2023 年 6 月 18 日	龙舟斗牛赛？今天，长三角 16 支队伍在沪郊金山展开激烈的水上"角逐"	上观新闻
2023 年 6 月 29 日	学用"新农具"、学干"新农活"，2023 年"田园五镇"农业直播培训在金山张堰启动	新民网

—2020—2022 上海市优秀公共关系案例集

创新的赢家

世界人工智能大会

——商业 AI 高峰论坛系列活动

选送单位　上海画龙信息科技有限公司

一、项目背景

目前，WAIC 已成为全球人工智能的"科技风向标、应用展示台、产业加速器、治理议事厅"，国际影响力和引力场效应正在日益提升，由 Datatist 画龙科技主办的首届商业 AI 高峰论坛也在 2021 年世界人工智能大会中应运而生。

决策智能 AI 是科技领域的一个重要的产业，2018 年以前 Martech 产业为许多企业转型发展起到重要作用，在 2018 年后，美国禁止向中国出售 Martech 项目，于是 Datatist 画龙科技将其国产化，打通系统各项接口。通过原创商业 AI 技术陆续成功赋能了海尔、苏宁、银联、光大银

行、广发证券、平安保险、大地保险、华泰保险、阳光保险、诺亚财富、上海宝钢、联合利华、奔驰汽车等国内头部企业。

Datatist 画龙科技作为全球化智能决策大脑供应商，希望能担任企业医生的角色，通过构建"商机挖掘、智能决策、商机转化、循环优化"的营销运营机制，帮助企业实现数字化智能化运营转型，为私域流量实现全生命周期的智能运营，为企业实现降本增效，提高运营 ROI。

在一年一度的世界人工智能大会，这样一个聚集人工智能行业顶尖学者与各行各业企业代表的平台，Datatist 画龙科技希望通过开展论坛，与大家分享经验与成果，帮助国内外越来越多企业实现数智化转型。

二、项目调研

（一）政策领悟

《新一代人工智能发展规划》明确了到 2030 年中国人工智能核心产业规模达到全球领先水平的目标。政府在人工智能领域鼓励创新，推动人工智能技术与传统产业深度融合，加大对人工智能产业的投入支持。

画龙科技以习近平新时代中国特色社会主义思想为指导，深入贯彻党的二十大精神，完整、准确、全面贯彻新发展理念，深刻把握人工智能技术演进趋势和创新发展新范式，以促进人工智能与实体经济深度融合为主线，以优质算力普惠供给为基础，以模型即服务（MaaS）模式变革为关键，以场景应用为牵引，全力构建从算法模型创新突破到行业转化应用的创新体系，实现大算力孵化大模型、大模型带动大产业、大产业促

进大发展的良性循环，为"两个先行"提供有力支撑。

（二）上海人工智能产业发展情况

上海已经将人工智能看作重点发力的先导产业，这让上海人工智能产业得到迅速发展。作为世界人工智能大会的举办地，上海一直吸引着众多 AI 从业者的目光，上海的人工智能产业正显示出前所未有的活力。

根据张通社 Link 数据库统计，2023 年上半年，上海一共发生了 172 起 AI 融资事件，涉及智能汽车、新工业、医疗健康、集成电路、元宇宙等 14 个领域。除去未透露金额的事件，融资总金额已经达到 95.24 亿元。

纵向对比，2022 年上半年，上海发生 157 起融资；2023 年融资事件数量 172 起，比去年增长约 10%。2023 年上半年的每个月融资事件数量相对平稳，每月事件数量基本维持在 25 至 35 件，其中六月最多，达到 31 件，一月和五月最少，为 26 件。

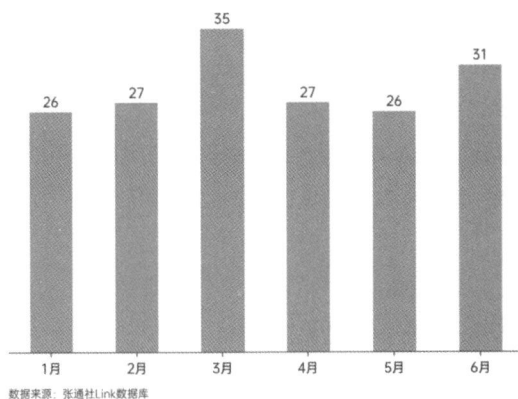

数据来源：张通社Link数据库

2023 年上半年上海人工智能企业融资情况的月度分布

从产业领域来看，人工智能领域融资数量最多，达 48 起。新工业位居其次，有 26 起。企业服务、医疗健康、集成电路、智能硬件、元宇宙均为热门领域，都有着 10 起以上的融资事件。

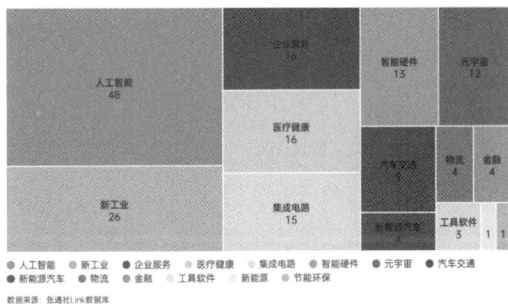

数据来源：张通社Link数据库

2023 年上半年上海人工智能企业所处领域分布

总体而言，AI 企业的融资事件仍然属于早期阶段，但是覆盖的产业领域非常广泛。

作为上海重点发力的三大先导产业之一，上海正在加快建设人工智能"上海高地"。自 2017 年起，上海就开始发展人工智能产业，产业规模从 2018 年的 1 340 亿元增长至 2022 年突破 3 800 亿元，年均增长超 29%。

2022 年，上海推出全国首部 AI 省级法规《上海市促进人工智能产业发展条例》。随着产业聚集效应持续显现，以及行业促进政策不断推出，上海人工智能的产业生态渐趋成熟。包括算力系统和数据系统在内的配套基础设施被愈来愈

多地建设在了上海。

数据系统方面，上海重点建设上海数据交易所，致力打造成国内数据流通交易领域新一代基础设施。为构数据要素市场，推进数据资产化，上海数据交易所积极探索数据要素流通制度，并提供数据要素流通基础设施和数据产品登记及交易等服务。

此外，跨境数据流通对国际贸易有着举足轻重的作用。如何让数据跨境流通变得更加便利？打造国际数据港，围绕企业的需求场景，帮助它们解决数据跨境问题就是解决之道。对此，国际数据港不仅建设有完善的功能平台，而且打造了国际数据传输专用通道、国际数据合作设施、海光缆登陆站等设施。

算力系统方面，上海推出了算力浦江计划，初步构建了"3+1+N"算力网络调度体系，运行首个全国算力交易平台，着力满足上海乃至长三角地区日益增长的算力需求。另外，不少超大型算力中心也落户上海，比如商汤科技的人工智能计算中心和腾讯长三角人工智能超算中心等。

上海政府还印发了《上海市推进算力资源统一调度指导意见》《上海市加大力度支持民间投资发展若干政策措施》等政策，推动建设更完善和更高效的算力基础设施。根据《上海市算力基础设施发展报告（2023 年）》，上海整体算力规模（含在建）超 14EFLOPS（每秒百亿亿次浮点运算次数），算力指数排名位列全国第一，综合算力指数排名位列全国第二。

有了强有力的基础设施作为支撑，上海还在建设开放创新的 AI 生态体系。位于浦东的张江与临港、位于闵行的漕河泾和位于徐汇的滨江均为上海重要的 AI 产业生态集聚地。以浦东新区为例，浦东新区是全国首个人工智能创新应用先导区，它着力推动人工智能岛、机器人谷、在线经济园、浦东软件园和御桥科技园等特色园区建设，打造人工智能产业大集群。

浦东新区还重点推动了浦东新区大企业开

创新的赢家

放创新中心计划（GOI），并吸引了微软、红杉中国、IBM、百度飞桨、阿里巴巴等大型外企和民企加盟，以"蚂蚁与大象共舞"的形式，吸引 AI 创新企业加入，共同打造 AI 应用的创新生态。截至 2022 年年底，浦东全区人工智能重点企业超 600 家，规上人工智能相关产业规模超 1 200 亿元。

不论从融资规模、基础设施还是创新生态等方面，上海的人工智能产业正在不断发展。花开蝶自来，随着人工智能技术的应用潜能被不断挖掘开来，上海 AI 产业将有着更加不一样的精彩。

三、项目策划

（一）金融科技展区 Datatist 画龙科技通过原创商业 AI 技术已成功赋能国内各行各业的头部企业。在金融科技展区的展位内向大众展示商业 AI 赋能银行、保险、证券、零售等行业的智能化运营数字化转型实战案例。向大众介绍 Datatist 画龙科技将"优化理论"和"机器学习理论"结合，构造出的"商业 AI"这项新型生产力，它可以有效帮助企业，优化全生命周期运营效果。同时，介绍 Datatist 画龙科技建立的智能运营决策平台。在不同行业不同业务场景下，AI 运营官系统都能形成稳定而有效的运营效果，可以帮助企业实现数字化、智能化转型，为企业大幅度降本增效。

（二）商业 AI 高峰论坛

论坛以"商业 AI 挖掘经济价值，智能决策加速数字转型"为核心主题，邀请数百位来自美国、加拿大、中国等地的商业 AI 领域发明者、权威专家、行业领军人物、优秀企业实践者，从多方视角，共同探讨全球范围内的企业在商业 AI 落地及驱动企业数字化转型发展方面的经验。

论坛特设颁奖、主题演讲、圆桌对话等亮点

内容，表彰已经作出优秀成绩的企业，同时联合产学研各界专家学者、行业企业代表深度对话，结合商业 AI 在银行、保险、零售等行业实战落地情况，分析商业 AI 如何成为国内外企业数字化转型的特效药，让商业 AI 为企业产生巨大经济价值。

四、项目执行

（一）2021 世界人工智能大会商业 AI 高峰论坛

论坛于 2021 年 7 月 9 日上午在世博中心召开，论坛主题围绕"商业 AI 挖掘经济价值，智能决策加速数字转型"为核心，邀请数百位来自美国、加拿大、中国等地的商业 AI 领域发明者、权威专家、行业领军人物、优秀企业实践者，从多方视角，共同探讨全球范围内的企业在商业 AI 落地及驱动企业数字化转型发展方面的经验。

此次商业 AI 高峰论坛大会由上海市工业经济联合会、上海市电子商务行业协会主办，Datatist 画龙科技承办。上海市质量协会、中国商业互联网应用工作委员会、上海现代服务业联合会金融科技服务业专业委员会、上海市浦东新区电子商务行业协会、上海市电子商务服务业联盟、上海市跨境电商生态链联盟、复旦大学电子商务研究中心、上海市直播电商联盟、IT 东方会协办。

以"商机挖掘发挥数据经济价值，智能决策赋能企业降本增效"为主题，聚焦商业 AI 技术赋能企业数字化转型、数字经济时代新型生产力等议题，汇聚了一批国内商业 AI 成功实践的头部企业，深度解析了企业如何通过商业 AI 构建自己的智能运营决策大脑。共同探索商业 AI 赋能企业快速转型的未来之路。

商业 AI 高峰论坛邀请海尔、广发证券、光大银行、华泰保险、诺亚财富、银联、中泰证券、苏宁易购、小红书、优衣库、中信建投、普华永道等数十家企业参与。

随着电商发展以及经济下行等多重因素影响，许多企业为应对生死存亡的挑战，纷纷从经营产品向经营用户转型，企业在从公域向私域转型的过程中出现了低效的状态。Datatist 画龙科技在论坛上指出是由于企业缺少智能运营决策大脑，作为全球智能运营决策大脑供应商，Datatist 画龙科技主要通过构建"商机挖掘、智能决策、商机转化、循环优化"的营销运营机制，帮助企业实现数字化智能化运营转型，为私域流量实现全生命周期的智能运营，为企业实现降本增效，提高运营 ROI。

（二）2021 世界人工智能大会金融科技展区

2021 年 7 月 7 日至 7 月 10 日，Datatist 画龙科技在上海世博展览馆的大会公共展区全方位展示商业 AI 赋能金融、保险、证券、零售等企业数字化转型的实战经验。

Datatist 画龙科技将"优化理论"与"机器学习理论"结合，创新了通过人工智能算法构造的商业决策方式，"商业 AI"作为新型生产力能有效帮助企业优化全生命周期运营效果，实现企业大幅降本增效。

企业面临有数据和数据中台，却无法将数据发挥出应有的经济价值的问题，Datatist 画龙科技的 AI 运营官系统具有自动化运营能力，智能化决策能力，能帮助企业实现以用户生命周期为基准的精细化营销，让用户数据发挥巨大的经济价值。

（三）2022 世界人工智能大会商业 AI 高峰论坛

2022 年 9 月 3 日下午，WAIC 2022 商业 AI 高峰论坛在上海世博中心举行，作为世界人工智能大会重要的分论坛之一，本次论坛由商业 AI 研究院，Datatist 画龙科技主办，上海金融业联合会、华东师范大学长三角金融科技研究院支持

并指导。

Datatist 画龙科技在过去的一年中，不断试验发展，将商业 AI 技术普遍应用在各类商业运营场景中。论坛中继续聚焦"商机挖掘发挥数据经济价值，智能决策实现企业降本增效"，结合经典理论和行业实践案例，充分展示 AI 技术在商业领域的重要价值。并围绕 AI 技术如何进行智能决策的制定，推动数据战略落地，挖掘数据资产的价值，驱动企业业务增长等问题展开深入交流。

在经济下行压力加大的形势下，聚焦 AI 产业新方向，打造经济增长新引擎，Datatist 画龙科技分析了企业该如何通过新业态新模式构建自己的十字花智能化变革之路。

国内外各领域专家齐聚论坛，多维度分析和展现 AI 技术在赋能商业决策方面带来的具体价值和各行业落地进展、实战经验和未来应用趋势，为企业数据驱动发展提供真知灼见。

AI 行业已经进入发展的下半场，商业 AI 技术俨然已经成为验证企业发展韧性和数字化转型是否成功的"利器"，Datatist 画龙科技希望能将商业 AI 继续深耕各运营场景，与更多企业一起共同开启数据升级新时代。

（四）2022 世界人工智能大会 Datatist 线下展区

2022 年 9 月 1 日至 9 月 3 日，Datatist 画龙科技在上海世博中心公共展区内展示：商业 AI 技术和全球化商业智能决策大脑平台，全方位展示：商业 AI 赋能金融、保险、证券、零售等企业数字化转型的实战经验。

（五）2023 世界人工智能大会商业 AI 高峰论坛

2023 年 7 月 7 日下午，世界人工智能大会商业 AI 高峰论坛在上海世博中心举行，作为世界人工智能大会重要的分论坛之一，本次论坛由 Datatist 画龙科技主办，中国通信学会金融与

数字经济发展专家委员会作为战略指导单位，国际人工智能联合会（IJCAI）、中国人工智能学会（CAAI）智能融合专委会、上海市人工智能行业协会、华东师范大学未来技术学院、华东师范大学长三角金融科技研究院提供战略支持。

论坛中行业顶尖学者与企业代表们通过主旨演讲，分享当前人工智能的发展趋势，公司转型遇到的困难与突破点。

应对各类企业数字化转型遇到的问题，Datatist画龙科技表示，公司的目标是担当好企业医生的角色，以"定战略、调组织、改制度、促效果、提效率、促联动"为主题，讲述了企业数智化转型成功之路。希望能通过AI运营官与整套智能决策模型，帮助企业解决数智化转型面临的问题，起到降本增效的促进作用。

在论坛后半部分的圆桌论坛中，银行、证券、金融、零售等企业代表相继发表自己对AI帮助下企业数字化转型的看法，企业面临的痛点与解决方法。企业代表们纷纷表示从以产品为中心转为以客户为中心，非常需要像Datatist画龙科技这样的企业，帮助他们精准寻找目标客户。Datatist画龙科技也十分愿意帮助这些企业找到各自的数智化转型漏洞，并提出有效解决方案，让越来越多国内的外企看到中国科技公司的力量。

（六）2023 世界人工智能大会 Datatist 线下展区

2023 年 7 月 7 日，Datatist 画龙科技在上海世博展览馆公共展区内展示：商业 AI 技术带来的 AI 智能运营和传统化运营的对比分析，以及智能化运营的成功案例，全方位展示复购、拉新、交叉推荐、产品个性化等运营场景内商业 AI 技术的实战经验。

五、项目评估

（一）发布统计

累计发布媒体总数：417
累计曝光量总数：1 322 993
平均潜在受众：34 721 053
媒体覆盖类行业：15 大类。

（二）微信公众号

总用户数：4 885
累计推文数量：90
累计点击数量：17 322
最高阅读量：1 077

（三）搜索引擎能见度

搜索引擎能见度
百度搜索：13 000 000
360 搜索：30 000
搜狗搜索：33 135
谷歌搜索：11 800 000

圆桌讨论

数智化转型优秀案例奖

附 大会媒体宣传报道集锦（部分）

媒体	标题	链接
人民日报客户端	Datatist画龙科技丨连续三年成功举办商业AI高峰论坛	https://wap.peopleapp.com/article/rmh37118956/rmh37118956
中国创氪网	Datatist画龙科技丨连续三年成功举办商业AI高峰论坛	http://www.chuanganwang.cn/shj/20230804/165771.html
CCTV央视一线聚焦	Datatist画龙科技丨连续三年成功举办商业AI高峰论坛	http://www.fzjdv.com/news/20230806/23854.html
今日头条	Datatist画龙科技丨连续三年成功举办商业AI高峰论坛	https://www.toutiao.com/article/7263682968408080950/
中国焦点日报	Datatist画龙科技丨连续三年成功举办商业AI高峰论坛	http://cnts.cnjdz.net/cnts/2023/0804/319704.html
国际时报	Datatist画龙科技丨连续三年成功举办商业AI高峰论坛	http://www.cwan.com/xinwen/2023/0804/082023_90438.html
中国产业发展研究网	Datatist画龙科技丨连续三年成功举办商业AI高峰论坛	http://www.chinaidr.com/tradenews/2023-08/229151.html
中国财经时报	Datatist画龙科技丨连续三年成功举办商业AI高峰论坛	http://life.3news.cn/ttly/2023/0804/1019939.html
中华网	Datatist画龙科技丨连续三年成功举办商业AI高峰论坛	https://mtz.china.com/touzi/2023/0804/082023_88533.html
华夏晚报	Datatist画龙科技丨连续三年成功举办商业AI高峰论坛	http://www.hdaily.cn/a/202308/2023080452811.html
人民之声财经	Datatist画龙科技丨连续三年成功举办商业AI高峰论坛	http://peoplezs.cn/73/215781.html
综合信息网	Datatist画龙科技丨连续三年成功举办商业AI高峰论坛	http://xinxi.tyzx.net.cn/a/guonei/20230804/1622.html
资讯圈	Datatist画龙科技丨连续三年成功举办商业AI高峰论坛	http://www.zixunquan.tk/a/guonei/20230804/1151.html
中央热点观察网	Datatist画龙科技丨连续三年成功举办商业AI高峰论坛	http://zyguancha.com.cn/a/guonei/20230804/1147.html
中商在线	Datatist画龙科技丨连续三年成功举办商业AI高峰论坛	http://www.xinshangon.com/v-1-321911.html
中商网	Datatist画龙科技丨连续三年成功举办商业AI高峰论坛	http://www.zhongshw.com/a/guonei/20230804/1197.html
中华资讯网	Datatist画龙科技丨连续三年成功举办商业AI高峰论坛	http://www.s5u.com.cn/a/meinv/20230804/630.html
中华电商网	Datatist画龙科技丨连续三年成功举办商业AI高峰论坛	http://www.cjzx.wang/a/dongtai/20230804/1207.html
中华城市资讯网	Datatist画龙科技丨连续三年成功举办商业AI高峰论坛	http://city.xinxiw.com.cn/a/xinwen/20230804/788.html
中华财经网	Datatist画龙科技丨连续三年成功举办商业AI高峰论坛	http://www.rdzxw.com.cn/a/guonei/20230804/1728.html
中国资讯	Datatist画龙科技丨连续三年成功举办商业AI高峰论坛	http://www.zgxunxi.com/v-1-176742.html
中国新闻头条	Datatist画龙科技丨连续三年成功举办商业AI高峰论坛	http://www.raidiw.gq/a/xinwen/20230804/1120.html
中国新闻联播网	Datatist画龙科技丨连续三年成功举办商业AI高峰论坛	http://flcnnews.com.cn/a/guonei/20230804/1193.html
中国头条在线	Datatist画龙科技丨连续三年成功举办商业AI高峰论坛	http://zhgttzx.com.cn/a/guonei/20230804/1158.html
中国视窗	Datatist画龙科技丨连续三年成功举办商业AI高峰论坛	http://www.g6t.com.cn/a/guonei/20230804/1149.html

媒体	标题	链接
中国生活资讯网	Datatist画龙科技丨连续三年成功举办商业AI高峰论坛	http://www.zybb.com.cn/shcs/20230804/1081.html
中国生活消费网	Datatist画龙科技丨连续三年成功举办商业AI高峰论坛	http://www.ssxfw.cn/shcs/20230804/1179.html
中国生活圈	Datatist画龙科技丨连续三年成功举办商业AI高峰论坛	http://www.life.zxxnews.com/a/guonei/20230804/1703.html
中国商业圈	Datatist画龙科技丨连续三年成功举办商业AI高峰论坛	http://www.zpcqw.cf/a/xinwen/20230804/1167.html
中国商业报道	Datatist画龙科技丨连续三年成功举办商业AI高峰论坛	http://www.zhgsy.com.cn/a/guonei/20230804/1080.html
中国商务报道网	Datatist画龙科技丨连续三年成功举办商业AI高峰论坛	http://www.qqo0.com/a/guonei/20230804/1618.html
中国企业网	Datatist画龙科技丨连续三年成功举办商业AI高峰论坛	http://www.zx0.com.cn/a/guonei/20230804/1094.html
中国企业快讯	Datatist画龙科技丨连续三年成功举办商业AI高峰论坛	http://www.theccn.cn/v-1-87338.html
中国品牌网	Datatist画龙科技丨连续三年成功举办商业AI高峰论坛	http://www.2020cbn.com/v-1-165850.html
中国媒体网	Datatist画龙科技丨连续三年成功举办商业AI高峰论坛	http://www.zhgmeitiwang.tk/a/guonei/20230804/1616.html
中国快讯网	Datatist画龙科技丨连续三年成功举办商业AI高峰论坛	http://www.ertw.com.cn/a/xinwen/20230804/1262.html
中国快讯	Datatist画龙科技丨连续三年成功举办商业AI高峰论坛	http://www.ichinaexp.com/v-1-183635.html
中国科技资讯圈	Datatist画龙科技丨连续三年成功举办商业AI高峰论坛	http://www.chkj.zxxnews.com/a/guonei/20230804/1623.html
中国科技要闻	Datatist画龙科技丨连续三年成功举办商业AI高峰论坛	http://www.chgkj.com.cn/a/xinwen/20230804/1152.html

勃林格殷格翰国内首个进口马胃溃疡
专用药骏卫保上市整合传播

选送单位

勃林格殷格翰（中国）投资有限公司

创新的赢家

金奖

上海市第十一届
优秀公共关系案例评选

一、项目背景

中国作为世界上马品种资源最为丰富的国家之一，拥有着庞大的马产业。马主、骑手、骑乘爱好者规模达100万以上。全国依法登记注册的各级马业协会、马术协会、马术俱乐部超过2000家。随着改革开放以来居民消费水平的提高和对生活品质的追求，中国马产业蓬勃发展并逐步打破行业壁垒走向公众视角，其中蕴含着巨大的中国机遇。但与此同时，马产业相关的科学理念和政策舆论环境都亟待改善。就动物保健角度而言，中国的马匹医疗仍处于缺医少药的局面。勃林格殷格翰面对中国马业的市场需求，决定进入中国马健康领域。

进入该版图的第一步是公司引入了能够治疗和预防马胃溃疡综合征的药物骏卫保®。马胃溃疡综合征是所有类型马匹在全年龄段中的高发疾病，在运动马匹中发病率高达80%到100%，但由于临床症状表现不明显且检查手段有限，很容易被忽视和延误进而转化为慢性胃溃疡并伴有长期病变。可以说，这一马匹高发疾病严重桎梏了中国现代马产业的发展。

二、项目调研

中国现代马产业缺医少药，马匹健康及药物治疗相关咨询服务不足，马匹健康及疾病诊疗开展培训欠缺。

中国奥运马术骑士和马术队是与马业相关专业人士和公众沟通的良好渠道，可以多维度触达相关行业组织、政府机构等，让兽医、马主、马产业相关人士以及大众了解创新产品为马匹带来的福利以及先进的马匹健康知识理念。

在骏卫保®上市前，公众、产业从业者对马匹健康认知几乎都是0的情况，勃林格殷格翰有必要针对骏卫保上市作整合传播。该整合传播项目旨在提升兽医、马主、马产业相关人士以及大众对马匹健康的认知，为马匹溃疡疾病领域做好铺垫，同时也提升对马匹胃溃疡这一疾病的认知。

此外，项目也旨在通过与中国奥运马术骑士华天、上海马术队合作，构建多维度沟通渠道，让行业人士、专业组织机构共同为马匹健康教育贡献力量，倡导有效率的产品审批政策与良好的政策环境，致力将更多动保创新产品加速引入中国市场，助力行业升级。

三、项目策划

（一）目标受众

1. 中国现代马产业的关键决策者：例如兽医、马术队管理者、马术队其他工作人员、马术运动员等；

2. 马术爱好者、马主、俱乐部经理等；

3. 动物保健领域监管层：例如农业农村部或者其他影响动保产品进入中国的单位或者机构。

（二）主要信息

中国现代马产业逐步发展，马健康理念、标准和规则的建立及产业政策环境等正在快速形成和发展中，需要与国际接轨，促进市场机制在高起点、高标准上助力产业健康发展。

勃林格殷格翰作为马业务全球排名第一的企业，产品管线丰富，拥有马匹干细胞产品这样的领先产品，也是首家在华开启马业务的外资动保企业。骏卫保®（奥美拉唑内服糊剂，英文商品名：GastroGard™）是在美国目前唯一被 FDA 批准用于治疗和预防马胃溃疡的兽药，是首个获批引进中国市场的马胃溃疡专用药物。

勃林格殷格翰不单带来先进的产品，也致力于将领先的马匹健康管理知识带到中国，会与业内专家、行业从业者一起，提升马匹护理标准，助力中国现代马产业发展。

（三）传播策略

（1）全线策划：围绕产品上市前至上市到上市后三个阶段全线策划，分阶段采取不同策略达成传播目标。

（2）明星效应带动科普：马术奥运明星具有较高的知名度和专业性，且与马匹朝夕相处，对马匹的健康有深刻理解，在产品上市前期的预热阶段做马健康科普极具话语权和说服力。

（3）产品上市树立专业权威：通过业内媒体进一步深度沟通，将产品的曝光覆盖到专业人群，为上市造势，提升产品权威度。

（4）借助国家级平台——进博会打响知名度：在进博会上与上海马术队重磅合作，邀请上海马术队成员同时也是公司马健康教育合作伙伴华天见证，创造产品曝光的新高度和持续热度，打响骏卫保®在社会的知名度，助力业务目标达成。

（5）打造马匹健康解决方案：通过与上海马术队签署战略合作，为社会贡献出完整的马匹健康解决方案，将公益性理念变成具有可落地性和可执行性的项目。

（6）自有平台长期输出：借助自有平台传播优势将注重马匹健康呵护的理念进行知识科普，持续为产品宣传。

四、项目执行

（一）2022 年 3 月 1 日——开启征程

携手马术运动员华天在华开启马健康教育征程，利用华天的专业度与影响力提升目标群体对马健康的认知从传播角度扩大科普声量。

（二）2022 年 7 月 20 日——骏卫保® 上市

（1）勃林格殷格翰首次对外展示中国马业务版图、战略、愿景并介绍药物治疗领域；（2）举办媒体圆桌，与记者深入探讨中国马产业发展前景、公司马业务的现状与发展战略以及马胃溃疡治疗解决方案等话题。

（三）2022 年 11 月 6 日——国家级舞台进博会与上海马术队签署战略合作

（1）在进博会这样的国际性展会上举行战略签约仪式，能进一步吸引除动保媒体以外的媒体关注，为话题破圈，最大化曝光此次战略合作；（2）华天——中国奥运马术骑士同时也是上海马术队成员，见证合作，奥运骑士加持的马术以及马健康活动成为进博会医药馆的高光亮点。

战略合作签约仪式

五、项目评估

（一）传播效果：多领域媒体广覆盖，实现高质量曝光

通过明星效应进行上市宣传前的造势，再到利用国家级展会宣布和专业马术队签署战略合作，本次项目不仅获得了行业媒体、产经媒体、体育媒体、大众媒体等不同行业、多专业角度的媒体的关注，还取得了诸如央视新闻联播、人民日报、新华社等多家央媒党媒的曝光机会；在目标受众上实现从马术爱好者、从业者、行业组织到社会公众的全层次的覆盖，引起社会各界的广泛关注。

除了外部媒体，勃林格殷格翰利用自媒体矩阵宣传，同时借用明星效应，调用华天团队资源展开宣传。

根据数据统计，在三步走宣传过程中，各大媒体共发布 82 篇原创报道，全网转载高达 605 篇，广告价值累计超 1 800 万人民币。该媒体数据曝光量在动物保健传播领域属于 Top 级。项目也同步利用了华天近 800 万粉丝的微博渠道，发布信息获得了很高的点赞量。

除此之外，马业务的相关活动也在媒体眼中成为了专属记忆点，一位参加过相关活动的人民日报资深记者说："没想到有这么多人在玩马术，这也是中国消费市场升级的一个表现。"而像农民日报等参加过进博会的媒体，也纷纷表示出 2022 年进博会上马业务的亮相令人印象深刻。

（二）营销助力：营销传播助力产品销售

1. 从潜在客户到中国最大的客户的身份转变

勃林格殷格翰和上海马术队在第五届中国国际进口博览会现场签署了战略合作，就竞技马匹相关疾病诊断与治疗，以及培训展开合作；双方基于共同理念强强联手，为中国马术事业发展保驾护航。通过本次合作，勃林格殷格翰实现了与上海马术队从公益合作到签约订单的转变，也使其从潜在客户成为中国市场的大客户之一。

本次合作收到了合作伙伴上海马术队的高度反馈，上海市马术协会常务副会长、上海市马术运动管理中心主任程克强说："勃林格殷格翰拥有强大的马匹疾病预防与治疗产品管线以及全球领先的马匹健康理念。我们非常高兴能够与其携手。希望在此合作下，我们能够不断升级自身在马匹健康方面的管理水平和马伤病防治水平，累积先进经验，努力成长为中国马术行业的排头兵，协同长三角乃至全国的马术运动发展，进而为中国马术事业和马术产业的发展作出贡献。"

2. 助力业务目标的达成

勃林格殷格翰分三大阶段循序渐进对"骏卫保®上市"进行整合传播策划。从市场教育到产品上市再到后期行业内传播，成功实现从传播到业务目标的达成。

（三）社会反响：提升公众对马健康认知，树立勃林格殷格翰马业务的领军形象

在本项目中，勃林格殷格翰将马匹健康与人的健康建立起密不可分的关系，通过科普教育打破了公众对于马胃健康的重要性不了解的痛点，助力社会提升马健康专业素养。

此外，凭借勃林格殷格翰通过骏卫保®的上市首次对外系统介绍勃林格殷格翰中国马业务，并与外界沟通勃林格殷格翰中国马业务的战略和领先地位，打造出致力为提升马匹福利与国内马产业升级作出贡献的形象，赢得了社会各界的广泛关注。

芬林集团借『进博』双翅，
高效提升品牌公关营销效果

选送单位　芬林集团亚太总部

创新的赢家
金奖

上海市第十一届
优秀公共关系案例评选

一、项目背景

芬林集团是全球最大的商品针叶浆生产商，欧洲领先的原生纸板、锯材、深加工木材和生活用纸供应商，业务根植于芬兰，客户遍及全球，并长期深耕中国市场。

2019 年，芬林集团提出了战略升级、品牌升级的要求，在亚太区贯彻"循环经济领导者""同一个芬林"的运营，正式成立芬林集团亚太区总部，将芬林集团在亚太区多个分散运营的事业部统一在亚太总部的运营和品牌管理下，完成品牌共建和统一运营。

芬林集团亚太区总部位于上海。亚太地区尤其是中国市场，是芬林全球最重要的市场之一，在亚太市场的业务占集团业务的 1/5 以上。芬林集团每年向亚太市场销售约 150 万吨针叶木浆，其中中国是占比最大的单体市场，约占 90% 的市场份额。中国的针叶浆市场需求连续多年保持强劲增长态势，掩盖了市场传播力量不足的短期弊端。如何在"同一个芬林"的品牌战略和实践引领下，释放统一的品牌全新价值空间，强化生物经济和循环经济引领者这一心智目标，驱动新一轮业务增长，市场与传播工作面临挑战和机遇。

二、项目调研

如何通过有效的公关传播手段，将芬林集团目前的发展规模与低碳环保新理念进行传播，大力提升品牌知名度，是迫切需要解决的问题。

经团队评估，采取合适的会展公关传播策略，继续在中国市场寻找确定性，可以有效传递芬林品牌信息，增强与各方的互动，建立和维护良好的品牌形象，为芬林后续在亚太市场的深度进入和合作提供有力支持。回顾和调研 2020—2022 年期间的会展实践和机会，我们发现：

全国性会展活动： 需筛选引领性的会展品牌，寻找合适的赞助和露出机会，提前布局，策划在国际和国内重点会展品牌活动中对芬林集团的推广，持续扩大品牌影响输出。主题上契合中国"双碳"国家级政策推广，倡导循环经济支持可持续商业，可以应对气候和生物多样性问题，浆纸行业因其原料纤维为可再生材料，成为生物循环经济的行业典型。符合这一需求的会展主要是自 2018 年起举办的年度中国国际进口博览会。芬林曾于 2018 年、2019 年作为国家展芬兰馆的联合参展单位，品牌宣传的效果良好。

行业性会展活动领域： 需与中国工商联纸业商会、中国造纸协会、生活用纸委员会等全国重点林纸协会建立联系，获取会议信息，重点参与有高质量高收益高口碑的品牌会展，获取包括高层演讲、酒会赞助等权益。自 2019 年起，芬林集团以及旗下各事业部连续参与包括上海纸浆周、中国纸浆高层峰会、中国纸业发展大会、中国包装创新高峰论坛等都有主旨演讲和论坛发言等持续曝光，品牌传播的效果持久、良好。

针对客户市场传播活动开发： 需持续开发与亚太地区客户相关性更高的市场、传播内容，包括全球范围内的终端应用案例、市场概览、创新材料开发、大型投资项目进展、客户访谈以及本地活动等。针对不同大客户进行有针对性的产品推介会和技术交流，包括技术圆桌、CEO 视频会、销售研讨会、品牌日等内容组合。

媒体传播： 需寻求机会策划媒介资源拓圈，与主流媒体展开深度沟通，带领企业品牌舆论健康发展。借势媒体打造集团品牌公信力、影响力权威背书，唱响"双碳"主旋律，展现企业新发展、新气象、新作为。

三、项目策划

经团队评估，采取精选会展公关传播策略，计划借势 2022 第五届中国国际进口博览会（CIIE，以下简称进博会），在 2022 年 11 月独立参展进博会的同时举办第二届亚太区客户年会，以提升良好的品牌形象，传递芬林品牌信息，增强与各方的互动，为芬林后续在亚太市场的深度进入和合作提供持续有力的支持。团队积极开展"混合"会展运营模式激活市场传播动力，公关亮点体现在如下方面。

1. 在会展形式的创新上

"混合"会展运营模式即线下和线上会展传播两种模式，并行交叉、渠道互补，提升会展传播水平，尤其借助进博平台优势，积极参与进博 VR 看会、云展馆、达人直播等多样化创新体验，运用科技手段做到办会与时俱进；突破疫情期间尤其是传统行业展会和自有客户活动传播力有限的困难，最大程度实现声量破圈增量，提高品牌曝光和影响力，在多变的经济形势与市场环境中保持向上生长的积极品牌力量。

2. 在会展亮点的制造上

精心设计会展主题"绿·金——与您携手可持续发展"，取意于芬兰谚语"森林是绿色金子"、中国国策"绿水青山就是金山银山"，视觉设计和内容设计贯穿全程，吸引国家级、省级媒体资源，联合打造可持续相关议题内容，形成最大曝光度；联动产学研，持续输出行业意见领袖观点，做深行业影响力。策划客户日即"品牌日"，将芬林最佳案例和成果重点实物进行趣味性展示，树立创新、技术的展览风向标。

3. KPI 的设定

定义精准目标用户，完成新销售线索导入；差异化会议定位，打造市场增长引擎；品牌观念

造势，占领林纸行业知识高地，"绿·金"理念的持续输出，完成目标媒体覆盖；整合新媒体线上精准人群投放，快速捕获新用户机会，创造有黏性的客户连接体验，实现最大转化率。

芬林进博会展台位于 3H 技术装备馆的"能源低碳及环保技术专区"

芬林进博会绿色展台

四、项目执行

开展"混合"会展运营，其中 2022 年独立参展中国国际进口博览会并于同期召开亚太客户年会，是会展策划中最为重要的样本。为了在进博会中获得最大的曝光，团队大胆创意"桑拿房""北极光"体验，打造进博会网红打卡地。为了确保把企业形象在进博会的完美展示，在进博召开前两周，举办媒体沙龙，完善科普复杂的产业价值链。借助"数字进博"直播等平台，演示最新产品，推动贸易交流，实时更新活动进展和亮点。客户年会期间，组织大客户代表参观展

会，展示企业形象和实力，为年会的品牌传播效果增添新价值。

（一）2022年芬林集团作为第五届进博会唯一欧洲大型林纸企业代表独立参展，树立绿金森林工业企业形象定位，获得多家全国性媒体传播

2022年11月5日—11月10日，为期六天的第五届中国国际进口博览会上，芬林集团以"绿·金——与您携手可持续成长"主题亮相。在展台设计上，芬林集团围绕生物经济和循环经济理念，在一面森林工业的全价值链展示墙上，结合图文和产品实物，全方位展现低碳环保的木浆、纸和纸板、锯材、深加工木制品、防油纸、木基纺织纤维产品等可持续可再生产品组合，带来北欧先进森林工业的一体化生产和服务等解决方案。展位还设立了北极光、桑拿房等进博网红打卡地，现场体验采用芬林锯材产品制作的芬兰原汁原味的北欧云杉桑拿房，还配备了桦树枝、桑拿石、水桶水勺等地道蒸桑拿的工具，1∶1还原了芬兰的纯正桑拿场景。插上文化交流的翅膀，趣味性地展示工业产品，增加了对媒体的吸引力和传播力。

借助"数字进博"等在线传播创新机遇，芬林在进博黄金时段打开直播，邀请进博观众线上参观，吸引高人气浏览量。此次进博会首次创新搭建"数字进博"平台，注册用户超过16万。"数字进博"通过VR拍摄等方式呈现芬林展台盛况，展示更多展品和技术，实现线上与线下展会信息互通。

芬林集团通过运用数字化技术，借助互联网和社交媒体等数字平台，通过充分利用融媒体的优势，以涵盖文字、图片、音频、视频等多样化形式的媒介手段传播品牌故事和价值观，以满足不同受众的感知习惯和需求，形成信息传播的立体式体验。

芬林第五届进博会森系背景墙

（二）2022芬林集团亚太客户年会成功举办线上线下同步会议，打造"混合"会展模式的最佳实践

借助进博会召开的契机，2022年11月8日，同主题"绿·金——与您携手实现可持续增长"2022芬林亚太年会在上海半岛酒店成功举办，并于同期举办了旗下芬林芬宝——主营木浆和锯材事业部——与十大纸浆客户的意向订货签约会。汇聚芬林集团在亚太的客户与合作伙伴，召开线上线下同步的年度业务会议，由芬林总部管理层阐述集团和各业务线在战略、管理、技术、投资、创新产品等领域的最新讯息，并邀请外部嘉宾介绍生物制品和森工价值链在气候行动中的作用，以及对中国经济的展望，现场参会的有近100位中国各大造纸企业、品牌商、建筑用材等企业的高层代表，以及线上约60多位来自中国、东南亚、印度、澳大利亚等亚太区客户代表。同期还隆重举行了与十大中国纸业集团客户的木浆采购意向书签约仪式。

通过精心设计，芬林成功邀请各大客户决策代表出席会议，集团亚太区的市场传播团队在2022年秋交出了一份满意的答卷。

（三）2020—2022年期间的其他行业会展活动

2020—2022年连续3年作为战略合作伙伴参会年度上海纸浆周、中国纸浆高峰论坛、中国纸业发展大会等行业重要会议，打造行业领导品牌形象，持续巩固领军企业话语权，开拓重要增长市场。

芬林集团在中国这一最大的单体市场，精选一系列行业顶级盛会，打造高品质内容传播，其中集团旗下纸浆业务单位芬林芬宝的CEO诺毅（Ismo Nousiainen）和芬林集团亚太区总裁宋望球代表企业就全球针叶浆市场发展进行深度分析和展望。

一系列传播策划与实践结果，稳固地树立了芬林集团在浆纸领域的领导品牌形象。

（四）2021—2022年连续深度组织、参与包装领域会议，多头并举，培育对外传播的自主力量，实现办会的活力与韧性

2021年6月22日，芬林纸板举办了主题为"做出正确选择（Make the Right Choices）"的可持续发展线上研讨会，活动面向亚太地区客户，吸引来自15个国家的观众。活动由芬林纸板来自销售、产品安全及可持续发展部门的领导团队进行主题分享并与听众问答互动。

2022年10月25日至27日CPiS包装创新力论坛，芬林纸板作主论坛主题分享，介绍集团生物制品厂概念，目标实现100%非化石生产和原材料利用率。近千名包装产业链上的来自平台、快消品牌和包装供应端专家等专业观众到场。

2022年6月，芬林纸板"少即是多——设计挑战赛"邀请全球各地的设计师共创未来的零废弃物包装。由知名包装设计专家组成的世界级评审团将为一些最常见的消费包装寻找更轻、更智能的循环解决方案。比赛通过中国区官网、官微发布，经由包装、纸板行业媒体传播扩散，吸引中国区设计师踊跃报名参加，贡献缤纷创意。

五、项目评估

2020—2022年期间，在"混合式"会展策略指导下，芬林举办和参加会议数目创同行业新高，共自行举办会议3场，参与大型会议9场，发表相关主题演讲9次，调动各企业中高层线上线下参与会议互动30人次以上，覆盖外部参会人次达近6 000人，与各大造纸、包装等相关行业企业、行业组织、研究机构等达到了清晰有效的深度交流互动。芬林集团所提供高质量的活动内容和丰富的参与体验，获得了行业人士、客

户与合作伙伴的好评和认可。通过线上线下的紧密衔接，建立了更加深入人心的品牌认知和情感联结。

三年来，因有效的"混合式"会展公关传播，芬林集团在亚太地区的媒体声量显著提升。仅进博会一项，芬林在媒体传播方面取得了令人瞩目的成绩——近20家媒体开展了1V1的专访，累计获得660篇报道（含转载）。其中1V1采访的媒体包括：新华社、人民日报、央视新闻、第一财经、中国新闻周刊、新民晚报、华夏时报、腾讯新闻、上海人民广播电台、上海日报、大公报、人民网等中央和地方的主流媒体。同时，在人民日报、人民网、央视新闻等央媒对进博会的专题报道中，多次出现了芬林集团参展的内容。作为在会展领域不懈耕耘的结果，这些数据令整个团队充满振奋和动力。

从2020年到2023年，芬林集团在亚太区的盈利收入实现了稳定增长。我们相信这一切都离不开芬林对会展公关传播的重视和投入，以及全体员工的共同努力，也是新型"混合"会议公关模式成功的有力证明。

附　会议情况表

时间	会议简称	人数	品牌展示
2020 年 7 月	食品饮料包装分论坛	400	分会场线上演讲、展览
2020 年 9 月	纸浆周、纸业大会	800	主会场线上演讲
2020 年 11 月	纸浆峰会	600	主会场演讲
2021 年 4 月	纸浆峰会	600	主会场演讲
2021 年 6 月	芬林纸板"做出正确选择"线上研讨会	100	自有客户研讨会
2021 年 10 月	纸浆周、纸业大会	800	主会场线上演讲
2021 年 11 月	包装峰会	500	主会场演讲，展览
2022 年 8 月	纸浆峰会	600	主会场演讲
2022 年 9 月	纸浆周、纸业大会	800	主会场线上演讲
2021 年 11 月	包装峰会	500	主会场演讲，展览
2022 年 9 月	芬林芬宝"可持续的每一天"线上培训	100	自有客户研讨会
2022 年 11 月	进博会，芬林亚太年会	160	自有客户活动，线上演讲，展览

百时美施贵宝『手护生命的守护』
企业品牌传播项目

选送单位

百时美施贵宝（Bristol Myers Squibb） 励尚公关（Allison+Partners）

一、项目背景

作为一家全球性生物制药企业,百时美施贵宝致力于为患者提供革新性药物,以治疗严峻且具有挑战性的疾病,帮助患者拥抱更长久、更健康的生活。2020年,百时美施贵宝推出了新的企业品牌和愿景:成为全球领先的生物制药公司,引领科学,改变患者生命。自全新品牌推出以来,百时美施贵宝便在全球范围内开展了围绕品牌形象与品牌声誉的一系列传播工作。

2022年,在深耕中国市场四十周年之际,百时美施贵宝以科学与创新,围绕其企业品牌主题"'手'护生命的守护"开展了一系列对内与对外整合且分层次的传播,全面回顾并展望在中国的发展历程,多角度诠释品牌故事和价值主张,进一步巩固和提升在中国市场的品牌形象与美誉度。

二、项目调研

在中国,百时美施贵宝的企业传播重点旨在提升品牌在关键目标受众中的声誉,沟通对象包含政府相关部门、企业所关注的核心疾病领域(如肿瘤学、血液学、免疫学)的患者、患者家属与专业人士,以及企业员工。

然而,在竞争日益激烈的医药行业传播领域,各大药企不约而同地强调自身的创新与科学领导力以及"以患者为中心"的企业文化,同质化的关键信息点和传播方式正日益削弱传播效果。因此,如何通过高度整合的传播策略、富有独特性的创意、兼具广泛性和精准性的传播方式,建立差异化的品牌形象和目标受众对品牌的认同,成为百时美施贵宝中国思考企业品牌传播的重要出发点。

三、项目策划

(一)主题阐释

为了构建更具辨识度、独特性的企业品牌传播案例,本项目以百时美施贵宝的品牌标志作为创意基础——百时美施贵宝的品牌标志为一只紫色的手,手代表治愈、给予和接受关爱;紫色凸显了热情、果敢和专注——取中国社会耳熟能详又与医疗行业密切相关的"守护"概念,百时美施贵宝将全球品牌传播主题"The Touch that Transforms"创造性地表达为"手护生命的守护",这个主题一方面与品牌标识构建直接关联,另一方面表达了百时美施贵宝所做的一切就是尽心全力地通过科学与创新,"手护"医生守护的患者、"手护"父母守护的孩子、"手护"家人守护的至亲……"手护"每一份生命的守护。

(二)创意来源

"手护"生命的守护这一企业品牌传播案例的创意灵感源自2020年的两则新闻事件:这一年,作为全球领先的生物制药企业,百时美施贵宝宣布把生物制剂送往太空,在零重力下开展生命科学的先端研究,这一事件建立了百时美施贵宝与宇宙的强关联;同一年,美国国家航空航天局(NASA)运用数据可听化技术(Data Sonification)成功将太空图像转换成了音频——长期以来,人体一直被视为一个复杂的小宇宙,如果通过数据可听化技术去探索人体宇宙的声音,让"手护"被听见,将会带来怎样的传播效果？

（三）传播策略

1. 以创意传播为引领，通过前沿科技和公关叙事相结合的传播策略，建立具有记忆点、辨识度、受众感同身受的传播资产，将品牌形象和内核以可听、可见、可感知的形式，生动化地呈现给目标受众。

2. 以富有感召力的传播故事为核心内容，借助品牌与目标受众之间的故事、行业发展与社会性议题相结合的内容，持续性、有针对性地传达品牌价值主张，从而有效构建内核丰富、逻辑自洽、深入人心的公关传播内容。

3. 以新媒体渠道为主阵地，充分发挥企业自有媒体与外部一线媒体矩阵的传播效力，通过不同媒介渠道的有效整合，维持相关话题在社交媒体上的受众关注度与社会热度，促使传播效果的最优化。

四、项目执行

（一）阶段一：先端科技演绎人体宇宙之声，让"手护"被听见

为了更好、更迅速地获得内外部关注度，项目启动之初，百时美施贵宝在企业官方微信公众号上推出了《音为手护》音乐专辑，开创性地运用数据可听化技术（Data Sonification，即将数字化图像转换成声音）+AI智能算法谱曲，围绕肿瘤学、血液学、免疫学三大核心疾病领域，探索并呈现人体宇宙的声音，将疾病发生与治疗机制的理论与画面叠加并转化为可听、可感知的音乐，从而实现更具体验性、记忆度的传播，让"手护"的概念先声夺人。

专辑共3首乐曲："唤醒协奏曲"（肿瘤学）、"成熟变奏曲"（血液学）、"平衡交响曲"（免疫学）。

案例（音乐专辑预告）：音为"手护"，灿烂每个人的星辰。

案例（肿瘤学）：音为"手护"，唤醒每个人的星空。

案例（血液学）：音为"手护"，滋养每个人的星河。

案例（免疫学）：音为"手护"，平衡每个人的星系。

（二）阶段二：主题短片回顾产业创新之路，让"手护"被看见

在项目推出后的核心阶段，百时美施贵宝在主流媒体上发布了一系列围绕"手护生命的守护"为主题的传播内容，以中国医疗健康行业发展历程为背景，以患者的真实故事为核心，以企业在中国发展的战略与贡献为植入信息，通过专题片、话题视频、互动H5、人物故事和高管专访等多元化的形式进行传播，引发外部目标受众的参与及讨论，让"手护"的概念深入人心。

1. 专题片：携手中国领先的专业纪录片制作平台梨视频，制作专题片《手护生命的守护》，邀请来自肿瘤学、血液学和免疫学等领域的多位权威专家与患者，以"曲直方圆"（曲折道路、求索直行、创新方向、圆满未来）为脉络，共话四十年创新之路。通过第三方视角，展现百时美施贵宝用科学和创新，"手护"每一份生命的守护。

2. 专题报道：在大众新闻、健康及医药行业的头部媒体上，陆续发布一系列围绕百时美施贵宝核心疾病领域的专题报道。通过权威医生专家的分享，回顾"手护"的创新成果，并展望"手护"的创新方向，体现了百时美施贵宝的创新成果对中国医药产业发展及"手护"中国患者所做出的积极贡献，进一步强化了受众对"手护生命的守护"这一主题的深度共鸣。

案例（肿瘤学）：《肿瘤外科：柳叶刀、创新

药与守护之手》。

案例（血液学）：《四十年引领，他们用科学的"底气"守护生命》

案例（免疫学）：《四十年圆一梦——采访北京大学人民医院皮肤科主任张建中教授》

3. 社交媒体传播：此外，百时美施贵宝还借助一系列社会化媒体的传播活动，进一步提升"手护生命的守护"话题的能见度与影响力。

➤ 在距离进博会倒计时30天时，依托社会热点话题，在官方微信视频号、澎湃新闻等媒体平台上发布主题街采视频，通过采访医药行业从业者、医生、患者家属等多元目标群体，从不同视角解读"手护"的意义和价值，引发广泛讨论。

➤ 在官方微信公众平台上发布《手护的第14 600天》HTML 5，吸引受众参与定制并分享个性化的"电子手护感谢卡"，创造有效积极互动。

➤ 围绕相关传播素材，在微博开设话题：手护生命的守护，鼓励目标受众主动分享关于"守护生命"的真实故事、经历及感悟，并鼓励用户生成的"自来水内容"（UGC），维持话题热度。

（三）阶段三：国家展会举行企业周年庆典，让"手护"被感受

在阶段一和阶段二大规模传播基础上，2022年11月初，百时美施贵宝以"手护生命的守护"为主题，携公司"中国2030战略"成果参展第五届中国国际进口展览会，并成功举办了"根植中国，引领创新"百时美施贵宝中国四十周年庆典仪式，借助进博会这一国际化的传播窗口，再一次强化了品牌形象。

庆典仪式邀请政府代表、药物经济学家、医学专家与行业合作伙伴共聚一堂，通过"手护生命的守护"主题讨论等形式，向现场观众和媒体充分展示了百时美施贵宝中国过去四十年取得的成就，以及未来对中国市场的长期承诺。

同时，在进博会期间，百时美施贵宝发言人接受国内一线媒体的密集采访，借助权威媒体的声量及影响力，更大范围、更深层次地向社会公

2022进博会BMS主题论坛

众及各利益相关方传播了企业在中国四十年深耕的历程和对中国市场的长期战略，充分展示了企业科学与创新，并彰显了其与中国市场同频共振、与中国患者同心共情的坚定承诺。

五、项目评估

1. 本传播项目在传播周期内共计产生了9800多篇媒体报道，获得了超2亿的媒体曝光。其中，视频类内容在全网的播放量超1480万次，共计4次登上微博热门话题榜单，并获得了超过4360万的电视媒体曝光。

2. 在进博会期间，百时美施贵宝得到了中央电视台不同频道的集中报道曝光，累计报道总时长超过20分钟，包括：（1）CCTV-2（经济频道）：1分钟的电视新闻报道，传达了百时美施贵宝对中国市场的信心和承诺。（2）央视新闻APP：5分钟的专题视频报道，重点分享百时美施贵宝创新药物研发的重要价值，并体现公司"中国2030战略"与"健康中国2030"的高度一致性。（3）CCTV-4（国际频道）：15分钟百时美施贵宝展台探展直播，详细介绍品牌在中国市场的发展历程、创新成就及长期承诺。

3. 此外，立足于企业品牌传播项目的影响力，百时美施贵宝中国负责人亦屡次斩获商界顶尖奖项——百时美施贵宝全球副总裁、中国及亚洲区域市场总经理、中国区总裁陈思渊在连续两年入选《财富》中国最具影响力商界女性榜，并荣登2023年福布斯中国杰出商界女性榜单之后，又荣登《财富》2023年中国最具影响力的50位商界领袖榜，成为唯一入榜的跨国制药企业的市场领导者。

总体而言，百时美施贵宝"手护生命的守护"企业品牌传播项目在创意输出、公关传播效果、社会影响力等方面均取得了同业中的差异化卓越成果。

"静安公安法制夜市"安防主题系列宣传活动

选送单位　上海市公安局静安分局

一、项目背景

在公安普法体系中，防范电信网络诈骗已成为法制宣传体系中的重要一环，根据往年数据对比，不难判断如今的电信网络诈骗也在随着时代变化逐步呈现出专业化、多元化、跨平台化、跨地域化甚至跨国际等新特点，使得有关方面针对网络诈骗的打击和治理面临着极大的挑战。对此，公安机关在针对网络诈骗的治理打击方面，秉持"打防并举、以防为主"。加大相关防骗反诈知识普及和推广度。静安公安分局通过警企联合以"线上＋线下"的方式，用接地气的方法普及防骗反诈知识，通过形成品牌栏目，注重多样化的宣传形式和载体，不断提高市民的文明素质和法律素质，从而夯实防骗反诈的"基本盘"。

二、项目调研

（一）创新宣传形式公众更易于接受

考虑到近年来"脱口秀"形式更易于被公众接受，静安公安分局创新宣传形式，在辖区"安义夜巷"网红地定期开展"法制夜市"宣传活动。

（二）和谐警民关系有助于警方反诈宣传

上海是一座国际化大都市，人口结构复杂，文化差异性大，这为公安的工作带来了更多的挑战，也提出了更高的要求。而拥有和谐的警民关系则是一切公安工作顺利推进的基石，构建和谐的警民关系不但有利于增进警民情感，同时也有助于公安机关日常工作的顺利开展。特别是在防范电信网络诈骗的宣传中，和谐的警民关系有助于民警拓宽宣传渠道、增强宣传效果，充分发挥居委干部、楼组长、社区平安志愿者、沿街商铺负责人等不同人群的传播效能，使警方的反诈宣传更加深入人心。

三、项目策划

静安公安分局"法制夜市"项目组积极围绕反诈宣传，在公益和文化领域拓展法治宣传新形式和新渠道，通过深度挖掘辖区优质资源形成多个跨领域合作范本，并联动"网、报、视、台"等传统媒体和"微博、微信、抖音、B站"等社交媒体平台进行融媒体推送渠道，打通反诈宣传的"最后一公里"，进一步扩大宣传覆盖面和成效性。

（一）打造跨领域合作范本

在静安公安"法制夜市"反诈宣传项目中，项目团队积极联动，先后推出"静安公安·笑果文化""静安公安·开心麻花""静安公安·开开集团"等企业，主打联动公益宣传形式，先后推出"反诈脱口秀专场""反诈菜场"5场联动公益反诈宣传活动，线下受众人群达3 000余人，直播互动量达120万，以"高曝光率"进一步树立公安反诈品牌形象，提升社会知名度，扩大宣传集群效应。

（二）集中优势资源打造公益课堂

项目团队通过积极布局反诈宣传新媒体矩

阵,结合"全警实战大练兵"工作,多次邀请治安、刑侦专家与项目团队反诈宣传专业警力代表一起进企业、进学校、进机关单位广泛开展讲座、论坛和调研,在集中针对辖区易发案类电信网络诈骗的资金流、通讯流、信息流、人员流持续开展集中研判的同时,培养一批年轻化、高素养的反诈宣传专业警力队伍,为实现更高效、精准的反诈宣传以及未来项目拓展和可持续化推进奠定基础。

(三)集中优势资源形成宣传集群效应

自 2020 年起,静安公安"法制夜市"项目团队不断深度挖掘辖区资源,并研判集中法制宣传可行性方案作进一步架设,整合筛选并最终组织辖区建设银行、市北高兴园区、上海多媒体产业化基地等企事业单位及辖区 10 余所中小学,会同分局 16 个官方社交媒体平台形成"法制夜市"新媒体矩阵,为反诈宣传活动、反诈宣传作品及其他法制宣传内容进行线上宣传造势,集中推进法制宣传工作融合发声,进一步激发矩阵优势,形成集群效应,为全面做好"静安公安·法制夜市"项目"互联网"上线做好准备。

(四)联动龙头企业推动数字化反诈项目

静安公安分局下沉投放的人机互动式人工智能设备,通过人工智能、语音对话、远程支持方式 24 小时为居民提供在线法律咨询、反诈线索举报、最新电信网络诈骗案例曝光等服务。依托国家反诈中心 APP 项目远程支持,静安公安分局 2020 年度首先在天目西地区凯德星贸等商圈对商场服务机器人进行反诈模块测试,收效较好,将来会在全区不同企业、商超进一步投放,提升反诈项目成效。

四、项目执行

法制夜市法制宣传项目通过结合传统设点宣传、一对一上门宣传、集中活动式宣传及数字化宣传的前提下,进一步将目光放到"线上集中推广",积极运用各类接地气、冒热气的"表达方式"及各类制作精良的反诈互联网作品,尽可能做到"人员结构"全覆盖、"时间地理"全突破、"传播效果"多层次的效果。

(一)专场宣传,把反诈宣传交给"年轻人"

2021 年 11 月,项目团队联动相关文化公司,在静安嘉里中心内设剧场首创"公安脱口秀专场",立足对易发案类型及新型电信网络诈骗的骗术进行改编,一举将原有零散化的"警情通报会"整合成以年轻群体为传播主导的"脱口秀专场",传播效应呈指数上涨,并获央视新闻、人民日报、法治日报、澎湃新闻等全国各级主流媒体推送,在微博、微信、抖音、B 站等社交新媒体平台累计点击量近 1 000 万,从中蕴含巨大的点击频率,通过市民手中的移动端、电脑端进一步将公安反诈知识"口口相传",起到事半功倍的效果。

(二)穿插舞台,让法制宣传有了艺术效果

在于艺海剧院上演的舞台剧《乌龙山伯爵》中,"法制夜市"项目团队通过与出品方开心麻花团队进行联动,以"法制夜市小剧场"的形式,将公安反诈"艺术"搬上了专业舞台,在为期 10 余天的舞台剧展播期间,每日都有项目团队的优秀反诈宣传警力登台亮相并与正剧进行短暂互动,热场调动效果受到观众们热烈反响,中新社、新民、新闻晨报及市公安局新媒体矩阵同

步进行推送，其表现形式也更受广大市民群众的喜爱。

（三）围绕"衣食住行"，集中填补中老年群体空白

为填补针对中老年群体反诈宣传的空白，项目团队进一步深挖辖区优质资源，通过与开开集团和上戏学院联手打造沪上首家"反诈网红集市"，创新"数字化菜场＋反诈菜篮子"这一法制宣传新概念，将公安反诈宣传融入百姓的衣食住行之中，依托网红智能菜场这一新平台，融入"反诈脱口秀＋反诈京剧＋反诈主题曲"的不同形式，吸引不少市民群众关注和参与。

（四）数字化转型，首创"元宇宙反诈酸奶"获好评

为进一步推动项目良性发展，保障宣传效应在网上形成传播链，法制夜市团队又与知名企业安慕希联手打造了"数字藏品——反诈酸奶"，引入"反诈元宇宙"这一科技前沿主题，经市公安局和安慕希新媒体矩阵进行全网推送和互动，引发网民的持续关注，从而填补了公安法制宣传在互联网上的"数字周边"空缺。上述部分活动的创意概念作品还曾冲上微博全国热搜榜。

五、项目评估

（一）"法制夜市"项目品牌获辖区企业、群众认可

"静安公安·法制夜市"项目自 2020 年 5 月启动以来，已累计开展线下集中宣传 8 次。

同时，静安公安分局在全区 14 个街镇、60 余家企业及 7 所学校全面铺开点位宣传，累计共达 200 余次，惠及人数近 25 万人次，匹配项目线上发布发表的新闻报道 70 余篇次、新媒体作品 20 余部，共收获网络点击 3 000 余万，累计点赞互动量近 5 万，"法制夜市"项目品牌已获辖区企业、群众认可，"静安公安法制夜市出品，必属精品"成为了人民群众获悉最新电信网络诈骗咨询的一个重要窗口。

（二）项目模式具有高融合度

"静安公安·法制夜市"项目目前已发展成为集"法制宣传、警民互动、法律咨询、警营才艺展示"于一体的公安系统性法制宣传平台，其以跨领域合作，跨媒介发展和融媒体矩阵等优势，逐渐成为全市范围内独树一帜的反诈宣传特色栏目，在此基础上，项目团队还在具体形式上全面融入"脱口秀、警营开放日、警营慢直播、反诈元宇宙"等新潮元素，全面、深度做好针对预防及应对新型电信网络诈骗全年龄段、不同人群的覆盖，受到社会舆论广泛关注和肯定。

（三）资源联动模式具有可复制性

在为期近两年的项目启动阶段，静安公安分局已与 10 余家企事业单位、学校开展过协作联动，形成线下反诈公益联盟，线上新媒体矩阵联盟。接下去，静安警方将会同区教育部门、交通部门、市场监管部门等机关单位进一步打造"联动法制宣传"模式，并依托已有"品牌效应"所积累的粉丝、志愿者团队，扩大拓展影响力。相信"法制夜市"项目将借助原有强大的"品牌效能"及全面的推广渠道打造出新一轮的反诈宣传新高潮。

志愿者共建首善福地食药安全

选送单位　华米信息技术（上海）有限公司

一、项目背景

志愿服务是社会文明进步的重要标志。被称为"首善福地"的深圳市福田区，是深圳首个"推进食药志愿者参与社会共治改革"的试点区，福田区多年来逐步完善志愿者服务队伍的准入、退出、激励机制，持续提升队伍专业化、拓宽服务领域，塑造良好的志愿者形象。2023年，福田区市场监督管理局联合实证调研平台"大人来也"，在原有基础上，打造志愿者参与食药安全社会治理的服务品牌，使深圳食安管理又多一张群众参与共享共治的新名片。

二、项目调研

（一）当前需求痛点

受到福田局的委托后，"大人来也"平台对项目现状开展了调研，发现以下三个主要问题。

第一，食药安全治理对志愿者专业素养要求较高，仅有奉献精神和时间还不能完全胜任；

第二，食药安全志愿服务还未形成品牌效应，缺乏话题性；

第三，在执行管理上尚未形成具有可复制、有公信力的操作模式。

（二）调研路径

在调研的方法路径上，"大人来也"平台采用了访谈法、观察法和资料法。

访谈法：通过与福田区市场监督管理局相关负责人充分交流，了解既往食药志愿者服务中面临的挑战，以及工作期望达到的目标。

观察法：观察记录现有工作在动员、组织、培训、执行、交付过程中各个环节的需求和实施难点。

资料法：通过搜索、整理志愿服务工作的行业属性，了解到共性难点，例如缺乏主攻方向，缺乏有效统筹，管理不严密，跨部门合作较少，志愿者参与渠道不足，人才队伍稳定性较弱等。

（三）合理化建议

通过扎实的项目调研，"大人来也"平台向福田局提出了实施过程中的重难点应对措施。

1. 强化"用数据说话"的公信力，设定志愿服务量化指标

志愿服务是一个动态过程，除了人数、形式、地点等基本信息，其他活动成效较难用数据体现，通常是通过现场图文、视频等材料进行汇报与宣传。虽然可以一定程度满足宣传基本要求，但较难通过量化方式体现社会价值。

为更好地展示福田区食药安全志愿服务质量的提升，"大人来也"平台结合自身优势，运营实证调研 App 作为活动工具，搭建志愿服务可视化数据库，一方面有利于归结数据，另一方面提升志愿者对标准操作路径的认知，使志愿服务工作更易于上手，易于推广。

2. 着重志愿者的获得感，将培养食药安全专业度作为亮点

志愿者覆盖各群体，社会不仅需要志愿者的奉献精神，也需要服务的专业性。因此，帮助志愿者提升专业度既有利于志愿者本身能力的提升，也有利于为食药安全工作培养专业队伍，提高社会共治的成效。

志愿服务周期短，地点分散，要持续开展针对专业知识的培养，具有较大难度。考虑到时间、地点、人群的多样化，"大人来也"平台通过实证调研 App 开展专业知识推送与培训，使志愿者时时可了解，处处可查阅。在线方式也便

于专业内容更新，成本低、操作便捷。实证调查App还有丰富的培训＋在线考核模式，帮助福田局了解志愿者是否达到上岗要求，为需要专业度支撑的服务工作筛选和留存队伍。

3. 使志愿服务高质量发展，采用优胜劣汰机制

志愿者是社会的宝贵财富，具有食药安全知识的志愿者更是开展社会共治的重要伙伴。在日常管理中，人员的招募、留存和激活是一项挑战，其中一个原因就是缺乏高效的组织工具。

除了招募、培训，志愿者在实操过程中也应用实证调查App作为工具，其留存数据就能作为遴选优秀志愿者的标准之一。参与度高、服务质量高的志愿者，可以择优发展，并通过各项鼓励机制，促使他们能够更多地发挥光和热。将优质志愿者的留存和激活作为工作的量化指标，使志愿服务进入正向循环，提升人员黏性，为福田区打造一支有口皆碑的食药安全志愿服务队伍。

三、项目策划

（一）总体目标

打造福田区志愿者参与食药安全社会治理的服务品牌。

（二）项目时间

2023年1—4月调研，5月正式启动。

（三）受众范围

深圳市福田区志愿者群体、福田区食品药品业态经营户、对食药安全感兴趣的福田市民。

四、项目执行

（一）"激活"志愿者

在这个阶段，项目组的主要目标是把"存量"志愿者通过各种方法"激活"，并进行摸底，了解到他们的职业、执业资质、过往经验、特长，对之后的人员安排做好分级分类管理。

方法一：基于福田区食药安全条线现有的志愿者和意向者队伍进行整合，针对存量志愿者开展电话访谈，了解基础信息、服务意愿等；

方法二：通过来访、互联网等方式，开展社会招募工作；

方法三：对接相关志愿者协会及合作方，开展合作招募工作。

（二）"吸引"志愿者

这个阶段的主要目标是推动食药安全志愿者群体的口碑传播，经过前期调研，项目组发现，对这个群体最有吸引力的是"增长知识"和"专业荣誉感"，提升志愿服务队伍食安认知。

1. 增长知识

（1）活动一：食安知识科普。

项目组组织志愿者开展食安知识科普，科普内容包括：食品安全法、生活保健养生、营养健康手册、湿米粉食品安全风险、鸡蛋加工的食品安全等模块。这些知识不仅有助于志愿者向身边人传播食药安全知识，也为之后他们参与监管辅助工作打下专业基础。

（2）活动二：参观前置仓。

项目组整合多方力量增加培训趣味性，例如联合叮咚买菜，走进前置仓，观摩分拣货品过程、参观前置仓水产间、介绍水产种类养殖水产特性、观看叮咚买菜订单农业视频—番茄实验室视频、讲解叮咚买菜品控7+1流程管理、产品快检演示（盲样测试）果蔬等活动流程。志愿者在记录相关食安知识的同时，还对活动体验提出优化建议。

（3）活动三：端午主题宣传。

临近端午节，项目组联合沙头快检室在购物中心开展"端午吃粽·可别放纵"食品安全知识宣传主题活动，主要宣传内容有：粽子挑选和购买注意事项、粽子的保存和食用、市面上常见的乳制品有哪些、食品安全五要点等食品安全知识，既实用又受欢迎。

（4）活动四：家庭用药讲座。

项目组联合福安社区党群服务中心在商场开展"中医中药保健养生"主题药学基础讲座，邀请专业药师开展安全用药、合理用药专项科普宣传工作，现场还开展养生运动——八段锦动作教学，极大地激发了现场听众的兴趣，趣味横生、互动积极，达到了良好的药学科普宣传效果。

2. 专业荣誉感

项目组组织志愿者进行相关食安专业培训，落实到人，并进行相应培训考核，设立"高门槛"，一方面保障了后期志愿者工作的专业度，另一方面也让这部分志愿者得到具有较高含金量的培训。

专业培训的亮点在于实操带教，项目组以网络订餐商户食安合规帮扶为实践项目，带领志愿者前往福田、华强北、莲花、梅林、沙头等街道所在的商家，通过实证调研App做答问卷的形式，针对商户实际经营证照合规和经营资质进行相关判断，现场观察判断门店实际经营情况、经营范围、食材有效期等合规情况，并就现场发现的问题及时记录上传。

（三）志愿者参与"社会治理"

福田—大人来也食药安全志愿者项目执行以来，项目组依托监管部门、街道、校园等单位，开展了多个"名片"项目。

1. 网络餐饮食品安全帮辅

针对福田区网络餐饮单位潜在风险单位，组织志愿者开展现场帮辅活动，全流程记录和报告均通过"大人来也"实证调研App实施，记录服务地点、时长、现场报告等相关信息，确保信息真实可靠。

与常规监管方式不同的是，志愿者帮辅以"便民惠企"为工作导向，竭力助企惠企，打造良好营商环境，为企业发展排忧解难、保驾护航，让人民群众"舌尖上的安全"得到充分保障。被帮辅商家总体感到满意，对该项服务表示很支持，部分商家在帮辅过程中表达曾因"无知"导致"超范围经营"被行政处罚，若志愿者早一年来辅导，可及时办理合规资质，免受行政处罚。

2. 校园周边食安巡查

"食育"是发展智育、德育、体育的基础，校园食品安全事关广大师生身体健康，事关下一代快乐成长。必须加强学校食堂及校园周边食品安全监管，筑牢学校食品安全防线，全力保障广大师生"舌尖上的安全"。

项目组在福田局指导下，从已完成配备食安副校长的校园开始，协同食安副校长，对接学校家委会成员，以家委会志愿者为主力，开展福田区校园周边食品安全社会监督巡查活动，巡查区域为中小学周边200米范围内的餐饮单位、流通门店以及流动摊贩等，尤其关注营业执照、食品经营许可证公示，证照是否在有效期内，门店是否发现过期食品等内容，一旦发现食品安全隐患，及时上报问题。

（四）以调研带传播

该项目在大众传播渠道上具有创新性的一点，就是通过调研方式带动食药安全知识和活动内容的传播。

为更好地评估志愿服务质量，项目要求所有志愿服务都通过在线实证调研App开展。这就意味着每一个活动从发布、宣教引导、培训、培训考核、现场实施、报告汇总环节都是"数字化"的。这个工作模式起到了以下重要效果：

精准传播：所有参与者都在实证调研 App 上获取相关活动信息，即便当下不能参加或者不感兴趣，也可以了解服务内容。

长期留存：按劳分配，按需接单，便于提升志愿者粘性，促使志愿者长期关注各类主题活动。

五、项目评估

该项目是由企业和政府部门联合的社会公益项目，突破了传统的志愿者服务项目的效果评估形式，在志愿者群体接受度、政府公关形象、社会公众满意度、社会治理效率上都达到了理想效果。

通过多种传播路径，尤其依托调研 App 开展任务投放，至少触达以下两个群体：福田区食药安全志愿者存量库 1 818 人，"大人来也"深圳地区用户 893 人。

项目启动以来，依托各类专项活动，已培训志愿者 1 094 人次，组织志愿者辅导商家 691 家次。被服务对象通过活动对福田区在提升食药安全整体管理水平有了进一步认知，认为政府在优化营商环境方面做实事，接地气，在食药安全管理方面动脑筋，花心思。市场监管公众形象得到了显著提升。

项目邀请志愿者和社会公众开展各类现场活动，包括食品安全科普、用药安全主题等讲座，参与 403 人次，不仅提高了市民食品药品安全意识，普及了食品药品安全科普知识，也增强了市民的自我保护意识和维权意识，极大推动了公众形成讲科学、爱科学、学科学、用科学的良好氛围。

该项目的创新点在于通过实证调研路径，让志愿者群体切实参与社会治理，打造志愿服务样板，构建服务品牌。通过一系列招募、培训、退出机制，摸索出一套具有公信力的执行管理模式，为福田区打造了一支可以长期服务的专业食药安全志愿者队伍，为食药安全基层治理补充了宝贵的人力资源，使志愿者成为社会治理的可靠力量。

5岁重病女孩的『警察梦』

选送单位 上海市公安局浦东分局

创新的赢家
金奖

上海市第十一届
优秀公共关系案例评选

一、项目背景

人民警察在孩子的心中是正义的化身，许多小朋友小时候的梦想就是成为一名人民警察。穿上一身小小警服，即使只能做一天的警察，但在孩子的童年中，一粒"为人民服务"的种子已经播下，那种为梦想而努力奋斗信念也会愈发强大。

而随着社会的发展，人们对于关爱弱势群体的意识越来越强烈，其中关爱生病儿童被社会大众尤为关注。研究表明，梦想的实现能够为身患重病的儿童从生理和心理上带来力量，给予他们与病魔抗争的动力和勇气。公安机关作为社会大家庭中的重要组成部分，也应是志愿活动的重要组织者、参与者，浦东公安分局会同上海愿望成真慈善基金会，在力所能及的条件下，通过让小凡凡参与她"从警梦"的整个愿望旅程中，来一起感受愿望实现而带来的积极体验，在帮助她实现愿望的过程中，获得自身价值实现的满足感。

二、项目调研

（一）事迹的价值评估

这是一例发生在上海的故事，也体现了上海这座城市的温度。因此，该事迹非常具有宣传推广和弘扬的现实意义。事迹本身有温度、有深度、有厚度，充满正能量。五岁小女孩身患重病，但是她并没有被病魔所击垮，在对抗病魔的同时，仍然有着自己的小小梦想。上海浦东警方释放善意，全力帮助小女孩在国际旅游度假区内圆梦，善举的典型事例，更是社会主义核心价值观的集中体现。相信每一位看完这则事迹的受众，都会被其中人间温情所触动。

（二）宣传的可操作性

首先，从宣传推广来说，身患绝症儿童的励志故事一直受到群众关注，首先，人民警察本身自带流量。因此，民警与绝症小女孩的故事，非常容易吸引全网关注，在宣传推广上具备非常高的可行性。

其次，这次警方与慈善组织合作的公共关系项目考虑结合特殊事件和警企关系的构建，无数案例表明，只有掌握了天时、地利、人和，才能最大程度发挥成效。因此，此次项目在圆梦流程的安排，前期与企业的沟通交流方面也是经过了一番考虑。确保采集到的暖心素材足够新鲜、真实，同时这些素材往往具有第一手、容易包装、适合传播等特性，为后期加工、成功宣传奠定扎实基础。

最后，对于事迹本身来说，只要跟踪采访，必然能够挖掘出更多的素材。小凡凡的故事中具有温情、励志等元素，适合全方位宣传、推广、弘扬。小凡凡在完成了自己的梦想后，真实地纪录好小凡凡"警察之旅"中点点滴滴，势必会引发全网共情，必然能够吸引眼球、抓住人心，进而引发群众情感共鸣。

（三）宣传的现实作用

近年来，各级公安机关高度重视警察公共关系建设，按照习近平总书记"对党忠诚、服务人民、执法公正、纪律严明"的要求，狠抓公安队伍建设，着力提升群众安全感和警风满意度。民警帮助患病儿童圆警察梦的故事暖人心，见真情，参观过程中，民警们接力陪伴患病女孩儿完成一日警察梦，在完成一项项警务任务的同时，不仅为小凡凡对抗病魔注入了信心，其实在帮助小凡凡的同时也是对新时代人民警察精神的最好诠释，更是对公安民警的无私奉献的肯定，有助于提升民警的获得感和成就感。对社会来说，小凡凡故事的宣传推广，也有助于加深群众心目中人民警察的良好形象，提升群众安全感和警风满意度，全方位促进和谐警民关系建设。

三、项目策划

为全方位、立体式宣传提升"帮助五岁重病女孩圆警察梦"故事的传颂度和影响力，以个例的示范实现对群体、社会的价值引领，浦东公安分局主动适应媒体融合趋势，借助新媒体传播优势，强化传播手段建设和创新，积极争取上海市公安局支持、主动征询意见，深度挖掘相关宣传素材"金矿"，增强故事的生动性和可看性，通过"沾泥土、冒热气、带露珠"的生动讲述，让故事"走出警营、走向社会、走入人心"。

（一）巧妙运用合力

"内容为王"是新闻传播不变的铁律，而内容策划则是取得成效的核心。公安队伍并不缺少宣传素材，而是缺少高品质策划宣传。对此，浦东公安分局主动向外借力整合资源，将上海愿望成真慈善基金会与其合作伙伴上海迪士尼乐园作为分局宣传媒体工作的智囊团，共同研究如何在大框架下最大限度的做到个性化，借助企业丰富的宣传经验，让公众更喜爱、更易接受、产生共鸣。

（二）研究表述形式

不同于商业媒体，公安机关的官方宣传受体制和多重责任的影响，主旋律色彩明显，很难满足各年龄段受众的心理需求。根据宣传内容、受众群体、时间节点等各种要素研判分析，浦东分局明确此项宣传主打"感情牌"，不讲大道理、不作过多评论，选择叙述、再现、直击等更适合的表达方式，为受众带来"沉浸式"的体验，让受众在潜移默化中感受到故事的感情内核。

（三）制定宣传步骤

第一步：浦东公安分局积极与上海愿望成真慈善基金会开展沟通交流，确定活动时间与活动流程，由于患病儿童情况特殊，在充分了解女孩相关信息的基础上，由上海浦东公安分局政治处宣传科从患病儿童的视角出发拟定作为宣传基础的素材稿，最终形成文字宣传稿件，为后续宣传打下基础。第二步：浦东公安分局牵头组织召开采访会，分局宣传科民警与基金会志愿者一起商议拍摄宣传内容。第三步：主动对接联系传统媒体及新媒体平台，争取媒体资源，确保一段时间内网上网下媒体报道遍地开花，收获"从早到晚"的"饱和传播"效果和宣传"集群效应"，形成影响力。

四、项目执行

（一）选好节点，以情动人

2022年9月9日，正巧是小凡凡的生日，经过前期策划沟通，小凡凡在家长还有基金会工作人员的陪同下走进了公安处。在换上了属于小凡凡自己的小警服后，她开心不已，高兴地喊着"我要当警察啦！"在完成了多项警务任务后，小凡凡再次回到了公安处，小迪警官为小凡凡颁发了小勇士称号的荣誉证书，小凡凡高兴地接过了证书。最后小凡凡与民警一一道别，依依不舍地上了车。希望这份特殊的生日礼物可以帮助小凡凡坚定战胜病魔的信念，勇敢地生活下去。在满满的仪式感中，小凡凡收获了作为一名人民警察的荣誉感。

（二）全程跟拍，全程记录

经与患病女童家长以及基金会的多次沟通协调，浦东公安分局决定以上观新闻专业人员为主，分局摄制人员为辅，采用全程跟拍的形式，拍摄记录进入国际旅游度假区公安处，参观公安处服务窗口，至公安处指挥平台参与处警，乘坐警车前往迪士尼主入口广场，在广场上与民警一同巡逻，开展反诈宣传工作的纪实影像。当天，十余名民警与五名拍摄人员跟随完成了女孩的圆梦之旅。

（三）全网推送，引发关注

在完成素材收集工作后，经过策划沟通，人民日报、上海电视台、新民晚报、上海法治报、文汇报、上海日报、浦东电视台、浦东时报等传统媒体以及新浪、搜狐、腾讯、新华网、新民网、上海观察等各路新媒体网站集中宣传报道帮重病女孩圆梦的暖心故事。公安处民警与小女孩互相敬礼的网红热图借此火遍全国，并收获了来自全国各地的祝福。网民纷纷为小凡凡加油：加油小凡凡！加油早日康复，小朋友很开心，加油！

五、项目评估

帮助患病女孩圆梦的故事向社会展示了一种别样的警察形象，让我们知道，警察威严形象的内心，也可以如此细致、柔软。故事中的参与者们全力帮助女孩，圆了女孩的警察梦，我们把一位患病女孩的梦当成我们自己的梦；只要让他人幸福，我们就义无反顾！

（一）各大媒体高度关注

在女孩的圆梦之旅结束后，得到鼓舞与激励的她继续跟随父母继续开展相关的治疗。近期，国际旅游度假区公安处再次询问上海愿望成真基金会关于患病女孩后续治疗和恢复情况，基金会在了解完情况后，将女孩在外旅游时拍摄的照片发给了民警，照片中女孩已经长出了头发，精神状态良好，根据基金会志愿者的描述，女孩的康复情况良好，已经可以像正常孩子一样学习、生活了。民警帮助患病女孩圆警察梦的故事虽朴实无华，但也让参与这个故事中的我们也收获了暖意与快乐。人民日报、上海电视台、新民晚报、文汇报、中国警察网、腾讯网、搜狐网等二十余家本市、各省市传统媒体，以及各大门户网站、各路自媒体、各微博"大V"纷纷刊载、转发。媒体均对此事给予好评。

人民日报、中央电视台等传统媒体以及新华网、新民网等各路新媒体网站集中发布，"迪士尼外'巡逻'，患儿圆了"警察梦！""一经发布，瞬间引起网友疯狂点赞，短短数天通过网络广泛传播。上海市公安局浦东分局国际旅游度假区公安处民警与小女孩互相敬礼的网红热图借此火遍全国，并收获了来自全国各地的祝福。

（二）网上舆论广泛好评

全媒体报道后，瞬间引起网友疯狂点赞，短短数天通过网络广泛传播。众多网友留言评论："勇敢的孩子有个警察梦，我希望她能愿望成真！感谢上海警方的用心良苦""为坚强的娃点赞，更为暖心的叔叔们点赞""警民鱼水情"。

（三）社会各界普遍认同

该事件入选由上海市委宣传部，上海市精神文明建设委员办公室主办的2022"人民城市 温暖瞬间 | 这些全网刷屏的瞬间"活动，该活动对事件的评语是这样的：警察的一天可以用很多方式守护市民，这一天他和同事们圆了一个重病女

孩的"警察梦"，为需要保护的人送去平安，为追求梦想的人了却心愿。人民警察不仅守护着人民的安全，更温暖百姓的心，民警的这一暖心举动让城市的温暖触手可及。

"小凡凡所表现出的对警察工作的向往，以及她的好奇、她的活泼也深深鼓舞了我们，这次活动又一次让我们感受到了警察职业的荣誉感"。这既是国际旅游度假区公安处沈清副处长的肺腑之言，也道出了社会各界对警察工作的肯定与认可，通过这次契机，我们也将希望和力量传递给身边更多的人。

民警帮助患病女孩圆警察梦的故事拉近了警察与群众的距离。这故事的广泛传播，更是让社会各界人士都真切感受到人民警察不仅仅只有威武严肃的形象，消除了距离感，赢得了社会的普遍认同，有效促进了和谐警民关系，助力构建良好的警察公共关系。

医疗传播的想象力：复星医药
『我与进博的五年』特别策划

选送单位　九富公关顾问（上海）有限公司

创新的赢家
金奖

上海市第十一届
优秀公共关系案例评选

一、项目背景

上海复星医药（集团）股份有限公司成立于1994年，是一家植根中国、创新驱动的全球化医药健康产业集团。复星医药以患者为中心、临床需求为导向，通过自主研发、合作开发、许可引进、深度孵化的方式，持续丰富创新产品管线，提升FIC（First-in-class）与BIC（Best-in-class）新药的研究与临床开发能力，加快创新技术和产品的研发和转化落地。

在"4IN"（创新Innovation、国际化Internati-onalization、智能化Intelligentization、整合Integration）的战略指导下，复星医药秉承"创新转型、整合运营、稳健增长"的发展模式以及为股东创造价值的信念，不断加强自主研发与外部合作，丰富产品管线，强化全球化布局，提升运营效率，同时，积极推进医疗健康产业线上线下布局，致力于成为全球医疗健康市场的一流企业。

第五届中国国际进口博览会（简称"进博会"）是各品牌方的"竞技舞台"，复星医药已是连续第五年参加，成为展会的老朋友。作为国内健康医疗企业代表之一，进博会这样一个以创新国际化为主旨的舞台，势必会成为复星医药出圈造势的最佳时机。

二、项目调研

（一）难点一：监管

各媒介平台对于大健康企业和产品的传播限制，使得如何在进博会合理合规地"露出"成为难题，为复星医药的企业品牌传播带来挑战。

（二）难点二：普适性

与消费类不同，医疗健康产品介绍较为晦涩，如产品功效描述等公司均有严谨的表述要求。所以在制定传播策略时，除合规审核外，公关团队还需重点考虑内容的可读性，需要符合大众语言习惯，兼具故事性。

（三）难点三：效果

进博会的整体传播效果由药企内部多部门、多产品的成员企业联合评估。如复星医药成员企业注重产品曝光，市场部关注触达人群，医学部强调严谨，公关品牌部需考虑复星医药整体品牌美誉及形象。公关团队基于各"内部客户"形成顶层设计尤为重要。

（四）难点四：同质化

每年进博会期间，参会媒体都会面临海量的公关报道需求，各大健康企业报道内容普遍同质化，如何协助复星医药迅速抢占"媒体的注意力"，同时在内容端、渠道端有创新，给媒体留下深刻印象，是本届进博会，九富需要协助品牌方达成的目标之一。

三、项目策划

将单向的宣传，转化为有温度、多维度的品牌故事会。

第一阶段，以"软内容"的方式，将"医疗"转化为"科普+健康"，吸引更多大众关注。第二阶段，以"我与进博"人与人之间的故事为纽带，建立起复星健康品牌与大众之间链接。第三阶段，持续的"虹桥大健康论坛"活动，触发受众与医药品牌的共鸣，形成长尾效应。

传播口径方面，采取"官媒指导"思路，对于医疗新闻监管要求及思路最明确的是《人民日报》《新华社》等党政、健康垂直媒体。借助官媒的尺度，明确本次进博会医疗健康品牌传播的"标尺"，如公司名、直观复星达芬奇机器人、LMNT 美容仪等网红产品、各类药品的商品名是否能露出，话题设置需要避开哪些关键词等。

传播形式方面，结合复星医药品牌需求、复星健康产品市场、医学部以及其他成员企业需求。线上采用新闻稿、视频、直播探馆、人物访谈，论坛植入等形式进行深度策划，增加复星医药及成员企业产品的曝光。线下采用"媒体沙龙"形式，组织主流媒体提前"踩点"复星医药进博会重点产品，打造"我与进博"的故事，增加复星医药与媒体的"接触点"。

传播节奏，分为引流、建联、共鸣三阶段，以周为单位，对传播内容和形式进行动态更新。

四、项目执行

（一）引流期："我与进博"媒体沙龙预热

传播团队在进博会召开前一周，策划了"我与进博的五年"媒体交流活动，邀请多家主流媒体来到复星医药研发总部。品牌方与《人民日报》《央视新闻》《中新社》等各家媒体，分享复星医药与进博会的五年故事，本次展前预沟通26 家进博会核心媒体，最终落地"我与进博"相关内容17 篇，其中人民日报老师分享的五年进博故事成重点，引发多家媒体共鸣。此外，现场呼吸机、医美产品的展示互动，引得媒体们纷纷"种草"LMNT 美容仪。

（二）建联期：图文视频直播探馆"网红打卡地"、进博会关键词"溢出效应"

基于复星医药全平台视频号预热，九富协助复星医药就网红产品及重点成员企业，形成"进博专项素材包"，在会议期间每日更新提供给媒体，同时对于有探馆诉求的媒体进行全程陪同讲解。进博会期间，复星医药与健康展台共接待探展54 次，媒体超30 家，其中14 家主流媒体如《央视新闻》《中新社》《界面》《澎湃新闻》《东方卫视》《cgtn》进行直播探馆，全网播放量近600 万。《央视新闻》直播观看量达到203 万。

得益于前期媒体沙龙举办，了解到本次进博会报道关键词为"溢出效应"。传播团队配合进行内容共创，进博会期间，展品原创新闻发布36 篇，创新、国际化报道及高管采访视频采访10 篇。

（三）共鸣期：主办虹桥大健康论坛，院士专家云集共话生物医药创新趋势

通过媒体沙龙与展会科普，11 月6 日，在第五届虹桥国际健康科技创新论坛上，九富邀请一众媒体出席论坛，院士专家、公司高管等发言，与进博会期间整体报道形成呼应。

本次虹桥大健康论坛，九富邀请媒体出席21 家，媒体原创出稿21 篇。其中，中新社综合稿阅读量超40 万，北京日报微信二条特稿的app+ 微信 + 头条号全网阅读量超200 万。媒体报道聚焦公共卫生，生物药创新趋势等。从传播效果而言，虹桥大健康论坛的传播，是检验本次进博会媒体沟通到达率的"试金石"，参会媒体是否对复星医药创新与国际化战略、旗下复星凯特等成员企业、参会明星医美产品有全面的了解。

五、项目评估

（一）传播效果

（1）曝光量创历史新高

全网 pv 达 21.7 亿，进博会媒体 + 官微直播累计观看近 600 万，进博会全程报道数量达3 600 篇，曝光覆盖人次 2.8 亿 +，覆盖区域 13 省市，此外，社交媒体互动达到 276 万。

（2）内容紧扣党媒主题

因复星医药整体策划话题均契合大会主题"溢出效应"，本届进博会传播获得了党媒的大力支持。进博会期间，党媒关于复星医药及成员企业、旗下产品发布网络报道突破 373 篇次，其中，《新闻联播》连续两日播报，《CCTV13》央视露出 1 次，《CGTN》电视露出 1 次，《人民日报》报纸刊登 2 次、《新华社》报道 6 次，各家媒体对于复星医药全程跟踪报道，高频聚焦进博溢出效应。

（3）渠道创新，受众体验拉满

复星医药展台媒体直播数量达到历史巅峰，共有 14 家媒体来此直播探馆，相比第四届增加180%，进博会期间全网播放量近 600 万。直播给产品传播带来巨大流量，电视新闻、视频内容落地，让受众多视角感受创新产品的"黑科技"成果。媒体体验感拉满，辅以管理层面对面，详解公司创新及国际化之路。相较于文字报道，直播与视频的"互动感"给复星医药品牌带来更高的真实感。

（二）复盘总结

（1）年年进博，今年不同

声量与直播量翻倍：媒体全网报道数量，相较第四届进博会创新高。PV 值达 21.7 亿，社交媒体为 276 万，均超越去年。媒体探展、论坛、沙龙参与率，相较去年大幅提升。媒体沙龙、展台以及虹桥大健康论坛三个场景，促使公司与媒体密集互动，对于视频类内容落地，起到了奇效，如展台、论坛的出稿率达到了 100%，相比较第四届进博会，直播探馆媒体数量增加近一倍。

内容精细化：媒体对单个产品的报道深度也远超第四届。本次进博会媒体报道，围绕创新产品传播更为精细化，达芬奇机器人、Viewray、美容仪、CAR-T 报道露出均超过百篇。此外，媒体还会在产品报道基础上，结合复星医药创新与国际化战略，高管观点进行组合，形成深度内容。

（2）策略为先，内部统一

医疗健康传播考虑到受众群体，以及公司"内部客户"需求等，在执行过程中调整范围极其有限，策划需要连贯统一，产品传播、品牌传播、公关活动牵一发动全身，所以团队前期在话题设置、媒体沟通、渠道铺排方面，需要有明确的策略目标，围绕各受众群体有顶层设计，方能达到整体效果，否则资源重复使用，媒体接到同一家公司各种不同话题难以统一。复星医药等具备多家成员企业与多类产品的品牌方，更需要重视策略的统一性。

（3）互联网思维，共鸣是最好的医疗传播

医疗健康类传播，需要做好产品与企业形象的链接。可以借鉴互联网思维，打通产品市场推广、公司品牌形象和社会责任之间的"墙"，利用故事和传播渠道，让内容"活起来"，与受众的日常生活建立"共鸣"，不单单服务于单次活动传播，更对品牌形成长尾效应。

（三）项目附件

医疗器械及医药保健展区

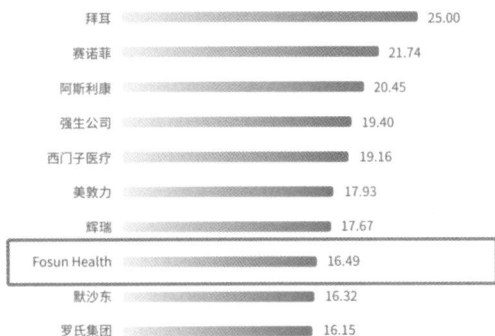

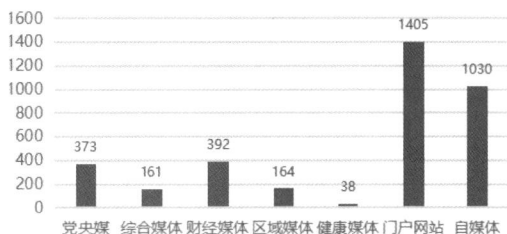

拜耳	25.00
赛诺菲	21.74
阿斯利康	20.45
强生公司	19.40
西门子医疗	19.16
美敦力	17.93
辉瑞	17.67
Fosun Health	16.49
默沙东	16.32
罗氏集团	16.15

复星医药上榜"第五届进博会传播影响力十强展商"示例

参与报道媒体分类

党央媒 373 综合媒体 161 财经媒体 392 区域媒体 164 健康媒体 38 门户网站 1405 自媒体 1030

第一财经 YICAI

复星医药：五年进博路提升尖端产品在国内可及性

第一财经 • 2022-11-10 09:50

责编：朱梦韵

达芬奇机器人系统一直都是进博会的网红产品，而今年全新一代的达芬奇机器人再次让参观者驻足：3D立体高清手术视野、可转腕手术器械和直觉式动作控制，整套系统的配合可以让医生手术的过程，更加稳定精确。

11 月 5 日新闻联播：达芬奇手术机器人

安利纽崔莱《健康脱口秀》之夜

选送单位　安利（中国）日用品有限公司

一、项目背景

2019 年，国务院启动实施健康中国行动。健康中国行动启动四年来成效斐然，各项工作正提档加速，全社会积极参与健康中国建设的氛围日益浓厚。党的二十大提出到 2035 年要建成"健康中国"的宏伟目标，强调把保障人民健康放在优先发展的战略位置，随着"健康中国"战略全面推进，中国的大健康产业更是蕴藏着丰富能源的商业蓝海。

安利作为一家在全球 110 多个国家和地区开展业务的跨国公司，中国是其在全球最大的市场。近年来，安利发力大健康赛道，紧紧抓住健康中国建设的战略机遇，发挥安利的产品、品牌、研发、服务优势，在为消费者提供优质产品的同时，依托安利健康创客打造线上线下融合的健康生活社群，帮助消费者掌握科学的营养健康知识，建立健康的生活方式，不断满足消费者个性化、品质化需求，为他们提供一站式营养健康解决方案。

二、项目调研

2021 年，上海市卫健委与上海教育电视台为迎接新的"十四五"卫生健康规划，共同推出了首档大型健康科普电视脱口秀节目——《健康脱口秀》。围绕"公共卫生、饮食健康、运动健康、职场健康"等主题，从医务人员中筛选医学科普明星作为脱口秀选手参与脱口秀表演，在市民中开展健康科普。节目推出后收到了热烈的反响，在各类媒体曝光量破 3 亿 8 626 万次，在各大平台获得大量播出及转发。

2022 年，《健康脱口秀·第二季》推出，节目通过有态度、有温度的健康科普脱口秀，进一步展现健康科普的魅力，让观众在笑声中收获健康知识，养成健康生活方式。

2022 年年底，安利从上海市卫健委获悉，上海市卫健委与教育电视台计划在 2023 年 3 月举办《健康脱口秀》之夜线下公益演出，拟寻求各方支持。安利通过调研认为：《健康脱口秀》以脱口秀为外壳，专业的健康知识为内核，将脱口秀与健康知识普及相结合，是健康知识传播的一次创新突破。目前健康谣言不时出现、公众对健康知识存在误区，《健康脱口秀》以一种大众更易接受的方式去传播正确的健康知识，为医学科普赋予了新的标签，也为医疗健康行业与普罗大众之间筑起一座通往彼此心间的桥梁。

在"健康中国"战略的推动下，中国的健康产业增长迅速。健康，已经成为中国百姓最为关注的"头等大事"。过去三年里，安利（中国）成功实施企业转型，深耕大健康赛道，以"全面健康推动者"为企业的全新定位，向公众传达正确的健康知识，推动公众健康素养的提升，推动大健康产业高质量发展，这也正是安利一直努力的方向。

考虑到项目本身集娱乐性及专业性于一体，出席嘉宾在各自专业领域中的高知名度，项目本身具有的话题性与传播价值，且该项目与安利的大健康战略契合，安利决定协办此次线下演出。

三、项目策划

基于深入调研，安利公共事务部与活动主办方及第三方执行公司，就《健康脱口秀》之夜的企业合作形式、健康理念植入、媒体传播等各个方面进行了细致的沟通与策划。

（1）安利以协办单位的身份参与此项目，以"安利纽崔莱"独家冠名《健康脱口秀》之夜。

（2）在营养健康领域深耕了近九十年的纽崔莱品牌，在产品、品牌、研发、健康理念等方面具备着领先的优势，借由这些优势，将纽崔莱品牌的健康理念与节目的知识传达相结合，挑选专业素养及人气双高的科普达人选手，重新打磨作品，以辟谣、改变大家对健康的错误认知为抓手，向公众传达正确的营养健康知识。

（3）项目制定了专门的媒体宣传策略，综合各方媒体资源，在节目初期依托自媒体平台开展预热，演出当天邀请各大主流媒体记者现场观看并采访，节目后期剪辑节目金句及亮点，上传视频网站。安利官方自媒体全程参与各阶段活动报道。

四、项目执行

3 月 11 日晚，沪上文化新地标、"建在弹簧上的绝美音场"——能容纳 1 200 人的上音歌剧院座无虚席，"安利纽崔莱《健康脱口秀》之夜"在此演出。

"炸场秀翻"的 17 位科普全明星阵容——宣贝贝、金金、邓丹、洪满怀等知名科普达医，在上海教育电视台《健康脱口秀》主持人周杰与"沪上科普界小沈腾"、上海市健康促进中心戴恒玮的领衔下，分两大阵营"红白对抗"。

欢快的笑声伴随浓烈的"火药味"，在上音歌剧院掀起别样的音浪。扑面而来的掌声、笑声令舞台设置的实时分贝指数屡创新高。

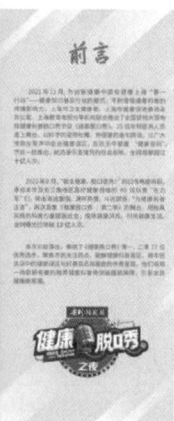

安利纽崔莱"健康脱口秀之夜"演出海报

安利纽崔莱"健康脱口秀之夜"演出海报

浦东新区洋泾社区卫生服务中心中医科主治医师洪满怀"吐槽",大数据给他推荐了一款保健项链,说是可以植入人体代替骨骼的钛合金制作。"我就纳闷了,钛合金之所以可以植入人体,正是因为它对人体机能没有影响,在身体里面都没有影响,怎么到外面了反而有影响了?""项链最主要的功能就是显摆,漂亮的项链显着有颜,名贵的项链显着有钱,我不明白为什么非要戴着个治病的项链显得有病?"

黄浦区健康教育促进中心李洁谈电子烟的危害:"电子烟还有各种各样的口味,这是蓝莓,这是草莓相信他就是你倒霉,还不如来一点安利纽崔莱益生菌,添加的可是天然蓝莓草莓果粉……"

现场金句频出,科普达医们以科学的姿势吐槽,用健康的金句辟谣,让广大市民在笑声中走出健康误区,在欢乐中掌握"健康密码"。

五、项目评估

当晚,健康脱口秀的不少观众是来自医疗界、科技界的大咖和临床一线的医务人员,他们表示这场演出带来了别样的体验和感受。

"今晚的健康脱口秀演出让我感到惊艳,不仅看到了组织者的精心设计,把健康知识用这种大众喜闻乐见的方式进行普及传播,而且看到了来自临床一线的医务人员的精彩表演,希望这样精彩独创的科普新业态今后有更好的发展。"中国科学院生物化学与细胞生物学研究所、上海市政府参事吴家睿教授表示。

"这是我首次看到在舞台现场表演的健康脱口秀,太精彩了!"中国工程院院士贾伟平表示,来自临床与预防一线的医务人员以真实的经历、精湛的表演,在寓教于乐中科学准确地传递着健康知识,在笑声中感受到科普的力量。"这不仅展现出白衣天使专业素养与艺术才华的完美结合,更彰显了卫生行业呵护生命健康的责任和主动担当,期待能看到更多民众喜爱的好作品。"

"健康脱口秀改变了大家对于医生固有的刻板印象,脱下白大褂的他们展现了活泼有趣、才华横溢的另一面。"来自瑞金医院儿科的杨媛艳说。来自青浦区金泽镇社区卫生服务中心的卢永红认为,健康脱口秀可以让大众在笑声中获取科普知识,在轻松中掌握健康技能。

新华书店×中国电信跨界联合公益活动

——新华路书店

选送单位　上海拾众广告传播有限公司

一、项目背景

快的时代，不欢迎慢。书店，便是这样一种存在。堪称中国书店代名词的新华书店，承载了好几代人的读书回忆，却在如今的网络书店内卷下、电子化和碎片化的信息冲击中，逐渐被忽略。让快时代的慢阅读，成为了当下的"精神奢侈品"。

而与新华书店同样被"忽略"的，还有中国电信散布在城市街道上的众多电话亭。如今，路边的电话亭大多被闲置，失去了它原本应有的人文意义。

闲置的电话亭、没落的实体书、挣扎的传统书店……他们真的要被这个时代所抛弃了么？我们希望发起一场公益活动，在大家熟悉又陌生的空间里，去唤起被大家遗忘的阅读和交流，让生活重拾乐趣和意义。

二、项目调研

现代人更喜欢新潮的事物。我们希望用一种新的形式，让电话亭焕发新生，也让新华书店所代表的实体书阅读再次被大家关注！

通过对上海城市街道的研究与调查，我们发现长宁区新华路街道作为上海首批试点编制，正在推动实施"社区生活圈行动规划"，精心打造"15 分钟社区美好生活圈"。"15 分钟社区生活圈"聚焦居住、就业、服务、休闲、出行等方面实际需求，推动社区公共服务设施布点更加人性化、功能更加复合化、服务更加精细化，让居民群众更加便捷地享有就医、就餐、文化、健身、办事、养老、教育、公共法律等服务。这与我们项目的出发点相一致，因此我们希望从新华路街道上找到一些切入点。

同时，街道内著名的新华路号称"上海第一花园马路"，是一条备受群众与游客青睐的网红路。新华路和新华书店有着天生契合的名字，我们希望能把她们联结起来。

三、项目策划

为了进一步拉近民众和阅读的距离与兴趣，我们希望新华路上打造几个书店，把书店延伸到社区路边。让阅读在每个人的身边。

我们发现了两个合适的地点：一是与新华书店同样陷入"被忽略"困境的电话亭。如今，路边的电话亭大多被作为户外广告的媒介，却失去了它原本应有的人文意义；二是在上海最有人文气息且和新华书店同名的马路——新华路。

当新华书店遇到新华路的电话亭——一场关于阅读的新体验就此诞生——新华路书店。

新华路书店

251

五个新华路书店均由电话亭改造而成。包含文艺、教辅、电影、童书及闲书互换等主题划分。店内书签、装置、海报均为专属定制。我们通过这样的美好互动，让大家重拾阅读和交流的乐趣。

四、项目执行

新华路电话亭化身 MINI 新华书店，让书本都能自助付费带走。书店后续将部分用于助力公益事业。

在新华路，遇见新华路书店，以城市街景微更新的方式，为人们提供新的互动空间，也为在地文化注入新活力，让城市社区生活圈变得更加美好与人性化。

本次项目以唤起大众对文化的热情，强调公益属性，没有太多可用的媒介预算。整体策略以自媒体为主。一方面自下而上的传播：通过街道方面的官方渠道以及新华传媒的主流渠道发声，逐步引发更高层级主流媒体的关注，最终引发人民日报、新华社、上海电视台等权威媒体的关注、采编。另一方面由内向外的传播：通过新华路书店本身的优质创意及打卡点，推广至自身社交圈和以往合作过的 MCN 机构，协调了施诗这样的明星艺人、各类百万粉的微博 KOL、小红书 KOC 等，进而引发裂变传播。

以电话亭为传播的空间媒介，在保留其原有通信功能的基础上，增加了阅读功能，五个书店划分为文艺、教辅、电影、童书及闲书互换不同主题，为不同人群带来不一样的阅读体验；其中闲置书籍互换的书店内所有图书来自新华路街道各部门、组织及个人捐赠。书店"合影打卡点"的互动属性，也进一步唤醒人们社交与沟通兴趣。

五、项目评估

五个书店，国庆期间参与打卡 7 万 + 人次。电话亭不再是"废弃"的标签，再次活化，成为链接文化、社交、信息的载体，内置的大黄页唤活多名路人的回忆。

0 传播成本，200+ 家主流新闻媒体相继转载；微博话题"新华路书店"阅读量 1 000 万；新华书店微信指数上升 150 万，涨幅达 70%；微信、小红书阅读量 105 万；本次投放制作成本 7.6 万，媒介成本几乎为 0，而因此撬动人民日报、新华社、上海电视台等主流媒体传播资源，则超过 20 万；微博、小红书、抖音等明星及打卡达人均为自发，价值约为 30 万。

这是一场具有社会公益及人文意义的线下互动活动，引起了良好的社会反响。

新华路书店合影打卡点

粉红绽放：乳腺癌术后乳房
重建公益健康宣传项目

选送单位

中国初级卫生保健基金会 & 强生医疗科技

创新的赢家
金奖

上海市第十一届
优秀公共关系案例评选

一、项目背景

根据 2019 年国家癌症中心公布的数据,全国女性乳腺癌每年新发病例约 30.4 万例,2015 年占女性恶性肿瘤发病 17.1%,位居女性恶性肿瘤发病第 1 位,且发病人群呈显著年轻化趋势。而随着近年来乳腺癌临床诊疗规范化程度不断提升,我国乳腺癌患者的五年生存率达到了 83.2%,乳腺癌已步入慢病管理的行列。

一项问卷调查显示,97.5% 的乳腺癌手术患者感到忧虑,93.3% 的乳腺癌手术患者自卑感增强。然而,我国乳房重建率统计显示,截至 2017 年仅达 10% 左右,与发达国家的 40% 以上有着显著差距。高发病率与极低的重建率导致女性患者在乳房根治术后生活在失乳的阴影之下,承受着巨大的身心压力。

二、项目调研

(一)社会需求分析

1. 乳腺癌患者支持需求

乳腺癌是女性中最常见的癌症之一,患者面临生理、心理和社会层面的挑战,信息分享和社交互动的机会满足了这一需求。

2. 公众乳腺癌意识需求

调研显示,公众对乳腺癌的认知程度不足,常常忽视早期症状。通过粉红绽放日,我们可以提高公众对乳腺癌的认识,鼓励定期体检,从而实现乳腺癌的早诊早治。

3. 公益活动推广需求

社会对于健康领域公益活动的需求不断增长,粉红绽放日的举办有望吸引广泛的社会参与,形成对于相关疾病的社会共识。

(二)项目可行性分析

1. 合作伙伴和资源可行性

发起方中国初级卫生保健基金会开展的乳房重建公益健康教育项目的前期基础为"粉红绽放日"的设立提供了坚实的基础;同时,借助社交媒体和网络资源,"粉红绽放日"能够得到较为广泛的宣传。

2. 可持续性可行性

通过建立一个固定的年度活动日,粉红绽放日可以实现长期可持续性,持续推动乳腺癌相关疾病的意识提高和患者支持。

三、项目策划

2020 年

大力支持中国初级卫生保健基金会于 2020 年启动的乳房重建公益健康教育项目,并与基金会共同倡议将 10 月 16 日设立为我国首个以关注乳腺癌术后乳房重建为主题的公益健康宣传日——"粉红绽放日"。

2021—2022 年

◎破圈:持续扩大乳腺癌术后乳房重建相关知识的社会影响力,使疾病知识不仅在患者群体中传播,更能吸引更多公众的关注。

◎科普:科学有效传达乳腺癌及乳房重建相关的医学知识,加强公众的正确认知。

◎持续:创立独特、多渠道适用、可持续的健康教育内容资产,使科普内容在舆论环境中持续传播并产生影响力。

四、项目执行

2020 年

◎设立"粉红绽放日",开展第一届全国范围的科普教育系列活动

每年 10 月是国际乳腺癌防治月。2020 年,中国初级卫生保健基金会在强生医疗科技的大力支持下,将 10 月 16 日设立为以关注乳腺癌术后乳房重建为主题的公益健康宣传日——"粉红绽放日",并以此为起点在全国范围内开展科普教育系列活动,取得了积极的影响力。

2021 年

◎拍摄制作公益宣传片《看我,看见我》,并邀请蒋勤勤作为公益大使在影片结尾发声。

2021 年项目通过《看我,看见我》公益宣传片从关键词"看见"出发,希望大众看见女性力量的美,看见乳房重建可以成为乳腺癌患者重建生活、重新绽放的机会。

影片从真实患者经历取材。开篇展现了五位不同年龄、不同身份的女性在日常生活中美好的状态,从青年学生的活力、全职妈妈的美满,到职场女性的自信、退休老人的豁达和舞蹈演员的优雅。进而揭示她们的患者身份,展现她们积极对抗病痛、重建生活的过程,让观众"看见"她们重新绽放的模样与背后的力量。

为扩大宣传片的受众范围和话题影响力,影片邀请纪录片导演黄骥执导、"粉红绽放公益大使"蒋勤勤在影片结尾发声,并选择社交媒体为传播主阵地,配合线下发布活动和多个社交媒体平台从不同角度切入话题,触达各类观众。

◎公益宣传片《看我,看见我》于 2021 年 10 月 16 日在京盛大发布。

发布会不仅请到项目的主办方中国初级卫生保健基金会副理事长胡宁宁、支持方强生医疗科技心血管及专业解决方案事业部中国区总经理陈曦博士,还请到天津市肿瘤医院乳房再造科主任尹健教授、中国医学科学院肿瘤医院乳腺外科副主任王靖教授分享乳腺癌防治和乳房重建的科普知识。此外,"粉红绽放公益大使"蒋勤勤也出席新闻发布会,呼吁公众关注乳腺健康,关爱乳腺癌患者。

发布会现场还同步举办"我和我的双面人生"主题摄影展,展出乳腺癌患者在乳房重建手术前后拍摄的照片,通过双面画的特殊形式,展现患者在手术前后的真实生活状态,重建生活的积极心态,以及对美好未来的憧憬和渴望。

此外,发布会选址于由中航工业北京曙光电机厂改建而成的北京艾恩艺术中心,既契合了公益宣传片的艺术形式,又呼应"重建生活"的主题。

◎后期通过媒体开展延伸传播,持续输出女性力量的观点与话题。

发布会后,公益宣传片与相关科普知识通过微博、微信、视频号、知乎以及多家媒体报道持续进行传播发酵,输出关注女性力量的观点,持续性地使乳房重建话题在社会上引起更多关注,使公众为女性的勇敢和坚强喝彩。

2022 年

◎2022 年 11 月 27 日发布公益微电影《粉红来信》。

在张爱玲母校——圣玛利亚女校举办发布会,既契合公益微电影的艺术形式,又展现了"重建美好生活,再次绽放女性力量"的呼吁。

发布会邀请项目支持方强生医疗科技以及各方专家发起圆桌讨论"多方携手助力患者绽放新生",分享乳腺癌防治和乳房重建的科普知识,呼吁公众关注乳腺健康,关爱乳腺癌患者。

◎依靠多平台、多媒体进行持续传播。

发布会后,公益微电影与相关科普知识通过微博、微信、视频号以及多家核心媒体报道持续进行发酵,输出关注女性力量的观点,持续性地使乳房重建话题在社会上引起更多关注,使公众为女性的勇敢和坚强喝彩。

五、项目评估

2021 年

◎新闻发布会活动结束后，多家媒体自发发布视频，《看我，看见我》公益宣传片全网观看量达 220 万。

◎微博话题"看见重建的力量"被多家媒体号直发，话题不断发酵，引发社会热议，最终总阅读量达 2 400W，讨论量达 1 800。网友评论呈正向发散，多以暖心、感动、为女性喝彩为主，也有部分得过乳腺癌后做过乳房重建的患者纷纷留言，表达对女性的鼓励，以及对乳腺癌及患者群体的关注。

◎微信多家媒体号发文，掀起网络对于粉红十月、乳房重建热议。微信推文阅读量达 30w，互动数达 2 500+。

◎知乎问题：如何评价公益宣传片《看我，看见我》？引发医疗科普号、女性号回帖，话题持续发酵，冲上热榜 44 位，阅读数达 6 000+，互动数达 200+。

◎发布会现场有 37 家媒体参会，覆盖网站、电视、微信不同渠道，横跨大众媒体、时尚媒体、医疗专业类媒体等不同类型。最终媒体报道与转载量达 440+ 篇，引起社会对于女性力量及乳房重建的热议，甚至延展到了对社会医疗的思考，评论均呈现正向发散，以鼓励女性重建生活、提倡女性绽放自我为主。

部分网友评论

来自医生

梁琦 乳腺科的... 1小时前   16 ♡
我作为乳腺科医生，看到这些，更坚定信念帮助他们拜托病魔，重建信心

来自患者：

黑夜中逆行的车钤:我也是一名乳腺癌患者，今年六月刚刚确诊，现在正在治疗中，为自己努力加油
10-16 20:10
妙面不用锅:一定要加油
10-18 19:46
苏打小妹吃泡面:一定要加油
10-17 08:20

7c 1小时前   6 ♡
正在准备重建中。这个视频给了我信心和勇气。加油
微波爆米花... 19分钟前
加油

来自普通公众

顺顺又南南了嘛:我能想象到你们战胜病魔，恢复健康时候的样子。
10-16 18:45
小仙女儿吖 ✓:战胜病魔
10-18 20:08

应该换个名字比较好同学:看完了，这期内容还挺有用的，想起来前段时间有个同学就是得了这个病，以后还是听医生的话定期检查少生气
10-16 20:15

你看我像不像你爹-:每一位努力对抗癌症的朋友都应该被鼓励 希望我们都能拥有美好的明天🖤🖤🖤
10-16 23:39
爱吃车厘子的Claire00:都会越来越好的   173

哆啦晴子酱:希望每一个女孩子都能够健康快乐，就算遇到了病痛，也能自信体面的
10-18 19:47

小宁乖崽-:乳腺癌患者要勇敢面对病痛，术后要积极重建美好生活呀，加油
10-16 23:40

2022 年

◎《粉红来信》公益微电影全网整体曝光量达 2 979.5w+，视频总播放量达 266.3 万 +，互动量达 2.8w+。

◎微博话题"请告诉她粉红绽放的力量"不断发酵，引发社会热议，最终话题词阅读量达 2 931.4w+，讨论量达 5 960+。网友评论呈正向发散，多以暖心、感动、为女性喝彩为主，也有部分得过乳腺癌后做过乳房重建的患者纷纷留言，表达对女性的鼓励，以及对乳腺癌及患者群体的关注。

◎微信多家公众号和视频号发文，掀起对粉红绽放日、乳房重建热议。阅读量达 48.1w+，互动数达 1.6w+。

◎邀请 20 家媒体参会，覆盖网站、电视、微信不同渠道，横跨大众媒体、时尚媒体、医疗专业类媒体等不同类型。最终产出媒体报道 110+ 篇，引起社会对于女性力量及乳房重建的热议，甚至延展到了对社会医疗的思考，取得了良好的社会效应。

东航企业文化升级

创新的赢家

金奖

上海市第十一届
优秀公共关系案例评选

一、项目背景

东航企业文化的孕育与形成同步于东航的成长经历,在数十年生产经营和管理活动中形成了特色鲜明的精神财富和文化形态。东航向来重视发挥好文化手册传递文化价值理念的积极作用,持续结合社会环境和企业发展实际,制定符合员工文化需求的、代代更迭的《企业文化手册》。1999年,出版《东航企业文化论辑》《东航安全文化》小册子;2004年,重新修订企业文化,编写《东航心语》,明确了"让旅客安全舒适地抵达"的使命和"精诚共进"的核心价值观,即刻开展《东航心语》的推广宣传活动,掀起学习东航精神、讲述东航故事的热潮;2007年,编辑出版23万余字的《东航企业文化读本》;2012年,历经近3年征集、编撰、研讨、论证,东航推出新版《东航企业文化手册》,发布全新企业文化理念体系,明确了东航企业愿景是成为"员工热爱、顾客首选、股东满意、社会信任"的世界一流航空公司,企业核心价值观是"客户至尊、精细致远",企业精神是"严谨高效、激情超越",这也是东航沿用至今的文化理念体系。代代更迭的企业文化手册,作为企业经营发展的心血与智慧的结晶,为东航发展壮大提供着丰厚文化养料和强大精神动力。

2020年,民航业面临巨大挑战。在企业经营转弱的客观背景下,企业文化必须与环境互动、与变化互动。作为承载文化理念的直观载体,它浓缩性地客观、真实记录了公司发展历史、光荣传统、社会荣誉,通过展现积极、优良、先进、科学的文化理念,从规范管理、科学管理的角度,向所有员工示范性地提出实用的工作建议。在这样的背景下,《企业文化手册》亟待更新升级,以期为广大干部员工攻克难关、提振信心提供新的精神势能。

二、项目调研

(一)调研目标

掌握管理人员、员工群体对公司企业文化总体情况的认知程度,了解一线生产运行实际情况,梳理收集公司先进典型及案例故事等,从而推导分析出公司在新时期企业文化建设过程中需进一步完善的部分,为手册内容的制定提供详实依据。

(二)调研形式

采取自上而下推动和自下而上创新相结合的形式,通过资料研读、现场走访、问卷调查、交流访谈等形式开展调研。对收集到的材料进行归纳总结分析,评估东航企业文化现状,明确广大干部员工当前文化需求。

1. 资料研读:查阅梳理公司历史资料文献、新闻报道、领导讲话、所获荣誉等;

2. 现场走访:实地考察走访地服部、客舱部等生产运行单位的工作现场,掌握一线工作流程,了解生产实际情况;

3. 问卷调查:选取生产运行单位以及机关职能部门,分别开展问卷调查,搜集掌握东航当前存在的文化问题、管理问题以及员工满意度等;

4. 交流访谈:分层分类与管理人员、员工代表开展访谈,鼓励引导被访谈者输出个人观点、讲述经验故事。

(三)调研情况

查阅各类公司历史资料文献贯穿全程,组织访谈公司高管、中层管理人员、基层管理人员、一线员工等约70人次、开展问卷调研覆盖280人、现场走访地服部、技术公司等生产运行单位

创新的赢家
——2020—2022 上海市优秀公共关系案例集

以及综管部、人力部等职能部门 11 处。

对调研收集到的资料进行分析研判，管理人员普遍反映公司企业文化宣贯力度不够、企业文化与日常工作的结合不够紧密等；一线员工普遍反映对于东航历史发展进程掌握不全面、认识不够深刻，公司所倡导的理念价值精神不够深入人心等。

在此基础上，明确了此次手册更新主要在保留原有"企业愿景""企业核心价值观""企业精神"的基础上，增加提炼描述公司历史发展进程的企业"文化内核"以及指向性更为明确的"行为理念""行为准则"，以完善对于东航文化沉淀过程的阐释，加深员工理解。

三、项目策划

（一）策划目标

归纳提炼东航企业文化的优秀基因，梳理内在逻辑关系和功能定位，采用新颖视角切入，原原本本呈现东航历史发展脉络，展现企业生产经营壮大过程中取得的辉煌成就，树立起"奋发进取、勇担责任"的企业形象。形成一本文化性突出，同时兼具大气感、亲和力、实用性的企业读本。

（二）风格定位

内容风格呈现轻描述、重人文，着重体现价值引领与氛围感染，使读者能在手册中感悟东航历史发展进程中沉淀出的灿烂文化成果。

视觉风格呈现突出高品位与高质量，整体画面以简洁大气为主，贯穿公司 LOGO 主配色，针对页面内容选配精美图片和主题影片，具有专题突出、选材贴切、设计大气、质地沉厚的特点。

（三）宣传策划

前期主要面向企业内部开展推广，采用视觉展示、培训宣贯、活动宣传、实物宣传"四位一体"的宣传策略，多角度对新版手册开展全方位、立体式的宣传。推动员工掌握企业愿景、核心价值观、企业精神等企业文化理念体系的核心内容，提升员工对东航发展历史、所获荣誉、社会角色等的了解，加强员工对公司的归属感与认同感，从而增强向心力与凝聚力。

1. 视觉展示：在公司范围内的电视、楼宇等媒介上滚动播放，展示新版企业文化手册，公司网站及时更新相应内容。

2. 培训宣贯：组建具有专业素养的宣讲队伍，制作更新逻辑缜密、内容翔实的标准化宣贯课件体系，通过线上、线下培训相结合的方式，分层分类对员工开展企业文化专题培训。

3. 活动宣传：组织策划主题宣讲活动，如演讲比赛、故事会、主题展览等实践活动，组织号召广大员工，围绕新版手册内容，亲身讲述东航企业文化故事。

4. 实物宣传：印制新版《东航企业文化手册》（2020 版），发布至东航集团各单位，做到全覆盖。

四、项目执行

东航新版企业文化手册（2020 版）编制项目正式启动于 2020 年 3 月，历时 9 个月，于 2020 年 12 月底发布成品。主要历经三个阶段：

（一）调查研究阶段（2020 年 3 月—7 月）

查阅各类公司历史资料文献贯穿全程，组织访谈公司高管、中层管理人员、基层管理人员、一线员工等约 70 人次，开展问卷调研覆盖 280 人，现场走访地服部、技术公司等生产运行单位以及综管部、人力部等职能部门 11 处。

根据调研结果，确定了手册新增"文化内

核""行为理念"以及"行为准则"等内容，采用自上而下与自下而上相结合的方式梳理所需内容。

其中，"文化内核"的表述来自于公司历史发展进程中呈现出的宝贵精神品质，由编写组全面负责；"行为理念"是统领员工行为实践的指导思想，作为一种管理工具，由公司领导拟定；"行为准则"作为更具体的日常工作建议，基层一线征集编采后再由管理部门审核优化的方式获得更具指向性和针对性的建议。

在此基础上，横向面向东航飞行部、客舱部、地服部、空保部等一线生产运行部门以及综管部、人力部等职能保障部门，纵向面向各系统各部门的管理人员及员工代表，广泛征集最符合本部门本系统特点的员工行为准则，再由管理部门结合对一线生产过程的现场走访、调查，经过层层筛选与归纳总结，凝练为每个工种5条，共七大工种。将优化后的5条员工行为准则再返回至各相关部门，进行打分评价，确认是否符合一线工作实际、能否达到指导工作实践的作用，得到的正向反馈均达85%。最终正式确定七大工种的"行为准则"。

（二）编写阶段（2020年8月—12月）

1. 策划阶段：确定制作目标和内容，明确编写团队和时间节点。

2. 编写阶段：梳理汇总所需图文素材，根据策划方案进行文本撰写，包括东航文化内核（红色基因、蓝色气质）的阐释说明、行为理念以及行为准则的具体表述等，重点关注文本的文学性与可读性。

3. 审核阶段：对编写完成的内容进行审核、校对和修改，确保文本、数据、图片、视频等内容正确详实。

4. 排版阶段：以东航品牌主色调为手册主要排版配色，注重排版风格大气简约、协调一致。

5. 定稿阶段：2020年12月，经过12次反复审核修订，最终确定定稿版本。

（三）宣传推广阶段（2021年1月至今）

1. 视觉展示：在公司范围内的电视、楼宇等平台滚动播放展示新版企业文化手册。

2. 实物宣传：2021年4月，将《东航企业文化手册》（2020版）批量印制成册，面向内部发布至东航集团各单位，做到全覆盖。

3. 活动宣传：2022年10月，组织策划主题宣讲活动"建设世界一流——青年说"，号召广大青年员工，围绕《东航企业文化手册》（2020版）内容，亲身讲述对东航企业文化故事、感悟东航文化力量，参与活动的员工宣讲内容在东航集团OA择优展示。

4. 培训宣贯：通过线上、线下培训相结合的方式，分层分类对员工开展企业文化专题培训。（1）2020年起，组建企业文化宣讲队伍共50人，面向新进员工、新进管理人员、机长、乘务员等各类员工，不定期开展企业文化宣讲培训；（2）2022年起，围绕新版手册主要内容，制作更新标准化企业文化课件体系，2023年7月，最新版本课件体系已发至东航各单位供参考使用；（3）2023年7月，录制《企业文化线上通识课》，于公司内部网络培训平台"东航易学"投放展示，受众覆盖东航全体员工。

五、项目评估

（一）基本达到初设宣传目标

以线上线下多形式企业文化培训，覆盖东航全体员工，将新版企业文化所包含的文化信息准确传递至东航各级干部员工。其中，线上课程附课后测试题目，员工培训后的答题正确率总体较高，体现对于课程内容的初步掌握；线下培训则通过课堂互动与提问，直观了解员工满意度与内容掌握情况，课堂气氛热烈，员工反响较好。通过围绕新版手册开展的系列培训，切实加深了全体东航人对东航企业文化的理解。

（二）拥有良好的互动和反馈，形成文化建设良好氛围

此次新版手册形成过程中，前期调研环节纳入与广大员工的互动，广泛听取员工意见建议，推动手册内容的确定更加符合员工文化需求。其中，手册中"行为准则"内容面向一线员工广泛征集，做到有的放矢，产出内容更具针对性与指向性。良好的互动有助于有序推进企业文化建设以及整个企业组织建设的不断跃升。

（三）员工传承匠心精神，汲取前行精神力量

2020 年至今，东航精神文明和企业文化建设屡创佳绩，东航人展现出开拓进取、精益求精的良好风貌。东航集团何超、沈莉、庄煜三位同志，获得"全国劳动模范"称号；东航股份（本部）荣获"全国文明单位"，东航集团在册全国文明单位达到 5 家。东航驰而不息扎实推进精神文明和企业文化建设，以深厚的文化滋养，为公司成为"员工热爱、顾客首选、股东满意、社会信任"的世界一流航空公司注入强大精神力量。

手护地贫红线：地中海贫血患者倡导项目

选送单位

北京新阳光慈善基金会　百时美施贵宝（中国）投资有限公司　罗德（上海）传播有限公司

创新的赢家

金奖

上海市第十一届
优秀公共关系案例评选

一、项目背景

2022 年，北京新阳光慈善基金会在百时美施贵宝的支持下，启动了"关爱地贫患者，益起向未来"的主题活动，从了解患者的治疗和生活现状入手，通过发布《中国重型 β – 地中海贫血成人患者疾病经济负担报告》、开展疾病教育、赋能患者组织等方式来改善地贫患者的认知水平及规范化治疗意识。

2023 年，为进一步在更广泛的群体中开展疾病科普、献血倡导、志愿者赋能等活动，以期全面提升患者知识储备，提高全社会献血意识，助力患者改善治疗现状及生存质量，北京新阳光慈善基金会和百时美施贵宝中国启动第二阶段的合作，拟开展手护地贫红线——地中海贫血患者倡导项目。

二、项目调研

β – 地中海贫血（后称"β – 地贫"）是一种由血红蛋白基因缺陷引起的遗传性血液疾病。在中国，广东、广西、福建、云南、贵州、四川、海南等地是 β – 地贫的高发地区。传统治疗方案中，造血干细胞移植是唯一可根治的治疗手段，但存在配型成功率低、年龄限制等问题，对于无法接受移植的成人患者，则需要长期接受规范化的输血和祛铁治疗。现实中，患者面临着血源紧张、血制品供应不稳定等多重困境，且长期输血导致铁超负荷、经济负担加重和潜在感染风险，使得终身规范化输血及祛铁治疗难以保障。《中国重型 β – 地中海贫血成人患者疾病经济负担报告》显示当前中国 β – 地贫诊疗领域还存在着以下需求尚未得到满足：

◎输血治疗难以保障：目前仍有很多患者无法按需输血，血源紧张是主要问题。调研显示，26.5% 的患者曾因血源问题而中断输血。

◎长期输血引发铁过载：过量的铁沉积于心脏、肝脏、胰腺等器官引起相关脏器的损伤甚至衰竭，需配合祛铁治疗。

◎祛铁治疗依从性差：患者由于对铁过载危害认知不足、祛铁药物可及性不高、使用便利性低及副作用等原因，未能坚持规范化治疗，易导致多种并发症发生，造成对全身多脏器不可逆的损害。

◎公众和患者认知层面：公众及社会对疾病的认知程度和重视程度严重不足；患者自身对疾病治疗方案认知不足，或因治疗带来的"复杂负担"导致放弃治疗。

◎行业教育层面：针对于 β – 地贫前沿治疗体系的疾病教育及患者组织体系有待完善。

由此可见，提升患者对疾病的整体认知水平、加强规范性治疗意识、缓解血源紧张是一项长期的工作，需要各方持之以恒的努力。

三、项目策划

1. 传播目标：作为 2022 年活动的延续，项目方启动第二阶段合作——手护地贫红线系列主题活动，通过线上和线下多内容、多角度、多平台的整合传播，联合慈善基金会、权威专家、患者代表、献血志愿者代表及相关行业人士，在更广泛的群体中开展疾病科普、献血倡导、志愿者赋能等活动，以期全面提升患者知识储备，提高全社会献血意识，助力患者改善治疗现状及生存质量。

2. 目标受众：主要人群为 β – 地贫领域医护、患者、公益组织 / 基金会、献血志愿者及公众。

3. 公关／传播策略：多力联合、线上线下整合传播。

◎把握节日热点，定制科普直播：在"世界地贫日"，通过权威专家科普地中海贫血相关知识，让故事兼具温度与深度。

◎打通线上线下，全面精准兼顾：为线下活动造势的同时，设置线上献血招募端口，精准挖掘潜在献血人群，提高全社会献血意识；线下开展疾病科普、献血倡导、志愿者赋能等活动，结合专家深度采访内容广泛传播，呼吁社会各界关注地中海贫血患者的生存现状，切实助力缓解血源紧张。

◎通盘整合资源，打通全媒体矩阵：大众媒体铺广度，行业媒体做深度，地方媒体精准覆盖高发区域，内容、渠道、平台三方精准结合。

◎优化视觉效果，提升参与体验：持续优化活动海报、KV及相关延展物料，在有效传达关键信息的同时，从视觉上强化活动参与感和体验感。

◎打磨活动主题，塑造活动立意："手护地贫红线"这一主题深度聚焦于地贫患者的生存现状，巧妙利用"红线"的一语双关，一方面表达地贫患者需要长期依赖输血，另一方面体现地贫患者面临血源紧张的困境。此外，该主题体现了百时美施贵宝对生命一如既往"手护"，同时呼吁社会各界共同助力提升地贫患者的生命健康与生存质量、为地贫患者提供全方位守护。

4. 传播形式及媒体计划

环节一：开展疾病教育，科普地贫知识

◎罗德传播策划并支持在"世界地贫日"与"海南日报——兜医圈儿"栏目进行的线上疾病科普直播，邀请海南省人民医院、海南省地贫协会姚红霞主任和北京新阳光慈善基金会刘正琛秘书长做客直播间，就地贫的危害和症状、地贫患者生存现状及痛点、最新治疗进展、创新治疗选择等内容，为患者及社会公众带来一场有干货、

有温度的健康科普。同时在海南线下开展手护地贫红线系列主题活动，联合血液学领域临床专家、血液中心领导与患者组织、献血志愿组织代表以及爱心企业共同助力患者及公众树立科学的疾病认知、了解创新及规范化治疗手段。

环节二：倡导无偿献血，呼吁共献爱心

◎项目通过在北京新阳光慈善基金会等其他协作方微信平台，以及《海南日报》传播矩阵发布手护地贫红线线下活动预热海报，最大化传播声量，为活动预热造势的同时，招募线下爱心献血志愿者。

◎活动后结合活动新闻稿在中新网、《生命时报》等核心媒体传播关键信息的同时，邀请澎湃新闻、《广州日报》、医脉通血液科等头部党政及行业媒体深度采访，最终通过二次传播实现《春城晚报》、四川热线、贵州网等地贫高发区域的地方媒体精准覆盖，进一步从专业角度强调地中海贫血诊断和治疗的现状以及创新治疗的未来发展，同时对献血相关知识进行科普教育，呼吁社会面积极参与献血。

环节三：赋能患者组织，服务地贫患者

◎目前，公众及社会对疾病的认知程度和重视程度严重不足，地贫患者依赖于当地患者组织提供疾病关键诊疗信息，因此培训当地患者组织的服务能力至关重要。

◎今年手护地贫红线在去年的基础上进一步赋能患者组织，在地贫高发地区有规模、有组织地持续开展患者组织培训，旨在为地贫患者提供更好的服务与帮助，助力全方位手护地贫患者。

四、项目执行

（一）打通线上线下，在更广泛的群体中开展疾病教育、倡导无偿献血

第一阶段：世界地贫日——"地中海贫血那

些事儿"直播活动

（1）直播预热

利用《海南日报》融媒体矩阵，全平台发布预热海报为线上直播造势。

（2）直播落地

在世界地贫日，邀请海南省人民医院、海南省地贫协会姚红霞主任和北京新阳光慈善基金会刘正琛秘书长做客线上直播活动，就地贫的危害和症状、地贫患者生存现状及痛点、最新治疗进展、创新治疗选择等内容，为患者及社会公众带来一场有干货、有温度的健康科普。

第二阶段：手护地贫红线——线下主题活动

（1）多方共议地贫患者生存现状

"手护地贫红线"启动活动于5月27日在海南省人民医院举行，由地方政府部门海南省血液中心，地方医院和机构海南省人民医院、海南省地贫防治协会，慈善组织北京新阳光慈善基金会、海南省八福公益基金会，爱心企业海南省农垦集团、百时美施贵宝共话地贫患者生存困境，就地贫患者生存现状及痛点、最新治疗进展、创新药物可及、提高献血意识等话题展开讨论。

（2）倡导无偿献血，志愿者一呼百应

呼吁更多社会公众关注并投身献血，助力缓解我国血源紧张。活动现场募集50余位志愿者参与献血，献血总量达16 200ml。

"守护地贫红线"活动部分志愿者合影

"守护地贫红线"活动

（二）及时跟进，会后全媒体矩阵速递关键信息

在"手护地贫红线"活动顺利结束后，结合活动新闻稿迅速在多家核心媒体传播活动关键信息，并且多个头部党政及行业媒体深度采访，最终通过二次传播实现多处地贫高发区域的地方媒体精准覆盖。

五、项目评估

该公关传播项目于2023年4月启动，历时两个月，截至2023年6月15日，该系列活动收获超245篇媒体报道，累计媒体阅读量超63.3万，总计曝光量约1 090万。活动现场募集50余位志愿者参与献血，献血总量达16 200ml。

（一）传播成果

各平台直播总计收获61.6万观看量。

265

8大平台同步直播。

在全媒体平台上共有245篇报道，详见下表。

获得媒体曝光量：超过1 090万。

表 守护地贫红线媒体报道情况一览

发布平台	发布链接	在线观看人数
兜医圈儿视频号	地中海贫血那些事儿	4 400
海南日报微博	直播丨这种疾病别忽视！听专家讲讲地中海贫血	3 883
海南日报抖音	直播丨来听医生讲地中海贫血那些事儿	889
海南日报视频号	这种疾病别忽视！听专家讲讲地中海贫血	15 000
海南日报客户端	这种疾病别忽视！听专家讲讲地中海贫血	6 700
北京新阳光慈善基金会视频号	"手"护地贫"红"线——地中海贫血那些事儿	240
北京新阳光慈善基金会微博	"手"护地贫"红"线——地中海贫血那些事儿	105 000
凤凰网	"手"护地贫"红"线——地中海贫血那些事儿	483 000
媒体	**发布链接**	**曝光量**
海南日报微博	也许，揭开人生一角，方能窥见自由生活的真相、看见内心的渴望！	7 400 000
海南日报微信	"手"护地贫"红"线	693
海南省地中海贫血病防治关爱协会微信	与我一起，"手"护地贫"红"线	98
新阳光地中海贫血关爱中心微信	"手"护地贫"红"线	269
北京新阳光慈善基金会微博	地中海贫血防治与社会支持、看见公益	498 000
海南献血微信公众号	"手"护地贫"红"线	254
媒体	**发布链接**	**曝光量**
中新网网页	"手"护地贫"红"线助力提升患者知识储备改善治疗现状及生存质量	100 000
中国新闻网网页	凝心聚力，"手"护地贫"红"线	100 000
澎湃新闻客户端	血源不足影响"地贫"治疗，专家：创新治疗可减轻患者输血负担	100 000
中国公益之声网页	凝心聚力，"手"护地贫"红"线	10 000
公益时报网页	凝心聚力，"手"护地贫"红"线	100 000
生命时报网页	凝心聚力，"手"护地贫"红"线	100 000
东方网	为地贫患者提供全方位关爱与支持，"手"护地贫"红"线系列主题活动	100 000
广州日报健康有约微信	凝心聚力，全方位关爱地贫患者	5 185
广州日报客户端	凝心聚力，全方位关爱地贫患者	100 000

媒体	发布链接	曝光量
南方都市报客户端	血源紧张影响地中海贫血治疗效果，专家呼吁献血推广创新治疗	100 000
海南日报微信	凝心聚力，"手"护地贫患者	1 333
海南网网页	凝心聚力，"手"护地贫"红"线	10 000
海口日报微博	"手"护地贫"红"线活动启动：与会专家呼吁各方合力守护地贫患者生命健康	1 200 000
海口日报微信	"手"护地贫"红"线活动启动：与会专家呼吁各方合力守护地贫患者生命健康	205
山城日报	凝心聚力，"手"护地贫"红"线	100 000
贵州网	凝心聚力，"手"护地贫"红"线	10 000
中国网（福建海峡频道）网页	凝心聚力，"手"护地贫"红"线	10 000
四川热线网页	凝心聚力，"手"护地贫"红"线	10 000
春城晚报客户端	热血接力 守护地中海贫血患者生命健康	100 000

（二）项目亮点

亮点一：深度挖掘患者需求，持续传承患者关爱。

通过"关爱地贫患者，益起向未来"的主题活动，以及《中国重型 β – 地中海贫血成人患者疾病经济负担报告》深入了解患者需求，再次启动手护地贫红线——地中海贫血患者倡导项目，在更广泛的群体中开展疾病科普、献血倡导、志愿者赋能等活动，在助力企业共同提升患者知识储备，提高全社会献血意识，助力患者改善治疗现状及生存质量的同时，深度刻画企业血液学领域领导者的形象。

亮点二：用心打磨主题，凸显多重立意。

手护地贫红线作为该项目主题不仅体现了百时美施贵宝对生命一如既往"手护"，更旨在凸显多方携手关爱、守护地贫患者，尽显人文关怀。此外，"红线"一语双关地体现了地贫患者需要长期依赖输血的生存现状，以及地贫患者面临血源紧张的困境，全面提升公众对于地贫疾病及献血事业的关注度。

亮点三："内容有温度、知识有深度、传播有广度"的全方位综合传播。

线上直播与线下活动相结合，进行专业疾病科普的同时呼吁各方共同号召爱心志愿者进行无偿献血，广泛提升各界对疾病、治疗手段的认知以及献血意愿，让故事兼具"温度"与"深度"。充分发挥全媒体矩阵的传播优势，大众媒体铺广度，行业媒体做深度，地方媒体精准覆盖高发区域，内容、渠道、平台三方精准结合。

亮点四：优化视觉创意，提升人文关怀。

借助意象化主视觉设计，呼吁各方合力手护地贫红线，优化相关延展材料及创意海报，增强受众活动感官体验的同时，科普疾病、创新治疗方案及献血相关专业知识。

亮点五：切实助力缓解血源紧张，让医疗传播不止于"言表"。

该项目旨在提升全社会献血意识，助力改善地贫患者治疗现状及生存质量。活动现场募集50 余位志愿者参与献血，献血总量达 16200ml，为缓解我国血源紧张再添助力。

外卖小哥的"红色加油站"

选送单位　中共上海市浦东新区合庆镇委员会

一、项目背景

（一）项目概况

合庆镇位于上海市浦东新区东北部，区域面积41.97平方千米，总人口136 484人，常住人口56 513人，来沪人员79 871人，下辖29个行政村、6个居民区，属于典型的城乡二元结构。

合庆镇镇域范围内16个快递外卖站点，约369名从业人员。结合前期排摸情况，合庆镇党委牵头相关职能部门和各村居党群服务站，以社区党群服务中心为圆心，15分钟路程为半径，逐步构建了由1个旗舰"加油站"、2个融合"加油站"和若干个村居"加油站"组成的"1+2+N""合新家·红色加油站"阵地体系。

为深入学习贯彻习近平新时代中国特色社会主义思想，扎实开展"我为群众办实事"主题实践活动，合庆镇以"凝聚'微'力量，奋进新时代"为主题开展"微心愿"认领活动。合庆镇党委始终把人民群众的安危冷暖放在心上，此次"微心愿"活动一经推出，各机关事业单位、镇属公司党支部和党员们纷纷伸出暖手。

（二）项目理念

围绕"快递外卖小哥集聚在哪里，红色加油站就覆盖到哪里"的总体目标，以社区党群服务中心为主阵地，不断增强对新业态、新就业群体的政治引领和关心关怀，有效促进新业态、新就业群体融入城市生活圈、服务圈、治理圈。

因地制宜，建立机制。项目线上线下双平台结合，实现政府与新业态、新就业群体双向互动、协同共进。

聚焦需求，解决困难。精准定位外卖、快递骑手的需求，从而提供360度的暖心服务。

进一步做深做实"合新家·红色加油站"服务品牌，通过多种传播手段，借助不同媒介，提升其普及度与接受度。

（三）关键因素

为实现红色加油站的高覆盖度，对辖区范围内的外卖及快递站点的排摸规模是关键因素，需要及时更新站点的增补与搬迁。

为实现线上线下双平台的结合，需要分别具备完善的管理，线上的宣传及时性、广泛度，线下各职能部门资源统合、一系列骑手报道制度的完善是关键因素。

为聚焦骑手的工作需求与"微心愿"，定期的沟通和反馈是关键因素。

为进一步做深、推广红色加油站的服务品牌，目标受众的参与度和公众的认知程度是关键因素。

（四）执行地域

"合新家·红色加油站"项目的执行地域主要集中在上海市浦东新区的合庆镇，合庆镇党委以社区党群服务中心为主阵地，牵头相关职能部门、各村居党群服务站，为全镇多个快递外卖站点，近369名从业人员提供服务。在未来，红色加油站进一步做深做实后，提升认知度，即可向合庆镇周边地区延伸发展。

二、项目调研

从 2014 年到 2020 年，浦东"微心愿"项目从无到有，从提出需求到主动服务，在探索中成长壮大，营造了共建共治共享的社会治理新格局。尤其是从第 10 季微心愿开始，各街道在微心愿的基础上，开启了微志愿、微项目的创新探索。在该项目的基础之上，合庆镇将外卖、快递骑手纳入了"微心愿"的受益人之列，实现骑手们的心愿成了建立红色加油站的契机之一。

2022 年至今，"合新家·红色加油站"整合多方资源，努力解决快递外卖骑手各类急难愁盼问题和切实需求，真正做到用心服务；同时，骑手们也将受到的关心关爱和思想引领正向回馈给社会，努力实现了"新"服务与"新"融入的双向奔赴。

社区服务是人民群众家门口的服务，关系民生、连着民心。当前，我国经济社会发展持续向好，人民群众的美好生活需要也在不断增长，这对社区服务提出了更高要求。只有植入有效的服务，才能温暖群众、凝聚人心，要"增加服务供给，补齐服务短板，创新服务机制"。

三、项目策划

（一）项目目标

1. 以社区党群服务中心为主阵地，不断增强对新业态、新就业群体的政治引领和关心关怀，有效促进新业态、新就业群体融入城市生活圈、服务圈、治理圈。

2. 因地制宜，建立机制。项目线上线下双平台结合，实现政府与新业态、新就业群体双向互动、协同共进。

3. 聚焦需求，解决困难。精准定位外卖、

快递骑手的需求，为其提供暖心服务并实现其"微心愿"。

4. 进一步做深做实"合新家·红色加油站"服务品牌，通过多种传播手段，提升其普及度与接受度。

（二）目标公众

该项目的目标公众为合庆镇的所有外卖、快递骑手。目前，合庆镇镇域范围内有 16 个快递外卖站点，369 名从业人员，共有"红色加油站"8 个。

外卖、快递配送作为城市现代化进程中的新兴产物，为市民生活带来了诸多方便，从业人员的数量也日益增多，与此同时，居民的需求也呈正比增长。因此骑手新年无法回家与家人团圆，在酷暑寒冬的街头上奔波，俨然成为了当今都市的常态。也正因如此，为了回馈骑手的辛劳付出，同时也为他们的安全和工作效率打上双重保障，能为其提供休息处、充电柱的"红色加油站"愈发重要。

（三）传播策略

本案例的传播活动分为多个阶段：2022 年初次点亮合庆"暖心灯"，为独居老人和外卖骑手带去温暖和帮助；2022 年完成"微心愿"活动，村村联动，拉近了干群关系，办好了基层实事，实现"小哥"心愿；2023 年进一步征集"微心愿"并落实；2023 年开展"融新共振，骑贺新春，邀您回家"的活动，帮助骑手抵御寒潮考验。

四、项目执行

（一）具体活动执行

1. 调研摸底，建立"新"家

2022 年社区党群服务中心牵头相关职能部门、各村居党群服务站，对全镇范围内的快递、

物流等站点进行排摸。同时，结合沿街沿路、便于服务的原则，在全镇范围内实地调研合适的地点建立"红色加油站"，为新业态、新就业群体提供休憩、学习、充换电、医疗等服务。截至目前，"1+2+N""合新家·红色加油站"阵地体系已初步形成，"1"是指社区党群服务中心"红色加油站"旗舰站，"2"是指塘东街、工业园区两个结合工会户外职工驿站建立的特色"红色加油站"，"N"是指依托村居党群服务站建立的"红色加油站"。

2. 因地制宜，建立机制

"合新家·红色加油站"通过线上线下双平台，架起与新业态、新就业群体的连"新"桥。线上，组建新就业群体微信群，在群内实时宣传"红色加油站"动态、传达相关政策、了解骑手需求、传递组织关心等；线下，建立骑手双报到、联席会议制度，推动各职能部门资源统一下沉，实现政府与新业态、新就业群体双向互动、协同共进。同时，各"红色加油站"分别与辖区内的快递、外卖站点签署共建协议，因地制宜为新业态、新就业群体提供360度全方位的服务。

3. 聚焦需求，解决困难

目前，综合服务半径和就近便捷等因素，在辖区内的5个"红色加油站"实现换电柜精准覆盖并投入使用，满足了骑手们随时随地更换电瓶、安全高效不误工作的需求，解决了骑手们普遍反映的"换电难"问题，让骑手们随时"满电"出发。

4. 暖心关爱，邀您回"家"

依托"合新家·红色加油站"主阵地，举办"暖'新'关爱，清凉一夏""以心暖巢，邀您回家""融'新'共振，'骑'贺新春"等四季公益活动。在酷暑夏日，为他们撑起夏日"遮阳伞"；在月圆之夜，与他们共品月饼、闲话家常；在严寒冬季，为他们送去温暖姜茶……通过进一步做深做实"合新家·红色加油站"服务品牌，让新业态、新就业群体切实感受到"家"的温暖。

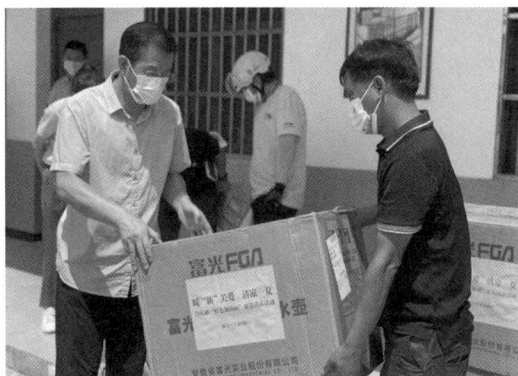

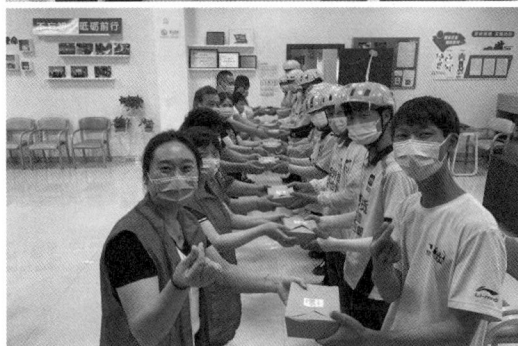

暖"新"关爱 清凉一夏 现场图

5. 点亮"新"愿，实现梦想

社区党群服务中心发动区域化成员单位党组织、"两新"党组织和村居党组织，启动面向快递、外卖骑手的"圆月圆梦合家亲""凝聚'微'力量，奋进新时代"等"微心愿"征集活动，以心愿认领的方式，将对新业态、新就业群体的关心关爱落于细微之处。

6. 正确引导，用"新"治理

发挥新就业群体走街串巷、贴近居民的工作优势，使他们成为基层治理的"前哨"，共同参与文明创建、平安巡查、志愿服务、社情民意收集等活动。成立了由新业态、新就业群体组成的"双创"文明志愿服务小分队，向社区居民宣传文明行为。

（二）日程进度计划

1. 2022年该项目共征集并实现了55个群众微心愿，为勤奋村的妹珍睦邻点的独居老人送去6张简易折叠桌，布置温馨小家；为来自饿了么的丁小哥送上一台全自动洗衣机；通过村与村的共建联建，为大星村的杨老伯送去电饭锅、米、油等生活用品。小小微光，聚而成炬，让美丽新合庆变得更有温度。

2. 2023年初临近春节，快递外卖行业订单量骤增，承受了工作人员减员、工作负荷增加的压力，合庆镇社区党群服务中心依托"合新家·红色加油站"平台，第一时间发动镇域内37个村居、区域化单位以及"两新"党组织捐赠防疫物资，共募集204盒新冠抗原试剂检测盒、1 950只KN95口罩、7 000只医用外科口罩、126盒药品以及消毒液等物资若干。

此外，镇总工会"姜"温暖进行到底，为新就业群体准备了6 000条红糖姜茶颗粒，使快递外卖骑手们在寒冬之际，既能够在"红色加油站"喝到热乎乎的姜茶，又可以将姜茶冲剂带回家共同暖"新"。寒冷的冬日里，一台电饭锅、

融"新"共振"骑"贺新春现场图

一台取暖器、一副副手套、一只只保温杯、一份份小小的心愿都是新就业群体最直接、最迫切的需求，承载着他们沉甸甸的期盼。

2023年，合庆镇社区党委服务中心结合浦东"微心愿"平台，开展了"党心暖我心·微心愿认领活动"，在炎炎夏日为美团外卖员孙小哥送去一台全新的冰箱，以减轻其当下面临的生活困难。端午前夕，开展了"仲夏公益行，便民零距离"的合庆党群公益集市，共筹集爱心善款9 309元，用于微心愿认领活动。

五、项目评估

项目不断增强对新业态、新就业群体的政治引领和关心关怀，有效促进新业态、新就业群体融入城市生活圈、服务圈、治理圈。通过线上线下双平台结合，实现政府与新业态、新就业群体双向互动、协同共进，并精准定位外卖、快递骑手的需求，为其提供暖心服务并实现其"微心愿"。最终，进一步做深做实"合新家·红色加油站"服务品牌，通过多种传播手段，提升其普及度与接受度。

通过"微心愿"认领活动，各级党组织、党员群众、爱心单位不断深入社区，争当"圆梦人"，以涓滴之力，共绘同心圆，用爱心接力，不断增强群众的获得感、幸福感、安全感。在公众号社交媒体公布"微心愿"公益红榜名单，对认领心愿的组织、党支部进行公开表彰，大幅度提升公众的参与度。该项目在端午前夕举办的募捐活动，最大程度地将"红色加油站"的项目广而告之，并引发了公众对外卖、快递骑手的尊敬，希望为这一新业态贡献自己的绵薄之力，从而为项目募集到款项用于购买物品，实现骑手的"微心愿"。

中国国际进口博览会溢出效应论坛

选送单位

上海华夏经济发展研究院

创新的赢家

金奖

上海市第十一届
优秀公共关系案例评选

一、项目背景

中国国际进口博览会是中国主动向世界开放市场的重大举措，也是世界上第一个以进口为主题的国家级展会，现已成为中国构建新发展格局的窗口、推动高水平开放的平台、全球共享的国际公共产品。

中国国际进口博览会溢出效应论坛正是与进博会相伴而生，在此平台上，专家、学者、企业家共话进博会对经济社会、投资贸易、产业升级、消费升级、制度创新等方方面面的影响与带动，深入研讨进博会带来的新发展机遇与挑战，共议承接和放大进博会溢出效应之策。

二、项目调研

1. 调研政府部门及联合开展相关工作

（1）商务部、中国国际进口博览局、商务部研究院

拜访了商务部政策研究室何亚东副主任，其分享了对发挥进博会溢出效应，实现高质量发展的观点，认为进博会具有平衡和加速两大功能，平衡功能即通过进口商品实现要素之间的平衡和匹配，加速功能即通过开放促创新实现赶超功能，并对进博会溢出效应指标体系提出了具体修改建议。拜会了孙成海局长。进博局是牵头落实进博会实施方案的执行机构，承担组织招展和招商等具体工作，参与进博会期间重要会议论坛的组织工作。与进博局加强沟通和交流，一方面，对进博会实施机制、招商情况等深入了解；另一方面，为进博会溢出效应论坛成为第六届进博会配套活动奠定了基础。

拜访了商务部国际贸易经济合作研究院，在当前国际形势下，进博会的压舱石和稳定器的作用愈发重要，溢出效应研究意义非凡，共同探讨机构间长期合作机制。

（2）上海市经信委、商务委

与市经信委密切沟通协作。参与《集聚高端外资制造业功能性机构》等课题研究，联合调研十余家外资企业，沟通了解其对进博会的参与程度及诉求。

与市商务委密切沟通协作。联合开展会展对产业带动案例分析、企业国际化发展指数、国际消费城市等与国际化、高水平对外开放等相关的项目研究，为进博会溢出效应论坛及相关研究积累素材。

（3）虹桥国际中央商务区管委会

受虹桥国际中央商务区管委会商务处委托，组织开展承接进博会溢出效应项目研究，并参与相关调研和工作。

此外，上海市中小企业发展服务中心、青浦区经信委、商务委都给予了大力支持。

2. 调研"6+365"平台相关企业

（1）绿地全球商品贸易港

调研绿地全球商品贸易港，深入企业了解发展目标、现状、承接进博会溢出效应的具体举措，以及面临的发展难题与挑战。

（2）虹桥品汇

调研虹桥品汇。了解虹桥品汇运营模式，重点打造酒和咖啡品牌，以及顺应新形式的直播经济等新兴消费模式。

3. 调研行业协会等机构

拜会上海市工业经济联合会、经济团体联合会管维镛会长。市工经联是枢纽型联合会，涵盖上海市先进制造业、战略性新兴产业、生产性服务业及现代服务业万余家企业，拟请市工经联在第六届进博会溢出效应论坛中评选出开发区TOP10。

拜会上海市网购商会宋轶勤会长。市网购商会由从事网络销售、电子商务等在线业务的企业和研究机构共同发起成立。拟请市网购商会在第六届进博会溢出效应论坛中评选出"外商变投资商"企业 TOP30。

此外，与欧美工商会、美国大湾区委员会、俄中商会等海外贸易商会组织密切合作，掌握最新贸易资源与动向。

4. 组织专家研讨会

由华夏研究院组织召开进博会溢出效应专家研讨会，邀请在进博会溢出效应研究领域有独到见解的专家学者共聚一堂，为进博会溢出效应论坛出谋划策。

三、项目策划

进博会溢出效应论坛已成功举办五届，本策划内容以第五届进博会溢出效应论坛为例（2022 年 11 月 1 日举办）。

1. 论坛组织架构

（1）指导单位
上海市经济和信息化委员会
上海市商务委员会
虹桥国际中央商务区管委会
（2）支持单位
上海市公共关系协会
上海市工业经济联合会
上海市经济团体联合会
上海市网购商会
上海市中小企业发展服务中心
（3）承办单位
上海西虹桥商务开发有限公司
上海华夏经济发展研究院
（4）支持单位
上海梦想成真公益基金会
上海华夏经济发展研究院

参加进博会的企业代表、参加进博溢出效应专场对接活动的企业代表、驻沪国外商务机构和境外组织代表。

2. 时间和场地

时间：进博会期间 2022 年 11 月 1 日 14：00—18：00

地点：上海国家会计学院

3. 议程

第五届进博会溢出效应论坛在延续前四届论坛模式基础上，采取"1+N"，即"1 个主题论坛 +N 个系列活动"的新模式，主要围绕"进博会溢出效应——绿色发展与开放创新"展开研讨，分析进博会在促进绿色发展和开放创新方面的溢出效应，发布进博会溢出效应指数。N 场活动主要在 Bay Area Council 加州馆于上海市中小企业发展服务中心联合组织"专精特新"企业走进进博会系列活动，促进企业国际创新合作与交流对接。

四、项目执行

进博会溢出效应论坛由上海华夏经济发展研究院和上海西虹桥商务开发有限公司共同承办。进博会溢出效应秘书处设在华夏研究院，设专人负责进博局、市经信委、市商务委、虹桥国际中央商务区管委会、西虹桥公司沟通等具体事务。

进博会溢出效应报告由复旦大学泛海国际金融学院/华夏研究院执行院长李清娟领衔，培养了一支由潘红虹博士带队，一名从事大数据研究海归博士、一名从事金融赋能产业创新研究海归博士、5 名青年研究员支撑，5 名兼职博士和近百位专家团队构成的充满活力和智慧的研究团队。这一团队连续 5 年跟踪研究进博会，形成进博会溢出效应指数及研究报告。

五、项目评估

进博会溢出效应论坛取得的成绩。

1. 智库研究成果

进博会溢出效应论坛以智库研究成果为支撑，2020 年起每年跟踪分析并发布进博会溢出效应指数。《2022 年进博会溢出效应研究指数》显示，2018—2021 年，虽然受世界经济下行的影响，但中国、上海、虹桥的溢出效应数值整体呈逐年增长态势，在经济发展、贸易促进、投资促进、产业升级、消费升级、会展产业和国际化水平等方面取得了有目共睹的长足进步，对虹桥区域的溢出效应最为明显。

论坛研究成果《极中极：进博会与长三角开放枢纽建设》和《传统文化的现代表达——上海故事的世界传播》被评为 2021 年与 2022 年上海市优秀智库报告并获资助出版。论坛成果转化为内参获得国家和上海主要领导批示。2022 年 9 月，华夏研究院在《上海市服务办好中国国际进口博览会条例（草案）》征询中提出"将进博立法上升到国家高度，制定进博运行规则与标准体系"和"加大进博特殊政策的连续性支持，使其常年化试行"被市人大常委会采纳。

2. 论坛提供平台

进博会溢出效应论坛提供政府领导、专家、企业家共聚一堂的平台，共享进博会的发展机遇，共谋放大进博会溢出效应之策。

New GSK 一周年『合力超越』整合传播项目

选送单位 | 葛兰素史克（中国）投资有限公司

创新的赢家

金奖

上海市第十一届
优秀公共关系案例评选

一、项目背景

2022 年 7 月，GSK 完成集团二十多年来最大的转型，剥离消费者健康业务，成为一家全新的生物医药公司，并有了全新使命"汇聚科学、技术与人才，合力超越，共克疾病"。

2023 年 7 月，恰逢 GSK 转型周年，如何利用好这个里程碑时间点讲好 GSK 转型故事，进一步彰显转型决策的战略性和前瞻性？当前中国医疗行业发展迅速，机遇与挑战并存，市场竞争压力加大，在这样的大环境之下，如何让公司内外部利益相关方深切感受到转型一年来公司取得的丰硕创新成果。同时，如何继续加强公司员工对企业使命文化的认同感、自豪感和参与感，深化内外部对企业"合力超越"全新使命的理解，并积极成为携手同行的参与者之一也是我们需要思考的问题。

带着对这些问题的思考，GSK 中国传播团队在企业转型一周年之际，从 2023 年 5 月到 7 月，以上海为根据地，在线上线下、公司内外部做了一系列 New GSK 的周年传播活动，联动内部员工和外部核心媒体记者，通过爆发期的线下活动搭配持续的线上传播，将"合力超越"的故事，传递到每一位 G 家人和各利益相关方，实现了高质量、广覆盖的传播效果。

二、项目调研

企业利用里程碑 / 周年纪念开展传播具有重要意义，尤其对于转型后的企业，不仅可以进一步深化企业的全新使命和文化，更可以展现企业取得的阶段性成果，进而提升企业形象。

公司通过内部走访以及媒体调研了解到，公司内外界均对转型后的 GSK 抱有很高的期待，内部员工寻求企业文化的认同感和工作的使命感，外部媒体希望可以更好地解读企业战略决策以及在中国的差异化定位。

三、项目策划

（一）项目目标

（1）提高内部员工对企业战略和文化的认同感，激发员工的主人翁意识。

（2）彰显全新使命对每一个人的深远意义，加强员工的使命感和自豪感。

（3）增进中国利益相关方对全新企业使命与最新业务发展的了解，提高企业认知度和好感度，夯实企业的标杆形象。

（二）目标公众

（1）企业员工；

（2）媒体；

（3）大众。

（三）主要信息

1. GSK 的全新使命、战略和文化

（1）GSK 是一家以"汇聚科学、技术与人才，合力超越，共克疾病"为使命的全球生物医药公司，致力于在未来十年为超过 25 亿人的健康带来积极影响；

（2）GSK 通过疫苗、特效药和普药预防并治疗疾病，是传染病方面的全球领导者；

（3）GSK 为所有利益相关方负责任地运营，始终以创新、绩效和信任为先；

（4）GSK 的每一位员工及其利益相关者都是 GSK 践行"合力超越"使命、达成宏伟目标的主体。

2. GSK 的行业领导力和中国承诺

（1）GSK 在中国领先布局"医防一体"，致力于创造更广泛的健康影响力；

（2）GSK 以创新为驱动，拥有强劲的研发管线，并将继续加速创新引进，让高质量的产品更快惠及更多中国患者。

（四）公关策略

1. 企业文化从"企业讲"，到"我来讲"，再到"人人讲"

从企业单向地输出企业使命和文化，到将讲故事的主体交还给企业员工，由员工、各利益相关方（所惠及的患者、合作伙伴、专家医生等）从多角度亲述个人的"合力超越"之旅，使员工更深刻、直观地感受到作为企业一员所肩负的使命与责任，进而加强员工的自豪感和信念感。

2. 由内及外锚定关键圈层受众，波纹式有层次地推进企业文化影响力

将员工作为企业文化的第一受众，由 GSK 中国总经理作表率，首先在内部建立起文化认同，再由内及外，从有权威影响力的核心媒体端入手，加深意见领袖对企业的信任度，继而拓展至更广泛的公众，真正在中国践行携手各方，"合力超越，共克疾病"的企业使命。

（五）传播策略

（1）充分利用内部自有场合（如员工大会等）及传播平台（内微、邮箱等），确保活动信息的全方面触达，最大化调动员工参与度；

（2）将线下活动和互动环节作为传播项目的核心亮点，最优化受众的体验感，同时搭配线上传播，兼顾传播的高质量与纵深度；

（3）从预热期、爆发期再到持续期，有节奏地进行传播，层层推进达到最好的传播效果。

（六）媒体计划

（1）线下邀请核心头部党政类、财经类和大众类的权威媒体；

（2）线上联动自有内外部新媒体平台（"GSK 中国"微信公众号和葛兰素史克企业微信号）。

（七）传播形式

（1）图文视频推送；

（2）微电影；

（3）欢庆派对；

（4）沙龙会；

（5）讲座分享；

（6）手工共创 DIY 活动等；

（7）系列互动推文（包含征集粉丝留言）；

（8）互动 AI 生成式 H5。

四、项目执行

1. 预热期：中国总经理打头阵，充分调动员工参与

2023 年 5 月底，随着 GSK 中国总经理在员工大会上官宣开启周年庆祝项目，GSK 内部平台同步发起征集 G 家人"合力超越"的重要时刻，由总经理的个人分享"打响第一枪"，并以 GSK 全球故事素材激发灵感，吸引员工广泛参与。持续一个月的活动收集到 G 家人"同心合力""披荆斩棘""并肩作战"等多元的动人故事，最终形成了"合力超越"中国故事特辑，并在后续线下活动中以装置呈现，打造了公司人人和衷共济、"合力超越"的良好内部氛围。

2. 爆发期：对内对外"橙意满满"，打造顶级线下活动体验

在热络的征集活动后，GSK 趁热打铁，推出"合力超越，有你有我"微电影首映暨互动观影派对，将整个周年庆祝活动推向最高潮。7 月

创新的赢家

初，GSK 面向全体员工递送派对邀请函，诚邀各位 G 家人成为全球"合力超越"微电影首批中国观众，并以品牌橙色着装要求，精美互动礼品等惊喜彩蛋将氛围感和期待值拉满。

7 月 24 日当天，GSK 中国前滩办公室被包装成欢庆派对现场，定制饮品、周边、纪念品一应俱全，员工打卡承载中国故事的立体互动装置，并共创拼出寄语祝福墙。在首映礼环节，为创造更好的观影体验，GSK 准备了午餐、爆米花，并提供云观影渠道，让全国各地更多的员工参与进来。通过 30 分钟沉浸式的观影，G 家人看到了全球各地 GSK 同事、患者及合作伙伴的合力超越之旅，并在影片结束后，纷纷在现场以及线上平台分享观后感，表达作为 G 家人一份子的自豪感。

在内部员工活动结束后，为进一步提高对外尤其是媒体端的品牌认知度，深化企业文化，GSK 于同一周的周五（7 月 28 日）在前滩办公室举行了 2023 GSK "合力超越"媒体沙龙，邀请近 10 家主流党政、财经和大众核心媒体记者，参观前滩全新总部办公室，并进行企业分享和互动。

媒体沙龙会上，GSK 中国总经理介绍了全新企业使命、业务和文化，GSK 疫苗中国医学部负责人则在企业领先的疫苗领域开展科普讲座，并与媒体记者交流互动，沙龙最终在寓教于乐的手工皂 DIY 制作中圆满结束。"合力超越"媒体沙龙在树立全新 GSK 行业领导者的形象的同时，也生动展现了 GSK 携手各方，"合力超越，共克疾病"的远大企业使命与抱负。

3. 持续期：外微创意系列互动，延续传播的长尾效应

伴随整个周年庆祝周期，GSK 还以官方微信公众号为主阵地，面向更广泛的外部关注者 / 大众展开持续性传播。系列内容抓住 AI 话题的社交热点，巧妙打造"ChatGSK"主概念，模拟 AI 需要不断输入的机器学习过程，邀请外部关注者分享对 GSK 转型一年来携手同行的"独家 G 忆"，从而与粉丝"共创"焕新一周年特别推文，吸睛的同时，也将周年传播项目影响力不断外扩。

在一个月时间里，官微系列内容覆盖了预热征集、造势、总结、彩蛋的完整传播链路，综合运用 SVG 动画、动态海报、AI 生成式 H5 等创意形式，与每一位线上参与者深度互动，也带给大家富有新意、有始有终的完满"云庆祝"体验。

其中，互动 H5 "亲手画给 GSK 'AI'的祝福"作为系列内容的创意亮点重磅上线，它围绕 GSK 焕新后的全新视觉风格、利用前沿的 AI 生成技术，让用户通过选择与 GSK 有关的关键词、艺术风格等，经趣味互动获得由 AI 绘制的 GSK 同款画风海报，意在鼓励参与者亲手创作周年贺图，也令 GSK 的视觉辨识度更深入人心。可邀请朋友共同参与、朋友圈分享的机制，也进一步激活了私域流量、扩大项目影响力。

五、项目评估

由 GSK 中国传播团队主导、持续数月的 New GSK 一周年"合力超越"整合传播项目，以其高质量和高完成度收获了来自员工内部以及外部各相关方的高度肯定。其精心打造的线下活动体验配合线上多元传播形式，让 GSK 全新企业"合力超越"使命深入人心，提高了 GSK 中国员工的企业文化认同感，同时加强了外界对企业的认知度与好感度。

其中，内部"合力超越"中国故事征集活动总计获得超 200 篇图文并茂的高质量投稿，分别于 5 个区域办公室以立体装置形式展示，传播范围覆盖绝大多数中国员工。"合力超越"线下观影活动主会场设于上海总部，吸引中国管理层及超 250 位员工现场参加。上海研发中心同步开放线下观影。同时，向全体中国员工开放线上观影通道，首映当天观看量超 500 人次。员工在微电影观后感中纷纷表示"看到了工作的使命感""能并肩为人类健康事业奋斗而感到万分自豪""真心为 New GSK 的点滴成长感到欣喜"，同时也纷纷点赞线下派对的环节设计、现场氛围以及周边礼物，从小细节中感受到公司满满的用心。

2023"合力超越"媒体沙龙邀请了近十位权威党政、财经和大众媒体老师的参与，他们也在活动结束后给予了高度评价，"企业分享和问答环节让我受益匪浅""通过活动让我更加了解生物医药公司 GSK"等，并期待下次还有机会再参与。

GSK 中国官方微信的周年庆祝系列内容，阅读量超 25 000 次，互动量超 900 次，互动 H5 上线 72 小时，即吸引了超 600 位用户参与，互动次数逾 1 000 次；同时，征集活动收获粉丝留言投稿 30 余条，从多个维度分享了大家眼中 GSK 焕新一周年以来发生的变化——"画风更潮了""有趣且高质量的科普知识""造福更多患者"等，更传达出对 GSK 未来发展的祝福。

项目期间，官微新增粉丝超 1 100 人，远超月平均粉丝涨幅，将短期爆发有效转化为长期品牌关注。

2023 GSK "合力超越" 媒体沙龙

爱婴室母乳库爱心站点

选送单位

上海爱婴室商务服务股份有限公司

创新的赢家

金奖

上海市第十一届
优秀公共关系案例评选

一、项目背景

早产儿各个器官发育尚未成熟，免疫力低，容易发生生长发育延缓等状况。母乳因其在营养、免疫和代谢方面的优点成为早产儿喂养方式的首选。在母乳不能成为新生儿喂养第一选择时，捐赠母乳也可作为一种替代喂养的有效方法。母乳库（Human Milk Bank）是一项为满足特殊医疗需要而招募母乳捐献者、收集捐赠母乳，并负责母乳的筛查、加工、储存和分配的专业机构。建立母乳库是收集捐赠母乳的重要途径，可以为母乳供应不足的新生儿提供营养支持。当前，我国早产儿的出生率以及存活率不断升高，早产儿因出生时缺乏所需营养以及能量储备，加上胃肠道消化以及吸收功能尚未发育完全，极易受到某些疾病的侵袭，因此对营养物质有特别的需求。

对早产儿进行营养治疗的主要方式包含肠外营养以及肠内营养，肠内营养包含母乳喂养、早产儿配方乳以及其他特殊营养物质的配方乳等。而母乳喂养因其比较理想的喂养效果成为早产儿肠内营养的首要选择。但是当多种因素导致母乳供应缺乏以及母体因疾病影响未能及时供应母乳的时候，经检测合格的母乳捐献者供应的母乳，在通过筛选以及消毒灭菌之后，成为了早产儿营养供给的第二种方式。因此，母乳库母乳喂养成为临床中较常用的一种喂养形式。

上海爱婴室商务服务股份有限公司成立于1997年，是一家专业为母婴家庭提供母婴服务与商品的全国性连锁企业，创立以来一直专注于母婴行业的耕耘。

2023年，爱婴室成为母婴行业首家获得"上海品牌"认证的企业，2017—2022年爱婴室集团累计向社会捐款捐物超1 000多万元。

二、项目调研

1. 母乳库的含义

北美母乳库协会（Human Milk Banking Association of North America，HMBANA）将母乳库定义为：将合格母乳捐献者提供的母乳，经筛选收集、消毒检测、严格保存后分配给由于各种原因导致母体母乳供应不足或因母体疾病影响不能直接接受母乳喂养的婴儿，特别是早产儿。[①]

2. 母乳库的运营现状及困难

据资料统计，我国住院早产儿母乳喂养率不足15%与早产儿住院期间母婴分离、病情不稳定、母乳库管理困难等密切相关。尤其是近两年，母乳库的捐赠者无法正常入院，导致医院母乳库储存量不足。

在《上海市公共卫生三年行动计划项目（2015—2017）》及上海市卫健委、申康中心、市妇幼保健中心的支持下，2016年6月6日，上海市儿童医院建立了上海市第一家母乳库。从2016年6月至2023年4月，累计母乳捐献达到3 331人次，捐献母乳量为7 230 238毫升，其中现场捐奶量282 810毫升，冻奶6 947 428毫升，现场捐奶量最多1 200毫升/人。同时，用奶量达到6 121 715毫升，受益人数2 066人。虽然随着社会大众对母乳库认知的不断提升，但是上海市儿童医院母乳库也同样受到医院场地受限、捐赠者招募难等问题的困扰。

据专家介绍，医院里的早产儿如果遇到母亲没有母乳，就只能用婴幼儿配方奶粉喂养。配方奶粉虽然模仿母乳成分，但不可能与母乳完全一样，还有一些婴儿对奶粉过敏，喝下冲泡后的普通奶粉会剧烈地呕吐，这样的宝宝，只能靠其他

---

① 《母乳库捐赠母乳规范化管理的研究进展及趋势》，世界最新医学信息文摘，2021年第21卷第77期。

妈妈捐助的母乳喂养。检验合格的母乳会被存放在专门的设备中，保存于零下40摄氏度的环境里。母乳在低温中可以保存6个月，6个月到期后，这些过期母乳将进行废弃处理。新鲜的生母乳是早产儿的第一选择，在无法获得生母乳时，推荐使用捐赠人乳，只有两者均无的情况下，才选择早产儿配方乳。大量研究显示，捐赠人乳喂养可以有效促进早产儿肠道成熟与发育，提供理想的肠内营养、尽快达到全消化道喂养、减少静脉营养，并明显降低早产儿坏死性小肠结肠炎（NEC）、感染性疾病（包括晚发性败血症）以及生命后期心血管疾病等的发生。

三、项目策划

爱婴室在上海市16个行政区共有80多家门店，2021年初，在上海市儿童医院、上海市儿童基金会的牵头下，依托爱婴室门店地理位置的优势共同策划了爱婴室母乳库爱心站点的公益项目。

项目推进安排：

（1）2021年5月，母乳库爱心站点启动仪式；

（2）2021年6月—7月，签订三方协议；

（3）2021年9月—10月，项目拨款，采购母乳库医用专业设备；

（4）2021年11月—2022年2月，爱婴室门店装修改造，设立爱心站点专属区域的母婴室、冰箱等；

（5）2022年6月—2022年8月，门店店长/店员、志愿者培训；

（6）2022年9月，母乳库爱心站点投入使用。

2021年5月9日，根据项目策划，在母亲节的当天，三家爱心单位共同为母乳库爱心站点揭牌，计划在浦东陆家嘴金融城、浦西徐家汇商圈的爱婴室门店各成立一家母乳库爱心站点，方便爱心妈妈们捐赠母乳。

四、项目执行

1. 项目启动

爱婴室母乳库捐赠冻乳爱心站点于2022年9月正式开始投入运营，爱心站点分别设置在爱婴室的浦建路店和爱婴室的徐汇百联店两家门店，充分体现了企业的人道主义精神和企业社会责任。

2. 项目分工

爱婴室门店负责母乳库日常的维护和志愿服务，上海市儿童医院负责捐赠母乳的检测和使用，上海市儿童基金会负责母乳库设备的采购与监督。

母乳库爱心站点项目针对安全、资金和乳源三个方面提供了一站式解决方案。首先，所有在爱心站点捐赠母乳的妈妈们，必须在儿童医院接受体检合格后并完成首次捐赠，持有捐赠证书后方可在爱心站点捐赠。所有捐赠的母乳，由培训后的专业工作人员，在密闭空间内，存储在零下40摄氏度的医用冰箱中保存，每袋冻乳都须取样检测合格后再供临床使用。其次，资金主要由专项基金提供，可持续保证母乳库爱心站点在医用冰箱、母乳存储袋、消毒杀菌、人员培训等方面的投入供给。乳源借力儿童医院"爱心妈妈志愿者俱乐部"、爱婴室会员、社区爱心妈妈多方力量共同保证乳源的可持续性，点滴乳源，传递了无数爱心妈妈的人道主义精神。

3. 项目运营

母乳库爱心站点设立后，有捐乳意向的爱心妈妈在儿童医院母乳库完成首次信息登记、体检、捐乳培训后就可选择就近的爱心站点捐赠冻乳，之后由爱心志愿者定期通过冷链将冻乳运送至儿童医院母乳库，为爱心妈妈们捐乳提供便

上海市儿童医院在爱婴室进行母乳库志愿者岗前培训

编号：001

中国红十字基金会爱婴室母婴关爱基金
上海市儿童医院母乳库

爱心站点

母乳库爱心站点铜牌

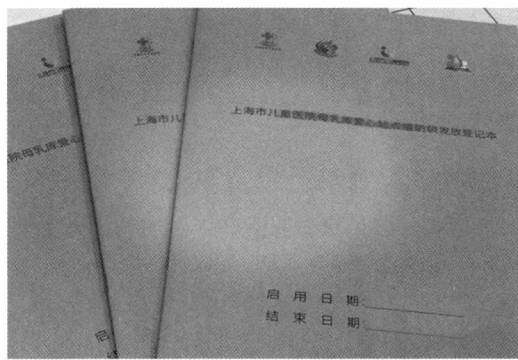

母乳库爱心站点

热乳存放点收件
SPA馆内哺乳室区

BREAST MILK

爱婴室浦建路店，母乳库浦东站点

母乳库爱心站点登记手册

利，也有利于加强母乳喂养的科普健康教育，为更多婴幼儿健康生长作出贡献。

母乳库一般不收集和储存提供给自己婴儿食用的生母母乳，使用母乳库捐赠母乳必须由有相关执业资格的医师开具处方。欧美国家发展已有100多年的历史，第一家母乳库于1909年在奥地利维也纳成立。由于经济、宗教和文化等方面的差异，母乳库在全球的发展呈现明显的不平衡状态，目前全球40多个国家建立了约500家母乳库。母乳是婴儿成长最自然、最安全、最完整的天然食物，可满足6个月以下婴儿的生长发育的所有需要。根据世界卫生组织（World Health Organization，WHO）的推荐，为了实现最佳生长、发育和健康，婴儿在生命的最初6个月应完全接受纯母乳喂养。当各种原因导致母乳供应不足或母体由于疾病影响不能直接供应母乳时，合格母乳捐献者提供的捐赠母乳（Donor Human Milk），经过筛选、消毒、灭菌和检测后，即成为早产儿营养源的最佳选择，因此，母乳库应运而生，在许多发达国家母乳库的捐赠母乳喂养已成为常规标准化喂养措施。我国母乳库建设起步较晚，首家母乳库于2013年5月在广州市妇女儿童医疗中心成立。早产儿母乳喂养可明显减少坏死性小肠结肠炎、感染性疾病、Ⅲ期以上早产儿视网膜病变等疾病的发生，缩短住院天数、降低喂养不耐受、减少静脉输注营养时间，并促进远期神经行为发育等。

4. 母乳库联盟

目前，母乳库爱心站点的母乳不但帮助到了上海市儿童医院的早产儿，还有上海儿童医学中心、妇幼保健医院、新华医院儿科等早产儿。2023年6月母乳库也正式扩容，由上海市儿童医院母乳库牵头宣布成立母乳库联盟，上海市第一妇婴保健院、上海市新华医院、上海儿童医学

1. 每天上午、下午、晚上三次记录冰箱温度（冰箱温度记录本）
2. 每天用消毒湿巾擦拭工作台面一次并记录（台面消毒擦拭登记本）
3. 每周用消毒湿巾擦拭冰箱内外侧一次
4. 疫情期间志愿者到店需填写进出人员实名登记本
5. 接触母乳前工作人员用流动水清水六步法洗手
6. 母乳入库前要检查标签是否齐全，并做好入库登记（冻奶储存登记本）
7. 冰箱内严禁存放私人食品、药品等其他物品
8. 操作之后冰箱要上锁

母乳库注意事项

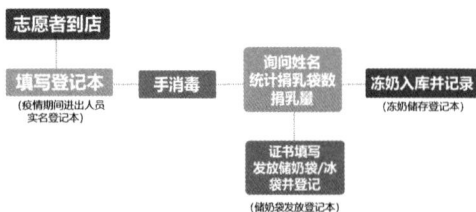

母乳库爱心站点捐赠操作流程

中心、上海市东方医院、上海市第六人民医院、上海市嘉定区南翔医院6家医疗机构加入这一联盟，致力于提高高危儿母乳喂养的临床支持力度。

从2022年9月至2023年7月，爱婴室母乳库爱心站点累计冻乳捐献者21人、60人次，捐献的冻乳量为394 912毫升，其中，徐汇店达到172 555毫升，浦东店达到222 357毫升。

五、项目评估

1. 项目意义

人道主义精神源于欧洲文艺复兴时期的一种思想，提倡关怀人、尊重人，以人为中心的世界观，主张人格平等，互相尊重。建立母乳库后，普及捐献母乳知识，鼓励社会捐赠母乳，对于母乳库的发展和新生儿母乳喂养有着重要的人道主义意义。

2. 项目挑战：安全、资金、乳源

母乳库持续运营的三大挑战是安全、资金和乳源。

第一，在安全层面应实施严格的质量控制措施，对捐赠者、采集的母乳进行筛查和检测，从而降低捐赠母乳传播疾病风险。

第二，国内母乳库的运营资金来源是国家财政拨款或社会捐助部分费用。以保证母乳库的正常运行。由于母乳库是社会全公益性的机构，捐赠母乳都是经检测合格后免费提供给有需要的婴幼儿食用，如何保证母乳库的持续运营，资金是非常关键的因素。

通过借助媒体宣传母乳喂养的重要性，从身边的每一个哺乳妈妈开始，向社会招募合格的母乳捐献者，让妈妈们乐意参与到母乳库这项公益事业中。我国早产儿出生率高达7%—8%，每年早产儿出生110万。近年来人们对于母乳喂养的重要性认识虽然已经有了很大的提高，但是支持不足，我国新生儿重症监护室的早产儿喂养还是以早产配方奶为主，母乳喂养的比例仍处于较低水平。随着三胎政策的全面实施与医疗水平的提高，未来我国必然加大母乳库建设，并进一步完善现有的母乳库建设，更好地规范和支持我国母乳库的持续安全运行。

通过新媒体、短视频等互联网传播进行的宣教，加强了母乳捐献知识的普及，通过孕妇学校线下开展活动，提高了公众对母乳捐献的认知。

通过上海爱婴室商务服务股份有限公司与医院、基金会共建共享公共关系案例的探索模式，影响更多的母婴企业、爱心妈妈贡献一份力量，鼓励母婴家庭关注早产儿、重症患儿的母乳喂养问题，坚守人道主义的初心和决心，倡导爱心企业和慈善组织有效合作，确保早产儿健康成长。

「先见·先行○伤害」蓝手环
公益行动整合传播

选送单位　勃林格殷格翰（中国）投资有限公司

创新的赢家
金奖

上海市第十一届
优秀公共关系案例评选

一、项目背景

糖尿病伤害最小化的关键在于"早期预防"，健康中国 2030 规划中明确指出需提高医务人员对糖尿病及其并发症的早期发现、规范化诊疗能力，重视早发现、早诊断、早治疗 2 型糖尿病患者，在已诊断的患者中预防糖尿病并发症的发生。

人体中的每个器官和系统都可能受到糖尿病的不良影响，受累程度取决于疾病的严重程度和持续时间。慢性并发症是 2 型糖尿病进展的主要结局，可能导致截肢、失明、肾衰竭、死亡等[1][2]。

我国 2 型糖尿病患者数量预计到 2045 年，将达到约 1.7 亿；糖尿病高风险人群数量占比达 51.7%，其中超过 7000 万患者甚至不知道自己患

病[3]。2019 年，我国启动健康中国（2019—2030）糖尿病防治专项行动，旨在持续优化我国糖尿病管理。

IDF 发表《全球糖尿病计划 2011—2021》：呼吁联合国及其机构、各国政府、民间社会、私营组织和全球糖尿病领域立即扭转糖尿病的趋势。[4]WHO 推出新的《全球糖尿病契约》，总干事谭德塞博士也强调防治糖尿病的迫切性。[5]

为了让更多人免于遭受糖尿病并发症带来的伤害，勃林格殷格翰中国联动健康报社发起了"先见·先行 0 伤害"——蓝手环·糖尿病防治公益行动。自 2022 年起，在全国范围内共同努力推动糖尿病及其并发症的认识、预防和管理，向大众、医生、患者倡导"从早期开始，从此刻开始，关注器官 0 伤害，让糖尿病的伤害最小化"这一健康管理理念，助力推动健康中国建设。

二、项目调研

本次"先见·先行 0 伤害"——蓝手环·糖尿病防治公益行动源于 First, no harm 这句医学界的常用语，来自拉丁文 Primum non nocere，意思为"首先，不伤害"，这被视为医学道德的一个准则，即在治病之前首先要了解治疗可能带来的副作用。

该项目提出的"0 伤害"的糖尿病疾病管理

理念，前期与医疗卫生专业人士、勃林格殷格翰内部医学部员工进行了充分沟通，确认该公益项目提出的糖尿病疾病管理理念的科学性，再由健康报与勃林格殷格翰（中国）共同策划有创新性与影响力的内外部整合传播方案，向国家卫生健康委员会规划发展与信息化司提案，中华人民共和国国家卫生健康委员会规划发展与信息化司认可"先见·先行 0 伤害"糖尿病健康管理理念对持续优化我国糖尿病管理的必要性与社会价值，最终下发文件予以指导和支持。

---

① Liu Z，et al. Health Qual Life Outcomes. 2010 Jun 26；8：62。

② Goyal R，Jialal I. Diabetes Mellitus Type 2. [Updated 2022 Jun 19]. In：StatPearls [Internet]. Treasure Island（FL）：StatPearls Publishing；2022 Jan–. https：//www.ncbi.nlm.nih.gov/books/NBK513253/。

③ Magliano DJ，Boyko EJ；IDF Diabetes Atlas 10th edition scientific committee . IDF DIABETES ATLAS. 10th ed. Brussels：International Diabetes Federation；2021. https：//diabetesatlas.org/data/en/country/42/cn.html。

④ Global Diabetes Plan 2011–2021. International Diabetes Federation. https：//www.idf.org/our–activities/advocacy–awareness/resources–and–tools/129–global–diabetes–plan–2011–2021.html。

⑤ New WHO Global Compact to speed up action to tackle diabetes. WHO. https：//www.who.int/news/item/14–04–2021–new–who–global–compact–to–speed–up–action–to–tackle–diabetes。

三、项目策划

（一）项目受众及目标

项目期望通过链接医疗卫生专业人士、患者、公众、媒体及企业构建多维度的公益活动等整合传播，让全社会全面了解糖尿病，重视糖尿病并发症的早期预防和控制，做到早筛查、早干预、早诊断、早治疗，让糖尿病的伤害最小化，助力健康中国行动。

专家学者、临床医生：对 2 型糖尿病高危人群进行健康教育，对患者开展自我血糖监测和健康管理进行指导，促进基层糖尿病及并发症筛查标准化推进"互联网＋公共卫生"服务，创新健康管理模式。推动糖尿病及其并发症的预防和控制，倡导用药"NO Harm"，关注糖尿病用药造成的靶器官损伤。

企业：贴合"健康中国行动"15 项专项行动之一，通过公司传播内容建设，践行勃林格殷格翰对中国糖尿病事业的长期承诺，助力业务发展，提升公司品牌的影响力。

患者：引导患者形成对糖尿病的科学认知，树立"从早期开始，从此刻开始，关注器官 0 伤害，让糖尿病的伤害最小化"的糖尿病健康管理理念，最终提高日常生活质量。

公众：通过多方合作呼吁公众关注健康科普，树立并传播正确糖尿病治疗理念，让每个人成为糖尿病健康管理理念的践行者和传递者。强化勃林格殷格翰以患者为中心的企业形象。

政府：积极响应并助力各级政府部门针对糖尿病防治相关政策的宣导，为公司长足发展创造良好的舆论环境。

（二）核心信息

糖尿病作为目前仍然无法治愈的疾病，不仅使患者血糖异常，还会引发多种并发症，严重威胁患者的身体健康和生命安全。

"蓝手环"糖尿病防治公益行动旨在向全社会及医疗卫生专业人士强化"让糖尿病的伤害最小化，即刻开始，关注器官 0 伤害"的糖尿病健康管理理念。通过多方共同努力，以期未来在全社会实现"人人可谈糖尿病健康管理"的目标，并助力基层逐步完善糖尿病筛查和防治的建设。

未来，勃林格殷格翰将继续携手各方，为糖尿病及其并发症的防治贡献力量，共同推动健康中国建设。

（三）媒介策略

在传播方面，本项目根据不同的媒介属性与形式，全方位有层次地阐述关键信息，建立项目理念与高度，引发各平台受众的强烈认同。

权威媒体定基调：利用国家级央媒、党政类媒体、地方主流媒体等，通过专家采访、区域活动、科普视觉化内容传播，自上而下向公众发起倡议，树高度的同时实现传播的广覆盖。

人文媒体引思考：借助《三联生活周刊》从人文视角，聚焦糖尿病患者的疾病治疗和日常生活，突出预防糖尿病并发症对于患者疾病治疗的重要意义。引发大众思考，如何才能更早发现糖尿病的在疾病早期的伤害隐患。

社交媒体扩范围：除了网络视频、网络媒体多渠道传播，还鼓励所有看到并理解"0 伤害"糖尿病疾病管理理念的受众，在微信朋友圈传递"0 伤害"的创意海报内容，发挥人人都是传播大使的理念，每人带动身边人了解疾病，最大化优化传播效果和项目影响力。

（四）传播路径
1.2022 年 11 月 14 日

"蓝手环"公益行动启动会四地同步进行，首发"先见·先行 0 伤害"科普视频。

2. 2023年2月10日至4月28日

"蓝手环"区域路演活动,链接区域基层医生关注,并向六大城市的公众深入科普糖尿病"0伤害"理念。

3. 2023年5月10日

创造510"我要0伤害科普日",利用谐音吸引内部员工及公众加深理解"0伤害"理念,持续科普热度。

4. 2023年5月10日 至2023年10月10日（执行中）

上线盲盒医众行6期系列视频,每月10日,邀请多位行业权威专家,科普糖尿病对一个靶器官伤害的疾病知识视频,目前已发布三期,分别是糖尿病与肾脏、糖尿病与心脏、糖尿病与眼睛。

5.（预计）2023年11月14日

联动糖尿病防治管理办公室与专业医生的"基层糖尿病并发症干预现状调研"报告形成,面向公众发布。

四、项目执行

（一）"蓝手环"公益行动启动会 + 科普视频

2022年11月14日,由中华人民共和国国家卫生健康委员会宣传司指导,健康报社主办,勃林格殷格翰中国公益支持的"先见·先行0伤害"——蓝手环·糖尿病防治公益行动发布会,并在北京、上海、天津、南京同步启动。

糖尿病科普公益视频——《先见·先行0伤害》,在发布会当天首次进行传播。呼吁全社会和医疗卫生专业人士关注糖尿病及其并发症的预防和控制,从早期开始,即刻行动。

活动邀请了政府部门负责人、报社领导、领域内大咖专家、一线医务工作者、媒体及企业高层等人,并围绕"糖尿病预防和管理""让糖尿病伤害最小化""听医生的话——先见·先行0伤害""糖尿病防治行动的多方融合探索模式"等主题展开对话交流。

启动会累计邀请超过30家原发媒体,类型覆盖中央媒体、全国主流大众健康媒体、国家级通讯社、地方主流电视台（BTV等）、视频、门户网站、微信、微博等社交媒体的广泛参与和深度报道。

（二）"蓝手环"区域路演活动

区域路演活动及配套宣传在2023年2月10日至4月28日依次在南京、济南、广州、天津、北京、上海开展。

围绕"重视糖尿病防治,助力全民健康""让糖尿病的危害最小化——尽早关注糖尿病相关靶器官的损伤"等话题邀请大咖专家发表讲话。集结区域医疗卫生专业人士、媒体及社会公众,关注糖尿病及其并发症的认识、预防和管理,共同向大众倡导"从早期开始,从此刻开始,关注器官0伤害,让糖尿病的伤害最小化"这一健康管理理念,助力健康中国建设。

通过央媒党媒、国家级网络媒体、地方权威媒体、大众健康、门户网站、微信、视频号等渠道进行多维度传播,引发广泛关注。

（三）510"我要0伤害疾病科普日"

以"510,我要0伤害"为寓意,线上线下结合,多方互动参与,开展5月10日特别活动。

通过内部邮件、内网、内部微信BI头条、办公室及工厂显示屏、易拉宝背景板布置等等,帮助员工来链接线上线下,共同认识糖尿病并发症危害及相关知识,浸润在项目的氛围之中。呼吁公众和员工关注健康科普,"重视糖尿病器官0伤害,全民健康从你我做起"。让员工成为糖尿病健康管理理念的践行者和传递者。

在线下举办"寻找'蓝朋友'线下活动"，发动每个员工成为"蓝朋友传播大使"，秉承 BI 的"患者为中心"、人人都是传播大使的理念，通过游戏等趣味形式，让大家真正理解"0 伤害"疾病管理理念带给患者的意义和价值内容，刷屏科普成功破圈。

重要媒体书写深度：三联生活周刊发布的患者故事《不止与"糖"的斗争》，聚焦多位糖尿病患者的日常生活，通过医患双方共同讲解，与硬核、高密度的科普，突出预防糖尿病并发症对于患者疾病治疗的重要意义，获得 14 万多阅读量，并引发媒体与读者的关注与行动。

对外发布线上稿件：覆盖大众、健康及财经媒体。覆盖国家级网络、大众健康、门户网站同时与私域朋友圈双线并行。

（四）糖尿病诊疗指南（待定）

预计 2023 年 11 月 14 日，联动糖尿病防治管理办公室发布"基层糖尿病并发症干预现状调研"报告，为项目提供数据支持，进一步呼吁社会公众及医疗卫生专业人士共同关注糖尿病及其并发症的预防和防控，倡导"让糖尿病的伤害最小化，即刻开始，关注器官 0 伤害"的糖尿病健康管理理念，对糖尿病患者及专家在糖尿病疾病管理及药物治疗上提供指导意见。

五、项目评估

（一）效果综述

项目共覆盖全国 30+ 个城市，共邀请来自 100+ 位专家参与了"先见·先行 0 伤害"系列活动，传递"从早期开始，从此刻开始，关注器官 0 伤害，让糖尿病的伤害最小化"健康管理理念传递 1 000 多家医院，覆盖公众人群总计超过 1 085 万人次。

项目得到了来自政府、医生、权威媒体等各方面的广泛关注和认可，在业内获得好评。

（二）传播媒体统计

项目共分为四个阶段进行，共邀请 50 家以上媒体进行参与报道，媒体类型涵盖央媒、党媒、电视台、健康类媒体等，传播形式丰富，内容充实。

项目总计产出报道 152 篇，其中原发报道 71 篇，转发报道 81 篇；报道覆盖人群总计超过 1085 万人次。所有媒体报道达到 100% 关键信息提及率；

吸引人民网健康，中新社，人民日报健康客户端，北京电视台，上海电视台，天津电视台，新京报，上观，文汇报，界面，凤凰网，21 世纪经济报道等媒体自发报道参与。

《三联生活周刊》深度报道患者故事阅读量超过 10 万 +，互动量超过引发超 14 万读者的关注与行动。

（三）受众反馈（政府领导、专家、公众、媒体）

"先见 先行 0 伤害"活动所传达的核心信息得到政府有关部门领导、大咖专家、患者、媒体及公众的高度认可与支持，并得以持续践行。

健康中国行动推进委员会办公室副主任、国家卫生健康委员会规划发展与信息化司司长毛群安表示，糖尿病防治行动的提出和实施，就是要加强全社会动员，强调预防为主、关口前移、防治结合，实现糖尿病前期和糖尿病的早期发现与诊断，有效管理糖尿病高危人群，预防和减少糖尿病的发生，减少糖尿病并发症的危害，更好地维护人民群众的身体健康。

国家卫生健康委规划司综合处处长金玉军表示，"先见·先行 0 伤害"蓝手环·糖尿病防治公益行动，是贯彻落实健康中国战略的具体举措。希望糖尿病防治公益行动能够为健康中国行动的落地实施，探索积累可借鉴、可推广的经验。期盼全社会和每个人都"行动"起来，共同参与到糖尿病防治行动中来，为推进健康中国建设、提升全民健康水平做出积极贡献。

中国工程院院士、上海市糖尿病研究所所长贾伟平：长期高血糖水平会严重影响身体多个器官，最终为糖尿病患者个人、家庭乃至社会带来巨大危害和沉重负担，但许多患者在疾病初期没有明显症状，因此仅靠有病就医远远不够，我们需要建立起全链条、全周期的糖尿病健康教育，早期筛查、及时诊治、持续随访的医防融合管理体系，加强对糖尿病高危人群和糖尿病患者的健康教育，鼓励他们采取更积极健康的生活方式并开展自我管理，从早期开始，预防和控制糖尿病，关注器官0伤害。

首都医科大学附属北京天坛医院钟历勇教授：作为一个终身性疾病，糖尿病的早发现、早诊断、早治疗，预防并发症的发生、发展尤为重要，其管理来源医患之间的相互促进。对医护人员来说高危人群在筛查发现后要及时给予制定恰当的个体化治疗方案，将对血管的危险因素降到最低，器官的损害最小。

《三联周刊》读者 Yoki：30岁体检查出了2型糖尿病，最开始真的吓哭了，一度觉得世界都灰暗了。确诊后这半年来一个是配合医院吃药，一个严格按照控糖要求吃饭，每天坚持有氧运动。目前血糖一直稳定在空腹5-6；餐后6.5左右。体重也减轻了20斤。我现在已经慢慢和自己的疾病和解了，健康的生活方式也让我变得更有活力，唯一希望的就是能在未来让并发症出现得晚一点再晚一点。

（四）项目亮点

1. 推动糖尿病防治关口前移，助力健康中国；

2. 借助多维度媒体矩阵，打造多元内容形式，最大化传播声量；

3. 内外传播渠道、公域和私域共同协同，传播科普信息；

4. 赋能医护工作者，精确传播理念。

亲子反诈联盟

选送单位
上海市公安局宝山分局

创新的赢家

金奖

上海市第十一届
优秀公共关系案例评选

一、项目背景

近年来，电信网络诈骗手法不断推陈出新，犯罪分子团伙化、职业化特征越发明显，针对的目标人群呈现出年轻化、低龄化趋势。上海市公安局宝山分局在对近年来全区电信网络诈骗案件受害群体进行统计分析后发现，被骗群体普遍存在三大共性问题：一是受骗人群年龄呈现低龄化趋势，主要集中在25—50岁左右，甚至已出现"00后"受害人，平均年龄仅为31.5岁，这一年龄人群通常有一定经济基础和财富积累，一旦被骗往往损失巨大；二是大部分电信网络诈骗案件的受害人都接受过社区民警或者平安志愿者的反诈宣传，也深知电信网络诈骗的危害，但走耳不走心，并未真正深入了解诈骗手法和防骗技巧；三是大部分受害人，特别是年轻人对民警入户宣传有一定抵触情绪，以致社区民警上门宣传常常是白天难见面，晚上面难见，好不容易见了面也往往敷衍了事，宣传要点没能入耳入脑入心，一旦遭遇电信网络诈骗就容易被骗。

为依法惩治和防范电信网络诈骗犯罪，公安机关除了坚持对诈骗犯罪保持高压严打态势，更需要紧跟电信诈骗案件的新趋势，向社会公众发出预警，有效普及防骗知识。这意味着反诈宣传工作也需要与时俱进，不断提升联系群众、服务群众的能力，积极开创警民公共关系的新局面。

二、项目调研

（一）反诈宣传需快速迭代

近年来，电信网络诈骗犯罪手法不断翻新，令群众防不胜防，已成为当前威胁群众财产安全最为突出的犯罪问题。公安机关除始终坚持对电信网络诈骗活动保持高压严打态势，也越发重视反诈宣传工作。然而，民警苦口婆心地上门劝阻、入户宣传，却也并非一帆风顺，"感觉被打扰""还是老一套"是一部分存在抵触情绪的市民群众的普遍心理。因此，公安机关一方面需要敏锐地洞悉电信网络诈骗犯罪的新态势、新手法、新骗术，另一方面则需要根据市民群众的实际需求作出快速调整，实现反诈宣传工作的"小步快跑"和"快速迭代"。这不仅有助于广大市民群众更迅速地更新防骗知识，而且通过不间断地调整和修正反诈宣传的方式及内容，也有利于构建和谐的警民公共关系，使更多的市民群众愿意接受民警的反诈宣传，从而提高"不听、不信、不转账"的反诈骗意识，有效提升群众自身的安全防范和自我保护能力，切实降低电信网络诈骗案件的发生，减少群众财产损失，让群众满意。

（二）巧借群众智慧力量

公安工作植根于广大人民群众之中，本就应该"从人民中来，到人民中去"，有温度的警民关系不但有利于增进警民情感，更有助于民警从警民互动中获得启发和灵感。特别是在防范电信网络诈骗的宣传中，"双向奔赴"的警民关系有助于发动群众的积极性、增强参与的主动性，从而真正赢得群众的广泛支持与肯定，更能巧借群众的智慧与力量宣传推广反诈知识，吸引更多市民群众参与到反诈宣传工作中来，真正将最新的反诈防骗知识入耳、入心。

（三）切合需求创"新"求变

电信网络诈骗针对的潜在受害人群构成复杂、年龄跨度大、文化差异明显，这就给公安反诈宣传工作带来了更多的挑战。传统的社会面宣传方式很难覆盖所有受众群体，寥寥数语的反诈宣传也很难让市民群众全面深入地了解电信网络诈骗的防范要点。因此，只有从市民群众的真实需求出发，积极创新宣传方式，拓宽宣传渠道，才能让更多的市民群众从被动接受向主动参与防范电信网络诈骗宣传转变，共同营造和谐的警民关系和"人人识诈、全民防骗"的浓厚宣传氛围。

三、项目策划

（一）调查研究，找准痛点

公安民警处于打击电信网络诈骗的前言阵地，一线社区民警更站在了防范电信网络诈骗宣传的第一线。项目筹备之初，上海宝山分局大兴调查研究之风，深入社区民警之中开展详尽的调研工作。通过一份份的调查问卷，结合对辖区单位、居民的走访，初步梳理了近年来电信诈骗案件的新趋势、新特点。完成社区调研后，宝山分局又结合受访群体意见、建议与基层警务工作实际，分析总结目前反诈宣传存在的痛点和难点，为项目后续的推进打下了坚实基础。

（二）积极探索，开拓路径

有了详尽的数据支撑，宝山分局坚定了"派出所主防"思路，大胆开拓反诈宣传新路径，积极整合辖区学校资源，尝试反诈宣传从娃娃抓起，以儿童亲子反诈为切入口，通过不断推陈出新各类反诈亲子实践活动，引导越来越多的学生家长共同参与、主动求索，夯实反诈宣传的社会基础。在此基础上，分局还通过精心挑选试点，在学校资源较为丰富的淞南地区积极先行先试，将传统反诈宣传与青少年社会实践活动相结合，将反诈知识融入学生的课外活动和亲子实践之中，获得了辖区中小学及幼儿园的大力支持。

（三）构筑品牌，凝心聚力

在宣传试点取得良好群众基础后，宝山分局还将对亲子反诈进一步升级扩容，联合辖区更多的中小学、幼儿园、艺术团体正式组建起了"亲子反诈联盟"，全力构建全民反诈宣传体系和品牌，积极推动联盟承办各类反诈京剧快闪、反诈绘画展、反诈亲子拼图、反诈集市等形式丰富的亲子宣传活动，使越来越多的儿童反诈艺术作品有机会进机关、进银行、进商圈、进社区、进家庭，也让参与其中学生与家长收获了满满的成就感和幸福感，使这部分市民群众参与"亲子反诈联盟"意愿更加强烈，联盟的品牌效应和集聚效应也越发凸显。

四、项目执行

（一）深入了解群众需求，剖析反诈宣传"痛点"

项目开展之初，上海宝山公安分局进行了详尽的前期调研。首先是参考客观数据，细致查阅了 2020 年以来我区电信网络诈骗受害人群的统计数据，以此分析了解近几年来，电信网络诈骗案件受害人的情况和诈骗案件的变化趋势；其次是线上调研＋线下交流，通过线上问卷调查和线下实地走访，了解每一个受访家庭中各年龄层成员对反诈宣传的真实看法；最后是自查工作短板，如传统反诈劝阻方式，民警的工作时间与辖区大部分居民早出晚归式的作息时间存在错峰，而群众对于社区民警夜间"扫楼"式入户宣传又多有排斥，加之不少市民白白日里忙于工作，晚上或双休日好不容易放松下来，有时间陪陪孩子或者家人，社区民警这个时间点上门反诈宣传，容易挤占了居民难得的休闲时光，不免引起居民的不满和误解。因此亟需创新一种让人记忆深刻，又能令人主动地参与防范电信网络诈骗的宣传方式。

（二）小手拉大手，构筑反诈宣传"防火墙"

有了扎实的前期调研，反诈民警发现电信网络诈骗的潜在目标人群其实与学生家长的年龄层次高度契合，如果能抓住孩子这个重点，以儿童亲子反诈作为切入口，反诈宣传不仅可以覆盖大部分的电信网络诈骗潜在受害群体，还能将反诈宣传的外延辐射至孩子的爷爷、奶奶、外公、外婆，一同学习反诈防骗知识、提升防范意识。试点初期，宝山公安分局在辖区各中小学及幼儿园的大力支持下，通过将传统反诈宣传与青少年社会实践活动相结合，引导学生和家长一同创作反诈宣传作品，在这个过程中，家长常常需要自主学习，再指导孩子完成创作或社会实践，一来二去不仅孩子收获了知识，家长们对各种反诈防骗知识也有了更深刻的记忆，全家人心中更都因此构建起了一道无形的反诈"防火墙"。淞南镇小拇指幼儿园太阳1班的学生家长汤女士不久前就遇到了一场电信诈骗：当时，她给女儿网购了1个台灯，第二天就有自称客服的人给她打电话，说平台正在开展随机送福利活动，她被幸运地抽中了，可以获得全额退款，一开始汤女士有些惊喜，但当客服说会发1个退款的二维码给她时，她想起了和女儿一同创作反诈宣传绘画时的经历，立刻清醒地意识到不经过网购平台直接退款极有可能是电信网络诈骗，于是果断挂断了电话。汤女士的经历恰恰说明在轻松欢快的亲子氛围中，家长们更易于主动接受防范电信网络诈骗的各类常识，这种方式比民警平时上门宣传的效果更好，记忆也更深刻。

（三）品牌提档升级，亲子反诈走向更大舞台

小手拉大手的亲子反诈宣传取得了初步成效后，宝山公安分局在1所中学、1所小学和4所幼儿园参与试点的基础上，全面引入辖区中小学、幼儿园和艺术团体正式组建"亲子反诈联盟"。通过与区文旅局及小荧星艺校的合作，淞南派出所与"亲子反诈联盟"成员单位之一的星星幼儿园一同改编的儿童京剧唱段《我是反诈宣传员》走进了顾村公园森林剧场，"小小反诈宣传员"登上了上海樱花节的表演舞台，在游人如织的樱花节期间，收获了不少游客的欢迎和喜爱。与此同时，宝山公安分局还积极携手"小小反诈宣传员"们，把反诈京剧、反诈绘画、反诈DIY、反诈拍手歌等亲子艺术项目带出校园、搬进社区、登上舞台，将亲子反诈的理念辐射给更多的学生和家长以及社区居民，让市民群众都能分享这种充满童真的防范电信网络诈骗宣传形式，共同营造反诈防骗的浓厚氛围，提升联盟的品牌效应和集聚效应，推动群众性、自发性反诈宣传队伍的发展，提升亲子反诈的宣传成效。此外，宝山公安分局政治处还积极引入媒体资源，借助新民晚报、新闻晨报、上海法治报、中新网、东方网等主流媒体，以及@警民直通车—上海、@上海宝山发布等政务新媒体平台，积极宣传推广联盟品牌，将"亲子反诈联盟"推向更高的展示舞台。

五、项目评估

社会反响强烈，获群众支持和好评。经过近三年的持续运作，"亲子反诈联盟"已拥有了一大批积极参与者和居民粉丝，学生家长的主动参与率也在逐年提升。在家长群体中，遭受电信网络欺诈的案件数量较3年前下降了75%，被骗金额减少了89%。亲子反诈联盟用实实在在的效果受到了辖区居民的欢迎。六一儿童节前夕，宝山公安分局又与辖区社区文化中心合作，为参与亲子反诈绘画的孩子们举办了一场别开生面的儿童反诈画展，孩子们开心地领着自己的爷爷、奶奶、外公、外婆，还有爸爸、妈妈前来参观，并为他们普及防范电信诈骗的知识，不时提醒家

2020—2022 上海市优秀公共关系案例集

创新的赢家

长们要当心刷单诈骗、投资理财诈骗、网购退款诈骗，等等，一副"老气横秋"的样子逗得家长们直乐。在这种轻松欢快的亲子氛围中，1个孩子，1件作品就能带动2—3个家庭，甚至更多的亲朋好友提升防范意识，也让更多学生和家长感受到共同创作亲子反诈宣传作品的快乐和成就感，让更多居民从最初的被动接受向主动宣传转变，让更多的市民群众更主动地参与到防范电信网络诈骗宣传之中。

得物 App 足球嘉年华

选送单位

上海识装信息科技有限公司（得物 App）

一、项目背景

（一）相关部门大力支持体育市场

为进一步恢复和扩大体育消费，充分发挥体育在扩大内需、助力构建新发展格局上的重要作用，日前，国家体育总局发布《关于恢复和扩大体育消费的工作方案》。

从政府角度出发，以试点城市为抓手，创新政策措施，完善体制机制，着力提升改善体育消费环境；以赛事活动为核心，加大高质量赛事活动供给，鼓励和引导"村BA""村超""村排"等广泛安全开展；以产业融合为动力，促进体旅文教全面融合发展，培育体育消费新业态新模式。从市场角度出发，引领各地加大市场主体培育力度，推动体育市场主体走"专精特新"发展道路，搭建展示平台助力打造知名品牌。

（二）体育经济飞速发展

如今，随着多样化、融合化、社交化的运动消费新场景不断涌现，我国正迎来体育消费升级的春天。近年来，我国居民体育消费快速增长，2020年全国居民体育消费总规模1.8万亿元，比2015年增长80%，人均体育消费支出1330.4元，比2014年的926元增长43.7%。

《2022年上海市居民体育消费调查报告》显示，上海居民人均体育消费3435.6元，占当年人均可支配收入（4.32%）和人均消费支出比重（7.46%）基本持平于2021年，仍旧领先全国大部分城市。据此测算，2022年上海市体育消费总规模约为850.62亿元。

（三）"Z世代"追求国潮文化

《2021新一线城市"Z世代"青年消费趋势报告》显示，43%的受访95后更偏爱国潮联名，位居"最容易引发冲动下单"的联名品类榜首，"Z世代"中七成以上的人群认为国潮产品原创设计能力很强、颜值高，既可以宣传中国文化，又代表了当前的潮流和个性表达，同时国潮产品在质量和售价方面性价比很高，完全不输国外的大品牌。

无论是参与运动获得"社交货币"，还是借助线下活动拓展社交人脉，潮流运动对于入门玩家而言，其社交属性更强于运动属性。因此，社交价值作为潮流运动快速崛起的原因，也将是2023年以及未来更多小众运动实现"破圈"的必要条件。

（四）平台运营决定生命周期

在潮流运动不断实现热度增长的过程中，除了优质UGC帮助潮流运动种草、推动小众运动流行外，平台参与"制造流行"的做法越来越常见。显而易见的是，平台透过潮流运动相关的话题运营，不但刺激了用户活跃，也将自身发展为小众运动的主要交流平台，收获了细分圈层的用户增长。

从潮流运动的兴起过程可以看到，线上热度是运动流行的基本盘，而线下场景体验是吸引玩家持续参与、分享的关键动力。通过提升线下活动的场景体验，如营造专业化的赛事氛围、打造运动文化，将推动潮流运动持续"破圈"，沉淀长期价值。

创新的赢家

二、项目调研

（一）组织环境

1. 内部环境

超千个国内外运动品牌已入驻得物 app，覆盖了年轻人热衷的篮球、网球、骑行、滑板、露营等数十个专业领域，为追逐体育时尚的年轻人提供了广泛的体育消费选择。

2. 外部环境

3. 社会环境

（1）消费者对国潮热情高涨

近几年，传统文化的创新表达也成为了"国潮"文化的组成部分，传统正在时尚，古典正在流行，基于中华优秀传统文化的内容不断出现，引发了社会大众的整体共鸣，让国潮所依托的传统文化因素，激发了强烈的内在情感共振与审美认同。

（2）体育经济迅猛发展

体育产业规模不断扩大，为经济发展增添动能。当前我国城市体育服务综合体发展势头强劲，各地百花齐放，投融资模式日趋多元，优质体育服务综合体正逐步向外输出先进管理经验。

（3）市场环境

据各城市 2022 年体育调查研究报告数据显示，服务型体育消费正稳步增长，占比在 40% 左右，其中体育赛事、健身训练等参与型消费，以及观看各类体育比赛、体育影视.体育展览等观赏型消费占比均较去年有所上升。同时市场竞争态势明显。

（4）公众及其需求

本次活动目标受众为"Z 世代"。

"Z 世代"运动人群具有良好的运动习惯，每周定期运动是他们的常态，按需购置运动装备是他们的理性态度，获得健康、愉悦是他们坚持运动的原动力。对于运动，他们热情满满，运动

也正在给予他们正能量的回馈。

（二）传播媒体及传播要素分析

1. 传播平台

本次活动的传播者为得物 app。

2. 受传者

本次活动的受传者为热爱运动的"Z 世代"。

3. 相关讯息

本次嘉年华活动承接了年轻人在夏日暑期高涨的体育消费需求，实现从骑行、机车、垂钓、露营等年轻人热衷的户外运动，到夏日穿搭、出游等热门场景的全覆盖，持续围绕年轻人的真实热爱与需求，为年轻消费者带来更丰富、更新潮的消费与潮流生活体验。

本次活动将线下体育活动与线上消费场景相结合，引导运动社交新趋势。

本次活动聚焦体育融合服务消费，以"体育 + 商业"的方式主动聚集人气，活跃体育运动显示度，探索体育宣传新模式，持续助力体育活动和场景价值变现，提振市场信心。

三、项目策划

（一）公关目标

引导运动社交新趋势，活跃体育运动显示度，探索体育宣传新模式，持续助力体育活动和场景价值变现，提振市场信心。

（二）公关策略

聚焦体育融合服务消费，以"体育 + 商业"的方式主动聚集人气，将线下体育活动与线上消费场景结合。

（三）目标公众

热爱运动的"Z 世代"。

（四）传播策略

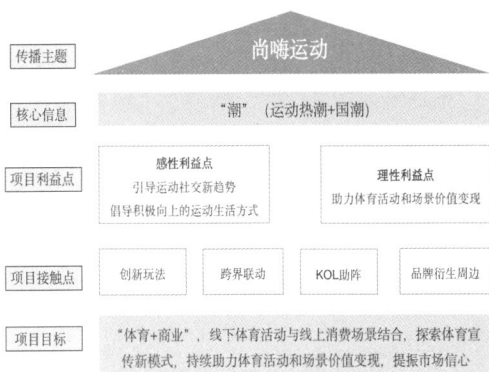

传播主题	尚嗨运动			
核心信息	"潮"（运动热潮+国潮）			
项目利益点	**感性利益点** 引导运动社交新趋势 倡导积极向上的运动生活方式		**理性利益点** 助力体育活动和场景价值变现	
项目接触点	创新玩法	跨界联动	KOL助阵	品牌衍生周边
项目目标	"体育+商业"，线下体育活动与线上消费场景结合，探索体育宣传新模式，持续助力体育活动和场景价值变现，提振市场信心			

四、项目执行

（一）创新玩法

本次嘉年华活动通过5V5团战、1V1个人战，以及足球飞镖、足球乒乓球等创新玩法，如足球飞镖、足球乒乓球等，带动了一波运动热潮。活动承接了年轻人在夏日暑期高涨的体育消费需求，实现从骑行、机车、垂钓、露营等年轻人热衷的户外运动，到夏日穿搭、出游等热门场景的全覆盖，持续围绕年轻人的真实热爱与需求，为年轻消费者带来更丰富、更新潮的消费与潮流生活体验。

嘉年华活动现场

（二）跨界联动

本次嘉年华围绕"潮"字做足文章，着眼国潮原创、运动体育、户外经济等备受"Z世代"关注的消费热点，融合会商文旅体等多方资源，进一步加强消费跨界联动，推动商文体IP与潮品创意设计的跨界融合。

1. KOL助阵

本次活动邀请到足球运动员于海、彭欣力等多名体育达人以及多位得物App年轻用户，足球明星、运动领域达人和足球领域达人，与热爱足球的跨界大咖们同台竞技。

嘉年华活动现场

2. 品牌衍生周边

活动中，得物ip闪现品牌区域，代表潮流驰骋绿茵场；届时，现场除了得物ip：nono的闪现展位，食品巨头卡夫亨氏也将带来他们的匠心产品。此外，bose、松下、战马、维梵商贸

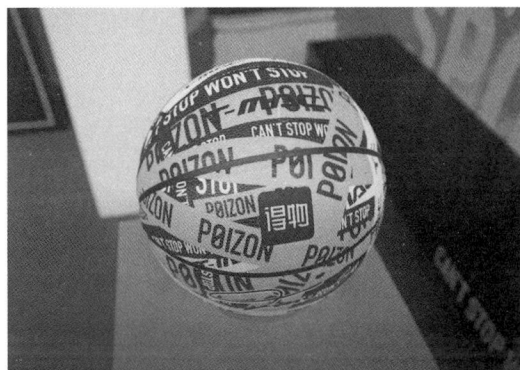

品牌周边

（ac 米兰、罗马、上海海港）、高丝、sports17、小冲山米酒、民生银行、山海潮创、龙虎、上海制皂、光子晶体科技、伊莱克斯、酷锐足球、上阵工业、品级和纵游等众多品牌也会带来全新产品，和好玩的互动游戏。

五、项目评估

（一）效果综述

本届潮生活节，虹口围绕"潮"字做足文章，着眼国潮原创、运动体育、户外经济等备受"Z 世代"关注的消费热点，融合会商文旅体等多方资源，进一步加强消费跨界联动，培育壮大新兴消费模式，营造浓厚消费氛围。

（二）线上效果

活动短视频在得物、抖音、小红书等平台点赞量到 800 万。截至 7 月 12 日，"得物足球嘉年华"话题线上参与人数 1 128.6 万，发布平台超 50 个，在这个夏天火热"出圈"，也点燃了上海潮生活节的"头把火"。

（三）线下效果

开幕式当天，线下参与活动人数达千余人，活动期间，虹口各商圈商场、网红地标跨界主题活动目不暇接，不断掀起暑期消费热潮，带动了一波运动热潮。

银奖

赛诺菲 40 周年庆典传播项目

选送单位
赛诺菲中国

赛诺菲中国四十周年

项目摘要

2022 年，是赛诺菲（Sanofi）进入中国的第 40 年。作为全球领先的创新医药健康企业，赛诺菲自 1982 年入华，始终与这片土地同心同行，见证并积极参与中国医疗健康事业的蓬勃发展，助力实现"健康中国 2030"的宏伟愿景。这一年，也恰逢赛诺菲推出创新品牌形象与使命"追寻科学奇迹，焕发生命光彩"，以全新面貌彰显其战略雄心。

2022 年 5 月 26 日，怀抱"创新"基因的赛诺菲举办了一场面向全国乃至全世界观众的入华 40 周年线上庆典活动，突破时空限制，共同庆祝这一历史性时刻，讲述赛诺菲不变的信心、责任和坚守，变革医疗实践，造福更多中国百姓的故事。赛诺菲立足全局性视角，紧跟宏观议题和行业热点，规划"预热、正式上线和后续传播"三段式传播节奏，层层递进，以新颖创意的

形式搭载多渠道多平台，内外部联动，实现传播效果最大化。

截至 2022 年 6 月，赛诺菲 40 周年系列传播活动包括患者故事漫画、多感官虚拟展厅、多渠道活动直播、活动回顾和新闻发布等，呈现了赛诺菲过往 40 年的光辉历程，及向下一个 40 年奋勇前行的雄心壮志。全方位传递全新品牌精神与使命的同时，汇聚各界关注，有效提升全体员工向心力，增强了数字公众的好感度和参与度，更为赛诺菲扎根中国 40 年里程碑刻下了浓墨重彩的一笔。

解码 100 个中国最美乡村瞬间

选送单位

中国东方航空集团有限公司

项目摘要

在我国脱贫攻坚战取得了全面胜利，迎来中国共产党成立一百周年的重要时刻，中国东方航空集团有限公司（以下简称"东航"）开展"解码 100 个中国最美乡村瞬间"主题海外传播。

本次活动通过重点分析企业形象定位、企业使命与对外传播策略，以"变迁见证者""联通桥梁""文化纽带"为视角，将旅游、乡村、减贫等关键词与东航品牌元素有机结合，囊括图片征集、投票评选、视频拍摄等多种形式，并使用图片、海报、视频等多种载体，基于东航自有海外社交媒体平台渠道落地海外。在构思设计方面，本次活动策划重点呼应乡村振兴战略，征集百幅中国乡村美图为建党百年送祝福。以软性方式入手，向海外网友征集和展示中国的美丽乡村和风土人情。在视觉呈现方面，本次活动策划也颇具巧思，海报设计融入了东航凌燕形 Logo 这一代表视觉元素。以策划执行期间的谷雨、立夏、小满、芒种和夏至等五个与农作紧密相关的春夏节气作为板块切分，又以凌燕登机牌的传递推动策划的活动逐步向前，通过作品征集、集锦展示、投票评优、实地探秘、成绩解码等五个环节，带领海外网友一同领略大美中国。

乡村美景摄影作品征集邀请发布

索尼电影摄影机创作者故事传播

选送单位

宣亚国际营销科技（北京）股份有限公司上海分公司

项目摘要

随着当下视频内容的磅礴发展，视频创作者的创作需求和要求日趋增长，为了强化品牌对于视频创作者的强大产品力与影响力，索尼结合不同视频创作领域的视频创作者，将电影摄影机产品与创作者的创作故事紧密相连，借助视频行业媒体进行分发报道，在创作者、行业端以及大众消费者中树立其可靠、耐用、易用、全面的产品力，并展现索尼作为一家基于技术的创新型公司，与创作者共同成长、共同创造的品牌形象。在助益创作者呈现优质内容的同时，展现"凝聚索尼的灵感与热情，与追梦者共创感动"的在华愿景。

索尼电影摄影机系统创作故事

小荧星 "330 课后服务进校园"

选送单位

上海小荧星集团有限公司

项目摘要

"小荧星 330 课后服务项目"正式启动于 2021 年。时值中央连续发文《关于进一步减轻义务教育阶段学生作业负担和校外培训负担的意见》，要求义务教育切实提升学校育人水平，持续规范校外培训。小荧星积极响应"双减"政策，于 2021 年 7 月下旬，在上海市教委指导下启动"330 课后服务进校园"，以仅为市场价十分之一的公益价开启服务全市中小学校的公益行动。

2021 年 9 月开学季，上海市各区首批 40 所中小学校享受到小荧星 200 多门专业课后艺术课程服务，小荧星由此成为沪上首家，也是唯一一家获准进入校园的艺术培训机构。小荧星累积了数十年合唱、舞蹈、主持演讲、戏剧表演、书画等几十类课程的教学经验，开始陪伴在校孩子们的课后时光。包括央视、新华社等在内的国家级官媒及沪上各大主流媒体对此纷纷进行报道，小荧星"330 项目"成为上海"双减"的一道亮色。

截至目前，小荧星服务的学校总数已达到近 300 所，受益学生达到 20 余万名。

2022 年，该项目也成功入选由上海市委宣传部和上海市文旅局共同遴选的《家门口的好服务——上海公共文化服务高质量的发展案例 100+》。

2023 年，小荧星"330 课后服务"项目荣获教育部赞誉，认为其"为中小学生提供非学科类公益培训课程，充分发挥价格引导、行业规范、市场托底作用，引导培训市场良性发展"。

"爱满人间"
——纪念宋庆龄诞辰 130 周年书法邀请展

选送单位
上海宋庆龄基金会

项目摘要

2023 年 1 月 27 日是宋庆龄诞辰 130 周年纪念日。上海宋庆龄基金会以此为契机，与上海中国书法院等单位共同组织书法艺术项目《"爱满人间"——纪念宋庆龄诞辰 130 周年上海书法邀请展》，通过当代书法重新演绎宋庆龄先生的大爱精神，以示缅怀，予以致敬和传承。

项目设计思路得到了上海中国书法院，上海市书法家协会等单位的高度认可和支持。上海宋庆龄基金会联合上海中国书法院，邀请 130 余位沪上书法家与沪上青少年书法爱好者共同创作了

130 多幅书法作品，以书法为载体，书写宋庆龄先生的名言，或纪念他人对宋先生的评价，以真草隶篆的各式书体表达对宋庆龄先生的思念之情以及对她所开创的妇女儿童事业的传承之意。

项目将书法展引入图书馆，为图书爱好者带去一场红色公益的艺术鉴赏展，同时不拘泥于场地规模，以精美的书法为更多公众带去一场别开生面的"革命人物教育展"，打造了"可阅读、有温度、有情怀"的文化公益之旅。书法展通过 2 次不同场地的展览，进一步延展公众的知晓与参观热度。在上海图书馆展出 7 天，参观人数近 2 500 人；在地铁文化长廊展出 1 个月，停留驻足赏析人数约 16 万人。书法展同期获得多家媒体的报道，获得了较好的社会传播效果。

"党的诞生地"志愿者项目

选送单位
中国共产党第一次全国代表大会纪念馆

项目摘要

中共一大纪念馆的志愿者工作，已走过了第30个年头。在上海市委宣传部、上海市精神文明建设委员会办公室和社会各界的关心指导下，这支队伍始终牢记初心使命，弘扬志愿精神，与时代发展同频共振，队伍规模不断扩大，服务类型不断拓展。

2021年，中共一大纪念馆新馆的落成。社会志愿者的人数发展至958人，岗位从原有的

中共一大纪念馆活动现场

三大岗位，增设成活动执行、信息采编、场馆服务、宣誓教育、讲解接待五大志愿服务岗位。目前志愿服务队已与40多家单位进行了共建合作，其中长期合作的中学和高校有20所，学生志愿者占共建团队数的57%；在共建单位中，消防公安系统3家、医院2家。2023年1月至7月，"党的诞生地"志愿者服务队已累计服务158天，参与服务3 210人次，服务时长近25 680小时，接待观众176万人，义务讲解462批，开展宣誓教育3 342批、总宣誓人数96 607人。

2020年7月，纪念馆成为首批上海红色文化传播育人联盟"校馆共建"单位；2021年成为上海市文化传播志愿服务联盟首批单位；2022年青少年志愿服务项目"听我来讲建党故事"荣获了由中央宣传部志愿服务促进中心和国家文物局颁发的"喜迎二十大 强国复兴有我——青少年中华文物我来讲"优秀博物馆志愿服务推介项目。

"民族之光——百年马利和她的艺术家朋友们" 特展品牌公关案例

选送单位

上海红双喜（集团）有限公司

项目摘要

2023 年 8 月 19 日，由上海市美术家协会指导，上海市金山区文化和旅游局、金山区国有资产监督管理委员会、金山区档案局、上海红双喜（集团）有限公司（简称"红双喜集团"）主办，金山区博物馆、上海文教体育用品有限公司、上海国韵双喜文化有限公司、上海马利画材股份有限公司承办的"民族之光——百年马利和她的艺术家朋友们"特展在金山区博物馆隆重开幕。本次特展以"民族之光"为题，以"书画"为笔，以"创新"为魂，是一场展示马利百年发展史与品牌文化的特展。

马利的百年史，也是中国美术发展进程的生动写照。红双喜集团控股企业上海马利画材股份有限公司（简称"马利股份"）所持有的"马利"品牌作为百年民族品牌，肩负着"对历史负责，为现实服务，替未来着想"的时代使命。此次品牌公关宣传活动的举办是红双喜集团深入贯彻习近平总书记"建设中华民族现代文明"核心思想，坚定文化自信、传播文化自信与弘扬民族品牌的有益尝试，也是红双喜集团积极履行社会责任的举措。

本次特展以艺术家朋友的独特视角，用传统笔墨展现了红双喜集团关联老字号品牌的品牌文化，彰显老字号品牌新形象，助力红双喜集团以推动品牌高质量发展为目标，与马利股份共同探寻民族颜料的创新发展，与艺术家朋友们碰撞出更加绚烂的艺术火花，最终全力打响"上海制造"品牌，落实和服务国家战略，让中华老字号品牌在新时代焕发新活力。

宁波远洋上市传播

选送单位

上海博涵公共关系管理咨询股份有限公司

项目摘要

2021 年 4 月 13 日，宁波舟山港发布分拆子公司宁波远洋至上交所主板上市的预案，成为国内港航企业中第一家披露"A 拆 A"预案的上市公司，并被外界视为港口企业深入推进国企改革的重要举措。

2022 年 9 月 1 日，根据中国证券监督管理委员会发布的《第十八届发审委 2022 年第 99 次会议审核结果公告》，宁波远洋首发获通过。

同年 12 月 8 日，公司成功在上海证券交易所主板挂牌上市。

此次分拆上市，博涵财经作为宁波远洋 IPO 财经公关服务供应商，通过在上市服务过程中对公司经营情况的了解，行业现状的分析、舆情环境的判断，制定了全面的品牌传播策略，随着发行节奏的推进有序实施，为公司顺利挂牌上市打造了良好的舆论环境，并且进一步提升了宁波远洋的品牌知名度及社会影响力，强化了公司在专业服务领域的竞争地位和竞争优势。宁波远洋在 2023 中国上市公司品牌价值榜荣誉上榜，最新品牌价值为 13 亿元人民币，位列新锐榜 TOP47。

宁波远洋上市

沪浙毗邻地区乡村振兴"共富经"

选送单位
金山区廊下镇人民政府

项目摘要

沪浙毗邻地区乡村振兴"共富经"是沪浙毗邻地区之间共同探索跨省域乡村产业协同发展的一种模式。通过合作共建、资源共享、产业共融、农民增收共富等方式，实现了乡村产业、乡村建设、农民增收的共同发展。

沪浙毗邻地区地处长三角一体化示范区，区位优势明显，合作基础扎实。近年来，沪浙毗邻地区积极探索跨省域乡村产业协同发展新模式，在乡村产业共融、乡村建设、农民增收共富等方面取得了积极成效。

廊下镇山塘村（北山塘），位于镇域西南部，村域面积4.07平方千米，耕地面积215.73公顷。全村下辖11个村民小组，总户数748户，总人口2 713人。近年来，山塘先后荣获中国最美村镇、全国乡村旅游重点村、上海市文明村、上海市青年文明号、上海市五四红旗团支部、上海市推进公民科学素质示范村、上海市学习型乡村建设试点村、上海市老年教育示范学习点等称号。

山塘村打响"毗邻党建"品牌，积极融入金山区与嘉兴市联动发展的工作大局，通过"毗邻党建"，凝聚共识，汇聚资源，团结力量，带动产业发展、乡村振兴、社会治理等各领域协同发展，形成了层层递进、深度融合的发展形势。自提出长三角一体化发展并上升为国家战略以来，廊下镇山塘村以乡村振兴示范村创建为契机，围绕"明月山塘"景区创建不断打造区域联动发展新版本，跨省南北山塘村8平方千米的星星之火，现已成为毗邻党建启航地的燎原之势。

沪浙毗邻地区乡村振兴"共富经"是一种跨省域乡村产业协同发展的新模式，通过合作共建、资源共享、产业共融、农民增收共富等方式，实现了乡村产业、乡村建设、农民增收的共同发展。这种模式为长三角一体化示范区的乡村振兴提供了新的思路和路径，也为全国乡村振兴提供了可借鉴的经验和模式。

梦饷科技以数字经济赋能女性"新就业模式"系列宣传活动

选送单位
上海众旦信息科技有限公司

项目摘要

梦饷科技是一家总部位于上海的商品分发智能解决方案提供商。梦饷科技创新发展了 B2R（Brands to Reseller）电商模式，对品牌商和流量主进行双向赋能，让成交变简单。截至目前，梦饷科技累计为 2 万多家国内外知名品牌销售了超 7 亿件商品。

就业是民生之本，近年来数字经济在推动就业方面发挥了越来越重要的作用。特别是对于许多宝妈、白领、退休女性来说，数字经济的赋能让灵活就业突破了时间、地域、年龄的限制，通过带货、内容创造等方式在数字经济平台上找到了全职或者兼职的工作。

在赋能新就业模式方面，梦饷科技充分发挥自身商业模式和数智化技术优势，帮助百万人获得创业就业机会，帮助她们拥有数字化小店，成为新时代创业就业的新选择；另一方面，数字化劳动带来的新就业模式还有利于消除数字鸿沟，让包括乡村女性、残障人士等在内的弱势群体在实现就业、获得稳定收入的同时，也能收获自我成长和社会价值。

据梦饷科技平台数据显示，近一年来女性分发者助力销售商品近 2 亿件，年度商品素材转发超百亿次，帮灵活就业人群获得收入近 20 亿元。

由于在助力新就业模式方面做出了成绩，梦饷科技曾被联合国授予"年度全球企业社会责任奖"，在 2021 年又被联合国收录为"联合国 2030 可持续发展（SDGs）全球最佳实践案例"。

为了进一步扩大社会关于女性就业的关注，梦饷科技通过自有渠道矩阵 + 党媒、央媒报道，以及线上图文、视频报道 + 线下研讨会、考察团接待等多种渠道多种形式扩大影响力，推动梦饷科技店主、员工积极参与，增强自豪感。

华为发布数据库 Gauss DB 社媒传播

选送单位
杭州烟火文化传播有限责任公司

项目摘要

2023 年 6 月 7 日举办的华为智慧全球金融峰会上，华为云发布新一代分布式数据库 Gauss DB，烟火文化传播有限责任公司（以下简称"烟火文化传播"）负责在社交媒体平台为该产品舆论造势宣传。该产品是华为基于二十年研发战略投入所打造的国内首款全栈自主可控的数据库，但市场认识度并未打开。

本次宣传活动烟火文化传播延续"To B"社媒营销模式，由 C 端切入 B 端，取得良好的舆论效果。6 月 7 日，"华为发布 100% 自主数据库"新闻双双登上今日头条与微博热搜总榜，并在今日头条平台持续霸榜 24 小时，精准覆盖 B 端目标客户群。截至 2023 年 6 月 12 日中午 12 点，全网超 1 亿人次互动参与话题讨论，在华为智慧全球金融峰会期间全网形成集中声量，创下国内科技公司 TOB 社媒营销历史新纪录。

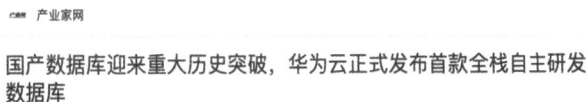

华为云媒体介绍

梦饷科技"智能商品分发助力乡村振兴"系列宣传活动

上海众旦信息科技有限公司

项目摘要

全面建成小康社会和全面建成社会主义现代化强国，最艰巨最繁重的任务依然在农村，最广泛最深厚的基础依然在农村，最大的潜力和后劲也在农村。

作为商品分发智能解决方案提供商，梦饷科技依托于自身模式的优势，积极推动乡村振兴与

梦饷集团爱心助农活动

共同富裕。梦饷全面提出了"一加一减一上一下"的乡村振兴战略，通过为农产品提供商品分发智能解决方案，携手品牌商家持续促进当地产业带升级，提供就业岗位。

在具体实践上，梦饷科技积极走进乡村，多次举办"乡村振兴好货节"，帮助农户增加收入。截至目前，梦饷科技已经帮助十多个省市自治区销售各类农产品，如帮助湖北夷陵区血橙、海南贵妃芒、陕西阎良甜瓜、广西百色芒果、山东烟台苹果、蒙阴黄桃等产品取得良好的销路。

不仅如此，梦饷科技还充分发挥自身商业模式和数智化技术优势，帮助农村店主、乡村女性拥有数字化小店，让他们获得更多的就业机会、获得稳定的收入。

由于在乡村振兴方面做出的积极努力，梦饷科技的行动引起了各地政府的重视，主流媒体也纷纷关注报道。借助这些力量，梦饷科技的行动吸引更多企业参与，实现了社会效益与经济效益相统一。

"有意思青年" 高校公益计划

选送单位

欧莱雅（中国）有限公司

项目摘要

欧莱雅为帮助更多新时代青年，在时代使命的感召、引领之下，在青春的赛道上奋力奔跑，跑出闪亮的青春历程。自 2003 年，欧莱雅携手中国青少年发展基金会发起青年公益赋能项目"真情互动"校园义卖，并于 2021 年升级为"有意思青年"高校公益计划。"有意思青年"创新性地将商业实践与高校公益有机结合，通过数字化的手段为"Z 世代"（指新时代人群）青年

2022 年荣誉颁奖典礼

提供真实的 O+O 商业实践环境，并通过义卖筹集的公益善款资助困难学生以及校园公益实践活动等，全面助力与赋能"Z 世代"青年。

作为业内公认的全国校园王牌公益项目，同时也是集团全球项目"欧莱雅，为青年"（L'Oréal for Youth）中的重要组成部分。创立 20 年以来，"有意思青年"项目不断与时俱进，并始终聚焦青年发展，从"公益正能量""创新有意思""精英领导力"三个维度，鼓励青年积极发挥主观能动性，投身社会公益，激发青年创新力与领导力，奏响新时代强音。

截至 2023 年，欧莱雅"有意思青年"项目的足迹已经遍及全国 33 所高校，触达逾 430 万学子，资助了 5 000 多名家庭经济困难的学生，累计捐赠超 4 000 万元人民币，获得社会各界广泛认可，并斩获"南方周末年度可持续项目""企业社会责任教育项目优秀案例""希望工程 20 年——杰出公益合作伙伴奖""希望工程 20 年——校园公益奖""最佳企业公益模式创新大奖"等多项殊荣。众多学子通过该项目增强社会实践，拓宽国际视野，激发发展潜力，成为青年力量的中流砥柱。

CSF-1R 小分子抑制剂 Pimicotinib（ABSK021）传播项目

选送单位

上海和誉生物医药科技有限公司

项目摘要

和誉医药是一家专注于肿瘤新药研发的创新医药公司，致力于开发小分子肿瘤精准治疗和免疫治疗药物。Pimicotinib（ABSK021）是该公司自主研发的一种口服、高选择性、高活性的 CSF-1R 小分子抑制剂。

为了更好地传播 Pimicotinib（ABSK021）的研发成果，和誉医药进行了深入的调研和分析，通过对市场传播策略和相关数据的调研，提供了关于 Pexidartinib 市场传播的深入洞察和战略建议，以支持和誉医药的药物推广过程。

Pimicotinib（ABSK021）的营销传播取得了优秀的成果。通过精准定位的市场传播策略和综合运用多渠道多策略的方式，Pimicotinib（ABSK021）成功提升了其在市场中的知名度和广泛接受度。专业医学推广的成功使得越来越多的医务专业人员认识到 Pimicotinib（ABSK021）的疗效和安全性，并将其纳入 TGCT 患者的治疗方案中。与医疗机构的紧密合作使得 Pimicotinib（ABSK021）获得了更广泛的认可度，为患者未来的治疗提供了更丰富的选择。

通过与专业医生、医院和媒体机构的合作，全面传递了 Pimicotinib（ABSK021）的研发成果和市场潜力，提升了其在医学界、患者群体和投融资市场的认知度和信任度。

"一尺花园"品牌建设

选送单位
中邦置业集团有限公司

项目摘要

"一尺花园"是"一尺之间"品牌旗下的复合式文化体验空间，成立于2015年，致力于城市旧空间的新场景打造，将商业空间运营与文化创意内容相结合，以"人与自然"为核心理念，配合城市更新、乡村振兴的宗旨，盘活城市近郊的空置建筑，打造新的消费目的地。

"一尺花园"项目充分利用城市中空置的文保古宅、西式洋房、公园绿地、工业遗址、城郊乡村、景区空间、艺术场馆等场所，通过不同的空间布局、户外景观、文化活动等创新，建立各具特色的消费场景。在项目执行中，品牌保持与建筑、环境的融合，注重内外部景观的统一，营造出独特的品牌调性和氛围。其独特的品牌理念、创新的经营模式以及与社会和文化的深度融合，使其在竞争激烈的咖啡市场中脱颖而出，成功成为大众心目中城市近郊休闲放空的优选目的地。

目前，"一尺花园"已在全国范围内落地42家门店，覆盖了江浙沪、京津冀、珠三角等区域。品牌秉持着"与自然共生、与大众共享"的空间设计理念，利用建筑及场景的要素，结合本地文化特征，融入活动演绎、艺术展陈、图书空间、绿植景观、轻食餐饮、文化衍生设计、生活美学培训等多元业态打造了一批文化咖啡地标。

"一尺花园"陶家宅店鸟瞰图

"一尺花园"陶家宅店环境鸟瞰图

2022 国家科技计划成果路演
——上海专场

选送单位
上海技术交易所有限公司

项目摘要

2022 年 8 月 29 日，由科技部主办，科技部成果转化与区域创新司、上海市科委承办，上海技术交易所、国家技术转移东部中心协办，上海市发展和改革委员会、上海市经济和信息化委员会、上海市国资委、上海市金融工作局作为支持单位的全球技术转移大会暨国家科技计划成果路演行动上海专场路演活动成功举办。

上海专场线上线下联动，设有三大路演室，涵盖了生物医药、集成电路、人工智能、能源环保等领域 73 项优质科技成果。整场活动吸引了 300 多人到现场参会，线上线下报名参加的机构超 1 000 家，三大路演直播室累计观众人数近 5 000 人次，InnoMatch 全球技术供需对接平台全程直播，点击率达 98.1 万人次。

上海专场是加速技术与资本融合、线上与线下功能互补、路演前中后期深度服务的一次尝试。基于此次尝试，上海将强化科技成果与资本的对接，深化科技成果精准挖掘、评估和市场匹配等服务，以资本赋能科技，进一步打通科技与产业双向链接快车道。

2022 国家科技计划成果路演行动上海专场

"星光行动"心脑健康教育公益健康宣传项目

选送单位
北京白求恩公益基金会 & 强生医疗科技

项目摘要

每年的 6 月 6 日为中国房颤日。为深入推进健康中国行动，结合国家卫生与健康工作新形势发展要求，强生医疗科技联合北京白求恩公益基金会发起了"星光行动"心脑健康教育项目，旨在强化"心脑健康"的整体诊疗和健康管理理念，让公众正确认识房颤疾病的危害、房颤和卒中的关联性及两种疾病治疗的紧迫性。

2022 年中国房颤日当天，由中华医学会心血管病学分会、北京白求恩公益基金会、中国新闻网主办，强生医疗科技支持的"中国房颤日·心脑健康特别节目"正式推出。活动现场汇聚卫生健康领域政府领导、临床专家、学界及行业代表，深入探讨健康中国建设、公众健康意识、医疗技术创新等话题，普及房颤防治健康知识。

此外，由复旦大学健康传播研究所主导的《房颤疾病的公众认知度调研报告》正式发布；2022 年下半年，项目还围绕房颤科普启动了《星光行动 你我同心》系列微纪录片的拍摄，以房颤专家的视角讲述一个个与"心"相关的故事，还原房颤这一隐匿的疾病。

通过有力的组织与执行，该项目实现了有节奏、持续性、多维度、立体化的传播效果。活动产生 30 篇原发稿件，媒体转载报道多达 500 多篇，特别节目线上观看量累计达 173 万人，微博话题阅读量为 3 100 万次，相关报道阅读量达 5 000 万。

中国房颤日心脑健康特别节目

2020—2022 礼来 "以爱守护记忆" 公益志愿行动

选送单位
礼来（上海）管理有限公司

项目摘要

世界卫生组织（WHO）于 2021 年 9 月 1 日发行的《公共卫生领域应对痴呆症全球现状报告》中表示：若各国不采取妥善措施，到 2050 年，全球认知障碍的患者人数将达到 1.39 亿，疾病预防迫在眉睫。

2020 年至 2022 年，秉承"植根中国、造福中国"的长期承诺，礼来中国在其每年的全球员工志愿服务日（Global Day of Service，简称 GDOS）携手街道、认知障碍专业机构，以"以爱守护记忆"为主题，持续聚焦和关爱患有认知障碍的老年群体，通过开展多种形式的社区志愿服务活动提升公众对认知障碍的认知水平，帮助患者及其家属创造更美好的生活，向员工提供更多参与社会公益、回馈社区公众的机会，力求为患者、公众和社会做出更大的贡献。

三年来，该项目累计有超 400 人次志愿者参与，多为礼来员工及合作组织的工作人员；服务众多有认知障碍的老年人及其家庭，帮助他们进一步了解认知障碍；深入 10 个街道、社区，改善老年人居住环境，运用公益手段积极科普认知症相关知识。通过专注于健康的身体、健康的心灵和健康的社区三个领域，多维度开展关于认知症的志愿服务活动，秉承关爱与探索的信念。

玉泽·"小红书"里的皮肤教科书

选送单位
蓝标传媒

项目摘要

上海家化旗下品牌玉泽携手国内外顶尖皮肤科专家举办了第四届中国皮肤屏障高峰论坛，针对皮肤屏障前沿研究发言，与国内外百余位顶尖皮肤科专家共同就"通过皮肤屏障修护来解决皮肤问题及病症"话题展开深入讨论。

当遇到皮肤问题时，我们总会习惯性打开小红书APP寻找解决方式，但有越来越多"不专业"的专家在此平台上发表个人观点，人们经常会获得一些不专业的答案，使皮肤问题进一步恶化；消费者对专家的信任度降低，严重影响以"医研共创"为核心竞争力的玉泽品牌。

玉泽联合《皮肤性病学》教材作者郑捷教授，策划了一场"中国屏障大会"：

1. 在"小红书"平台招募百位受损肌女孩，试用专业产品，赢直达屏障大会门票！

2. 携手天猫新品创新中心（Tmall Inovation Center，简称TMIC）发布实体屏障教科书——《国民屏障白皮书》，内容在小红书平台上线，深入讲解玉泽家族产品医学级修护功效。

3. 联合瑞金医院集齐业内百余名顶级皮肤学专家，开展皮肤屏障高峰论坛，《皮肤性病学》教材主编郑捷教授来到论坛现场，讲解专业修护与专家筛选标准。

共有72家媒体刊出报道百余篇，多平台全周期累计曝光达5.6亿，携手小红书UGC内容产出发酵超过2万；天猫超品日当日美妆行业销量破势飙升第一，成交总额超过1 500万元，天猫油敏霜稳占天猫面霜新品榜第一；品牌词云全面刷新，重塑「专业皮肤学」的品牌心智。

玉泽这一场教科书级的医研共创盛会，重整行业专业性问题，让玉泽的皮肤学专业内容，成为小红书中的皮肤教科书！

第四届中国皮肤屏障高峰论坛

节能减碳 绿色飞行

选送单位
中国东方航空集团有限公司

项目摘要

中国东方航空集团有限公司（以下简称"东航"）推出"绿色飞行"主题传播活动，目标在于面向世界推介东航"节能减碳 绿色飞行"理念，展现中国航空公司减碳创新实践。东航聚焦业务特色优势，推出社交媒体科普策划，树立东航国际化绿色航空公司形象，讲述中国航空公司绿色发展故事；承办行业高端论坛，筹办"北外滩国际航运论坛"平行论坛"北外滩国际航空论坛"，为国际民航业的绿色环保路径搭建交流平台；联动高端智库资源，与中外智库探讨中国、意大利两国"双碳"可持续发展合作前景，为绿色民航发展战略建言献策；带动旅客参与减碳事业，实现全球首发"全生命周期碳中和航班"，投身民航业绿色发展实践。

以"碳中和"主题航班首航为起点，"绿色飞行"主题传播活动全面开启。2021年10月，"加减乘除·绿色飞行"系列科普推文在东航海外社交媒体发布，呼吁全球网友加入绿色低碳行动；11月4日，东航承办的首届北外滩国际航运论坛的国际航空平行论坛开幕，行业领袖齐聚，展望未来发展；11月15日，《中国与意大利民航业碳减排路径与合作前景研究》专项研究报告成果发布会召开，在中意两国大使的见证下，来自中意顶级智库的知名学者共话两国绿色发展合作；12月10日，东航"碳中和"航班项目圆满完成，数以万计的旅客成了"绿色飞行"的参与者和低碳环保的践行者。

"碳中和"航班起航

强生中国：发挥社会影响力，践行企业社会责任，共筑健康中国

选送单位
强生中国

项目摘要

强生作为全球医疗健康领域的领军企业，在"信条"精神指引下，不断践行其对病患、医护、人才、环境和社会的责任，为社会进步和可持续发展做出显著贡献。

对病患，强生始终以创新驱动，促进优质医疗资源普惠民生，包括持续支持医疗卫生改革，提升高质量医疗产品的可及性和可负担性；以创新助力推动支持国家公共卫生事业发展，造福广大病患；以公益的力量支持疾病科普，提升患者早诊早治意识。

对医护，强生积极以专业赋能，推动医疗健康行业高质量发展，包括发挥自身专业优势，推进医学继续教育的专业化、系统化、数字化发展；成立强生专项基金公益支持医护免费培训，筑牢乡村振兴健康防线；积极开展政企合作，助力医务工作者队伍建设，推动行业高质量发展。

对人才，强生积极引才聚才，提升人才的活力的实力和影响力，包括不断赋能员工回馈社区，以个人影响力最大化公司社会影响力；关爱员工发展人才，打造多元、公平和包容的企业文化；持续以创新驱动，全力推动招募、发展和留用优秀人才。

活动现场

活动海报

对环境，强生坚持绿色发展，加速"碳中和"共筑环境健康，包括充分使用绿色可再生能源，以绿色建筑认证打造高水准绿色设施；加强水资源管理和废弃物处理；以绿色产品包装供可持续的高质量解决方案；持续打造绿色设施，降低自身碳足迹。强生还积极携手供应商伙伴，构建可持续上游生态；同时将绿色低碳发展融入企业文化，员工参与和共助可持续发展。

对社会，强生肩负起责任担当，通过多项举措回馈社会，助力社会进步发展。强生在自然灾害和公共卫生危机响应方面提供人道公益支持，在过去六年累计捐赠超过 12 亿元人民币，为社会提供急需医疗物资和支持；强生还践行采购社会责任，推动社会公平，支持多元化供应商，特别是女性拥有和领导的企业。此外，强生还积极支持社会发展和医疗健康重要研究工作。

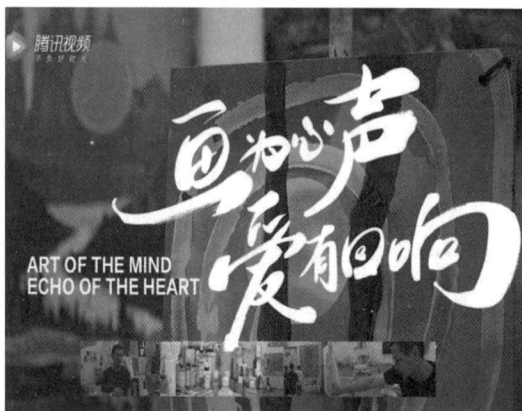

活动海报

综上，强生对病患、医护、人才、环境、社会等方面的持续努力，是以实际行动践行企业社会责任、共筑健康中国的重要承诺。

打造"学习型峰会",推动"从1到0"关键转型,第一财经零碳峰会引领绿色低碳发展探索

选送单位

上海第一财经传媒有限公司

项目摘要

2020年9月22日,习近平总书记提出:"二氧化碳排放力争于2030年前达到峰值,努力争取2060年前实现碳中和。"随即第一财经迅速召集团队进行研讨,在深刻领会习近平总书记的重要思想后,成立了"第一财经可持续商业研究中心",定位"双碳"领域的"最强外脑"。团队对知识结构进行更新,对产业发展进行调研,通过专家、企业、学者各方的深度交流,迅

绿色建筑:世博会博物馆

速推进相关策划，并与上海节能减排中心、上海环境能源交易所、中证指数、上海交通大学等机构强强联手，共同发起"首届零碳峰会"，并提出了"学习型峰会"的崭新思路。

作为中国最大的财经媒体集团之一，第一财经不仅高度关注"可持续发展"领域的报道，更从践行媒体社会责任出发，聚焦ESG（Environmental, Social and Governance，环境、社会和公司治理）与"双碳"两大主题，充分整合内外资源，将自身定位于不只是"观察者"和"记录者"，还要做绿色低碳发展的"思想策源者"和"践行者"，分享思想成就，探讨技术创新，传播"双碳"理念，树立行业典范，获取有益经验，推动可持续发展，因此，"2021第一财经零碳峰会"应时而生，成为中国主流财经媒体里最先发起的"双碳"领域的高质量峰会之一。

"2021第一财经零碳峰会"的举办本身也是一次"可持续发展"的践行，实行活动碳排放预算管理，从交通、住宿、餐饮、会务、布展、固废等各方面实现减排，鼓励与会嘉宾绿色出行，会场内减少一次性用品的使用，相关消费品均可循环再生。经测算，整场活动的碳排放量仅为0.9吨，成为国内首个获得官方机构认证的实现"碳中和"的大型会议活动，开风气之先，用实际行动践行了绿色低碳的理念，引领了国内"碳中和"活动理念的举办。

为了做出更专业、更权威的"学习型峰会"，第一财经投入的智力资源比重极大，跨部门协作，集多领域专业能力赋能零碳峰会，举办了首次"多形态、多触达、多交互、全媒体、减碳化"的新形态论坛。论坛包含了"碳中和公开课""零碳记者公益培训""碳中和白皮书"及"零碳峰会"四大板块，涵盖线上和线下。通过各团队的通力合作，使得整体宣传报道最后的效果数据亮眼，爆款内容频出，"零碳峰会"不仅成为了业内的标杆性活动，也塑造出目前业内最有影响力和号召力的一个论坛品牌，影响日益深远。

关爱从脚丫开始
——为阿富汗早晨知识学校的孩子过"六一"国际儿童节

选送单位
北京同心圆慈善基金会

项目摘要

在贫穷和饱受战争蹂躏的国家，很少有孩子听说过儿童节，更何况在这一天能收到礼物。在阿富汗、叙利亚、巴基斯坦，很多儿童被剥夺了最基本的生活必需品。拥有一双新鞋甚至是许多贫困儿童的梦想。如果我们仔细观察这些孩子的衣服和鞋子，就会发现有的孩子的鞋子已经旧得不能再穿了，但因为没新的鞋子，所以依然穿着破旧的鞋子；有的孩子光脚走在地面上，就因为买不起一双护脚的鞋。"六一"国际儿童节同心圆发起的"关爱从脚丫开始"。在同心圆慈善基金会和海内外数百名爱心人士的帮助下，一共为阿富汗、叙利亚、巴基斯坦的 3 485 名儿童送去 3 485 双运动鞋及袜子。

在巴米扬举行"关爱从脚丫开始"活动

喀布尔早晨知识学校

安德玛，听我的，别瞎跑

选送单位
蓝标传媒

项目摘要

跑步，作为大众心中最没门槛、参与度最高的运动，却也是世界上受伤率最高的项目。据《中国跑者调查》报道，我国有超过80%的跑者受到过伤病困扰，而这些伤痛也正在成为大多数跑者无法继续跑步的阻碍，"跑步伤膝"也令众多跑者们望而却步。作为运动家们眼中专业的安德玛（Under Armour），一直认为科学的运动方式可以有效为跑者规避受伤风险。我们通过深挖中国跑者在跑步时遇到的阻碍，及他们的真实故事，帮助他们打破壁垒，继续跑起来。

我们始终相信任何运动都需要科学的指导，包括最简单的跑步，因此我们找到不同跑龄、不同程度的跑者进行深度采访，翻阅他们的个人经历与路跑故事，撷取他们受过伤的片段，将这些

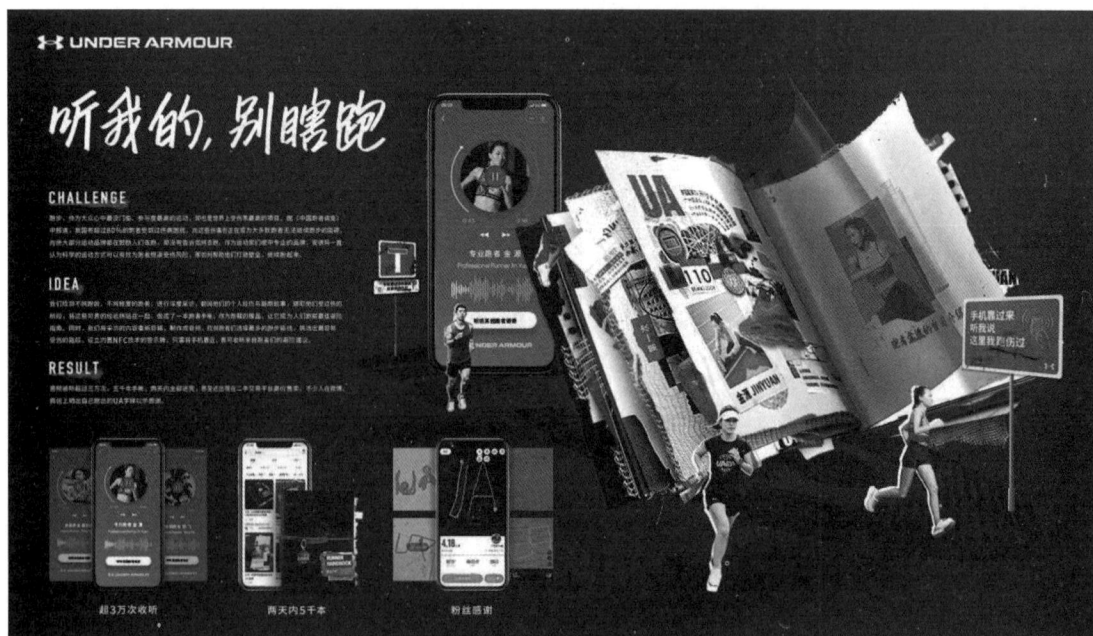

"听我说，别瞎跑"栏目

可贵的经验拼贴在一起，做成了一本跑者手账，让它成为跑者们的最佳避险指南，让跑者知道不能瞎跑，必须要有科学的指导。同时，我们将采访的内容重新剪辑，制作成音频，找到跑者们选择最多的跑步路线，挑选出最容易受伤的路段，设立内置 NFC 技术的警示牌，只需将手机靠近，即可收听来自跑者们的避险建议。

这些音频被听了超过 3 万次，5 000 本手账，随着跑鞋的售卖，两天内一送而空。打破了常规众多品牌跑步主题活动的只会鼓励跑者去跑，而是普及了更多科学跑步的知识，包括利用特殊的媒体，精准地让人们及时得到反馈，改正错误的跑步方式。

栏目音频

变局 & 创新：2023 品牌高峰论坛暨品牌供应商与达人对接展

选送单位
上海市网购商会

项目摘要

当前品牌格局已发生变化，数字经济赋能品牌发展，国货品牌大批涌现，中国品牌出海竞争，网络新消费品牌提升人民生活品质。为此，我们举办"变局·创新：2023 品牌高峰论坛暨品牌供应商与达人对接展"，发布 2022 年度上海网络新消费品牌榜单，联合浙江省电子商务促进会、江苏省电子商务协会、安徽省网商协会共同成立"长三角品牌联盟"。邀请电商平台、达人与机构、品牌商、服务商、供应商，以及长三角相关电商协会，齐聚一堂，进行最前沿的思想碰撞和新的业务对接，面对变局，推动创新，以创新进一步推动经济恢复和振兴。

变局·创新高峰论坛

强生中国助力"共同富裕"愿景

选送单位
强生中国

项目摘要

2021 年是"十四五"开局之年，也是共同富裕元年。习近平总书记在当年中央财经委员会第十次会议上提出了促进共同富裕的时间表：到"十四五"末，全体人民共同富裕迈出坚实步伐，居民收入和实际消费水平差距逐步缩小；到 2035 年，全体人民共同富裕取得更为明显的实质性进展，基本公共服务实现均等化；到本世纪中叶，全体人民共同富裕基本实现，居民收入和实际消费水平差距缩小到合理区间。

作为全球领先的多元化创新医疗健康企业，强生扎根中国近四十年，见证了国家经济从高速增长迈向高质量发展的历程，也与医疗行业共同成长，深度参与了行业的高质量发展与医疗卫生改革。在这个过程中，强生不断加速引进创新医疗科技产品，并持续推动本土化，同时赋能一线基层医务工作者能力提升。

2021 年 12 月，强生正式宣布，将通过三大战略、六大举措支持中国推进"共同富裕"目标愿景，助力构建"共同富裕"的"健康防线"，成为首个宣布支持"共同富裕"愿景的世界领先

合作伙伴故事分享，切实展现强生企业担当

三大战略、六大举措
强生中国宣布支持"共同富裕"目标愿景

战略一：激发活力，创新驱动
助力高质量医疗体系建设

战略二：科学为本，支持公共
卫生体系建设

战略三：回馈社会，践行企业
社会责任

进博会后巩固，不断重申战略承诺扩大影响

跨国企业。

对此，强生公司开展一系列公共事务和媒体传播活动。一方面，强生支持中国新闻社旗下权威平台"国是论坛"，汇聚政、产、学、研、企、媒等多方力量，以"共建共享推进共同富裕"为主题，联动线上线下开展论坛，邀请了来自国家部委的领导、高端智库和顶尖高校的专家，来自医疗卫生机构、公益组织、创新合作企业的代表，以及强生中国管理层，深入探讨"共同富裕"的内在意涵，为促进共同富裕建言献策。作为此次论坛的重要环节，强生在论坛上郑重宣布支持中国推进"共同富裕"目标愿景。

此高规格论坛成功吸引了 20 余家党媒、央媒以及全国性经济类、医疗行业主流权威媒体出席并进行采访。活动共产生近 1 000 篇报道，嘉宾观点被各主流媒体广泛转载，观看在线直播的观众达 75 万人次，微博话题阅读量近 140 万，传播效果令人瞩目。此传播项目在 2022 年 6 月摘得 2022 亚洲公关大奖（PR Asia Awards）

"卓越公共事务（Public Affairs）"奖，进一步彰显了强生中国在企业传播和公共事务工作上广受认可的领导力、创新力和影响力。

另一方面，时值宣布支持"共同富裕"愿景近一周年，2022 年 11 月，强生带着支持"共同富裕"的成果亮相第五届中国国际进口博览会（以下简称"进博会"），在 1 000 平方米的展台特别设置了"共创健康社会"专区，以"普惠能量车"的生动形式展示了强生在践行支持"共同富裕"愿景"三大战略、六大举措"方面的成果。在进博会期间的新闻发布会上，强生还邀请数十家媒体来到现场，介绍了一年来公司在推动医疗资源普惠民生、推动共同富裕愿景实现的亮眼成绩。

作为五年"进博元老"，强生在展示创新产品之余，讲好了跨国企业支持共同富裕的中国故事，这也让强生在助力医疗普惠、共建健康中国方面的企业声誉深入人心。

强生中国：加强企业文化建设，推动业务与人才共同发展

选送单位
强生中国

项目摘要

强生中国作为全球医疗健康领域的领军企业，致力于以创新引领行业发展，改善人类健康福祉，建设健康未来。在公司信条精神的指引下，强生公司始终不忘初心，坚持在企业文化建设上进行长期、持续的投入，打造以人为本、多元包容的企业文化，促进人才发展和行业长远高质量发展。

不断创新的业务发展文化——打造创新开拓的业务发展目标，并激励员工积极参与创新协作，为全球医疗健康领域带来前沿技术和创新产品。

以人为本的人才发展文化——积极引入先进的人力资源管理理念和工具，关心和支持员工的职业发展，打造一系列与企业文化相契合的人才培养和管理制度。

多元、平等、包容的企业文化——打造开放的平台和包容的机制，建立一个鼓励员工多样性思考、平等参与和共同成长的沟通环境。

安全合规的数字化信息管理文化——积极培育员工的信息安全意识，通过定期的培训和教育确保团队遵循最佳的数据处理实践，并在日常操作中融入合规监控。

敢赢文化海报

具备社会责任感的可持续发展文化——积极践行信条理念，通过丰富的企业社会责任项目和倡议，鼓励员工参与公益，回馈社会。

综上，强生公司在企业文化建设上的持续努力和卓越表现，使其成为全球医疗健康产业发展的领导者，并受到多个权威人力资源机构认证，多次获得最佳雇主等殊荣。

应对危机舆情常态化的长效防治机制
——上汽大众危机舆情管理跟踪评价方法

选送单位

上汽大众汽车有限公司

项目摘要

危机舆情是企业经营活动中难以回避的风险事态。一旦风险发生，需要科学精准的判断与快速敏捷的处置，尽快消解影响，这也是大部分危机管理理论所集中关注的方法论。

基于对当时舆情特点的分析和媒体环境的思考，我们发现信息传播速度快、危机话题覆盖面更广是最主要的舆情危机风险来源。部门之间整合度不够，存在空白点，业务效能不够敏捷，是最主要的现状痛点。为此，我们重新设计了建立危机舆情管理机制，规范了风险分级、预警机制、处理流程等管理规定，使公司相关部门能够日常性地对舆情议题及时响应并开展处理。

2022 年，随着体系运行的深入，我们把工作重点放在如何监督机制持续有效运行，从而能够使站位进一步前置，通过持续对多点散发舆情事件的快速应答，减少风险升级的可能。

为此，我们新建立了危机舆情管理机制执行评估标准，评估跟踪工作流程的执行效果。从舆情发生后，相关部门的态度是否积极响应、过程是否严谨闭环、结果是否真实有效三个主要方面进行量化跟踪与评价，实现了体系长期稳定、有效运行的效果。

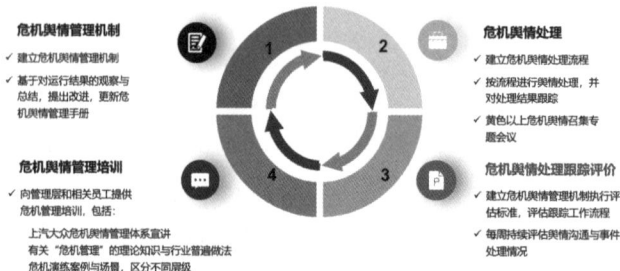

2022 危机舆情管理体系提升

善治豫园，美好社区
——果育共筑"同心家园"项目

选送单位
上海市黄浦区豫园街道

项目摘要

果育居民区隶属于上海市黄浦区豫园街道，由 4 个居民区组成，目前果育居民区 60 岁以上老人占比 23.7%。近年来，果育居民区在建设发展中呈现出三个主要特点：一是老年群体逐渐增多，小区老龄化程度不断加深；二是部分小区设施陈旧老化，不适合老年人社区养老和家庭养老需求；三是老年人的需求逐渐多元化，既包括对居住环境改善的迫切需求，也包括对精神文化生活的需求等。

果育居民区党总支在社区治理中始终坚持党建引领，根据社区老龄化特点，以创建全国示范性老年友好型社区为目标，为老年人打造安全、舒适、和谐的宜居社区，把持续提升小区适老化居住环境、增强老年人幸福感作为工作重点。

同心屋的打造为居民参与社区自治搭建了平台，居民可以自主讨论和决策社区事务并参与社区治理难题的解决，居民不仅有了可以共同交流的空间，同时参与社区事务的积极性也得到了提高。同心屋引导了居民有序参与到社区自治共治的活动中，在搭建同心屋这一有效交流平台后，为老旧小区电梯加装和楼道美化的后续工作实施起到了有效的促进效应，社区居民间的关系也得到了改善。

居民区党员代表集中学习党的二十大精神

同心屋自治项目完工后活动室样貌

国浩助力上海市公共关系协会成立法律事务中心并设立国浩基地

选送单位

国浩律师事务所

项目摘要

国浩律师始终秉持着"做党和人民的好律师"的初心，将依托中心平台，积极承担更多社会责任，为法治建设添砖加瓦。2023年3月30日，上海市公共关系协会法律事务中心宣布正式成立，并在国浩律师事务所设立工作基地。

事务中心是协会下设的专门服务机构，系内设专业职能部门。事务中心下设办公室，处理日常事务工作，对接协会协调与事务中心工作。事务中心委员由协会会员单位法务负责人、知名律师、相关法律工作者组成，聘请若干法律咨询员，开展法律咨询、危机处理、诉讼服务，服务协会全体会员单位，各项法律咨询服务均无偿进行。事务中心依托相关会员单位的工作优势，建立相关工作基地，自2023年2月23日起试运行，在实践中听取各会员单位的意见，不断完善规范。国浩律师事务所根据事务中心日常运营需要，于国浩上海办公室设立了事务中心的工作基地并开通专线，全力支持事务中心工作的落实，协助上海市公共关系协会更好地服务协会全体会员单位。

肩负社会责任，彰显使命担当，秉承人文精神和大所格局，关注并践行社会责任是国浩律师事务所的一贯宗旨。如今，公益事业已成为国浩关注的重要领域之一，同时也是国浩实现社会价值的重要途径。

通过助力上海市公共关系协会成立法律事务中心并设立国浩基地，国浩律师事务所将积极为会员单位提供法律咨询，送上法律帮助，宣传法律精神。

国浩律师事务所人员合影

"烟火气里的你我他" 平安指数发布会

选送单位

上海市公安局闵行分局

项目摘要

闵行公安分局平安指数发布会从 2017 年开始首次向公众发布，该发布会是为了向社会公布该地区的治安状况以及安全指数评估结果，至今已经成功举行过 11 次发布会。这种举措旨在增强公众对社会治安的了解，提供有关犯罪率、交通安全、防范电信网络诈骗、火灾防控等方面的数据和信息，让公众更加了解和关注社会的安全形势。为市民提供更好的社会安全服务，同时也为政府决策提供参考。

平安指数作为闵行公安向社会通报地区治安状况的重要载体，重新升级回归公众视野。这次发布会以莘庄镇 54 个居委为样本，重点分析警方眼中的"平安烟火气"，推动司法、居委等多个职能部门和平安志愿者、居民共同参与平安建设，让社区更宜居。

上海市公安局闵行分局于 2023 年 7 月 27 日在上海康城社区举行了一场名为"烟火气里的你我他"的平安指数发布会，这是闵行分局第 11 次平安指数发布会。这是闵行区平安指数首次以一个街镇为数据样本，把研究对象聚焦到每一个小区，发布社区综合治理的数据通报。发布会旨在直观展示莘庄镇的治安状况，并向居民传达安全信息。

发布会上，民警向居民详细介绍了上半年莘庄镇的接警总次数、高发案件类型等内容，并公布了莘庄镇上半年诈骗发案率最高的十大社区等相关榜单。这些数据和榜单通过热力图、排行榜等形式直观展示，让居民更加了解社区的治安情况。

自家门口，自家的故事，自家的居民，自家的榜单。这场"本土生产"的平安指数发布会，让居民们更"贴肉"地感受到"自己的小区自己做主"，小区正在越来越好。发布会从人群组织到内容策划，都是由居住在莘庄的楼组长、志愿者、社区民警、自媒体人共同完成。

闵行公安分局平安指数发布会充分发挥其沟通协调的职能作用，化解矛盾，减少对抗，消除内耗，加深理解，形成一个下情上达、上情下达、沟通协调、民主管理的良好关系状态。

发布会现场

普陀分局反诈系列短片

选送单位
上海市公安局普陀分局

项目摘要

近年来，随着电信网络诈骗等新型违法犯罪不断滋生蔓延，严重危害人民群众的财产安全，也对社会公众的安全感产生了极大影响。事后打击不如事先防范，随着新媒体时代的到来，立足新媒体矩阵传播规律，契合当前主流的短视频传播方式，积极拓展线下梯媒、社区电子屏等各类生活场景的宣传阵地，是反诈防宣工作的必然的要求。据此，普陀公安分局以电诈防范宣传聚焦"骗子"视角切入，以"黑灰产"衍生领域做场景展现，以揭示社会公众在深陷电诈套路时的底层逻辑解读为主线，策划拍摄《想赚大钱吗》《心灵猎手》等系列反诈短片，为提升广大群众识骗防骗能力，破局遏制电信网络诈骗犯罪高发态势提供了积极的探索思路。

系列短片跳出诈骗手法解读的常规思路，打破正向剧情推进的固定模式，以诈骗分子视角切入、以缅北团伙场景展现，以不同阶层、年龄人群在刷单、投资、婚恋交友、网贷等高发诈骗类型中的心理活动做剧情推进，通过递进"设置悬疑"和"打破悬疑"的不断反差，让受众在"愿意看、记得住"的情况下，了解电信网络诈骗套路的底层逻辑，揭示犯罪分子如何利用人性欲望的弱点，进而了解电信网络诈骗如何一步一步诱骗受害者最终入套，起到防范预警的作用。

反诈系列短片是普陀分局通过大量的电信诈骗案例积累与反诈数据分析研判后，结合网络媒体传播规律和线下应用场景，从构思、选材、拍摄、剪辑全方位创新的短视频反诈宣传，是对分局反诈业务能力与反诈宣传推广的一次全方位能力检验。

心灵猎手海报

系列短片线上累计播放量达 500 万次，先后被中央政法委"中国长安网"、公安部治安管理局"中国警方在线"、学习强国平台转发，全国公安新媒体矩阵等联动推广；线下投放普陀区243 个商住楼、写字楼、住宅和综合体的 2 283 个广告屏及 8 544 辆出租车后屏滚动播放传播。

极狐阿尔法 S 全新 HI 版智驾中国行

选送单位
北京艾德数字传媒广告有限公司

项目摘要

2023 年伊始，车企大规模开"卷"，智能驾驶技术之争成为"内卷"重要焦点。先行者极狐汽车面临困境，如何突显自身差异化竞争力并脱颖而出，如何继续保持独领风骚的领先优势，如何让用户感知品牌领先不败的先行者形象，成为极狐面临的三大课题。

基于调研洞察，我司团队为极狐汽车量身定制了一系列相应的有效解决方案。首先，我们依托极狐的成熟技术为抓手，以现有车主为轴心，在"大世界吉尼斯"权威机构鉴证，以一场"60 位车主为极狐挑战大世界吉尼斯纪录"的壮举为传播核心亮点事件引爆全网，引起消费者普遍关注，证实极狐高阶智驾技术实力与成熟度，使消费市场切实感知。其次，在挑战事件当天，官宣极狐阿尔法 S 先行版的价格，及更加惠民的销售政策，并以此为核心告知消费者，随

极狐自动泊车智驾挑战，创造全新大世界吉尼斯纪录

343

"智者先行　强者加冕"大世界吉尼斯车主共创智驾挑战暨极狐阿

着极狐的技术成熟和供应链体系完善，高阶智能驾驶生活正式进入"30万元时代"。同时，极狐宣布以"差价全额现金返还"的形式回馈老车主，围绕这一事件，对极狐汽车进行品牌"责任担当"与"值得信赖"方面的内容传播。最后，用极狐阿尔法 S 全新 HI 版与多个竞品进行 AEB（Autonomous Emergency Braking，自动紧急制动系统）横评，再度突显极狐在智能驾驶技术方面的国内"无敌"。

通过这一项目的策划和执行，我们以爆点事件吸引了流量关注，以新价格新政策打动了市场端看法，以担当与信赖打通消费端的感知，用层层递进的方式，既为行业高阶智能驾驶水平正了名，收获了不俗的传播效果，又提振了消费信心，同时还将极狐的品牌形象推向了又一个新高度。

啤酒阿姨、熊猫精酿、嘲鸟平安夜公益活动
——"反暴力酒瓶"

选送单位
上海拾众广告传播有限公司

项目摘要

上海每年都会发生多起因过量饮酒引发的暴力事件,在即将到来的平安夜及世界杯期间,为防止滋生暴力,上海老牌精酿啤酒店"啤酒阿姨"联手熊猫精酿和嘲鸟啤酒,用一种特别的形式呼吁大家理性饮酒。

我们发现,当人们正拿酒瓶时是在喝酒,反拿则像是在释放暴力信号。于是我们将酒瓶进行改造,让酒瓶成为传达信息的媒介,让反拿酒瓶这个动作关联"和平与暴力"。因此我们设计了24个反暴力的标语瓶贴,倒贴在酒瓶上,让酗酒者反拿酒瓶时,就会看到一句"温馨提示",以降低暴力发生的可能。参与者只需轻轻颠倒,瞬间就从普通的饮酒者变成潜在的施暴者,利用冲突制造深刻印象,文字提醒启发参与者,并且与店内空间包装形成一个强体验感、强氛围感的传播环境,让商品与"理性饮酒,警惕酒后暴力"能够更高效更直接地触达消费层。

我们还为"啤酒阿姨"本人量身打造了一首反暴力主题曲《听阿姨的话》,用轻松的口吻提醒大家"瓶瓶安安,别喝太大"。活动为期一周,收获近千条互动,门店客流提升80%。

"反暴力酒瓶"海报

反暴力标语瓶贴

"反了个诈"奉贤公安公益反诈小游戏

选送单位
上海市公安局奉贤分局

项目摘要

2022 年，奉贤分局在致力打造奉贤公安反诈"网红团队"和"警小贤"IP 基础上，设计推出名为"反了个诈"的公益反诈小游戏，借力当红爆款小游戏"羊了个羊"的卡牌"消消乐"模式，力求通过"玩法"加"社交"形式，最大限度抓住当下群众尤其是青年玩家群体眼球，让大家在轻松休闲的游戏氛围中学到反诈知识，提升识骗防骗能力。

作为一款操作简单易上手的微信小程序游戏，"反了个诈"借鉴了"羊了个羊"的消消乐模式，又将公安反诈工作中各类高发电信网络诈骗类型的近百种表现形式融入游戏界面，以网络交友诈骗中的表情包、网购中使用的手机、银行卡等常见标识为载体，通过奉贤公安卡通形象人物"警小贤"和"警小美"所提供的各种专属技能来消除关卡中的障碍和陷阱。游戏中，还可通过反诈知识问答和观看反诈短视频方式获得道具

助力闯关。

随着"反了个诈"公益小游戏正式在微信小程序上线近一年来的推广中，小游戏不断持续丰富反诈知识，已更新至 2.0 版本，让群众在一次次闯关中认清电信网络诈骗的套路，使防骗要领入脑入心，不断提升群众的防骗能力。截至目前，已吸引近 50 万用户参与游戏。在依托"反了个诈"提升用户"黏度"和"参与度"过程中，奉贤公安分局还适时启动了"警星耀贤城"全面反诈月活动，在全区打造"反诈宣讲队伍"，共筑反诈防护"立体网"。

"反了个诈"微信小程序／操作界面

长宁公安打造"愚园路反诈联盟"

选送单位

上海市公安局长宁分局

项目摘要

据资料统计，目前19—35岁群体占电信网络受害者的六成。而这一年龄段，恰好与来"网红"愚园路打卡的群体重合，如何充分利用好辖区资源，针对这一群体开展"靶向式"的反诈宣传，成为了上海市公安局江苏路派出所近年来不断拓展地区平安建设的新途径。

2021年11月初，为创新警企合作新模式，江苏路派出所所在此前与愚园路网红店开展"点对点"特色反诈宣传合作的基础上，开始筹建"愚园路反诈联盟"。联盟成立一年多以来，辖区内电信网络诈骗发案率同比下降42%，据不完全

统计，避免群众经济损失近千万元。随着"愚园路反诈联盟"成员的不断扩容、壮大，"愚园路反诈联盟"的品牌效应传得越来越远，辐射带动效应日益增强，反诈氛围日渐浓厚，吸引着越来越多的商家加入反诈大家庭。如今，形式各异的"反诈文创"项目成为了"愚园路反诈联盟"的"拳头"项目，商家突发奇想地将多元的反诈元素渗透到店铺陈设、商品包装、装饰摆设中，累计设计、制作、发放了反诈文创产品5 000余份，潜移默化中，让反诈宣传走进消费者心里，基本实现签约商户及店内员工"零发案"，店内消费人群"零被骗"。

"反诈联盟"成立后，上视新闻、上海广播电视台、新民晚报、文汇报等多家媒体纷纷以《当"反诈"成为一种时尚 长宁警方联合网红街

愚园路反诈联盟聘书

愚园路反诈联盟店铺宣传牌

商户成立"愚园路反诈联盟"》《上海愚园路打造"反诈一条街"网红街商户都来了》为题进行报道。而在反诈联盟成立一周年的时候，上海电视台、新民晚报、法制天地等媒体又到现场进行了跟踪报道，对这一警企合作的新模式予以了肯定。

江苏路派出所还将牢牢把握愚园路艺术生活街区入选国际级旅游休闲街区的契机，继续尝试融合创新，积极延伸宣传触角，全面拓宽宣传阵地，打造出以"愚园路反诈联盟"为品牌的具有全国知名度和影响力的"反诈街区"。

警民合作宣传反诈

愚园路反诈联盟文创咖啡

"赋时光予生命"
——肿瘤患者关爱公益项目

选送单位
上海复宏汉霖生物技术股份有限公司

项目摘要

为进一步提升公众和社会对肿瘤疾病的认知和关注，向肿瘤患者传递支持与关爱，中国抗癌协会康复分会、上海市癌症康复俱乐部、上海复星公益基金会与上海复星艺术中心联合发起"赋时光予生命"品牌公益项目，并由上海复宏汉霖生物技术股份有限公司鼎力支持。该公益项目面向全体肿瘤患者群体，以人文关爱为主题及核心特色，通过多样的活动形式帮助患者树立抗癌信心，倡导以乐观向上的心态坚持规范治疗、积极康复。项目相继于2022年12月和2023年6月在上海和云南昆明开展，动员患者组织、医疗专家、医药企业、公益组织、媒体等各方，以正念冥想、心理健康讲座、患者艺术作品展览等多种形式关爱肿瘤患者心理健康，造福广大患者和家庭。未来，"赋时光予生命"品牌公益项目将继续深入全国各地更多肿瘤患者群体中，携手社会各界共同支持肿瘤患者点亮抗癌之路，助力"健康中国 2030"宏伟目标早日实现。

公益合唱活动

赋时光予生命公益项目

上汽大众 "零碳之路" 整合传播

选送单位

上汽大众汽车有限公司

项目摘要

随着中国向全世界做出碳达峰、碳中和的 "3060" 承诺，节能减排、发展绿色经济已成为所有人的共识与目标。国务院办公厅印发的《新能源汽车产业发展规划（2021—2035 年）》中指出，到 2035 年纯电动汽车成为新销售车辆的主流，这也将有效促进节能减排。作为负责任的企业公民，上汽大众以 "零影响工厂" 为核心，在加速推进以电动车为代表的绿色产品的同时，采用绿色能源、贯彻绿色生产、积极推动全价值链绿色行动，在 "零碳之路" 上稳步前行。

为了更好地向公众传播 "零碳之路" 的可持续发展理念，上汽大众在严密的项目调研之后，分别从传播内容和传播方式两个方面对整个项目进行了传播策划。从传播内容上，上汽大众参照完整的汽车制造流程，从绿色能源、绿色制造、绿色物流、绿色产品等方面，全面阐述 "零碳之路" 战略、讲述绿色故事；从传播方式上，上汽大众秉持整合化传播的理念，采用线上线下相结合的方式，同时借势热点话题，打出更加丰满、立体的多元化传播 "组合拳"。在线下，上汽大众举办了多个小规模员工与社区参与的环保主题活动，比如 "夜观'精灵'""昆虫旅馆" 这类生态保护系列的活动；线上则结合互动问答、趣味竞猜等方式，借势世界地球日、世界生物多样性日、世界环境日等环保相关节点，传播上汽大众 "零碳之路" 相关亮点内容。

零影响工厂——上汽大众 2022 年志愿者活动

《小孔之光》中国腔镜手术发展30周年及《人生新旅程》减重手术公益健康宣传项目

选送单位

北京白求恩公益基金会、强生医疗科技

项目摘要

2021年，北京白求恩公益基金会联合多方社会力量开展"中国腔镜发展30周年"主题公益宣传活动，携手上海电视台纪录片中心《人间世》摄制组，在强生医疗科技的支持下深入走访全国多家医院、研究机构等，对我国腔镜发展的历史亲历者和推动者们进行实地采访，并拍摄完成三集系列公益专题纪录片《小孔之光——致敬中国腔镜微创手术发展三十周年》，通过电视台、网络等媒体渠道及会议活动对大众进行科普教育，普及微创理念，提升公众的医学科学素养，建立对腔镜微创技术的正确认知，使更多病患通过腔镜技术重新获得健康成为可能。

2022年，《小孔之光》在上海东方电视台播出，取得了巨大的社会关注。其中第二集《秘境》对减重故事的叙述在各大媒体平台被广为讨论，为2023年的减重视频传播活动奠定基础。

2023年5月11日"中国肥胖日"之际，由北京白求恩公益基金会主办、强生医疗科技支持的"规范减重，你我同行"科普教育项目正式开启。项目推出的减重患者故事纪录片《人生新旅程》于各大媒体平台上线，聚焦肥胖症患者的经历，讲述减重手术为患者人生带来的积极改变。同日，"2023中国肥胖日科普教育特别节目"于人民日报健康客户端播出，携手多位减重代谢领域的著名专家，聚焦肥胖症的预防和规范化治疗，旨在提升公众对肥胖症防治的正确认知，将科学减重和规范化治疗的理念传递给更多患者。

《小孔之光》宣传海报

MG Mulan《电车安全实验室》硬核拆车

选送单位

上海哲基数字科技有限公司

项目摘要

2022 年 12 月 7 日，MG MULAN 顺利通过史上最严苛的标准欧洲新车评价规程（Euro NCAP，也写作 E-NCAP）五星碰撞测试，在成人保护、儿童保护、行人保护、安全辅助系统四个维度均取得了代表最高安全标准的五星安全评级。为进一步证实 MG MULAN 的五星安全性能，我们以 MG MULAN 和 Model Y 作为实验车型，策划了一次实战级硬核拆车测试。

这是一次难度值极大的真实碰撞实验——通过模拟日常驾驶过程中的前碰、侧碰和追尾情况，进行非标实验，以真实场景的模拟来评估 MG MULAN 和 Model Y 的碰撞安全性能。

这是一次权威汽车媒体的实力背书——邀请三位业内权威大咖结合自身从业经历，对实验过程中的数据和结果进行深入解析。通过比较 C-NCAP 中国汽车评价规程和 E-NCAP 标准之间的差异，提供权威的安全性能分析，为观众揭示电车的安全奥义。

这是一次深度的产品力解析传播——通过对碰撞完毕的两辆车辆进行拆解，从车身结构、电池包受损程度、零部件等方面进行细致分析，为观众呈现 MG MULAN 和 Model Y 在安全性能上的差异。

《电车安全实验室》栏目海报

股东来了
——中国资本市场投资者权益知识竞赛活动主题展

选送单位
上海申慕企业形象策划有限公司

项目摘要

为满足我国新时代、新形势下，投资者对寓教于乐的投资者教育活动的需求，拓宽投资者权益知识传播渠道，响应国务院、中国证监会关于"强化中小投资者教育"的总体要求，由中证中小投资者服务中心有限责任公司（以下简称"中小投服中心"）主办的以保护投资者权益为主题的全国性证券期货类知识大赛——"股东来了"系列活动已成功举办了三届，在资本市场投资者教育领域开创了一片属于自己的天地。该赛事由中国证监会办公厅、投资者保护局指导，中央广播电视总台央视财经频道和中证中小投资者服务中心联合举办。自2018年创办以来累计注册人数超890万，答题人次逾7亿。

为更好地展示"股东来了"的活动风采，让社会公众了解并参与到此次活动中来，由中小投服中心主办，上海申慕企业形象策划有限公司承办的"股东来了"投资者权益知识竞赛主题展，从2021年10月18日起在中国证券博物馆（以下简称"中证馆"）进行为期半年的展出。

"股东来了"主题展秉承真实性、多样性、娱乐性、互动性的原则，以时间为线索分成三个单元，将历年活动视频、照片以及奖牌、队服、剪纸等纪念品在艺术走廊上精心排布，观众缓步观赏即可重温网络初赛、区域复赛、全国总决赛和各类主题投教活动的精彩瞬间。此外，展览设置了沉浸式影音室、互动问答体验装置和打卡留念窗。为方便投资者观展，本次展览还同步上线360° VR线上展。

中证中小投资者服务中心有限责任公司和中国证券博物馆分别在各自的网站及公众号上进行了报道，一些权威的金融媒体中国证券报·中证网，金融界等也竞相报道和转载。

"股东来了"投资者权益知识竞赛LOGO

勃林格殷格翰公益爱心林揭牌
暨"阿拉善低碳之旅"

选送单位
勃林格殷格翰（中国）投资有限公司

项目摘要

自 1885 成立以来，勃林格殷格翰就将可持续发展理念植根于日常工作的指导原则之中。2021 年，勃林格殷格翰推出"为了世世代代的可持续发展"战略。在大中华区，勃林格殷格翰紧密围绕"为了世世代代的可持续发展"战略落地，策划了形式多样的传播内容与活动贯穿全年，增强内外部受众对公司可持续发展战略的认知，打造勃林格殷格翰作为医疗健康领域可持续发展的领军者形象。

在绿色低碳发展理念引导下，2022 年，勃

阿拉善低碳之旅志愿者活动

林格殷格翰大中华区管理层决定通过一项独特而有意义的可持续发展行动来庆祝业绩里程碑。经过周密的筹备与策划之后，2023 年 3 月，勃林格殷格翰正式宣布与中国绿色基金会合作，加入"百万森林计划"腾格里沙漠锁边行动，在内蒙古阿拉善地区赞助并种植 20 000 棵树的勃林格殷格翰公益爱心林。2023 年 6 月，勃林格殷格翰发起内部志愿者招募，召集 20 位员工踏上"阿拉善低碳之旅"，为公益爱心林正式揭牌，并通过植树、垃圾清理、绿色差旅等实际行动践行绿色行为，倡导绿色发展。

在项目关键节点，勃林格殷格翰持续利用官方微信、抖音、重量级媒体以及公司内网、企业号等内外部平台持续发声，并通过图片、文字与微纪录片等多种形式全程直播，形成内外部联动和多渠道、多形式的立体传播，有效地传递了公司的可持续发展理念与成就，唤起员工与公众的环保和公益意识与行动，在公司内外引爆了一波绿色低碳主题的传播热潮。

"美丽事业，美好人生"公益培训项目

选送单位

欧莱雅（中国）有限公司

项目摘要

"美丽事业，美好人生"美妆公益培训项目是欧莱雅企业基金会于 2009 年在全球发起的公益项目，该项目是欧莱雅企业基金会发起的全球支柱项目之一，同时也是集团"欧莱雅，为明天"2030 年可持续发展承诺的重要组成部分。旨在为相对弱势的群体在美的领域中提供免费的专业技能培训，利用企业百年"美"的专长，通过"授人以渔"的创新公益理念，帮助他们获得

欧莱雅美妆公益培训活动 2015 年度学员小阳

欧莱雅美妆公益培训活动培训点老师小颖

一技之长的同时，增强自信并更好地融入社会，找到属于自己的一席之地。项目启动至今，已在包括印度、越南、巴西、哥伦比亚、阿根廷和黎巴嫩等在内的 26 个国家展开，建立了 109 个培训中心，受益人数逾 18 000 名。

2015 年，为响应国家精准扶贫战略号召，欧莱雅携手中国妇女发展基金会将"美丽事业，美好人生"项目引入中国，针对乡村女性兼顾家庭照护和就业增收的需求，以及乡村女性自信心缺失、就业技能缺乏、就业能力不足的问题，采取赋能乡村女性的策略，并与合作伙伴共同摸索出一套因地制宜的技能赋能的创新扶贫公益模式，为实现脱贫目标奉献绵薄之力。截至 2022 年底，项目在全国 17 大省市及自治区设立了 63 个在地培训点，累计受益 10 000 余名学员，帮助她们开创崭新美好人生。毕业学员的考核通过率均高达 100%，其中约 82% 的毕业学员凭借掌握过硬的技能获得就业机会，其中包括彩妆工作室、婚纱影楼、化妆品顾问等，更有约 13% 的毕业学员走上了创业道路，开启了属于自己的美妆事业，成为了彩妆工作室或美甲店的老板，成果斐然。

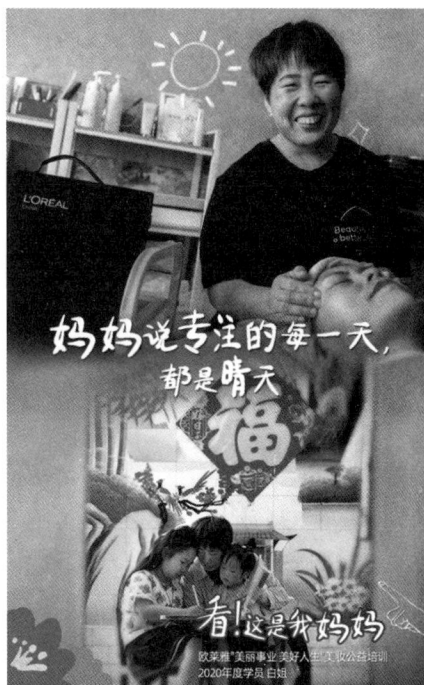

主题传播海报

"中风 120 潮健康" 系列传播

选送单位

勃林格殷格翰（中国）投资有限公司、上海释宣商务咨询有限公司

项目摘要

卒中，俗称中风或脑中风，发病率高、死亡率高。随着生活方式的变化，我国脑血管病的发病人数在持续增加，且不断呈现年轻化的趋势。我国居民每 5 位死亡者中至少有 1 人死于卒中。卒中在中国的死亡率如此之高，很大一部分原因在于很多患者及家属不知道发生了卒中，没有立刻到医院急救，错过了最佳治疗时间。

作为致力改善人类健康的全球领先生物制药企业，勃林格殷格翰中国希望借助持续性的科普教育，提升公众对卒中的重视，提高中国卒中急救的成功率，减少致残、致死率。

为增强传播精准性、有效性，"中风 120 潮健康"项目一改传统健康科普方式，根据不同目标群体的生活方式及媒体习惯进行策划：

多元跨界合作，持续"中风 120 潮健康"IP打造；以"中风 120"口诀为抓手，通过时装设计、周边设计、走秀、说唱、街舞等形式持续进行内容迭代，增加在年轻群体中的传播度。

结合上海时装周、世界卒中日、上海国际健身展等热点，持续制造话题。

媒体矩阵从中央到地方，跨类别、多平台覆盖，辐射全国。

与医学专家、社交媒体达人、网友大众深入互动，增强影响力。

"中风 120 潮健康"项目引发了媒体竞相报道和转载的巨大热情，项目共计产生媒体报道近 1 700 篇，累计覆盖人口近 1756 万人次，公关价值近 3 600 万人民币，相对项目全部投入 185 万元，投资回报率接近 20。

"中风 120 潮健康"时装设计周边

当我们齐心向前

选送单位

中国东方航空集团有限公司

项目摘要

2022 年民航业发展面临着压力和挑战，在此背景下，东航作为三大国有大型骨干航空企业，亟待面对大众发声，展示企业形象、彰显品牌精神，提升大众面对未来的信心、激发员工对工作的自驱力。

为此，我们以树立企业品牌的社会形象，增加企业品牌对受众的吸引力、与受众形成共鸣为目标，以"向前"为核心创意点，创意策划并制作了东航 2022 年度品牌宣传片。

在 2022 年度的品牌宣传片制作过程中，我们充分考虑当下行业环境及行业特点，通过艺术化的呈现方式，围绕"信心""团结""向前"等关键词，制作完成品牌宣传片《当我们齐心向前》。

"向前"，是一种风雨兼程的坚定；"向前"，更是一种连接世界的态度。东航以"向前"为立意核心，宣传片《当我们齐心向前》，传递东方航空以向前之力，与旅客同行，连接中国与世界。通过不同人物的形象和场景，表达了不断飞跃向前的信念——东航期盼与你共同奔赴美好，拥抱每一段精彩里程。品牌宣传片除了培养员工荣誉感、增强团队凝聚力，更获得了公众的好感及信赖。

《当我们齐心向前》于 2022 年 5 月在东航官方平台正式发布，同时在线上线下各大媒体平台进行同步推广，一周内视频总曝光量超 400 万次，累计总转评赞超 7 000 次。同时我们还在中国品牌日、北外滩国际论坛等重要展会进行线下展播，取得了较好的传播效果。对于这个时代而言，"向前"寻求突破是永恒的课题，东航向前向世界，未来可期，让我们共同期待。

《当我们齐心向前》宣传片画面

同方 "20·MORE 美好生活更多可能" 品牌升级管理

选送单位

上海麦威文化传播有限公司

项目摘要

2023 年是同方全球人寿保险有限公司（原海康人寿）在中国拿到营业执照的 20 周年，同时公司的外方股东荷兰全球人寿新提出了 "helping people live their best lives" 的宗旨。为庆祝公司成立 20 周年，同时配合外方股东传递统一的、有辨识度的周年庆品牌内涵，展开了周年庆主题品牌形象打造和管理系列项目。

麦威针对该项目对同方的企业情况及品牌着力点进行了调研分析，在此基础上，在主题策划中，麦威通过时间、品牌、内容、宣传四大维度的考量，结合 "20 周年" "美好生活" "更多" 等关键元素，进行了主题口号的创意及品牌核心

信息屋打造、系列视觉及宣传物料制作、系列活动的推出，让同方的品牌得到全面升级，提高品牌的影响力。

该项目以同方全球人寿 20 周年品牌升级为契机，通过 "20·MORE 美好生活更多可能" 主题口号，既传递出同方 20 年发展的实力，又表达出将在更加多元的领域深耕来助力用户成就美好生活，展示未来具有无限可能的美好前景。配合主题设计的整体物料，色彩上与同方 LOGO 的红蓝色统一，画面又采用红蓝的撞色效果显示出了品牌的活力，整体效果上展示了一幅美好生活的蓝图。通过发布会及创新宣传物料赋能营销展业，助力渠道业务发展，多维全面突出 20 周年的品牌升级，对品牌形象进行了有效打造和管理。

20 周年主题 icon 联合 LOGO

品牌主题主视觉设计

妙可蓝多棒小孩公益计划

选送单位

上海妙可蓝多食品科技股份有限公司

项目摘要

党的十九大报告指出，农业农村农民问题是关系国计民生的根本性问题，必须始终把解决好"三农"问题作为全党工作的重中之重，实施乡村振兴战略。

作为一家乳制品企业，如何结合实际深入推进乡村振兴？妙可蓝多一直在探索和尝试。面向乡村儿童的营养普惠，结合妙可蓝多大单品奶酪棒，提出"棒小孩公益计划"。

"棒"既有产品的阐述，也有强壮乡村少年体质的美好愿景。2021年9月，妙可蓝多棒小孩公益计划在上海发起。

"棒小孩公益计划"是由妙可蓝多创始人柴琇女士倡导、公司执行总经理任松先生指导，是自发性、公益性的常态活动计划，妙可蓝多承诺每年不定期通过公益组织，为弱势群体以及偏远山区儿童营养的改善持续努力。除了捐赠美味营养的奶酪产品外，还将提供奶酪营养知识普及、

推广，推动奶酪进中餐，等等。

这项公益活动既体现妙可蓝多社会责任的担当，也是"发展企业、回馈社会"公益理念的积极践行。妙可蓝多还发动妙可蓝多全国各地的2000多名员工，以多种方式参与到"棒小孩公益计划"，为公益事业奉献力量。

根据内部测算，"棒小孩公益计划"已经捐赠了价值1600万元的高质量乳制品——奶酪棒物资，受惠儿童少年约20万人（按人均每袋计算）。在第十四届中国企业社会责任年会上，妙可蓝多荣获年度新锐责任企业奖，也是首家获此殊荣的奶酪龙头企业。

妙可蓝多棒小孩公益计划启动发布会

2022 上海市首届高价值专利运营大赛

选送单位

上海技术交易所有限公司

项目摘要

为促进上海市知识产权高质量创造，为优质专利项目提供更好的交易服务，推动知识产权和科技成果产权交易的高效运用，由上海市知识产权局、上海市科学技术委员会主办，上海技术交易所、上海市高校科技发展中心、上海市知识产权服务中心联合承办，上海市科技创业中心支持，上海各区知识产权管理部门协办的 2022 上海市首届高价值专利运营大赛（简称"上高赛"）于 5 月 26 日正式启动。上高赛旨在挖掘一批创新程度高、市场竞争力强、专利优势明显的专利运营项目以及一批可开放许可的优质专利，以推动上海高校院所、医疗卫生机构、企业等的专利转移转化工作，充分释放和大力彰显专利资源的经济效益和社会效应，为上海经济社会高质量发展注入新动能、塑造新优势。

大赛报名踊跃，经过初筛，从报名项目中筛选出 100 个项目进入复评，并组成"上海市专利运营项目价值榜"，榜单由 49 个高校院所组的项目及 51 个企业组的项目组成，于 9 月 16 日正式发布。

在百强发布当天，共有 50 多组项目代表到线下参与活动，并与到场的高校、科研院所、金融机构、知产律所等的导师代表进行交流，其余入围项目均在线上参与。

2022 首届上高赛推动激活了沉睡专利，为企业知识产权质押融资扩授信提供了更大的空间，同时，为科技成果转化、投融资对接提供了更多的对接机会，并通过大赛推广上海市专利开放许可，有助于解决"专利沉睡"、专利实施转化质量效率不高等现实难题，对于畅通成果转化渠道、放大专利制度作用、助推经济高质量发展具有重要意义。

自然堂种草喜马拉雅公益项目

选送单位

伽蓝（集团）股份有限公司

项目摘要

自然堂是伽蓝（集团）股份有限公司旗下源自喜马拉雅的自然科技品牌，秉持"取之自然，回馈自然"的品牌初心，一直致力于喜马拉雅地区的生态保护。"种草喜马拉雅"项目除了在喜马拉雅地区实地种草之外，还有在让消费者心中深深"种草"喜马拉雅这片美丽圣洁的土地的含义，希望大家通过"种草喜马拉雅"公益项目加深自然堂的品牌源头认知，从而喜欢并使用自然堂的产品。

该公益活动旨在西藏当地成立人工种草专业合作社，用于牧草种植，农机、人工收割等，并由中国科学院对植草成效进行评估。该项目设立公益合伙人机制，当消费者每购买一瓶自然堂冰肌水或自然堂小紫瓶，自然堂就向中华环境保护基金会捐赠 5 元或 10 元，用于种植绿麦草。

自然堂开展种草喜马拉雅公益项目，累计向中华环境保护基金会捐款 2 400 万元，连续 7 年种植 566 万平方米绿麦草。以 2022 年为例，产生青干草 518 吨，总产值达 124 万元，覆盖日喀则拉孜县岗西村 160 户农户。

微博"种草喜马拉雅"话题阅读量达 5.6 亿，105.5 万讨论，百度词条 4.8 万个，最高阅读量的相关微信文章的浏览人数达 5.7 万人次，在网上形成一种"全民种草"的号召力，树立了化妆品企业公益营销的强力标杆，形成了"自然堂现象"。

该项目的持续开展可以改善当地土壤条件，将更多的荒滩变为耕地，种植土豆或油菜花，增加可替代收入，实现共同富裕。同时继续在自然堂喜马拉雅公益植物园种植龙胆草等植物，推广可持续农业实践，保护生物多样性，恢复生态系统，减少碳排放，助力乡村振兴。

创建公益IP　搭建公益平台
——福寿园公益节项目

选送单位
福寿园国际集团

项目摘要

作为生命服务事业的参与者和推动者，福寿园一直努力承担企业责任、社会责任、行业责任、历史责任、公众责任，积极组织并参与各类社会公益活动，范围覆盖慈善救助、精神救援、安宁疗护、优抚助学、生命教育、环境保护等多个领域。福寿园国际集团作为"上海福寿园公益发展基金会"的发起人和主要捐赠方，不断整合福寿园的公益事业，探索公益民生服务的新形式。2022年结合持续推进的公益项目打造了首届"福寿园公益节"。

福寿园公益节旨在通过搭建公益平台，展示公益成果，链接更多社会资源，关注特定人群，践行社会责任，宣传生命教育，形成品牌特有的公益传播。项目获得了主流媒体的关注和传播，人民日报、新华社、中国新闻社、文汇报、新民晚报、澎湃新闻等媒体都对此进行了报道，转载媒体105家，搜索引擎收录34条，阅读数520 920次。

公益IP"有福相"

2022年度企业优秀传播案例奖状证书

"潮向 Z 世代　变革新营销"
鹏欣商业精准圈层营销推广

选送单位
上海鹏欣（集团）有限公司（旗下鹏都健康）

项目摘要

"Z 世代"是指出生于 1995 年以后的一代人，他们成长在数字化时代和移动互联网环境中，是全球化、网络化的一代人。作为"网络原住民"，他们享受着经济全球化、数字化和社会发展带来的复合红利，具有洞开的眼界和强烈的自我意识。

"Z 世代"生长于移动互联网时代，关注社交媒体，以互联网信息技术为代表的网络社会的到来深刻改变了文化形成与沉淀的机制，因此对二次元文化的认可和接受程度较高。

随着"Z 世代"逐渐成为消费的主力军，充当着"消费先锋""高客单价群体""内容消费种草官"的角色，"潮力量"也在诸多领域开枝散叶，他们追逐潮流、爱尝鲜、喜欢个性的表达，对传统的营销套路早已具备免疫力，传统品牌的打法开始失效。对于购物中心而言，为了更好地满足新一代年轻消费者的需求，顺应新商业潮流趋势，给予消费者情感与心理上的双重满足，是购物中心年轻化焕新的关键。

自 2023 年初，鹏欣集团旗下商业项目南京水游城、天津水游城、盘锦水游城、呼和浩特金游城共同策划出品了围绕"二次元经济""宠物经济""夜市经济""新零售经济"四大圈层独家营销活动及宣传片等一系列推广品牌形象的方案。该联动活动效果显著，此次重大联动活动共创各项目客流销售新高。

二次元经济宣传活动

健康"益"起动
——2022 年运动医学健康教育项目

选送单位

中国初级卫生保健基金会、强生医疗科技

项目摘要

由中国初级卫生保健基金会发起，在强生医疗科技的大力支持下，于 2022 年 1 月制作并发布了国内首个以运动医学为主题的《运动健康无小事，生活更多精彩事》公益系列宣传片，利用 social 平台的传播优势，向公众普及运动医学学科及运动损伤的概念，提醒大众关注运动健康，传达运动损伤后及时就医的诊疗理念，助力人民群众提升生活品质。

视频以生动有趣的方式，展现了各年龄人群在真实生活场景中常见的踝关节不稳、交叉韧带损伤、肩袖损伤及半月板损伤等运动损伤，向公众倡议"运动健康无小事，生活更多精彩事"。

这是国内首个以运动医学为主题的趣味系列视频，得到了公益类、健康类、财经类、门户类、党政类等媒体，多角度、多层次、多话题的广泛热议，奠定了舆论基础。

趣味视频全网播放量达 548 万；人民网媒体矩阵曝光量达 2 101 万；直播观看人数 95 万；微博整体阅读量 483 万；157 家媒体对活动进行报道（中新网、财经网、21 世纪经济报道、北京电视台、优酷网对本次活动进行了深度采访；北京青年报、新京报、北京晚报、环球网等），综合 PV 值达 77 433 490。

随着视频热度的不断提升，引发社会热议，评论呈正向发散。

老潘的咖啡店

选送单位

上海市公安局黄浦分局

项目摘要

面对新一轮媒体革命，公安宣传工作也需与时俱进，宣传方式与表现形式也需伴随新技术、新媒体实现同频升级，才能持之以恒地为百姓讲好公安故事、互通警民间的情谊。尤其是新冠肺炎疫情期间，各类短视频平台成为了广大"宅"家大众与战"疫"民警在线上沟通的场所。

为了更生动地体现黄浦公安在疫情期间的工作故事，黄浦分局将其融入公安新媒体宣传中。深挖基层一线疫情期间典型代表、暖心警事，通过第三人旁观者讲述的角度，展现黄浦区民警在疫情时代帮助老百姓重回生活轨道的感人故事，并借此激励广大市民积极面对疫情后生活，同时，黄浦公安坚守互联网宣传主阵地，充分发挥公安新媒体"短平快"的优势，用心用情讲好公安民警忠诚履职、为民服务的感人故事。

因此，黄浦公安推出《老潘的咖啡店》微电影，影片一经上线，在全网范围内引发巨大反响，作品话题阅读量超 9 000 万，全网视频播放量超 1 亿，并获得学习强国、看看新闻 knews、人民日报、搜狐网等众多主流媒体转发，得到了网友的一致好评与热捧。这些高热度的数字背后和多平台叠加式的"新媒体矩阵"密不可分，各平台同频共振、同向发力，制造现象级话题，让作品驶上"快车道"，更好地讲好公安故事。

《老潘的咖啡店》剧照

上海松江公安
"护好钱袋子 全民反诈骗" 主题活动

选送单位
上海市公安局松江分局

创新的赢家

项目摘要

上海松江公安广泛发动政府部门、各大高校、主流媒体及社会各界人士持续三年推出"护好钱袋子 全民反诈骗"主题活动，从"面对面"到"屏对屏"，逐一深入各街镇居委，发挥"网报台微端"优势，集合反诈巡回宣讲、大学生反诈短视频大赛、反诈线上挑战赛、反诈系列短剧等一系列内容精、形式全、范围广的反诈宣传举措，努力当好人民群众的"反诈卫士"，筑牢反诈安全防线，切实守好人民群众的"钱袋子"，致力于将近三年全区电信网络诈骗案件既遂数呈逐年下降态势，向着"天下无诈"这一全国公安机关矢志不渝追求的目标前进。

"护好钱袋子 全面反诈骗"反诈巡回宣讲活动反响热烈。巡回宣讲坚持用广大群众喜闻乐见的表达方式来介绍反诈要领，让老百姓更易接受和了解辖区内高发的电信网络诈骗类型，知晓如何规避如何防范。节目内容精彩纷呈，收获热烈掌声，活动现场的反诈知识问答互动热烈。

《小心诈蛋》系列定格动画活动的开学季中，成了学生们别开生面的"开学反诈第一课"，寓教于乐的画风深受师生们的欢迎。

《都是套路》系列宣传短剧第一季的三集视频一经发布，迅速燃爆网络。"家在上海松江"反诈线上挑战赛市民参与力度大。截至目前，参与人数已达 2 万余人。

"护好钱袋子 全民反诈骗"主题活动持续掀起了全民反诈、全社会反诈的热潮。近三年，全区电信网络诈骗案件既遂数呈逐年下降态势。

反诈巡回宣讲活动现场

"沪科普"上海科普交易专板达成全国首单
——探索科学普及与科技创新"两翼齐飞"新路径

选送单位
上海技术交易所有限公司

项目摘要

习近平总书记在"科技三会"上发表重要讲话，指出"科技创新、科学普及是实现创新发展的两翼，要把科学普及放在与科技创新同等重要的位置。"

上海市历来重视科普工作，科普资源开发利用走在全国前列，在协同推进、品牌建设等方面形成了有效的工作机制，颁布和实施了《上海市科学技术普及条例》，建立了300多个科普基地、科普场馆和工作站，积累了大量的科普人才，提供高质量的科普产品和科普服务，实现了科普资源的量质齐飞。

上海科普交易专板的设立，为高等学校、科研院所、科普场馆提供了一个拓展科普项目影响力的平台，解决了科技资源科普化、科普资源产业化过程中供需精准对接的问题，是实现创新发展"两翼齐飞"的关键路径，补齐了转化路径不通畅的问题短板，其本质是通过市场机制整合和科普资源再开发，促使知识从在体系内部流动转变为向全社会外溢，以提升全社会创新效率。首单科普交易的达成，激发了科技工作者参与科普工作的积极性，起到了良好的引导、促进和示范作用，为全国科普交易市场建设树立了新标杆。

"沪科普"上海科普交易专板将围绕"学习型、服务型、创新型"方针，不断加强和推进科普资源的开发和利用，打造制度健全、体系完备、结构合理、开放有序、要素活跃的高标准科普交易市场体系，增强上海科技创新策源地的核心功能。

"沪科普"科普资源

斯凯奇 Friendship Walk 为爱一起走·爱在中国

选送单位
斯凯奇中国

项目摘要

"Friendship Walk 为爱一起走·爱在中国"项目不仅积极响应全民健身国家战略,促进"健康中国"目标落实,也是斯凯奇努力为中国消费者创造健康生活方式参与的平台。斯凯奇深耕"走路"文化,向全民推广行走的乐趣与益处,让"走路"成为健康生活的态度,并通过产品将"舒适"变成生活习惯,参与者走的每一步都将成为助力浇灌年轻一代健康成长的甘霖。

2022 年,"Friendship Walk 为爱一起走·爱在中国"公益健步行线上及线下挑战赛升级开启,线下赛首站落地泉州。其中,泉州站总计募集爱心善款超 145 万元。挑战赛以"步数积累,转化捐赠"为形式,通过线上线下双渠道联动,共吸引了超 3 万人参与,累计步数达 2.9 亿。至今,斯凯奇已向甘肃、云南、西藏等地的 5 所学校捐赠了鞋服产品,用爱心守护中国青少年儿童健康成长。

2023 年,"Friendship Walk 为爱一起走·爱在中国"公益健步行升级落地沈阳,大力支持

5000 件赛事 T 恤。2023 年 7 月,携手奥莱合作伙伴参与"Friendship Walk 为爱一起走·爱在中国"公益健步行,向东莞市凤岗镇政府的一线志愿者、义警协警等捐赠了价值 36 万元的斯凯奇产品,让爱心在传递中温暖更多的人。

项目在媒体上的曝光程度逐渐走高,报道数量渐次增多,品牌热度稳步提高并获得长久保持,让社会公众能够更好地了解。

未来,"Friendship Walk 为爱一起走"公益健步行项目后续将打造更多有趣有爱的行走活动,让更多人共赴爱心之约。斯凯奇致力于创造健康、可持续、高质量的生活方式,驱动更多人共赴身心健康之约,为生活注入自在力量,让每一步都是一份爱心!

泉州站活动现场

361° 财经公关管理项目

选送单位

上海博涵公共关系管理咨询股份有限公司

项目摘要

361° 致力于推动中国乃至世界体育事业的发展，是首家赞助奥运会以及连续四届赞助亚运会的中国体育品牌。目前，361° 运用特许分销模式，透过一级独家分销商及二级特许零售商管理中国及全球约 9 000 个销售网点组成的庞大分销网络，于中国主要城市建立领先地位。

博涵团队为公司提供境内外一体化的投资者关系顾问和资本品牌传播服务，针对机构投资者、散户及高净值投资者制定相应策略，循两大方向吸引资金进场。

2023 年 8 月 14 日至 15 日，博涵团队联合香港合作伙伴金通策略协助 361° 于香港举办"跑趣"体验活动，为金融界上百位投资人创造与 361° 管理层面对面交流的机会。

本次申报以 8 月 14 日举办"跑趣"体验活动为例，重点阐述团队为客户定制户外跑步体验中，对活动调研、策划、执行等环节进行考量，让参加者穿上由 361° 提供的专业跑鞋及服饰，沿海滨长廊体验公司的最新产品，以愉悦的步伐实践"多一度热爱"的品牌精神。

本次香港"跑趣"体验活动约 40 人报名，其中有多位投资者参加，反响热烈。我们认为，作为中华民族体育品牌，361° 此次举办的"跑趣"体验活动，不仅能让香港投资人体验到 361° 的顶级跑步产品，还让其"多一度热爱"的品牌精神在香江绽放，充分展现出 361° 坚定的文化自信与民族品牌自信。

361° "跑趣"活动现场

守好世博辉煌，成就上海品牌

选送单位

上海明华智慧城市运营管理有限公司

项目摘要

在"公众物业"领域耕耘多年的明华公司，长期致力于探寻一种专业化、品牌化的高效而灵活的服务模式，中华艺术宫是明华的品牌标杆项目。

中华艺术宫由 2010 年上海世博会中国国家馆改建而成，于 2012 年 10 月 1 日开馆，总建筑面积 16.68 万平方米，展示面积近 7 万平方米，拥有 35 个展厅，展览面积 6.8 万平方米，影剧院 1 座，多功能厅 3 间，电梯 38 部，设备机房 412 间，摄像机 1 603 台，典藏库房 10 间，典藏库藏品 15 000 余件，公共教育空间近 2 万平方米，配套衍生服务经营总面积达 3 000 平方米。绿地面积 1.76 万平方米，景观水域 5 520 平方米，设 24 小时观众服务热线。

物业团队工作照

明华物业自 2009 年中标中国国家馆（现中华艺术宫）的物业管理项目以来，至今已有 14 年。从前期克服了入场筹备时间紧、物业保障运行维护任务重等一系列困难，组建团队、培训团队、完善制度、精益求精、尽职尽责、攻坚克难，圆满完成了 184 天的成功保障，实现了中国馆工程设备故障率为 "0" 的纪录，从而向中外来宾展示了中国馆的精彩，向世界展示了明华风姿！再到如今，以更高质量服务保障中华艺术宫的日常运营和特殊保障，得到业主方的赞誉，成为首批获评 "上海品牌" 的物业企业。并以中华艺术宫这一标杆项目复制到整个区域，做到区域同质，更是充分展示了明华的专业素养和战斗力、执行力。

工程人员工作照

平安信用卡·惊梦：功到，立台之本

选送单位
蓝标传媒

项目摘要

平安信用卡摆脱了同质化竞争困局，发布"专业创造价值"的品牌新文化体系，与国内著名原创话剧《惊梦》进行了深度 IP 合作，以"功"为主题致敬戏班人员的专业与创新，将"功到，立台之本"的内核精神从戏里延续到戏外，通过利用话剧全国巡演的档期，结合线上资源，将 IP 所代表的品牌精神理念最大化，在劳动节向不同城市中用功前行的普通人致敬，励每一个人走向更辽阔的人生舞台。

本次活动树立品牌高品质文化价值观，在一众以"在地化"消费优惠为导向的信用卡活动中，通过文化属性建立差异化沟通引发社会大众关注，将高立意的文化价值，与普通人的生活建立连接，拉近与消费者之间的距离。通过文化类消费场景覆盖品牌需求人群，利用 IP 合作的剧场影院等资源，打通文化类消费场景，对中高端客户群建立影响力。

原创话剧《惊梦》海报

"听懂肺话大不同"全球肺纤维化关爱月传播项目

勃林格殷格翰（中国）投资有限公司

项目摘要

肺纤维化疾病是一大类疾病的总称，病因有200多种。肺纤维化难以治愈，因此这种疾病又被称为"不是癌症的癌症"。

2022年全球肺纤维化关爱月期间，勃林格殷格翰诚邀紫贝壳公益、蔻德罕见病中心、病痛挑战基金会、IPF为爱深呼吸四个患者组织中的肺纤维化患者代表以及呼吸科与风湿免疫科的专家们共同发起一场"听懂肺话大不同"公益健康脱口秀。旨在通过创新的形式，借由患者和专家的亲身经历，用更加通俗易懂的语言，向公众科普肺纤维化的疾病知识、规范的抗纤治疗理念，以及抗病的心路历程和故事，共同促进公众对肺纤维化相关疾病的关注，为患者进行规范的疾病管理提供科学的建议，改善中国肺纤维化患者群体的生存质量。

"非遗"中的交通安全宣传

选送单位
上海市公安局松江分局

项目摘要

借助地域文化优势，针对松江区道路环境和交通状况，上海松江公安会同区文明办、区文旅局等部门，联合区内"非遗"文化传承人共同推出了《"非遗"中的交通安全宣传》系列作品，力求在保护好、传承好、利用好非物质文化遗产的过程中，宣传交通安全知识、普及交通安全法规。

目前，此系列作品已推出丝网版画、海派剪纸、叶榭软糕等三部，下一步还将创作推出例如"松江布""顾绣"等更多与优秀传统文化相融合的作品。

叶榭软糕"文明守法 平安回家"

海派剪纸：一盔一带

丝网版画：各行其道

劳模面对面

选送单位

上海市公安局静安分局

项目摘要

静安交警依托"陈栋劳模工作室""唐立宏新警带教工作室",进一步传承静安交警的劳模精神,发挥主动创新职能,并不断融汇创新,提升对延安中路及周边路段的交通管理,包括创新设立"静安区交通道路示范线""交通路口示范岗",部署延安华山警务室,成立"勤务辅警标兵队"等一系列举措,全力维护街道的安全与畅行。

《劳模面对面》在新媒体平台发布后,受到社会各界的关注,收获了不俗的转发量和阅读量,市局@警民直通车—上海,区融媒体中心等政务新媒体同步转发,还被学习强国平台转载,播出当日点击量近10万次,点赞量逾5万,广受辖区群众和网友们的好评。

《劳模面对面》视频截图

379

恒基 "6+1" 企业文化建设，凝聚高质量发展合力

选送单位
桐乡市公共关系协会

项目摘要

恒基 6+1 企业文化建设，旨在凝聚公司高质量发展的合力。恒基企业文化建设通过理念创新、团队建设、社会责任、品牌推广和质量控制等方面，凝聚了高质量发展合力，推动了公司的可持续发展。恒基企业文化的不断创新，中华优秀传统文化和社会主义先进文化在企业的融会贯通，助推了企业生产经营的全面发展。

活动现场

一本书的旅行

选送单位

中共上海市浦东新区合庆镇委员会

项目摘要

为帮助贫困地区、贫困家庭学生以及新就业群体家庭子女获得更多的课外阅读机会，点亮孩子们的成长之路，近年来，合庆镇党委借助区域化党建平台，积极探索党建引领助力梦想启航服务项目，自2019年创立"一本书的旅行"公益项目，至今已有4个年头。

截至目前，"一本书的旅行"项目已汇聚合庆镇镇域内15家机关事业单位和镇属公司党组织、36家区域化成员单位党组织、45家"两新"党组织、33家村（居）党组织的力量，累计筹集善款238 474.1元，捐赠书籍5 657册，捐赠学习用品67份。

"一本书的旅行"项目为镇域内新就业群体留守在家的适龄子女提供了更多课外阅读的机会，为孩子们送去书香、送去阳光、送去梦想。

项目赠书仪式活动整体照片

381

强生全视："用心爱眼，连动视界"世界视觉日吉尼斯世界纪录挑战项目

选送单位

强生全视觉

项目摘要

为提高公众、患者对眼健康问题的认知度与重视程度，传递科学的预防与诊疗理念，在2021年10月14日——"世界视觉日"这个特殊日子，强生全视精心策划并开展了"用心爱眼 连动视界"吉尼斯世界纪录挑战项目，聚焦眼健康主题的同时，也实现了高效的协同传播。

该项目以挑战"最多人同时在线做心形手势"为目标，采取"线上＋线下"双轨并行的参与方式，联动"医生、患者、员工"三大群体，以实现最大的传播范围和传播效应。活动共吸引了超过350名眼科医护人员、白内障术后患者和强生全视员工的在线参与，最终共计265位参与者挑战成功，刷新了此前137人的纪录成绩。项目共产生153篇媒体报道，通过多种主流媒体扩大项目的传播广度和影响力，进一步助推"健康中国2030"战略的早日实现。

吉尼斯认证官熊文正在见证记录挑战过程

吉尼斯认证官颁发挑战成功证书

医生患者谈白内障手术

你好，四季

选送单位

中国东方航空集团有限公司

项目摘要

《你好，四季》是东航 2022 年度的系列平面广告，其目的是展现东航良好发展风貌和品牌形象。东航集团将平面广告与物理时间相结合，以四季为主线，将东航飞行员、乘务员、安全员等各工作人物形象与三维画面相结合，用丰富的色彩和动态的人物形象立体展现东航形象。结合一年四季时节，贯穿全年宣传，既提升了员工的岗位荣誉感，也向旅客展示了东航作为民航央企的正面形象。该系列广告在《民航报》《国资报告》等媒体刊登，并在东航自有渠道投放，取得良好传播效果。

《你好，四季》广告系列

基于互联网医疗的居家智慧医养结合服务场景

选送单位

上海鹏欣（集团）有限公司（旗下上海全程玖玖健康服务有限公司）

项目摘要

鹏欣集团旗下全程玖玖健康以服务长者为根本宗旨，不断探索和实践"互联网＋养老"的医养服务新模式及居家智慧医养服务，构筑线上、线下全程智能医养服务体系。"全程玖玖互联网居家医养结合项目"旨在通过聚合"智能终端应用场景、生活照护服务场景、体征监护服务场景、远程查床服务场景、分诊挂号服务场景、在线复诊服务场景"实现为老服务的集约化运营，配置专属养老管家提供一键呼叫、安全监护，并帮助长者协调可信、可行的助医、助餐、助洁、助行等为老服务资源，兼顾了软件、硬件改造和人的参与。目前已惠及超过500户家庭，让长者们能够切身感受到城市数字化转带来的实际成效，并多次受到街道、长者、长者家属、居委会等的相关赞誉，社区长者的满意度达100％。

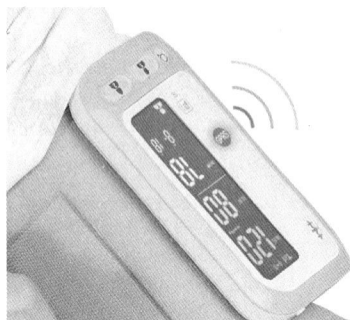

体征监护终端

智能呼叫主机

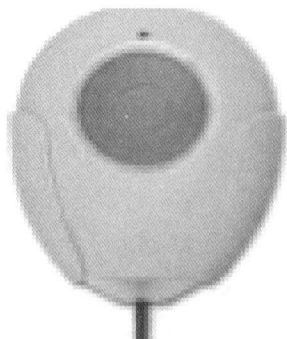

移动呼叫终端

运动能力监测

384

瑜伽悦时光
——瑜伽＋更多可能的探索与传播

选送单位

Yspace 元瑜瑜伽

项目摘要

"瑜伽悦时光"是元瑜自创立起就定期开展的沙龙活动。以探索自我的心去"向内感知"，以开放的精神去触及万象。瑜伽＋"X"，"X"也许是私密话题，也许是手工作坊，也许是翡翠茶艺，也许是亲子驿站，也许是即兴表演，是我们知道却又无法预料的一切惊喜。

每一次大胆尝试，都在试图打开"瑜伽与生活"的边界，共同"用瑜伽的方式，探索生活的更多可能"。

"瑜伽悦时光"沙龙活动人员合影

385

优秀品牌传播奖

创新的赢家

优秀品牌
传播奖

上海市第十一届
优秀公共关系案例评选

强生全视："因爱守护，为 EYE 前行" 全国爱眼日线上公益传播项目

选送单位

强生全视

项目摘要

2022 年 6 月，在第 27 个全国爱眼日到来之际，强生全视"因爱守护，为 EYE 前行"线上公益传播项目正式启动。此次项目借助当下娱乐圈现象级的"脱口秀"综艺形式，将专业的眼健康知识转化为趣味形式，借助移动互联网开展公益传播，实现眼健康话题"出圈"，从而引发全民"为 EYE 前行"。借由新浪微博为平台载体，以更加娱乐化和社交化的语言体系，发起"那些眼看就要不行的瞬间"话题，吸引更多关注度及参与度。

项目累计曝光量超 128.4 亿，微博话题"那些眼看就要不行的瞬间"共计获得超 3 767 万阅读量，大众消费者积极关注并参与讨论，累计话题讨论量达 1.6 万次，项目获得圆满收官。

"因爱守护，为 EYE 前行"公益海报

东航说二十四节气

选送单位

中国东方航空集团有限公司

项目摘要

中国东航始终致力于积极传承和弘扬中华优秀传统文化，并将社会主义核心价值观融入传播全过程。2022 年，东航首家开创《东航说二十四节气》系列短视频栏目，官方播放量近千万，将节气知识与安全保障、时令饮食、航班换季、航空训练等内容相结合，巧妙地将节气相关各类习俗展示于民航业一线工作场景中，向公众科普民航是如何根据气象规律来确保安全飞行，提供舒适服务。

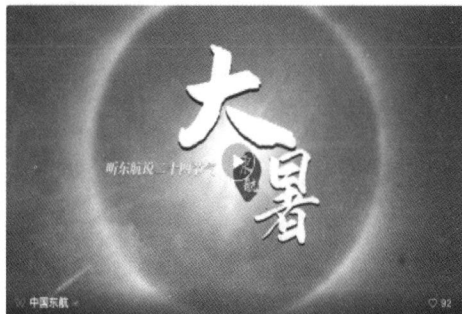

东航说二十四节气栏目部分截图

389

交警只会贴罚单？

选送单位
上海市公安局静安分局

项目摘要

　　为了加强对外宣传力度和广度，静安公安分局与时俱进，宣传方式与表现形式伴随新技术、新媒体实现同频升级，通过"进军"互联网主流平台，以硬核的制作、专业的表演塑造了公安宣传全新的形象。期间，静安公安创新宣传模式，组织制作拍摄了《交警只会贴罚单？》微电影视频。

　　《交警只会贴罚单？》微电影推出后，在全网范围内引发巨大反响。据统计，该作品全网阅读量超 1 亿次，新华网、长安网等全国近百家主流媒体纷纷转发，得到了网友的一致好评与热捧。

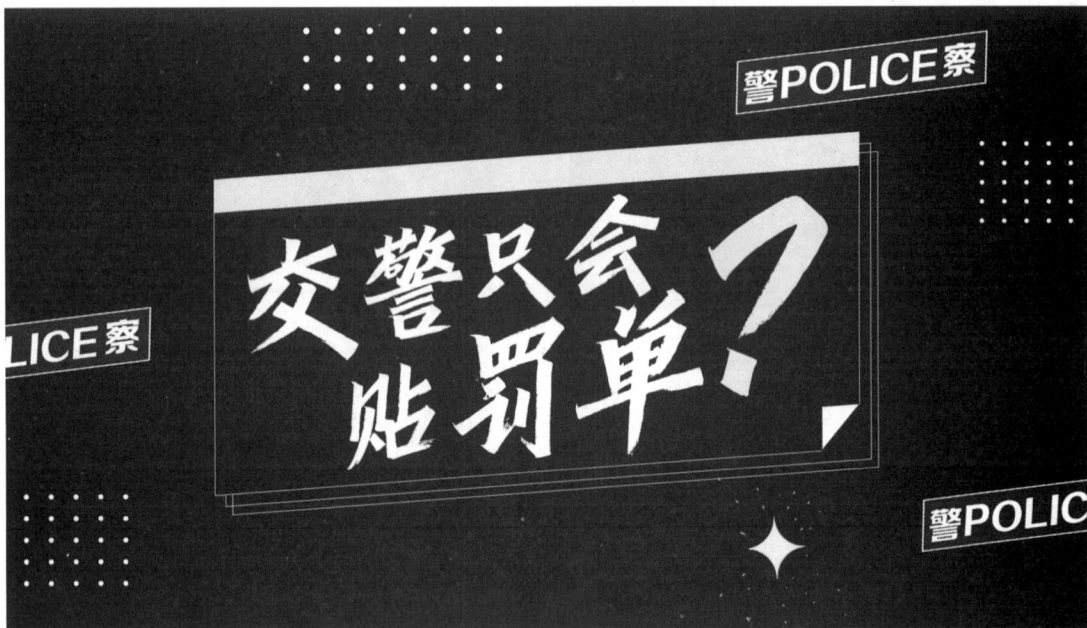

《交警只会贴罚单？》微电影视频截图

斯凯奇中国青少年街舞未来计划

选送单位

斯凯奇中国

项目摘要

斯凯奇与上海市体育舞蹈运动协会正式达成"街舞项目战略合作伙伴"关系，开启"中国青少年街舞未来计划"，走进校园普及街舞文化，传递街舞精神，助力街舞运动全民化、专业化发展，开创中国街舞走向世界巅峰之路。

斯凯奇聚焦街舞文化，持续提升现代中国街舞发展，着力为街舞运动员创造更丰富、更具成长性的优质环境，进一步夯实中国街舞人才储备。

"中国青少年街舞未来计划"活动现场图

"快乐银行"焕新再出发，长沙银行引领行业品牌打造花式"出圈"新范式

选送单位

九富公关顾问（上海）有限公司

项目摘要

长沙银行在快乐基因基础上推出全新品牌口号"就是这么快·乐"，打造与受众、客户快乐对话的全新品牌调性。品牌升级后，该行品牌架构按照"1+n"的模式，以母品牌为依托，设立七大子品牌，形成品牌家族矩阵。

在传播方面，通过"线上＋线下"联动传播形式全面发声，实现破圈出局。线上新闻传播，主要通过党政类媒体、地方媒体、澎湃等主流财经媒体及自媒体进行传播。通过铁路12306、喜马拉雅、新浪微博等APP开屏广告及芒果TV首页图片广告，并发布微博话题，吸引大量用户参与话题互动和交流，一度登顶微博热搜。

用品牌化运营思维做 IP
——个人 IP 打造培育项目

选送单位

上海全影文化传媒有限公司

项目摘要

时尚博主 Ashley 毕业于公共关系学专业，在知名的公关公司就职，在努力工作的同时更加坚定自己的方向和目标，现为文化公司创始人，为了做好个人 IP 的运营工作，提升粉丝黏度，扩大商业影响力，其以"用品牌化运营思维做 IP——个人 IP 打造培育项目"为主题策划了 IP 培育项目，并抓取新媒体的机遇和发展，在短暂的时间累积了 30 万粉丝，成为小红书平台的腰部达人。

Ashley 的本次项目也为更多的 IP 提供借鉴意义，要有强大的市场洞察力，打造鲜明的个人风格，确立明确的品牌定位，从而在消费者心中占据独特的位置，打造个人 IP 差异化运营，建立起专业的壁垒和门槛。

Ashley 个人 ip

"匠心·匠行"党建品牌建设

选送单位

桐乡市公共关系协会

项目摘要

巨匠集团党委成立于 1978 年,下设 9 个党支部,共有党员 163 名。公司紧紧围绕党建引领"匠心·匠行",大力推进"红色匠领""红色工地""红色匠盟"三大系列子品牌打造,构建横向示范项目集群、纵向产业链联盟共同推进的党建工作格局,实现绿色建造、数字建造、智慧建造变革转型。先后获评全国优秀施工企业、中国建筑业成长性百强企业、国家高新技术企业、全国质量管理优秀企业、浙江省"建筑强企"、嘉兴市先进,基层党组织等荣誉,成功形成三个特色品牌:"红色匠领"培育品牌、"红色工地"项目品牌、"红色匠盟"联盟品牌。

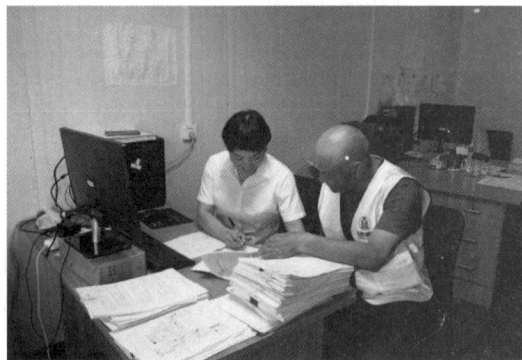

党委活动

"智慧引领未来·精益连结价值"
2020年上航工业智慧能源业务集团
精益文化日

选送单位

上海申慕企业形象策划有限公司

项目摘要

上航工业智慧能源业务集团2020年精益文化日动员了全体员工参与，从拟定主题开始，发现并发挥员工们的创作激情和才艺，将一年以来精益改善特别突出的优秀案例，通过小品、短视频、歌曲改编、舞蹈、朗诵等各种形式进行汇报演出，增加了员工之间的相互协助，增进了感情，增强了团队凝聚力、向心力和集体荣誉感。

3D 效果图

节目宣传海报

"警察哥哥姐姐听你说"
——社区少年服务系列主题实践活动

选送单位
上海市公安局虹口分局

项目摘要

上海市公安局虹口分局坚持"抓社会热点、抓时间节点、抓特定群体",主动开展以"警察哥哥姐姐听你说"为主题的系列警察公共关系活动,及早发现和干预青少年在心理健康、文化教育、家庭生活、社会保护等方面存在的问题,将隐患消灭在萌芽状态,化悲剧于无形,正面宣传公安机关人民警察积极的形象,在社会管理创新、民警形象提升等方面迈出了新步伐、实现了新突破。

"警察哥哥姐姐听你说"系列主题实践活动是上海市公安局虹口分局在开展警察公共关系建设中的一项大胆尝试,对敏感的社会热点并没有采取回避的态度,而是反其道而行,紧紧抓住"青少年成长"这一社会热点,理直气壮、大张旗鼓地开展正面宣传。实践证明,抓住社会热点,也就抓住了公众的眼球,成功地增强了宣传推送的社会关注度,起到了事半功倍的效果。

但上海市公安局虹口分局在此次"警察哥哥姐姐听你说"系列主题实践活动中,却秉持了"以受众为导向"的理念,根据受众的特点分门别类开展"定制式"推送,确保不同受众都能更愿意、更易于接受宣传,认可虹口公安积极作为的正面形象。

参天公司（中国）《中国职场人士用眼健康洞察报告》传播案例

选送单位

上海晨岸广告传媒有限公司

项目摘要

2022年11月，《中国职场人士用眼健康洞察报告》（以下简称《报告》）正式完成。该报告由国际眼科专业公司参天公司携手新浪健康联合发布，星创视界、未来医生参与支持，尼尔森IQ执行数据调研，对当代职场人的眼部健康状况及趋势进行了分析。报告显示干眼已成为职场人的新型职业病，亟需引起社会广泛关注。

通过调查和统计，报告提供了职场人士眼健康问题的普遍程度、影响因素以及相关行业和岗位的特点。这些数据为企业以及医疗机构提供了有价值的参考依据，帮助他们更好地制定工作章程、研发护眼产品等，推动眼健康问题的解决和改善。

报告以国家卫健委印发《"十四五"全国眼健康规划（2021—2025年）》为指引，着力研究当代职场人的眼健康，引发诸多媒体进行报道和转发，互联网热议不断。

崇明分局长兴派出所：打造"一站式"矛盾化解样板　多元排查调处筑牢"主防"根基

选送单位

上海市公安局崇明分局

项目摘要

近年来，上海市公安局崇明分局长兴派出所始终将坚持和发展新时代"枫桥经验"作为学习贯彻党的二十大精神、履行新时代使命的重要载体，充分结合辖区作为全国船舶与海洋工程装备新型工业化产业示范基地大型央企国企多、务工人员流动大、全市重要水源地地理位置特殊等实际情况，积极探索将新时代"枫桥经验"融入"派出所主防"工作，坚持党建引领，秉承"警力有限、民力无限"理念，聚合警企、警社、警民合力，抓实抓细各项排查管控措施，推动矛盾纠纷多元化解、源头治理，确保辖区治安持续向好，群众安全感、满意度持续"双提升"。

优秀社会效果奖

创新的赢家

优秀社会
效果奖

上海市第十一届
优秀公共关系案例评选

东方明珠 ESG 项目管理与信息披露

选送单位

上海博涵公共关系管理咨询股份有限公司

项目摘要

博涵财经连续四年为东方明珠提供年度 ESG 信息披露。2022 年度，博涵财经协助东方明珠完成首份 ESG 报告的编制和发布，为客户提供覆盖前期调研、编制、发布和传播全流程的服务。在报告编制过程中，协助公司将社会责任体系（以下简称"CSR 体系"）升级为环境、社会和治理体系（以下简称"ESG 体系"），为公司 ESG 管理架构的升级提供建议。通过协助公司追踪利益相关方需求，协助公司制定实质性议题清单；并严格按照规范完善数据和信息收集体系，进一步丰富披露项，助力公司提升 ESG 年度信息披露的全面性和透明度。

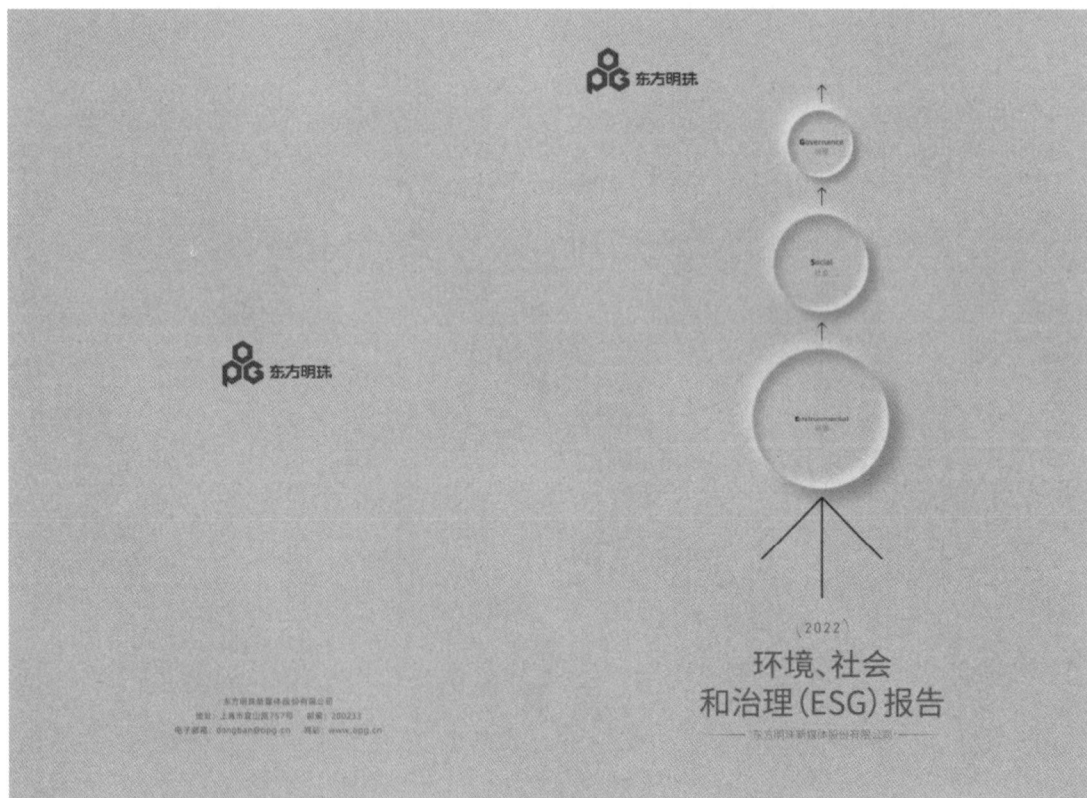

东方明珠中文版报告

国浩设立拉孜办公室，助力国家基本解决"无律师县问题"

选送单位
国浩律师事务所

项目摘要

基本解决"无律师县"问题是推动欠发达地区公共法律服务建设的一个重要举措，对推进基本公共法律服务均衡发展、增强人民群众法治获得感具有重要意义。

多年来，国浩律师始终践行"人民律师为人民"理念，以专业服务的方式践行公平正义，身体力行将法律援助送进少数民族地区、边疆地区、贫困地区、城乡社区，为法律援助事业"添砖加瓦"。青藏高原、塞北陇南、黔东南州……国浩律师的身影矻矻其间，克服艰难环境挑战，无畏向前、坚毅担当，躬身阡陌、踏实奉献。

同心圆"骄阳"大病救助计划

选送单位
北京同心圆慈善基金会

项目摘要

《骄阳》是一部关注儿童肿瘤的现实题材电影，导演通过实地走访多家医院，用写实的手法，多角度展现大病患儿及家属艰辛的求医路。导演承诺如果电影上映，将裸捐所有票房收入。

该项救助计划主要是为异地治疗的困难大病患者及家属提供住宿、休息场所和活动空间并提供大病救助相关服务而发起的项目。

同时，该项救助计划还关注大病患者及家属的心理健康，通过专业心理测评、一对一个案咨询、团体和沙龙活动等，帮助大病患者及家属缓解焦虑情绪，接纳当下的生活状态，有信心面对未来，从而帮他们保持学习能力和社会交往能力。

此外，该项救助计划还针对贫困大病患者提供托底医疗救助服务，18周岁以下的贫困大病儿童最高可获救助5万元、成人最高可获救助8万元。

庆祝中国共产党成立 100 周年 "红色花博" 系列视频

选送单位
上海市公安局崇明分局

项目摘要

2021 年 5 月 21 日—7 月 2 日，第十届中国花卉博览会以"花开中国梦"为主题，在上海崇明岛举办。适逢盛世 7 月，伟大的中国共产党成立 100 周年，上海市公安局崇明分局政治处宣传科以"红色 + 花博"为主题主线，精心策划了两期主题视频。

两期视频制作发布后经上海公安警民直通车、区融媒中心推送，充分展现盛世花博"红色"美景和公安民警守护花博的良好形象，取得较好社会反响。

《警花带你游花博——探寻花博红色印记》视频截图

《万疆》——庆祝中国共产党成立 100 周年崇明公安主题视频截图

华为云"双减"数字化解决方案事件营销

选送单位

杭州烟火文化传播有限责任公司

项目摘要

2022 年初,华为云在开学季面向全国推广华为云教育系统解决方案。作为云计算领域的 TOB 事件营销项目,本次项目传播在社媒平台激起了较大水花,精准、有效地触达了目标人群。在今日头条、微博双双登上热榜,全网出圈引发大范围讨论。截至 2022 年 3 月 1 日晚 7 点,全网总曝光量突破 7 000 万,点赞 35 000,评论近 6 000,在全国开学季形成集中声量。

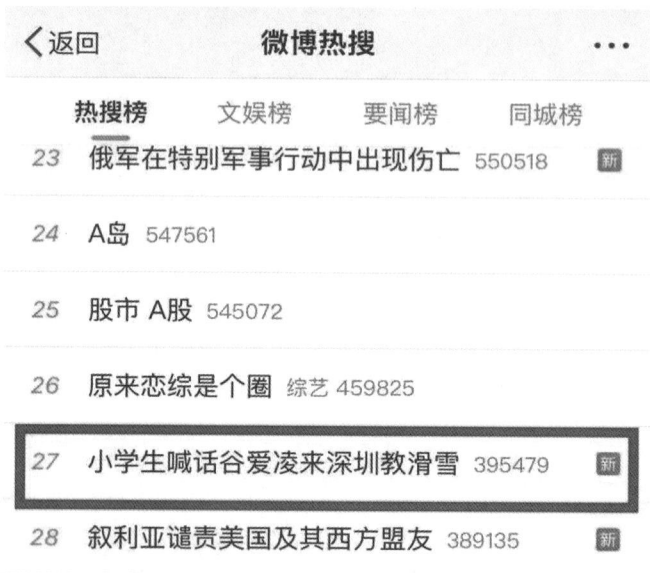

华为云营销案例

"医患携手筑和谐·全程协同抗癌症" 医师节最好的礼物
——第十人民医院肿瘤科快闪活动

选送单位

上海申慕企业形象策划有限公司

项目摘要

2020年8月19日，是我国的第三个中国医师节。上海市第十人民医院也将在这一年迎来成立百年的纪念时刻。

作为献礼，十院肿瘤科携手静安区癌症康复促进会，以真实的故事为背景，利用门诊结束后的时间，在十院的门诊大厅，医生、护士、癌症康复志愿者们用快闪的形式举行了一场"医患携手筑和谐、全程协同抗癌症"主题活动，表达了"友爱牵手、共护健康"的信心和决心，同时也是最好、最有意义的医师节和院庆礼物。

现场表演照片

"简言语言服务"公益直播

选送单位

上海文策翻译有限公司

项目摘要

"语言服务"概念的成熟将语言服务行业带进人们的视野，人们更多关注的是翻译实践，也就是怎么翻译，而不是了解翻译技术的形成。在国内，现在有许多企业在推动翻译教育技术的研发，其中有着鲜明研发特色的是上海文化贸易语言服务基地。

此次，上海文化贸易语言服务基地与简言微信公众号合作，参与了"简言语言服务"系列公益直播的第一期，邀请了基地管理层、运营端和技术端的三位专家，围绕着翻译教育技术展开探讨，畅聊翻译教学平台的发展方向以及新技术在口笔译教学中的具体运用。这对语言专业的学生和老师，以及翻译工作者有着很好的学习深造作用。

公众平台发布的活动海报

上海大学生直播大赛

选送单位

上海美源广告有限公司

项目摘要

上海大学生直播大赛作为年轻一代的风向标，大学生们通过直播平台展现自己的才华和独特魅力。他们用创意和热情吸引了无数粉丝和观众，成为数字世界中的明星。这场盛会不仅是一个展示舞台，更是一个锻炼和成长的机会。大学生直播大赛将采取数字化平台根据带货数据自动积分，并由专业评委团队进行数据实时监测。参与者需要在规定时间内展示自己在直播领域的才能、创意和技巧；需要面对各种挑战，在限定时间内展示他们的才艺、沟通能力和快速反应能力。这次比赛大大激发了大学生们的创新思维和职业素养。

比赛现场图片

华友钴业
——奋进共赴新征程

选送单位
桐乡市公共关系协会

创新的赢家

项目摘要

华友钴业一直将公益慈善事业作为重要工作

来抓，始终秉承"企业发展到哪里，公益慈善事业就做到哪里"的理念，积极践行社会责任、热衷社会公益事业，用实际行动助力"共同富裕"，成为乡村振兴和共同富裕的推进器。

职工抗疫捐款

向医院捐赠抗疫物资

公司董事长与农场员工在农场玉米地的合影

农业公司向当地居民传授种菜技术

2022 高校本科生毕业设计研究方法升级 "最后一公里" 助力行动

选送单位

鸿之微科技（上海）股份有限公司

项目摘要

2022 年，鸿之微科技有限公司（以下简称"鸿之微"）发起了"本科毕设助力行动"，为全国 2 个省份，59 所本科院校 153 名毕业生免费提供了多尺度材料设计与仿真平台、科学计算软件、超算资源（算力）、材料数据库及相应的技术服务等资源。该项公益活动有效地解决了毕业生因无法进行实验实践而导致毕业设计（论文）难以完成的问题，提高了毕业设计（论文）的质量和水平，展现了鸿之微作为国产软件企业的社会责任和担当。该项活动投入了超过 300 万元人民币的成本，受到了全国各地高校教师和学生的积极响应及高度评价。该项活动对本科院校相关专业学生研究方法升级和应用能力提升起到了促进作用，进一步推动了国产软件的升级和迭代，具有良好的社会和经济价值。

活动海报

直播数据

老友记智慧助老服务平台

选送单位

上海市杨浦区老友记智慧助老服务中心

创新的**赢家**

项目摘要

通过"新零售"的互联网商业模式，在上海现有政策支持的情况下，老友记通过改造原有政府公益托底服务式为老助餐服务，升级成为一个社会企业模式运行的集配餐、配药、工资代领三大老人需求为出发点的社区最后一公里助老服务平台。同时借鉴了"时间银行"模式充分发挥志愿者的公益性和中立性参与回访和监管；共享化人力模式和平台系统使用，达成更高效的成本控制；在托底服务的同时开发出糖尿病餐等模式。在此三大特点下，社区配合地方政府的"15分钟养老生活服务圈"政策，对公益助老上门服务模式进行了"公益＋产业"形式的创新。现今餐饮行业已拥有足够的试错数据累计和足够的数字化运营经验，该模式已在上海完成 1/10 的市场覆盖。

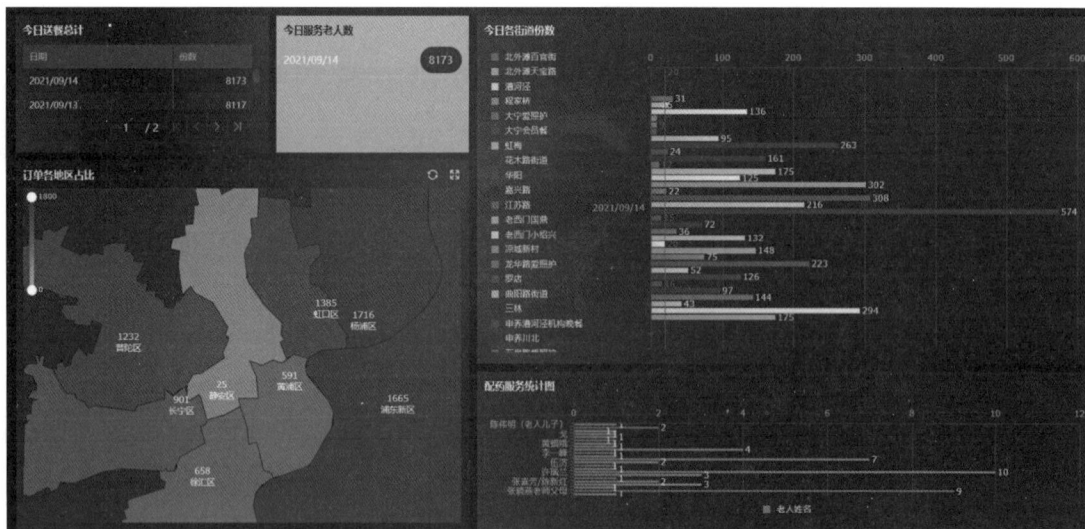

服务平台截图

410

附

录

附录

上海市第十一届优秀公关案例评选活动（2020—2022年度）获奖名册

特别奖

序号	案例名称	选送单位
1	让中国自主研制的大型客机翱翔蓝天——国产C919大型客机圆满完成适航取证并交付运营	中国商用飞机有限责任公司
2	中共一大纪念馆开馆	中国共产党第一次全国代表大会纪念馆
3	五五购物节	上海市商务委员会
4	欧莱雅进博会国际传播案例	欧莱雅（中国）有限公司
5	致敬英模微电影——《沧海留声》	上海市公安局政治部 上海市公安局杨浦分局

特别奖（年度）

序号	案例名称	选送单位
1	守望相助你我他——《上海抗疫期间对外交流故事辑》（中、英文）	上海市人民对外友好协会
2	积极推进苏州河华政段公共空间提质升级 着力办好民生实事	上海市长宁区委区政府
3	打造人与自然和谐共处的世界级生态岛"中国样本"	上海市崇明区委区政府
4	那一夜，烟花如常绽放——上海迪士尼度假区突发事件应急处置成功案例	上海国际主题乐园和度假区管理有限公司（"上海迪士尼度假区"） 上海申迪（集团）有限公司
5	上海证券报创刊30周年系列品牌传播	上海证券报社有限公司
6	2022上海赛艇公开赛	上海市体育局
7	打造上海建设具有全球影响力的科技创新中心的重要承载地 金山区开展上海湾区科创城建设案例	上海市金山区发展和改革委员会 上海市金山区山阳镇人民政府
8	演艺大世界	上海市黄浦区委宣传部
9	东方美谷品牌建设	东方美谷企业集团股份有限公司
10	率先构建数字体征系统，维护城市运行安全有序	上海市城市运行管理中心
11	沪滇协作助力云南楚雄培育壮大彝绣产业	上海市援滇干部联络组楚雄州小组
12	张江科学会堂——从0到1的张江科创交流主场	上海张江（集团）有限公司
13	聚焦可持续发展，挖掘绿色变革年度亮点，第一财经"绿点中国"项目"向绿而生"	上海第一财经传媒有限公司
14	打造健康科普新传奇，助力"健康中国2030"	复旦大学附属华山医院
15	"八千里路星和月，一江春水向东流"——复星抗疫指挥部纪实	上海复星高科技（集团）有限公司

金 奖

序号	案例名称	选送单位
1	上海最后一个成片二级旧里以下房屋改造征收项目——建国东路68街坊及67街坊东块	上海市黄浦区建委
2	"从心出发，向光前行"，第一财经打造年轻态财经新范式——《年终讲》	上海第一财经传媒有限公司
3	中国电信筑牢上海疫情防线，保障生产经营，助力复工复产 *	中国电信股份有限公司上海分公司
4	AIGC"数字人"在船员培训中的推广	上海鼎衡航运科技有限公司
5	索尼 ZV-1F 上市传播案例	宣亚国际营销科技（北京）股份有限公司上海分公司
6	"新时代、新征程、新格局、新趋势"——上海申威资产评估有限公司成立三十周年论坛 *	上海申威资产评估有限公司
7	国浩原创话剧:《代理人》	国浩律师事务所
8	拜耳斯道夫集团"关爱超乎所见"可持续发展项目	拜耳斯道夫集团 罗德（上海）传播有限公司
9	求医路上温暖相伴:复旦大学附属儿科医院小布家园的故事	复旦大学附属儿科医院 北京同心圆慈善基金会
10	强生中国《一生强生》企业品牌传播项目	强生中国
11	点点星意，点亮自闭症青年就业梦想	上海觉群文教基金会
12	赛诺菲2022微电影《不响》传播案例	赛诺菲（中国）投资有限公司
13	媒体共创 ID.4 X 去世界之巅过年	上汽大众汽车有限公司
14	遇见中华文化 Meet U in Chinese Culture	中国东方航空集团有限公司
15	礼来胰岛素百年传播项目	礼来中国
16	企业及品牌智能营销分发传播	宣亚国际营销科技（北京）股份有限公司上海分公司
17	Momcozy 2023 北美母亲节 Campaign:让妈妈韧性释放 *	蓝标传媒
18	长三角"田园五镇"乡村振兴（一体化）先行区共建案例	上海市金山区发展和改革委员会 上海市金山区张堰镇人民政府
19	"欢乐西游"文旅产品品牌创建 *	上海哲基数字科技有限公司
20	世界人工智能大会——商业 AI 高峰论坛系列活动	上海画龙科技信息有限公司
21	勃林格殷格翰国内首个进口马胃溃疡专用药骏卫保上市整合传播	勃林格殷格翰（中国）投资有限公司
22	芬林集团借"进博"双翅，高效提升会议品牌公关营销效果	芬林集团亚太总部
23	国网"e 起充电 千万有你"主题系列活动 *	上海麦威文化传播有限公司
24	2022 伽蓝集团可持续发展报告 *	伽蓝（集团）股份有限公司
25	百时美施贵宝"手护生命的守护"企业品牌传播项目	百时美施贵宝（Bristol Myers Squibb） 励尚公关（Allison+Partners）
26	"静安公安法制夜市"安防主题系列宣传活动	上海市公安局静安分局
27	厚植江南文化沃土，演绎中国式现代化——上海前门院 江南新天地 *	瑞安管理（上海）有限公司

序号	案例名称	选送单位
28	志愿者共建首善福地食药安全	华米信息技术（上海）有限公司
29	5 岁病重女孩的"警察梦"	上海市公安局浦东分局
30	医疗传播的想象力：复星医药"我与进博的五年"特别策划	九富公关顾问（上海）有限公司
31	安利纽崔莱《健康脱口秀》之夜	安利（中国）日用品有限公司
32	新华书店 × 中国电信跨界联合公益活动——新华路书店	上海拾众广告传播有限公司
33	粉红绽放：乳腺癌术后乳房重建公益健康宣传项目	中国初级卫生保健基金会 强生医疗科技
34	中国东航企业文化升级	中国东方航空集团有限公司
35	手护地贫红线：地中海贫血患者倡导项目	北京新阳光慈善基金会 百时美施贵宝（中国）投资有限公司 罗德（上海）传播有限公司
36	外卖小哥的"红色加油站"	中共上海市浦东新区合庆镇委员会
37	中国国际进口博览会溢出效应论坛	上海华夏经济发展研究院
38	New GSK 一周年"合力超越"整合传播项目	葛兰素史克（中国）投资有限公司
39	爱婴室母乳库爱心站点	上海爱婴室商务服务股份有限公司
40	"先见·先行 0 伤害"蓝手环公益行动整合传播	勃林格殷格翰（中国）投资有限公司
41	亲子反诈联盟	上海市公安局宝山分局
42	得物 App 足球嘉年华	上海识装信息科技有限公司（得物 App）

银 奖

序号	案例名称	选送单位
1	赛诺菲 40 周年庆典传播项目	赛诺菲（中国）投资有限公司
2	解码 100 个中国最美乡村瞬间	中国东方航空集团有限公司
3	索尼电影摄影机创作者故事传播	宣亚国际营销科技（北京）股份有限公司上海分公司
4	小荧星"330 课后服务进校园"	上海小荧星集团有限公司
5	中保华安疫情中南非撤侨行动安保服务 *	中保华安集团有限公司
6	"爱满人间"——纪念宋庆龄诞辰 130 周年书法邀请展	上海宋庆龄基金会
7	"党的诞生地"志愿者项目	中国共产党第一次全国代表大会纪念馆
8	"民族之光——百年马利和她的艺术家朋友们"特展品牌公关案例	上海红双喜（集团）有限公司
9	宁波远洋上市传播	上海博涵公共关系管理咨询股份有限公司
10	沪浙毗邻地区乡村振兴"共富经"	金山区廊下镇人民政府
11	梦饷科技以数字经济赋能女性"新就业模式"系列宣传活动	上海众旦信息科技有限公司
12	华为发布数据库 Gauss DB 社媒传播	杭州烟火文化传播有限责任公司

序号	案例名称	选送单位
13	梦饷科技"智能商品分发助力乡村振兴"系列宣传活动	上海众旦信息科技有限公司
14	"有意思青年"高校公益计划	欧莱雅（中国）有限公司
15	CSF-1R 小分子抑制剂 Pimicotinib（ABSK021）传播项目	上海和誉生物医药科技有限公司
16	"一尺花园"品牌建设	中邦置业集团有限公司
17	"星光行动"心脑健康教育公益健康宣传项目	北京白求恩公益基金会＆强生医疗科技
18	2022 国家科技计划成果路演——上海专场	上海技术交易所有限公司
19	2020—2022 礼来"以爱守护记忆"公益志愿行动	礼来（上海）管理有限公司
20	玉泽·"小红书"里的皮肤教科书	蓝标传媒
21	节能减碳　绿色飞行	中国东方航空集团有限公司
22	强生中国：发挥社会影响力，践行企业社会责任，共筑健康中国	强生中国
23	打造"学习型峰会"，推动"从 1 到 0"关键转型，第一财经零碳峰会引领绿色低碳发展探索	上海第一财经传媒有限公司
24	关爱从脚丫开始——为阿富汗早晨知识学校的孩子过六一国际儿童节	北京同心圆慈善基金会
25	安德玛，听我的，别瞎跑	蓝标传媒
26	变局＆创新：2023 品牌高峰论坛暨品牌供应商与达人对接展	上海市网购商会
27	强生中国助力"共同富裕"愿景	强生中国
28	强生中国：加强企业文化建设，推动业务与人才共同发展	强生中国
29	应对危机舆情常态化的长效防治机制——上汽大众危机舆情管理跟踪评价方法	上汽大众汽车有限公司
30	勃林格殷格翰中国"碳中和"主题整合传播 *	勃林格殷格翰（中国）投资有限公司
31	阿拉"老外"不见外——上海外国人同心守"沪"主题绘画系列活动 *	上海市人民对外友好协会 上海守白文化艺术有限公司
32	新朗逸产品传播公关战役 *	上汽大众汽车有限公司
33	善治豫园，美好社区——果育共筑"同心家园"项目	上海市黄浦区豫园街道
34	《上海，曾经的家园——犹太难民与上海》——一家上海企业为对外民间交流所做的那些事 *	上海复星高科技（集团）有限公司
35	国浩助力上海市公共关系协会成立法律事务中心并设立国浩基地	国浩律师事务所
36	"烟火气里的你我他"平安指数发布会	上海市公安局闵行分局
37	普陀分局反诈系列短片	上海市公安局普陀分局
38	极狐阿尔法 S 全新 HI 版智驾中国行	北京艾德数字传媒广告有限公司
39	啤酒阿姨、熊猫精酿、嘲鸟平安夜公益活动——反暴力酒瓶	上海拾众广告传播有限公司
40	"反了个诈"奉贤公安公益反诈小游戏	上海市公安局奉贤分局
41	长宁公安打造"愚园路反诈联盟"	上海市公安局长宁分局
42	"赋时光予生命"——肿瘤患者关爱公益项目	上海复宏汉霖生物技术股份有限公司

序号	案例名称	选送单位
43	上汽大众"零碳之路"整合传播	上汽大众汽车有限公司
44	《小孔之光》中国腔镜手术发展30周年及《人生新旅程》减重手术公益健康宣传项目	北京白求恩公益基金会 强生医疗科技
45	MG Mulan《电车安全实验室》硬核拆车	上海哲基数字科技有限公司
46	城市"静下来",宣传"动起来"——疫情封控期间上汽大众内部传播探索创新做法 *	上汽大众汽车有限公司
47	股东来了——中国资本市场投资者权益知识竞赛活动主题展	上海申慕企业形象策划有限公司
48	勇毅前行 *	中国东方航空集团有限公司
49	勃林格殷格翰公益爱心林揭牌暨"阿拉善低碳之旅"	勃林格殷格翰(中国)投资有限公司
50	"美丽事业,美好人生"公益培训项目	欧莱雅(中国)有限公司
51	"中风120潮健康"系列传播	勃林格殷格翰(中国)投资有限公司
52	当我们齐心向前	中国东方航空集团有限公司
53	同方"20·MORE 美好生活 更多可能"品牌升级管理	上海麦威文化传播有限公司
54	随申行·绿色出行主题传播 *	上海哲基数字科技有限公司
55	妙可蓝多棒小孩公益计划	上海妙可蓝多食品科技股份有限公司
56	2022上海市首届高价值专利运营大赛	上海技术交易所有限公司
57	自然堂种草喜马拉雅公益项目	伽蓝(集团)股份有限公司
58	创建公益IP 搭建公益平台——福寿园公益节项目	福寿园国际集团
59	运动不息阳光正暖,应技大体育文化节项目 *	上海应用技术大学
60	"潮向Z世代 变革新营销"鹏欣商业精准圈层营销推广	上海鹏欣(集团)有限公司(旗下上海全程玖玖健康服务有限公司)
61	健康"益"起动——2022年运动医学健康教育项目	中国初级卫生保健基金会 强生医疗科技
62	"少女针"产品全周期传播,打造新一代再生医美品牌爆款 *	九富公关顾问(上海)有限公司
63	2023 极星英国古德伍德性能之旅 *	上海哲基数字科技有限公司
64	好邻居的自我修养——上汽大众员工及媒体志愿者团队为车主搭电活动 *	上汽大众汽车有限公司公关与传播
65	老潘的咖啡店	上海市公安局黄浦分局
66	上海松江公安"护好钱袋子 全民反诈骗"主题活动	上海市公安局松江分局
67	"沪科普"上海科普交易专板达成全国首单——探索科学普及与科技创新"两翼齐飞"新路径	上海技术交易所有限公司
68	斯凯奇 Friendship Walk 为爱一起走·爱在中国	斯凯奇中国
69	361° 财经公关管理项目	上海博涵公共关系管理咨询股份有限公司
70	守好世博辉煌,成就上海品牌	上海明华智慧城市运营管理有限公司

优秀策划创意奖

序号	案例名称	选送单位
1	平安信用卡 x 惊梦：功到，立台之本	蓝标传媒
2	"听懂肺话大不同"全球肺纤维化关爱月传播项目	勃林格殷格翰（中国）投资有限公司
3	"非遗"中的交通安全宣传	上海市公安局松江分局
4	劳模面对面	上海市公安局静安分局
5	恒基"6+1"企业文化建设，凝聚高质量发展合力	桐乡市公共关系协会（恒基建设集团有限公司）
6	一本书的旅行	中共上海市浦东新区合庆镇委员会
7	强生全视："用心爱眼，连动视界"世界视觉日吉尼斯世界纪录挑战项目	强生全视
8	国产首个"减肥神药"出圈背后：长期铺垫占领心智，巧借东风催化舆论热度 *	九富公关顾问（上海）有限公司
9	你好，四季	中国东方航空集团有限公司
10	基于互联网医疗的居家智慧医养结合服务场景	上海鹏欣（集团）有限公司（旗下上海全程玖玖健康服务有限公司）
11	瑜伽悦时光——瑜伽 + 更多可能的探索与传播	Yspace 元瑜（上海增伟实业有限公司）

优秀品牌传播奖

序号	案例名称	选送单位
1	强生全视："因爱守护，为 EYE 前行"全国爱眼日线上公益传播项目	强生全视
2	中保华安南非防疫酒店闭环管理安保服务 *	中保华安集团有限公司
3	东航说二十四节气	中国东方航空集团有限公司
4	交警只会贴罚单？	上海市公安局静安分局
5	斯凯奇中国街舞青少年未来计划	斯凯奇中国
6	"快乐银行"焕新再出发，长沙银行引领行业品牌打造花式"出圈"新范式	九富公关顾问（上海）有限公司
7	用品牌化运营思维做 IP——个人 IP 打造培育项目	上海全影文化传媒有限公司
8	"匠心·匠行"党建品牌建设	桐乡市公共关系协会（巨匠集团党委）
9	"智慧引领未来·精益连接价值"2020 年上航工业智慧能源业务集团精益文化日	上海申慕企业形象策划有限公司
10	"警察哥哥姐姐听你说"——社区少年服务系列主题实践活动	上海市公安局虹口分局
11	参天制药（中国）《中国职场人士用眼健康洞察报告》传播案例	上海晨岸广告传媒有限公司
12	崇明分局长兴派出所：打造"一站式"矛盾化解样板多元排查调处筑牢"主防"根基	上海市公安局崇明分局

优秀社会效果奖

序号	案例名称	选送单位
1	东方明珠 ESG 项目管理与信息披露	上海博涵公共关系管理咨询股份有限公司
2	国浩设立拉孜办公室，助力国家基本解决"无律师县问题"	国浩律师事务所
3	同心圆"骄阳"大病救助计划	北京同心圆慈善基金会
4	庆祝中国共产党成立 100 周年"红色花博"系列视频	上海市公安局崇明分局
5	华为云"双减"数字化解决方案事件营销	杭州烟火文化传播有限责任公司
6	中保华安在上海疫情中勇担社会责任 *	中保华安集团有限公司
7	"医患携手筑和谐·全程协同抗癌症"医师节最好的礼物——第十人民医院肿瘤科快闪活动	上海申慕企业形象策划有限公司
8	"简言语言服务"公益直播	上海文策翻译有限公司
9	上海大学生直播大赛	上海美源广告有限公司
10	华友钴业——奋进共富新征程	桐乡市公共关系协会（浙江华友钴业股份有限公司）
11	2022 高校本科生毕业设计研究方法升级"最后一公里"助力行动	鸿之微科技（上海）股份有限公司
12	老友记智慧助老服务平台	上海市杨浦区老友记智慧助老服务中心

优秀组织者奖

序号	获奖单位
1	上海市公安局政治部
2	中国东方航空集团有限公司

特别贡献奖

序号	获奖单位
1	宣亚国际营销科技（北京）股份有限公司上海分公司
2	张江科学会堂

最佳合作奖

序号	获奖单位
1	上海证券报
2	上海觉群文教基金会

备注：标有 * 号的案例，因内容涉及相关要求，均作为评审资料存档，敬请读者见谅。